방송뉴스문장 갈고 다듬기

강 성 곤 지음
KBS아나운서·숙명여대 겸임교수

이 책은 방일영 문화재단의 지원으로 저술·출판되었습니다.

"아나운서로서의 자존심을
잃을 수도 있었다.
따라서 간직할 수 있으리라."

책머리에 일러두기

이 책은 잘 읽히는 뉴스가 잘 쓴 기사라는 믿음에서 출발한다.

방송 뉴스는 신문 기사와 달라서 반드시 음성으로 전달되어야 하는 숙명을 지닌다. 호흡과 리듬이 맞아야 함은 물론이다. 놀라운 것은, 읽기에 부담이 없고 편하다는 사실이 곧 적당한 양의 문단 구성, 알맞은 단어 선택, 간결하고 효과적인 표현, 문법과 어법에 부합하는 문장과 상통한다는 점이다.

그러나 우리 방송 현장에는 아직도 신문투의 복잡한 문장 구성, 음성언어적 요소를 무시한 어려운 낱말과 구태의연한 표현 등이 상주한다. 또한 '공정성'과 '객관성', '정확성'이라는 기사 쓰기의 대명제에서 벗어난 경우도 여전히 눈에 띈다.

글쓰기의 대원칙과 기사 구성의 ABC, 그리고 음성언어와 방송 매체를 의식한 뉴스 문장 만들기가 이 책의 지향점이다.

뉴스 문장 구성에 있어 '3C'란 것이 있다. 바로 Concise 간결성, Correct 정확성, Clear 명료성 을 일컫는다. 짧고 정확하면서 알기 쉽게 쓰라는 말이다. 방송 뉴스에서는 이 기준이 보다 큰 의미를 갖는다.

우선 '간결성'이다. '다시보기', '다시듣기'라는 기능이 생겼다지만 그래도 방송뉴스는 '일회성'이 전제된다. 즉, 한번 듣고 알아듣게끔 만들어야 한다는 것이다. 짧고 군더더기가 없는 문장은 힘 있고 당당하다. 반대는 늘어지고 지루하다.

'정확성'이 중요함은 물론이다. 중요한 내용의 누락, 빈약한 설명, 중언부언의 우(愚), 과도한 비약, 주관적 판단, 전망과 기대의 혼동 등을 경계해야 한다.

'명료성'도 빠질 수 없다. 어렵고 모호함은 가장 큰 적(敵)이다. 적확한 단어와 다양한 표현을 구사하되 무엇보다 문장 구성이 쉬워야 한다. 전후 맥락을 고려해 문장을 배치하고 시간의 흐름을 늘 의식해야 한다.

여기에 몇 가지를 추가한다면, 먼저 '친근성'을 든다. 방송 뉴스 문장은 신문보다 친절해야 한다. '-다.'가 아닌 'ㅂ니다.' 종결형이 비근한 예다. 더불어 설교투, 해설투를 지양해야 한다.

'리듬감'도 고려 대상이다. 문법과 문장 부호 사용법을 어기지 않는 범위 안에서 '어떻게 해야 잘 들릴까' deutlich klingend 를 고민해야 한다.

'참신성'도 중요하다. 가능하면 과거형을 지양하고 현재형 중심으로 생동감 있으면서 '시각화'를 염두에 두고 써야 한다. 진부한 표현, 상투적 구문도 경계 대상이다.

'비판 의식'에도 깨어 있어야 한다. '짧고 간결하게'라는 준칙에 함몰되어, 드러난 사실의 나열만을 보도한다면 그것은 그저 실용문일 뿐 기사가 아니다. 독일의 주요 방송·신문들의 모토를 보더라도 '공정성', '객관성', '중립성' 외에 늘 '비판적으로' kritisch 가 주요 항목으로 따라 다님을 볼 수 있다. 같은 맥락에서 관청용(官廳用) 기사는 철저히 배척해야 한다.

첫인상이 중요하듯 모든 글쓰기는 첫 문장을 중시한다.

방송 뉴스 문장에 있어서도 가감 없이 적용된다. 방송 뉴스에서는 보통 이를 '리드' lead 라 부르는데 기사를 선도하며 뉴스 구성과 전체의 흐름까지 좌우한다.

누가, 무엇이 핵심이고 초점인가. 주어는 무엇으로 하고 동사는 어떤 것을 쓸 것인가부터 기사의 경중, 1보(報)·속보(速報)의 구분 등에 따라 리드는 틀을 달리 해야 함은 물론이다. 크고 중요한 사건은 짧고 강렬한 리드가 어울리겠고, 작고 자주 있는 사건·사고는 리드를 단순·평이하게 다루어야 할 것이다.

리드를 잘못 쓰면 전체 문장의 짜임새가 부실해지고 어수선한 문장이 되기 십상이다. 또한 리드는 쓴 다음에 실제 방송할 때처럼 소리 내어 읽어 보면 실수를 방지하는 데 효과적이다.

오늘날 방송 언어는 독자적 위상을 갖게 되었으며 뉴스 문장은 그 중심에 있다고 해도 과언이 아니다. 방송 뉴스 문장은 구어(입말)적 요소를 지닌 문어(글말)의 범주에 속한다고 할 수 있다.

중요한 것은 어디까지나 '글'의 영역에 있다는 것이다. 글은 말보다 반듯해야 하고 완성도가 높아야 한다. 입말적 특징을 확대 해석해 '말'처럼 쓰면 문장에 힘이 없고 느슨해지는 부작용이 생긴다. 오히려 입말의 요소는 음운·운율적 부분과 관련이 있다.

그래서 이 책은 발음과 음운 측면을 간과하지 않았다. 뉴스에 자주 나오는 낱말의 장단(長短)을 일일이 표시하고, 헛갈리는 발음을 골라 적시했다.

물론 일반 국어적 요소도 챙겼다.

가장 빈번한 오류인 비(非)문법과 불(不)호응의 문제부터 잉여와 중복, 동어 반복, 어순의 바뀜, 부적절한 어구, 장황한 수식어, 그리고 복문·중문의 과다 사용까지 다루었다.

틀린 맞춤법, 비표준어, 외래어·외국어의 오류도 놓치지 않았다.

책을 내기 전부터 기존 뉴스·보도 문장 이론서와 달리 접근하리라 마음먹었다.

'어려운 이론은 적게, 풍부한 예문을 많이'가 그것이다. 대신 이론을 예문 속에서 함축적으로 다루는 게 읽는 이에게 도움을 줄 것이라는 확신을 가졌다. 그래서 기존 책 구성을 과감히 깼다. 목차를 없애고, 무거운 이론을 앞에 펼치고는 그것에 입각해 예문을 다루는 방식을 사절했다. 곧장 예문으로 들어가 그 안에서 문제점을 파악하고 대안을 제시하는 방법을 택했다.

오류(誤謬)별 분류를 피하고 예제(例題)별로 구성했다. 같은 오류의 되풀이에도 해석을 달았다. 반복 학습의 효과를 믿기 때문이다.

또한 대부분의 예문에서 개별 구문이나 문장의 교정 및 첨삭에 그치지 않고 새로 완성된 기사를 보여줌으로써 기사의 전체 틀이 어떻게 짜여지는지 이해할 수 있도록 꾸몄다.

'정치', '경제/과학', '사회', '문화/스포츠/날씨', '국제', '수도권/지방'으로 기사를 여섯 개의 영역으로 정리했다.

공부 잘 하는 학생들은 자신만의 노트를 갖는다고 한다. 교과서 내용의 핵심을 끄집어내 자기 방식대로 정리한다는 말이다. 이 책이 겨냥하는 바와 얼추 비슷하다. 언론사 입사를 지망하는 대학생, 글쓰기 전반과 논·작문의 실용적인 매뉴얼을 찾던 수험생들에게 일종의 '수련장' 역할을 하기를 기대한다.

뉴스가 식품이라면, 생산자는 분명 보도 파트다. 그러나 그것을 제일 먼저 음미하는 이는 아나운서다. 아나운서야말로 뉴스의 가장 까다롭고 꼼꼼한 검수자요 소비자인 셈이다. 소비자의 감각과 취향은 생산자가 미처 깨닫지 못한 부분을 일깨워준다 하지 않는가.

이 책을 위한 지난 1년여 동안의 시간은 24년 아나운서 생활 속 꾸준히 보듬어온, 한국어에 대한 관심과 애정의 연장선상에 있다. 따지고 보면 문학을 제외한 '읽기', '쓰기', '듣기', '말하기'라는 '기능' 국어는 사실 모두 상통의 뜰 안에 존재한다.

한국어를 올곧게 사랑한다면 기사도 잘 쓰고 말도 잘 할 수밖에 없다. 나는 굳게 믿는다.

2008. 5
여의도에서, 강성곤

| 차 례

- 정치 ·········· 13
- 경제 · 과학 ·········· 71
- 사회 ·········· 149
- 문화 · 스포츠 · 날씨 ·········· 309
- 국제 ·········· 347
- 수도권 · 지방 ·········· 427

정 치

경제·과학

사　　회

문화·스포츠·날씨

국　　제

수도권·지방

정치

|1| 이명박, BBK특검법 전격 수용

한나라당 이명박 후보가
BBK 특검법을 전격 수용하기로 했습니다.
이명박 후보는 어젯밤
여의도 당사에서 긴급 기자회견을 열고
BBK 사건과 관련해 한 점 부끄러움이 없다며
이 같은 입장을 밝혔습니다.
이 후보는
자신은 그동안 특검이 두려워
반대해 온 것이 아니라
정략적 특검이어서 반대해온 것이라며
국회에서 여야가 논의해 법과 절차에 따라
처리해주길 바란다고 당부했습니다.
이 후보는 그러나
정권 연장을 위해 청와대가 개입하는 것은
절대로 용납할 수 없다며
BBK 사건의 진실은 하나이고
어떻게 해서든 진실을 바꿀 수 없다고 주장했습니다.
이 후보는 또
여권이 사기범에 매달리더니
이제는 공갈범에 의존해 선거를
혼란에 빠뜨리고 있다고 비난했습니다.
이 후보는 기자회견 직후
국회에서 열린 긴급 의원총회에 참석해
몸싸움만 하는 여의도 정치를 종식하고
국민들에게 희망을 주기 위해
특검법을 받아들였다며 당원들도
자신과 뜻을 함께 해달라고 말했습니다. (끝)

　　　　한나라당 이명박 후보가
BBK 특검법을 전격 수용하기로 했습니다.
　　　　이명박 후보는 어젯밤
여의도 당사에서 긴급 기자회견을 열고
BBK 사건과 관련해 한 점 부끄러움이 없다며
이 같은 입장을 밝혔습니다.
　　　　이 후보는
자신은 그동안 특검이 두려워
　　　(→ '특검 자체가', 뒤의 '정략적 특검'과 대비시킴. '정확성')
반대해 온 것이 아니라
정략적 특검이어서 반대해온 것이라며
국회에서 여야가 논의해 법과 절차에 따라
처리해주길 바란다고 당부했습니다.
　　　　이 후보는 그러나
정권 연장을 위해 청와대가 개입하는 것은
절대로 용납할 수 없다며
BBK 사건의 진실은 하나이고
어떻게 해서든 진실을 바꿀 수 없다고 주장했습니다.
(→ '어떻게 해도', '어떻게 하더라도', 혹은 삭제해도 됨.)
　　　　이 후보는 또
여권이 사기범에 매달리더니
이제는 공갈범에 의존해 선거를
혼란에 빠뜨리고 있다고 비난했습니다.
　　　　이 후보는 기자회견 직후
국회에서 열린 긴급 의원총회에 참석해
①몸싸움만 하는 여의도 정치를 종식하고
국민들에게 희망을 주기 위해
특검법을 받아들였다며 당원들도
자신과 뜻을 함께 해달라고 말했습니다. (끝)

"

"

"

이 후보는 기자회견 직후 국회에서 열린 긴급위원총회에 참석해 더 이상의 정쟁과 소요를 막기 위해 특검법을 받아들였다며 당원들도 자신과 뜻을 함께 해 달라고 말했습니다.

해설
① 특검법을 받아들인 이유가 이상하다. 설사 이렇게 말했더라도 논리적으로 고쳐써야 옳다.

발음
ⓐ 電擊〔전:격〕
ⓑ 처리〔처:리〕
ⓒ 혼란〔혼:란〕

정치

|2| 李 당선자, 첫 주말 정국 구상 계속

　　　　　이명박 대통령 당선자는 오늘
평소 다니던 교회를 방문하는 것 외에
공식 일정을 잡지 않고
정국 구상을 가다듬을 예정입니다.
　　　　　이 당선자는 어제
자문교수단과 테니스를 친 뒤 기자들과 만나
성탄절까지 정국 구상을
마칠 것이라고 밝혔습니다.
　　　　　이와 관련해 한나라당 나경원 대변인은
오는 26일쯤이면 이 당선자가
인수위원장과 부위원장 인선 등
인수위 기본 골격을
발표할 것으로 본다고 말했습니다.
　　　　　이명박 당선자는
이번 정국구상에서 경제살리기 방안 등
새 정부의 정책기조와 첫 조각에 대한 구상,
그리고 내년 4월 총선 대책에 대해
숙고할 것으로 알려졌습니다. (끝)

이명박 대통령 당선자는 오늘
① 평소 다니던 교회를 방문하는 것 외에
② 공식 일정을 잡지 않고
③ 정국 구상을 가다듬을 예정입니다.

이 당선자는 어제
자문교수단과 테니스를 친 뒤 기자들과 만나
성탄절까지 ④ ⓐ 정국 구상을
마칠 것이라고 밝혔습니다.

이와 관련해 한나라당 나경원 대변인은
오는 26일쯤이면 이 당선자가
인수위원장과 부위원장 인선 등
인수위 ⑤ 기본 골격을
발표할 것으로 본다고 말했습니다.

이명박 당선자는
이번 정국구상에서 경제살리기 방안 등
새 정부의 정책기조와 첫 ⑥ 조각에 대한 구상,
그리고 내년 4월 ⓑ 총선 대책에 대해
⑦ 숙고할 것으로 알려졌습니다. (끝)

이명박 대통령 당선자는 오늘 교회 예배 외에 외부 일정을 잡지 않은 채, 정국 구상에 집중할 것이라고 말했습니다.

이 당선자는 어제 자문교수단과 테니스를 함께 하고, 성탄절까지 인수위 밑그림 작업을 마칠것이라고 밝혔습니다.

이와 관련해 한나라당 나경원 대변인은 오는 26일쯤이면 이 당선자가 인수위의 구성과 인수위원장 인선 등 인수위의 골격을 구체화할 것으로 본다고 말했습니다.

이명박 당선자는 경제살리기 방안 등 새 정부의 정책기조와 내각구성에 대한 얼개, 내년 4월 총선 대책 등에 대해서도 심사숙고할 것으로 보입니다.

해설
① 이 당선인은 기독교 신자다. '교회 방문'은 이상하다.
② 예배도 '공식 일정'이라고 볼 수 없다.
③ '생각을 가다듬는 것'이 구상이다(겹치는 말)
④ '정국구상'을 무려 세 번 쓰고 있다. 성탄절 지나면 '정국구상' 안 하나? '인수위' 같은 구체적 현안을 밝혀야 한다.
⑤ '기본'과 '골격'은 거의 겹친다. '인선'만을 갖고 '골격'으로 뭉뚱 그리기에는 무리가 있다.
⑥ '조각' 보다 '내각'이 잘 들린다. 또 '구상'을 썼다. '얼개'를 쓰면 의미도 맞고 전향적이다.(참신성)
⑦ '숙고'도 전달력이 약하다.

발음
ⓐ 構想〔구상〕(○), 〔구ː상〕(×)
ⓑ 총선〔총ː선〕

정치

|3| 차기 주한 美 대사, 첫 여성 대사 물망

차기 주한 미 대사로 여성인
캐슬린 스티븐슨 국무부 동아태담당
선임 고문이 후보로 추천돼 백악관의
심의 절차에 들어간 것으로 전해졌습니다.
워싱턴의 한 외교 소식통은
미 국무부가 힐 차관보와 함께 일하고 있는
스티븐슨 고문을 후보로 추천했으며,
백악관의 최종 심의 절차를 밟고 있는 것으로
알고 있다고 밝혔습니다.
또 다른 외교 소식통은 그러나
원칙적으로 주한 미 대사의 임기는
정해져 있지 않으며, 통상 3년 내외였던
과거 관행으로 봐도, 버시바우 현 대사의 임기가
1년 이상 남아 있는 상황이어서 최종 지명여부는
미리 예단하기 어렵다고 말했습니다.
정통 직업 외교관인 스티븐슨 고문은
주한 미국 대사관과
부산 영사관 등에서 근무했으며
평화 봉사단원으로 1975년부터 2년간
충남 부여에서 학생들에게 영어를 가르쳐
우리 말도 유창한, 대표적인 지한파로 통합니다.
또 지난 2005년 6월부터 지난 7월까지
수석 부차관보로서 힐 차관보와 함께
북한 핵 문제 등을 직접 다뤘고,
현재는 한반도 평화체제 관련 업무를 맡아
한반도 현안에 정통한 인물로 평가받고
있습니다. (끝)

① 차기 주한 미 대사로 여성인 캐슬린 스티븐슨 국무부 동아태담당 선임 고문이 후보로 추천돼 <u>백악관의 심의 절차</u>에 들어간 것으로 전해졌습니다.
② 워싱턴의 한 외교 소식통은 미 국무부가 힐 차관보와 함께 일하고 있는 스티븐슨 <u>고문을</u> 후보로 추천했으며, 백악관의 최종 심의 절차를 밟고 있는 것으로 알고 있다고 밝혔습니다.

또 다른 외교 소식통은 그러나 ③ <u>원칙적으로 주한 미 대사의 임기는 정해져 있지 않으며, 통상 3년 내외였던 과거 관행으로 봐도,</u> 버시바우 현 대사의 임기가 1년 이상 남아 있는 상황이어서 최종 지명여부는 ④ <u>미리 예단하기</u> 어렵다고 말했습니다.

<u>정통</u>[a] 직업 외교관인 스티븐슨 고문은 주한 미국 대사관과 부산 영사관 등에서 근무했으며 평화 봉사단원으로 1975년부터 2년간 충남 부여에서 학생들에게 영어를 가르쳐 우리 말도 유창한, ⑤ <u>대표적인 지한파</u>로 통합니다.

또 지난 2005년 6월부터 지난 7월까지 수석 부차관보로서 힐 차관보와 함께 북한 핵 문제 등을 직접 다뤘고, 현재는 한반도 평화체제 관련 업무를 맡아 한반도 현안에 정통한 인물로 평가받고 있습니다. (끝)

차기 주한 미국대사에 여성인 캐슬린 스티븐스 미 국무부 동아시아 태평양 담당 선임고문이 유력시되고 있습니다.

워싱턴의 한 외교 소식통은 미 국무부가 크리스토퍼 힐 차관보와 함께 일하고 있는 스티븐스 고문을 후보로 추천했으며 현재 백악관이 최종 심사 중이라고 밝혔습니다.

그러나 버시바우 현 대사의 임기가 1년 이상 남아 있어 아직 예단하기 어렵다는 관측도 있습니다.

정통외교관료인 스티븐스 고문은 ○○○○년 이미 한국 근무를 한 바 있으며, 특히 975년부터 2년 동안은 충남 예산에서 당시 국제평화봉사단원 신분으로 2년간 중학생에게 영어를 가르친 바도 있어 우리말도 유창한 것으로 알려졌습니다.

또한, 지난 2005년부터 약 2년간 힐 차관보를 도와 북한 핵 문제 등을 다뤘고, 현재는 한반도 평화체제 관련 업무를 맡고 있어 한국을 잘 아는 인물로 평가받고 있습니다.

해설
①과 ②는 거의 똑같다. '백악관의'는 '백악관이'로 고쳐야 맞다.
③ 말이 안 통한다. 이랬다 저랬다 하고 있다.
④ (겹치는 말)
⑤ '知韓派'는 신문용어다. 더구나, 다음 문장 말미에 또 쓰고 있다. 방송 뉴스에 적합한 용어가 아니다.

발음
[a] 正統[정ː통], *참고. 精通[정통]
*참고
Kathleen Stephens(→ 캐슬린 스티븐스)

정치

|4| 정몽준 의원, 오늘 이명박 지지 선언

무소속 정몽준 의원이 오늘
한나라당 당사에서 기자회견을 갖고
이명박 후보 지지를 선언할 예정입니다.
정 의원은 오늘 오전 기자회견에서
한나라당 입당을 선언하고 경제 살리기와
정권 교체를 위해 이명박 후보를
지지하기로 했다는 입장을 밝힐 예정입니다.
정의원은 기자회견에 앞서
오늘 아침 이명박 후보와 만나
지지 선언에 따른 향후 행보 등을 논의했다고
이 후보의 측근들이 전했습니다.
정 의원은 또 당사에서
강재섭 대표와 티타임을 갖고
선거유세를 어떻게 도울지에 대해서도
의견을 나눌 예정입니다.
정몽준 의원은
지난 2002년 대선 때 노무현 대통령과
후보 단일화를 했다가 투표일 하루전날
단일화 파기를 선언한 후 무소속으로
정치활동을 해왔습니다. (끝)

무소속 정몽준 의원이 오늘
한나라당 당사에서 기자회견을 갖고
①
이명박 후보 지지를 선언할 예정입니다.
②   ③

정 의원은 오늘 오전 기자회견에서
④
한나라당 입당을 선언하고 경제 살리기와
정권 교체를 위해 이명박 후보를
지지하기로 했다는 입장을 밝힐 예정입니다.
⑤
정의원은 기자회견에 앞서
⑥
오늘 아침 이명박 후보와 만나
지지 선언에 따른 향후 행보 등을 논의했다고
이 후보의 측근들이 전했습니다.

정 의원은 또 당사에서
⑦ (→ '불필요')
강재섭 대표와 티타임을 갖고
선거유세를 어떻게 도울지에 대해서도
의견을 나눌 예정입니다.

정몽준 의원은
⑧
지난 2002년 대선 때 노무현 전대통령과
⑨
후보 단일화를 했다가 투표일 하루전날
단일화 파기를 선언한 후 무소속으로
정치활동을 해왔습니다. (끝)

무소속 정몽준 의원이 오늘 한나라당 당사에서 이명박 후보 지지를 선언할 예정입니다.

정 의원은 오늘 오전 기자회견을 통해, 경제살리기와 정권교체를 위해 이명박 후보를 돕기로 했다는 입장을 밝히며, 동시에 한나라당에 입당합니다.

이명박 후보 측근들은 정 의원이 아침 일찍 이 후보와 미리 만나 지지선언에 따른 향후 행보 등을 논의했다고 전했습니다.

정 의원은 또 강재섭 한나라당 대표와도 만나 구체적인 선거유세지원에 관한 의견을 나눌 예정입니다.

정몽준 의원은 지난 2002년 대선 때 당시 노무현 후보와 후보단일화를 했다가 투표 하루전 파기를 선언하고, 그 동안 무소속으로 정치활동을 해왔습니다.

해설

① 뒤로 보낸다.
② 세 번이나 썼다.
③ 역시 세 번 썼다.
④ 이명박 후보 지지 이유를 먼저 써야 자연스럽다.
⑤ 다섯 문장의 주어가 똑 같이 '정 의원'이라면 문제 있다.
⑥ '오늘 오전'과 구분하기 위해서는 '아침 일찍'으로 확실히 해 둔다.
⑦ '티타임'은 시기상조다.(불필요한 외래어)
⑧ (정확성)
⑨ '일'과 '날'이 겹친다.

정치

|5| 2012년 세계박람회 개최지, 내일 새벽 결정

　　　　2012년 세계박람회 개최지 결정이
하루 앞으로 다가온 가운데
한덕수 총리를 대표로 한 여수박람회 유치단은
막바지 득표 활동에 총력을 기울이고 있습니다.
　　　　여수박람회 유치단은
우리 시각으로 내일 새벽
프랑스 파리 세계박람회기구 총회장에서
개최지 결정을 위한 투표에 앞서 진행될
프리젠테이션 준비에 만전을 기하고 있습니다.
　　　　유치단은 프리젠테이션에서
'아프리카의 꿈'을 주제로 정한 모로코와
'유럽의 중심지'를 강조한 폴란드에 맞서
지구환경의 미래 등 인류 보편의 가치로
차별화를 시도할 계획입니다.
　　　　또 현재 분위기가
우리에게 불리하지 않은 가운데
한국과 모로코, 폴란드 어느 나라도
1차 투표에서 개최지 선정이 어렵다고 보고
지지국 이탈 방지 등을 위해
끝까지 최선을 다한다는 계획입니다.
　　　　개최지는
우리 시각으로 내일 새벽 3시쯤 결정되며
140개 세계박람회기구 회원국 가운데
3분의 2 이상이 출석해 진행한 투표에서
3분의 2 이상 득표하면 확정됩니다. (끝)

정치

2012년 세계박람회 개최지 결정이
하루 앞으로 다가온 가운데
한덕수 총리를 대표로 한 여수박람회 유치단은
막바지 득표 활동에 총력을 기울이고 있습니다.
　　　　여수박람회 유치단은
우리 시각으로 내일 새벽
프랑스 파리 세계박람회기구 총회장에서
개최지 결정을 위한 투표에 앞서 진행될
(ㅏ '프레젠테이션', 외래어 표기법)
프리젠테이션 준비에 만전을 기하고 있습니다.
①
　　　　유치단은 프리젠테이션에서
'아프리카의 꿈'을 주제로 정한 모로코와
'유럽의 중심지'를 강조한 폴란드에 맞서
지구환경의 미래 등 인류 보편의 가치로
차별화를 시도할 계획입니다.
②
　　　　또 현재 분위기가
우리에게 불리하지 않은 가운데
한국과 모로코, 폴란드 어느 나라도
1차 투표에서 개최지 선정이 어렵다고 보고
③
지지국 이탈 방지 등을 위해
④
끝까지 최선을 다한다는 계획입니다.
　　　　개최지는
　　　　　　　　　　⑤
우리 시각으로 내일 새벽 3시쯤 결정되며
140개 세계박람회기구 회원국 가운데
3분의 2 이상이 출석해 진행한 투표에서
3분의 2 이상 득표하면 확정됩니다. (끝)

"

"

우리 유치단은 '환경보존' 등 보편적 가치에 중점을 둔다는 전략으로 '아프리카의 꿈'을 내세우는 모로코와 '유럽의 중심'을 테마로 한 폴란드와 맞섭니다.

현재로서는 1차 투표에서 개최지가 결정되기 어렵다는 예상 아래 유치단은 우리 지지국가들을 지키는 데 주력하고 있습니다.

2012년 EXPO 개최지는 우리 시각으로 내일 오전 3시쯤 140개 회원국 2/3 이상 출석에 2/3 이상 득표로 최종 확정됩니다.

해설
① 우리 전략을 먼저 말한다.
　'차별화를 시도할 계획'이 이상하다. '시도'와 '계획'이 붙어 있어 더 그렇다.
② 이 말이 1차 투표로는 결정이 쉽지 않다는 뜻이다.(군말)
③ 부정의 부정은 피한다. 헷갈린다.
④ 윗 문장과 마무리가 똑같다.
⑤ '결정'과 '확정'의 차이가 없다.(간결미)

발음
ⓐ 총력[총:력]
ⓑ 파리
　[빠리]로 발음하지 않는다. 국어학자들은 바보가 아니다. 표기의 일관성, 체계성, 통일성을 위해 그렇게 것이다.

정치

|6| BBK 김경준 씨 국내 송환, 하루 연기

한국과 미국 법무당국이
'BBK 주가조작 사건'의 핵심인사인
김경준 씨의 신병인도 장소를 놓고
이견을 보임에 따라 김 씨의 송환이
당초 예정된 일정보다 늦어지고 있습니다.
김 씨는 당초 오늘
미국 로스앤젤레스 공항에서 출발하는
국적기를 이용해
국내로 송환될 예정인 것으로 전해졌지만
김 씨와 호송팀은
국적기에 탑승하지 않았습니다.
또 호송팀 일부는 항공편 예약을
취소한 것으로 확인됐습니다.
이와 관련해 미 법무부 당국자는
한국 측이 김 씨 신병 인도 장소로
로스앤젤레스공항이 아닌
제3의 장소를 요청했으며
한국 측이 언론과의 충돌을 피하기 위해서
장소 변경을 요청한 것으로 안다고 말했습니다.
미국 측은 그러나 신병 인도 장소는
송환 대상자의 수감지 인근 공항으로 정한다는
관례에 따라 김 씨를 로스앤젤레스 공항에서
인도하겠다는 입장을 한국 측에 전한 것으로
알려졌습니다.
이에 따라 한국 호송팀은
김 씨의 신병 인도 장소를 놓고
미국 측과 협의하고 있는 것으로 전해졌습니다. (끝)

① <u>한국과 미국 법무당국이</u>
'BBK 주가<u>조</u>작 사건'의 핵심인사인
김경준 씨의 신병인도 장소를 놓고
<u>이견을 보임에 따라</u> 김 씨의 송환이
② <u>당초 예정된 일정보다</u> 늦어지고 있습니다.
　　　　김 씨는 당초 오늘
미국 로스앤젤레스 공항에서 출발하는
③ <u>국적기</u>를 이용해
국내로 <u>송환</u>될 예정인 것으로 전해졌지만
김 씨와 호송팀은
국적기에 탑승하지 않았습니다.
④ 　　또 호송팀 일부는 항공편 예약을
취소한 것으로 확인됐습니다.
⑤ 　이와 관련해 미 법무부 당국자는
한국 측이 김 씨 신병 인도 장소로
로스앤젤레스공항이 아닌
⑥ <u>제3의 장소를 요청했으며</u>
한국 측이 언론과의 충돌을 피하기 위해서
장소 변경을 요청한 것으로 안다고 말했습니다. (→ '문장에 힘을 뺀다.')
⑦ 　　미국 측은 그러나 신병 인도 장소는
송환 대상자의 수감지 인근 공항으로 정한다는
관례에 따라 김 씨를 로스앤젤레스 공항에서
인도하겠다는 입장을 한국 측에 전한 것으로
알려졌습니다.
　　　이에 따라 한국 호송팀은
김 씨의 신병 인도 장소를 놓고
미국 측과 협의하고 있는 것으로 전해졌습니다. (끝)

BBK 주가조작 사건의 핵심 인물 김경준 씨의 신병인도 장소를 놓고 한·미 법무당국이 이견을 보이면서 김 씨 송환이 늦어지고 있습니다.

김 씨는 당초 오늘 L.A발 우리 국적기를 이용해 송환될 예정이었지만 김 씨와 호송팀이 탑승하지 않은 것으로 확인됐습니다.

미 법무부 당국자는 이에 대해, 한국 측이 언론 노출 문제 등을 들어 L.A가 아닌 다른 공항에서 신병인도를 요청한 것은 송환대상자의 수감지 인근 공항이 관례인 미국 법령에 어긋난다고 밝혔습니다.

"

해설
① 술어 앞에 놓여야 명확해진다.
② '당초'가 뒤에 또 나오는데다 다음 전개 문장이 이 내용을 서술하고 있다.
③ '국적기'를 명확히 해줄 필요가 있다.(→ '우리 국적기')
④ (불필요)
⑤와 ⑦ 문장은 묶어서 하나로 줄인다.
⑥ '제2의 장소'는 어디인가?('겉멋')

발음
ⓐ 造作〔조ː작〕, *참고. 操作〔조작〕
ⓑ 송환〔송ː환〕

정치

|7| BBK 김경준, 한나라당 공격

　　　　이번주 중 한국으로 송환되는
BBK 사건의 김경준씨가 이명박 후보의
한나라당을 직접 공격하고 나섰습니다.
　　　　김경준씨 송환에 앞서
마지막 면회를 마친 가족들은 한나라당이
김씨를 거론하며 민란 수준의 국민적 저항을
불러올 것이라고 밝힌 것과 관련해
이 같은 발언은 위력으로 진실을 덮겠다는
의도나 다름없다며 강력히 반발했습니다.
　　　　김씨 가족들은 한나라당의
움직임이 김씨의 안전을 위협할 수준이라고
밝히고 경우에 따라 김씨를 이명박 후보에게
소개했던 누나 에리카 김을 포함해 전 가족이
한국에 들어가 대응하는 방법도
강구하겠다고 밝혔습니다.
　　　　한편 어제 L.A에 도착한
한국 호송팀은 미 법무당국과
신병인도 장소와 시점을 협의하고 있으며
인도시점은 이르면 오늘밤이나 늦어도
16일까지는 인도 절차를 마칠 것으로 전해졌습니다.
　　　　그러나 신병인도 장소는
김씨를 언론에 노출시키지 않기 위해
취재진이 대거 몰려있는 L.A공항을 배제하고
샌프란시스코나 라스베이거스 등 인근
국적기 취항지를 물색중인 것으로
알려졌습니다. (끝)

정치

이번주 중 한국으로 송환되는
BBK 사건의 김경준씨가 이명박 후보의
한나라당을 ⓐ직접 ⓑ공격하고 나섰습니다.
(→'와')

김경준씨 송환에 앞서
마지막 ⓒ면회를 마친 가족들은 ①한나라당이
김씨를 거론하며 민란 수준의 국민적 저항을
불러올 것이라고 밝힌 것과 관련해
이 같은 발언은 위력으로 진실을 덮겠다는
의도나 다름없다며 강력히 반발했습니다.

김씨 가족들은 한나라당의
움직임이 김씨의 안전을 위협할 수준이라고
밝히고 경우에 따라 김씨를 이명박 후보에게
소개했던 누나 에리카 김을 포함해 전 가족이
한국에 들어가 대응하는 방법도
(→ 귀국해)
강구하겠다고 밝혔습니다.

한편 어제 L.A에 도착한
한국 호송팀은 미 법무당국과
ⓓ신병인도 장소와 시점을 협의하고 있으며
②인도 시점은 이르면 오늘밤이나 늦어도
16일까지는 인도절차를 마칠 것으로 전해졌습니다.

그러나 신병인도 장소는
ⓔ
김씨를 언론에 노출시키지 않기 위해
취재진이 대거 몰려있는 L.A공항을 배제하고
샌프란시스코나 라스베이거스 등 인근
③
국적기 취항지를 물색중인 것으로
알려졌습니다. (끝)

"
송환에 앞서 김 씨를 면회한 가족들은 한나라당이 김 씨를 국제사기꾼, 또는 범죄자 운운하고 검찰에 대해서는 조사결과에 따라 민란 수준의 국민적 저항을 경고하고 있는 데 대해 이같은 발언들은 위력으로 진실을 덮겠다는 것이라며 강력히 반발했습니다.

"

한편 어제 L.A에 도착한 호송팀은 미 법무당국과 신병인도의 시점과 장소를 협의 중인 것으로 알려졌습니다.

시점은 이르면 오늘밤, 늦어도 16일이 될 것으로 보이며 장소는 언론 노출을 피하기 위해 L.A가 아닌 샌프란시스코나 라스베이거스를 택할 것으로 전해졌습니다.

해설
① 김 씨와 '민란' 운운은 직접적 관련성이 아니다. '명확성'의 문제
② 시점과 장소를 한 문장에서 소화해야 일목요연하다.
③ 불필요하다. 더구나 모호하다. 한국을 말하나 미국을 말하나?

발음
ⓐ '직접'이 '집적'[집쩍]으로 전도되지 않도록 유의
ⓑ 공격[공:격]
ⓒ 면회[면:회]
ⓓ 時點[시쩜](O), [시:쩜](×)
ⓔ 노출[노:출]

정치

|8| 건강보험 전환자 중, 억대 자산가도 있어

재산과 소득이 있으면서도
국가의 의료급여 혜택을 받아온 부정 수급자가 있어
이를 막기 위한 대책이 필요하다는
주장이 나왔습니다.
국회보건복지위 전재희 의원이
건강보험공단의 자료를 분석한 결과
올 상반기까지 의료 급여 수급자 가운데
수급권을 스스로 취소하고
건보 지역 가입자로 전환한 세대는
2만 3천여 세대로 조사됐습니다.
이 자료를 보면 같은 기간
의료급여 수급자에서 건강보험 가입자로
전환한 사람들 가운데
재산이 2억 원 이상인 사람이 42명,
8억 원 이상의 자산가도 2명으로 파악됐습니다.
전 의원은
재산은 물론이고 최저 생계비도 안 되는
소득밖에 올리지 못한다고 해서
정부로부터 의료비를 지원받는 사람이
갑자기 억대 재산을 보유하기는 불가능하다며,
이는 대부분 불법 의료 급여 혜택을 누려왔다고밖에
볼 수 없다고 주장했습니다. (끝)

①   재산과 소득이 있으면서도
국가의 의료급여 혜택을 받아온 부정 수급자가 있어
이를 막기 위한 대책이 필요하다는
주장이 나왔습니다.
         국회보건복지위 전재회 의원이
건강보험공단의 자료를 분석한 결과
②
올 상반기까지 의료 급여 수급자 가운데
수급권을 스스로 취소하고
건보 지역 가입자로 전환한 세대는
2만 3천여 세대로 조사됐습니다.
         이 자료를 보면 같은 기간
의료급여 수급자에서 건강보험 가입자로
전환한 사람들 가운데
재산이 2억 원 이상인 사람이 42명,
8억 원 이상의 자산가도 2명으로 파악됐습니다.
         전 의원은
재산은 물론이고 최저 생계비도 안 되는
소득밖에 올리지 못한다고 해서
정부로부터 의료비를 지원받는 사람이
갑자기 억대 재산을 보유하기는 불가능하다며,
          ③
이는 대부분 불법 의료 급여 혜택을 누려왔다고밖에
볼 수 없다고 주장했습니다. (끝)

억대의 재산가 수십 명이 저소득층을 위한 의료급여 혜택을 받아온 것으로 드러났습니다.

국회보건복지위원회 전재회 의원이 건강보험공단 자료를 분석한 결과, 올해 상반기 의료급여 수급자에서 새로 지역건강보험 가입자가 된 2만 3천여 세대 가운데, 재산이 2억 원 이상인 사람이 42명, 8억 원 이상이 2명인 것으로 나타났습니다.

"

이는 최저생계비 수준밖에 안 된다고 신고했던 사람들 중 일부가 실제는 억대의 자산가라는 의미로 이들이 그동안 불법의료 급여혜택을 받은 방증이라고 전 의원은 주장했습니다.

[해설]
① 충격적인 내용에 비해 '리드'가 너무 밋밋하다.
② 어렵다. 무슨 말인지 모른다.
③ 부정적 내용과 표현을 거푸 사용하면 전달력이 떨어진다.

[발음]
● 대책[대ː책]
● 상반기[상ː반기]
● 건보[건ː보]
● 전환[전ː환]
● 不法[불법](○), [불뻡](×)

정치

|9| 신당 세 후보, 오늘 서울합동연설회서 지지호소

　　　　손학규, 이해찬 후보가 경선 참여 의사를 밝히면서
대통합민주신당의 경선이 정상화된 가운데
정동영, 손학규, 이해찬 세 후보는
오늘 서울 지역 합동연설회에서
막바지 표심 공략을 위한 치열한 공방을
벌일 것으로 예상됩니다.
　　　　오늘 연설회는
오는 14일 동시경선 전에 열리는 마지막 연설회로
세 후보들은 본선 경쟁력을 강조하면서
동원선거와 명의 도용 등에 대한 공방을
벌일 것으로 보입니다.
　　　　이에 앞서 어제 세 후보는
경선 파행 이후 여드레만에 처음으로
KBS 1라디오 열린토론에 참석해
조직 동원 선거를 놓고 집중적으로 공방을 벌였습니다.
　　　　정동영 후보가 조직과 동원 자체가 문제라기 보다는
돈 뿌리는 불법 탈법 동원이 문제라고 한 반면
이해찬 후보는
조직과 동원 그 자체가 구태정치라고 비판했고
손학규 후보도 조직, 동원선거를 얘기하면
국민경선이나 참여정치를 말할 이유가 없다고
반박했습니다. (끝)

정
치

　　　손학규, 이해찬 후보가 경선 참여 의사를 밝히면서
대통합민주신당의 경선이 정상화된 가운데
정동영, 손학규, 이해찬 세 후보는
오늘 서울 지역 합동연설회에서
막바지 표심 공략을 위한 치열한 공방ⓐ을
벌일 것으로 예상됩니다.
　　　오늘 연설회는
오는 14일 동시경선 전에 열리는 마지막 연설회ⓑ로
세 후보들은 본선 경쟁력을 강조하면서
동원선거와 명의 도용 등에 대한 공방을
벌일 것으로 보입니다.
　　　이에 앞서 어제 세 후보는
　　　　　①ⓒ
경선 파행 이후 여드레만에 처음으로
KBS 1라디오 열린토론에 참석해
조직 동원 선거를 놓고 집중적으로 공방을 벌였습니다.
　　　정동영 후보가 조직과 동원ⓓ 자체가 문제라기 보다는
돈 뿌리는 불법 탈법 동원이 문제ⓔ라고 한 반면
이해찬 후보는
조직과 동원 그 자체가 구태정치라고 비판했고
　　　　　　　　　　　②
손학규 후보도 조직, 동원선거를 얘기하면
　　　　　　　　　　　　　　　(→ 논한다면)
국민경선이나 참여정치를 말할 이유가 없다고
　　　　　　　　　　　(→ 언급할)
반박했습니다. (끝)

해설
① '8일'이 낫다.
　방송뉴스 문장은 전달력이 최우선 가치다. 물론 고유어식 수 표현도 좋은 가치지만 전달력에 장애가 된다면 물러서야 한다.
　＊참고
　　1일 → 하루　　　2일 → 이틀
　　3일 → 사흘　　　4일 → 나흘
　　5일 → 닷새　　　6일 → 엿새
　　이레 → 7일　　　여드레 → 8일
　　아흐레 → 9일　　10일 → 열흘
　어느 것이 더 귀에 잘 들리고 이해가 쉬운가 관건이다.
② 방송뉴스 문장은 구어적 특성과 문어적 특징을 함께 지닌다. 그러나 세련미, 절제미, 완결미, 함축미를 지향한다는 점에서 보다 문어적이다. 여기서 '얘기하면', '말함' 등은 회화적이다.

발음
ⓐ 攻防〔공:방〕
ⓑ 연설〔연:설〕
ⓒ 여드레
　8일이 낫다. 발음이 어렵다. 전달력이 최우선.
　'하루', '이틀', '사흘', '나흘', '닷새', '엿새'는 O.K
　이레(×), 여드레(×), 아흐레(×), 열하루(×)
ⓓ 動員〔동:원〕
ⓔ 문제〔문:제〕

정치

|10| 신정아 허위학력, 국가인재DB에 등록돼

학력 위조 파문의 주인공인 신정아 씨가
지난해 8월 중앙인사위원회의
국가 인재 데이터베이스에 등록하면서도
학력을 속인 것으로 드러나
국가 인재정보 관리에 문제가 있다는
지적이 나오고 있습니다.
한나라당 김기현 의원이
중앙인사위로부터 제출받은 자료를 보면
신 씨는 동국대 조교수로 특채 임용된 다음해인
지난해 8월 31일 중앙인사위의
국가 인재 데이터베이스에 등록했습니다.
이와 관련해, 중앙인사위는
신씨가 대학 조교수 이상에 해당하는 만큼
국가 인재 데이터베이스 수록 요건에
부합된다고 판단해 수록했지만
신씨의 학력과 경력사항에 대한
별도의 확인 절차는 없었다고 밝혔습니다.
중앙인사위는 학력위조 파문이 불거지자
인물정보심의회를 개최하는 등의 절차를 거쳐
올해 7월 12일 데이터베이스에서
신씨의 기록을 삭제했습니다.
김 의원은 신씨와 같이
허위 학력이나 이력을 가진 인물이
아무 제약 없이 등록을 할 수 있다는 것은
국가 인재 데이터베이스 사업의
총체적 부실을 보여주는 것이라며
대책 마련을 촉구했습니다. (끝)

① 학력 위조 파문의 주인공인 신정아 씨가
지난해 8월 중앙인사위원회의
국가 인재 데이터베이스에 등록하면서도
학력을 속인 것으로 드러나
국가 인재정보 관리에 문제가 있다는
지적이 나오고 있습니다.
　　　　한나라당 김기현 의원이
② ⓐ
중앙인사위로부터 제출받은 자료를 보면
신 씨는 동국대 조교수로 특채 임용된 다음해인
지난해 8월 31일 중앙인사위의
국가 인재 데이터베이스에 등록했습니다.
　　　이와 관련해, 중앙인사위는
　　　　　　　　ⓑ
신씨가 대학 조교수 이상에 해당하는 만큼
국가 인재 데이터베이스 수록 요건에
부합된다고 판단해 수록했지만
신씨의 학력과 경력사항에 대한
별도의 확인 절차는 없었다고 밝혔습니다.
　　　　중앙인사위는 학력위조 파문이 불거지자
③　　　　　　　　　　ⓒ
인물정보심의회를 개최하는 등의 절차를 거쳐
올해 7월 12일 데이터베이스에서
신씨의 기록을 삭제했습니다.
　　　　김 의원은 신씨와 같이
　　　　　　　ⓓ
허위 학력이나 이력을 가진 인물이
아무 제약 없이 등록을 할 수 있다는 것은
국가 인재 데이터베이스 사업의
총체적 부실을 보여주는 것이라며
ⓔ
대책 마련을 촉구했습니다. (끝)

중앙인사위원회의 국가인재 데이터베이스에도 신정아 씨의 가짜 학력이 그대로 실려 있어, 정보관리에 허점이 있다는 지적이 제기됐습니다.

"

"

"

"

해설

① '리드'가 너무 길다. '지난해 8월', '중앙인사위원회' 등은 뒷 문장에 계속 나온다. 확실하게 핵심만 쓰는 리드가 여기서 필요하다. '주인공'은 긍정적 의미로만 쓴다. 여기서는 굳이 쓴다면, '장본인'이다.
② '~보면'과 '했습니다.'가 호응이 이상하다. 뒤를 '등록한 것으로 돼 있습니다.'로 바꿔야 한다.
③ (불필요, 복잡)

발음

ⓐ 資料〔자료〕(○), 〔자:료〕(×)
ⓑ 該當〔해당〕, *참고. 害黨〔해:당〕
ⓒ 거쳐〔거처〕(○), 〔거:쳐〕(×)
ⓓ 이력〔이:력〕
ⓔ 대책〔대:책〕

정치

정치

|11| 한, 오늘 선대위 인선 발표

　　　　한나라당 이명박 대선 후보가
오늘 선거대책위원회를 구성하고
본격적인 선거 운동에 돌입합니다.
　　　　중앙선대위는 강재섭 대표와
7명의 분야별 공동선대위원장을 두고
교육문화, 과학기술, 체육·청소년,
외교·안보, 농업 등 분야별 선대위원장에는
유종하 전 외교통상부 장관,
박범훈 중앙대 총장 등
전문성을 갖춘 외부 명망가가
임명될 것으로 전해졌습니다.
　　　　이와 함께 경제살리기특위 등 3개 특위,
대외협력팀, 전략홍보팀 등과 함께
지역별로 16개 시도별 선대위가
각각 구성될 예정입니다.
　　　　한나라당은 오늘 아침 최고위원회의에서
선대위 인선안을 결정한 뒤,
모레 공식 출범식을 가질 계획입니다. (끝)

한나라당 이명박 대선 후보가

오늘 선거대책위원회를 <u>구성</u>하고 ⓐ

본격적인 선거 운동에 돌입합니다.

중앙선대위는 <u>강재섭 대표와</u> ①

7명의 분야별 공동선대위원장을 두고

교육문화, 과학기술, 체육·청소년,

외교·안보, 농업 등 분야별 선대위원장에는

유종하 전 외교통상부 장관,

박범훈 중앙대 총장 등

전문성을 갖춘 외부 명망가가

임명될 것으로 전해졌습니다.

이와 함께 경제살리기특위 등 3개 특위,

대외협력팀, <u>전략홍보팀</u> 등과 함께 ⓑ

지역별로 16개 시도별 선대위가

각각 구성될 예정입니다.

한나라당은 오늘 아침 최고위원회의에서

선대위 <u>인선안을 결정한 뒤</u>,
(→ 인선을 매듭짓고, '안'을 결정하는 것이 아니라, '안'에 따라 최종 결정하는 것.
모레 공식 출범식을 가질 계획입니다. (끝)   '정확성'

중앙선대위는 외교·안보, 교육·과학·기술, 문화·예술 등 7개 분야별 선대위로 구성됩니다. 외교·안보에는 유종하 전 외교부장관이, 문화·예술에는 박범훈 중앙대 총장이 거론되고 있습니다.

해설

① '강재섭 대표'는 신선한 정보가 아니다. 중요한 정보 몇 개만 밝히고 문장을 나누는 것이 효과적이다. 분야와 인물을 떼어 놓으면 전달력이 떨어진다.

발음

ⓐ 構成[구성](○), [구ː성](×)
ⓑ 전략[절ː략]

정치

정치

|12| F-15K, 내년 美 주도 동맹국훈련에 참가

최신예 전투기 F-15K가
내년 미국에서 실시되는
최대 규모의 동맹국 연합 군사훈련에 참가합니다.
공군은 오늘
내년 8월 9일부터 23일까지
미국 네바다의 넬리스 미 공군기지에서 열리는
레드 플래그 훈련에
F-15K 6대가 참가할 계획이라고 밝혔습니다.
우리 공군 조종사들이
전투기를 몰고 이 훈련에 참가하는 것은
이번이 처음입니다.
레드 플래그 훈련은
1975년부터 매년 3,4차례 열리고 있으며
미국과 북대서양조약기구(NATO), 회원국 등
동맹국 공군이
가상의 적기들에 맞서 다양한 모의 공중전을
치르는 방식으로 진행됩니다. (끝)

①
　　　최신예 전투기 F-15K가

내년 미국에서 실시되는

②
최대 규모의 동맹국 연합 군사훈련에 참가합니다.

　　　공군은 오늘

내년 8월 9일부터 23일까지

미국 네바다의 넬리스 미 공군기지에서 열리는
　　　　　　　　　　(→ 삭제)
레드 플래그 훈련에

F-15K 6대가 참가할 계획이라고 밝혔습니다.
　　↑　　　(→ 나선다고)
　전투기
　　　　　우리 공군 조종사들이
③
전투기를 몰고 이 훈련에 참가하는 것은

이번이 처음입니다.

　　　레드 플래그 ㉮훈련은

1975년부터 매년 ㉯3,4차례 열리고 있으며
　　　　　　　　　　　(→ '있는데', 문맥상 더 적합)
미국과 북대서양조약기구(NATO), 회원국 등

동맹국 공군이
(→ '서방측', 동맹국의 주체와 객체가 불분명)
가상의 적기들에 맞서 다양한 모의 공중전을
　　(→ 불필요)
치르는 방식으로 진행됩니다. (끝)

최신예 F-15K 전투기가 내년 미국에서 실시되는 대규모 군사훈련에 참가합니다.

"

"

"

해설
① '전투기'가 뒤에 와야 자연스럽다.
② 길다. 어떤 기준에서 최대 규모인가? 누구 기준 동맹국인가?
③ 서울에서 몰고가나? 함정에 싣고 가는 것 아닌가? 빼는 것이 낫다.

발음
㉮ 훈련 [훌ː련]
㉯ [서너 차례]

정치

37

정치

|13| LA국감, 김경준 절차따라 송환

　　　　로스엔젤레스 총영사관은
BBK사건의 핵심인물인 김경준씨의
한국송환 문제는 미 국무부가 최종승인을
내리는 대로 김씨의 신병을 인도하는
행정적 지원에 나서게 될 것이라고 밝혔습니다.
　　　　국회 통일외교통상위원회
미주지역 국정감사에서 LA총영사관은
이같이 보고하고 그러나 아직까지
송환시기와 장소에 대해 아무런 통보를
받은 적이 없다고 밝혔습니다.
　　　　답변에 나선 최병효 총영사와
김종양 경찰주재관은 김씨의 송환문제는
연방차원의 사안으로 L.A에서 구체적인
정보를 갖고 있지 않지만 송환시기와
장소가 통보되면 범죄인 인도 집행을 위한
절차를 밟게 될 것이라고 말했습니다.
　　　　영사관측은 또 100만 가까이 대피한
캘리포니아 산불과정에서 교민대피노력이
미흡하지 않았느냐는 의원들의 추궁에 대해
미국 재난당국이 활동하는 상황에서
재외국민들에게 별도의 대피명령을 내리는
것이 적절치 않은 것으로 봤다고 답변했습니다.
　　　　여·야의원들은 오늘
김경준씨의 한국송환문제와
캘리포니아 산불과정에서 L.A총영사관의
대처상황을 집중적으로 물었습니다. (끝)

① <u>로스엔젤레스</u> 총영사관은
(→ 로스앤젤레스)
BBK사건의 핵심인물인 김경준씨의
한국송환 문제는 미 국무부가 최종승인을
내리는 대로 김씨의 신병을 인도하는
행정적 지원에 나서게 될 것이라고 밝혔습니다.
② 국회 통일외교통상위원회
미주지역 국정감사에서 LA총영사관은
이같이 보고하고 그러나 아직까지
송환시기와 장소에 대해 아무런 통보를
받은 적이 없다고 밝혔습니다.
③ 답변에 나선 최병효 총영사와
김종양 경찰주재관은 김씨의 <u>송환문제</u>는
연방차원의 사안으로 L.A에서 <u>구체적인</u>
정보를 갖고 있지 않지만 송환시기와
장소가 통보되면 범죄인 인도 집행을 위한
절차를 밟게 될 것이라고 말했습니다.
<u>영사관측은 또 100만 가까이 대피한</u>
또, 지난   (→ 불필요)
캘리포니아 산불과정에서 <u>교민대피노력이</u>
                              (→ 교민을 위한 대책이)
미흡하지 않았느냐는 의원들의 추궁에 대해서는
                                    (→ 친절성)
미국 재난당국이 활동하는 상황에서
<u>재외국민들에게 별도의 대피명령을 내리는</u>
(→ 교민)   (→ 내리는 경우)
<u>것이 적절치 않은 것으로 봤다고 답변했습니다.</u>
(적절치 않은 것으로 판단했다고 답했습니다.)
여·야의원들은 오늘
김경준씨의 한국송환문제와
캘리포니아 산불과정에서 L.A총영사관의
대처상황을 집중적으로 물었습니다. (끝)

미 국무부는 BBK 핵심인물 김경준씨를 한국으로 송환한다는 원칙만 있을 뿐, 그 시기와 장소는 미정이라고 밝혔다고 L.A 총영사관 관계자가 말했습니다.

최병호 총영사와 김종양 경찰주재관은 국회 통일외교 통상위원회 미주지역 국정감사 답변에서 김 씨의 송환문제는 연방차원의 사안으로 L.A에서는 구체적인 정보를 가질 수 없다고 말하고 김 씨의 송환 시기와 장소가 통보되면 범죄인 인도 집행을 위한 절차를 밟게 될 것이라고 밝혔습니다.

"

"

해설
①은 내용이 없어 ②와 합쳐 하나로 적는다.
③은 ②와 연결한다. 깔끔하게 고쳐쓰기.

발음
ⓐ 송환[송:환]
ⓑ 具體的[구체적](○), [구:체적](×)
ⓒ 교민[교:민]
ⓓ 미흡[미:흡]

정치

|14| 신당, 정부조직개편안 원내대책 논의

대통합민주신당은
오늘 국회에서 최고위원회의와 의원총회를 열어
한나라당이 제출한
정부조직개편안 처리를 위한
원내대책을 논의합니다.

신당은
그동안 토론회와 공청회를 통해
수렴된 의견들을 바탕으로
대통령직 인수위와 한나라당이 마련한
정부 조직개편안의 문제점을
집중 부각시킨 뒤 수정을 요구할 예정입니다.

신당은 특히
인수위의 안은 부처수는 18개로 13개로 축소했다지만
특임장관 2명에, 방송통신위원회가
실질적으로 일반부처보다
큰 규모로 돼 있어
사실상 16개 부처와 다름 없다고 보고
이에 준해 통일부와 여성가족부 등의
폐지방침을 재고할 것을 요구할 계획입니다.

신당은 이와 별도로
신계륜 사무총장을 총선기획단장에 임명하고
당 체제를 총선체제로 전환할 예정입니다. (끝)

　　　　대통합민주신당은
오늘 국회에서 최고위원회의와 의원총회를 열어
한나라당이 제출한
정부조직개편안 처리를 위한
원내대책을 논의합니다.
　　　신당은
그동안 토론회와 공청회를 통해
수렴된 의견들을 바탕으로
대통령직 인수위와 한나라당이 마련한
정부 조직<u>개편안</u>ⓐ의 <u>문제점</u>ⓑ을
집중 부각시킨 뒤 수정을 요구할 예정입니다.
　　　신당은 특히
인수위의 안은 부처수는 <u>18개로</u>① <u>13개로</u>② 축소했다지만
③
<u>특임장관 2명에, 방송통신위원회가</u>
실질적으로 일반부처보다
큰 규모로 돼 있어
④
<u>사실상 16개 부처와 다름 없다고 보고</u>
⑤
<u>이에 준해</u> 통일부와 여성가족부 등의
폐지방침을 재고할 것을 요구할 계획입니다.
　　　신당은 이와 별도로
신계륜 사무총장을 <u>총선</u>ⓒ기획단장에 임명하고
당 체제를 총선체제로 <u>전환</u>ⓓ할 예정입니다. (끝)

" 　　　　　　　　　　　"

신당은 특히 인수위가 내놓은 13개 부처 안은 거대 규모의 방송통신위원회와 특임 장관직 둘을 고려하면 사실상 16개 부처나 마찬가지라고 밝히고, 따라서 통일부와 여성가족부의 폐지방침을 철회할 것을 요청하기로 했습니다.

"

해설
① '18개를'의 오타지만 숫자를 이렇게 붙이면 전달력이 떨어진다.
② '부처'를 이렇게 '개'로 끝내 놓으면 어색하다.
③ '부처'가 갑자기 '사람'이 되었다.('동격', '동급'의 원칙을 어김.)
④ (굳이 쓸 필요가 없다. 길어진다.)
⑤ 이런 데 쓰는 연결이 아니다.

발음
ⓐ 개편안[개:펴난]
ⓑ 문제점[문:제쩜]
ⓒ 총선[총:선]
ⓓ 전환[전:환]

정치

|15| 북핵 6자회담 오늘 베이징서 개막

　　　　북핵 불능화와 핵 프로그램 신고 등
이른바 2단계 비핵화를 다루기 위한
제6차 6자 회담 2단계 회의가 우리 시각으로
오늘 오후 5시 베이징 댜오위타이에서 개막됩니다.
　　　　천영우 한반도 평화교섭 본부장과
크리스토퍼 힐 미 국무부 동아태 차관보,
김계관 북한 외무성 부상 등
각국 수석 대표를 비롯한 참가국 대표단들은
북핵 불능화와 신고 범위 등에 대한
합의를 시도하게 됩니다.
　　　　각국 대표단은 특히
2.13합의에 따라 불능화 이행의 대가로
북한에 중유 95만톤 상당의
경제·에너지 지원을 하는 문제와
미국이 북한을 테러지원국 명단에서 삭제하고
대북 적성국교역법 적용 대상에서
제외하는 문제에 대해서도 논의할 예정입니다.
　　　　이와 관련해 크리스토퍼 힐 미 국무부 차관보는
어젯밤 북한 김계관 외무성 부상과 양자회동을 갖은 뒤
올해 말까지 '불능화'와 신고를 마무리 짓는 것이
가능할 것으로 생각한다고 말했습니다.
　　　　김계관 북한 외무성 부상도 이번 6자회담에서
결과를 만들자는데 힐 차관보와
의견일치를 봤다고 밝혔습니다. (끝)

　　　　북핵 불능화와 핵 프로그램 신고 등
이른바 2단계 비핵화를 다루기 위한
제6차 6자 회담 2단계 회의가 우리 시각으로
오늘 오후 5시 베이징 댜오위타이①에서 개막됩니다.
　　　　천영우 한반도 평화교섭 본부장과
크리스토퍼 힐 미 국무부 동아태 차관보,
김계관 북한 외무성 부상 등
각국 수석 대표를 비롯한 참가국 대표단들은
북핵 불능화와 신고 범위 등에 대한
합의를 시도하게 됩니다.
　　　　각국 대표단은 특히
2.13합의에 따라 불능화 이행의 대가로
북한에 중유 95만톤 상당의
②
경제·에너지 지원을 하는 문제와
미국이 북한을 테러지원국 명단에서 삭제하고
대북 적성국교역법 적용 대상에서
제외하는 문제에 대해서도 논의할 예정입니다.
　　　　이와 관련해 크리스토퍼 힐 미 국무부 차관보는
　　　　　　　　　　　　　　　　　　　③
어젯밤 북한 김계관 외무성 부상과 양자회동을 갖은 뒤
　　　　　　　　　　　　　　　　　　　(→ '한')
올해 말까지 '불능화'와 신고를 마무리 짓는 것이
가능할 것으로 생각한다고 말했습니다.
　　　　김계관 북한 외무성 부상도 이번 6자회담에서
④
결과를 만들자는데 힐 차관보와
의견일치를 봤다고 밝혔습니다. (끝)

해설

① * 참고. '조어대'(釣魚台)
② '경제'와 '에너지'는 격이 다르다. 둘 중 하나만 쓰되 '지원' 다음 '등'을 붙인다.
③ '갖은' - '골고루 다 갖춘', '여러 가지의' 관형사
　예) (갖은)고생
　　　(갖은)양념
④ 이상하다. → '성과를 보자는 데'

정치

|16| 신당 대선주자, 오늘 경제분야 정책토론

대통합민주신당 대선 주자들은
오늘 경제 분야를 주제로 한
제2차 후보 정책토론회에 참여해
일자리 창출과 부동산 등
경제 현안을 놓고 격론을 벌일 예정입니다.
손학규 전 지사는
세계 일류 일등기업 10개를 육성해
일자리를 창출하고, 맞춤형 공공주택으로
서민들의 집 걱정을 덜겠다고 밝힐 예정이고,
정동영 전 장관은 개성공단을
복합경제특구로 만들어 우리 경제의
성장동력으로 만들겠다고 주장할 계획입니다.
이해찬 전 총리는
인재양성으로 일자리를 창출하고,
성장률 6%, 일자리 2백만 개 실현하겠다고
공약할 계획이고, 유시민 전 장관은
선진통상국가와 사회투자국가 비전을 밝힐 예정입니다.
한명숙 전 총리는 일자리를 확충하고
영세자영업자 경쟁력 강화,
사회안전망을 확충할 수 있도록
서민경제위원회 설치 등을 주장할 예정입니다.(끝)

대통합민주신당 대선 주자들은
①
오늘 경제 분야를 주제로 한
  ⓐ   ⓑ
제2차 후보 정책토론회에 참여해
일자리 창출과 부동산 등
②
경제 현안을 놓고 격론을 벌일 예정입니다.
　　　손학규 전 지사는
세계 일류 일등기업 10개를 육성해
일자리를 창출하고, 맞춤형 공공주택으로
　　　　③ⓒ　　　④
서민들의 집 걱정을 덜겠다고 밝힐 예정이고,
　　　정동영 전 장관은 개성공단을
복합경제특구로 만들어 우리 경제의
　　　　　　　　⑤
성장동력으로 만들겠다고 주장할 계획입니다.
　　　이해찬 전 총리는
⑥　　　ⓓ
인재양성으로 일자리를 창출하고,
　　　　　　⑦
성장률 6%, 일자리 2백만 개 실현하겠다고
공약할 계획이고, 유시민 전 장관은
선진통상국가와 사회투자국가 비전을 밝힐 예정입니다.
⑧
　　　한명숙 전 총리는 일자리를 확충하고
ⓔ
영세자영업자 경쟁력 강화,
사회안전망을 확충할 수 있도록
ⓕ
서민경제위원회 설치 등을 주장할 예정입니다. (끝)

대통합민주신당 대선 후보들은 오늘 제2차 후보 정책토론회에 참석해 일자리 창출, 부동산 안정 등 경제분야 현안을 놓고 격론을 벌일입니다.

손학규 전 지사는 세계 일류급 10개 기업을 육성해 일자리를 창출하고 맞춤형 공공주택건설 등으로 서민의 집 걱정을 덜게 하겠다는 공약을 밝힙니다.

정동영 전 장관은 개성공단을 복합경제특구로 만들어 우리 경제의 성장동력화 하겠다고 역설할 계획입니다.

이해찬 전 총리는 인재양성을 중시하고 성장률 6%, 일자리 2백만 개 실현 공약을 발표합니다.

유시민 전 장관은 선진 통상국가와 사회투자국가 비전을 밝힐 예정입니다.

한명숙 전 총리는 일자리 확충, 영세 자영업자 경쟁력 강화, 사회안전망 확충, 서민경제위원회 설치 등을 공약할 예정입니다.

정치

해설
① 뒤에 또 나온다.
② '격론'이 '예정'되어 있다는 건 이상하다.
③ 사역동사가 필요하다.
④ 자르는 것이 현명하다.
⑤ '주장', 여기서는 어색하다.
⑥ 논리가 안 맞는다.
⑦ 조사가 빠졌다. '를'(주의)
⑧ 상대적으로 기니까 명사구 형태로 줄인다. '형평성'

발음
ⓐ 후보[후:보]
ⓑ 토론[토:론]
ⓒ 덜겠다고[덜:겓따고]
ⓓ 일자리[일:짜리]
ⓔ 零細[영세](○), [영:세](×)
ⓕ 서민[서:민]

정치

|17| 노 대통령, 오늘 APEC 정상회의 참석

노무현 대통령은 오늘 오후
시드니 오페라하우스에서 열리는
APEC 1차 정상회의에 참석합니다.
　　　　노 대통령은 이 자리에서
우리나라가 기후 변화와 에너지 안보에 대한
종합적인 대응을 추진하고 있음을 설명하고,
아울러 2012년 여수 박람회 유치할 경우
1000만 달러의 기금을 출연해
'살아있는 바다'를 위한 여수프로젝트를 추진할 계획을
소개할 예정입니다.
　　　　노 대통령은 이에 앞서
어제 부시 미 대통령과 양자 회담을 갖고
북한이 핵 프로그램을 폐기하면
한국전 종전선언과
한반도 평화체제를 수립하기로 했습니다.
　　　　부시 미 대통령은
한반도 평화협정 체결을 고려하고 있다면서
남북정상회담 때
김정일 위원장에게 이런 뜻을 전해달라고
노 대통령에게 부탁하기도 했습니다. (끝)

노무현 대통령은 오늘 오후
시드니 오페라하우스에서 열리는
APEC 1차 정상회의에 참석합니다.
　　노 대통령은 이 자리에서
우리나라가 기후 변화와 에너지 안보에 대한
종합적인 대응을 추진하고 있음을 <u>설명하고</u>,
　　　　　　　　　　　　　　　①
<u>아울러 2012년 여수 박람회 유치할 경우</u>
　　　　　　　　②
1000만 달러의 기금을 출연해
③
'<u>살아있는 바다</u>'를 위한 여수프로젝트를 추진할 계획을
소개할 예정입니다.
　　노 대통령은 이에 앞서
어제 부시 미 대통령과 <u>양자</u> 회담을 갖고
　　　　　　　　　　ⓐ
북한이 핵 프로그램을 폐기하면
한국전 종전선언과
　　　　　　　　④
<u>한반도 평화체제를 수립하기로 했습니다.</u>
　⑤
　<u>부시 미 대통령은</u>
한반도 평화협정 체결을 고려하고 있다면서
남북정상회담 때
김정일 위원장에게 이런 뜻을 전해달라고
노 대통령에게 부탁하기도 했습니다. (끝)

"

　　노 대통령은 이 자리에서 우리나라가 기후 변화와 에너지 안보에 대한 종합적인 대응을 하고 있음을 설명하는 한편, 2012년 여수박람회 유치가 성사될 경우 천만 달러의 기금을 출연해 이른바 '살아있는 바다'를 슬로건으로 하는 여수프로젝트를 추진할 것임을 밝힐 예정입니다.

　　노 대통령은 이에 앞서 어제 부시 미 대통령과 양자 회담을 갖고, 북한이 핵 프로그램을 폐기하면 한국전 종전선언과 한반도 평화체제를 수립할 것이라고 말했습니다.

　　이에 대해 부시 미 대통령은 미국도 한반도 평화협정 체결을 고려하고 있다면서, 남북 정상회담 때 김정일 위원장에게 이런 뜻을 전해달라고 노 대통령에게 당부했습니다.

정치

해설
① 연결이 매끄럽지 않다.
② 조사가 빠졌고, '정확성'이 부족하다.
③ 활자로는 소 따옴표가 기능을 하지만, 방송·음성언어는 다른 장치가 필요하다.(→ 이른바)
④ 장기 과제인데 마치 곧 성사될 것 같은 느낌이 든다.
⑤ 앞뒤가 너무 허전하다.

발음
ⓐ 兩者〔양ː자〕(○), 〔양자〕(×)

정치

|18| 대북 제공 중유 1차분, 오늘 오후 선적

2.13 합의에 따라
북한에 제공하기로 한
중유 5만 톤 가운데 1차로 보낼
6,200톤이 오늘 선적됩니다.
통일부는,
북한에 제공할 중유를 수송하기 위해
9한창호가 오늘 오후 12시 울산항에서
선적에 들어간다고 밝혔습니다.
9한창호는
오늘과 내일 선적을 하고
내일 오후 12시에 출항해,
오는 14일쯤 북측 선봉항에
도착할 예정입니다.
정부는 중유 5만 톤의 공급을 위해
SK 에너지와 중유비와 수송비, 보험료 등
모두 222억 원에 계약을 맺었습니다. (끝)

정
치

2.13 합의에 따라

북한에 제공하기로 한

중유 5만 톤 가운데 1차로 보낼
　　　　　　　　　①
6,200톤이 오늘 선적됩니다.

　　　통일부는,
②
북한에 제공할 중유를 수송하기 위해
③　　　　④
9한창호가 오늘 오후 12시 울산항에서

선적에 들어간다고 밝혔습니다.

　　　9한창호는

오늘과 내일 선적을 하고

내일 오후 12시에 출항해,

오는 14일쯤 북측 선봉항에
ⓐ
도착할 예정입니다.
　　　　　　　⑤ⓑ　　　ⓒ
　　　　　정부는 중유 5만 톤의 공급을 위해

SK 에너지와 중유비와 수송비, 보험료 등
　　　　　　　　　　　⑥
모두 222억 원에 계약을 맺었습니다. (끝)

2.13 남북 합의에 따라 중유 5만 톤 가운데 1차로 6천2백 톤이 북한에 제공됩니다.

통일부는 이를 수송하기 위해 제9 한창호가 오늘 정오(오늘 낮 12시) 울산항에서 선적에 들어간다고 밝혔습니다.

제9 한창호는 오늘과 내일에 걸쳐 선적을 끝내고 내일 낮 12시 출항해, 오는 14일쯤 북한 선봉항에 도착할 예정입니다.

정부는 북측과 약속한 중유의 원활한 공급을 위해 SK에너지와 수송비, 보험료 등 비용으로 222억 원을 지급하기로 계약한 바 있습니다.

해설
① 다음 문장의 '선적'과 중복된다. 첫 문장에서 '선적'을 언급해 버리면, 시간의 흐름상 두 번째 문장은 시간을 거슬러 올라가거나 반복할 수 밖에 없다.
② 앞 문장에서 '선적'이 끝나는 데, 다시 '수송'해야 하지 않은가.
③ 청취자는 숫자 '9'를 볼 수 없다. 따라서 '구한창호'로 들릴 수 있고 '구(舊)한창호'로도 들릴 수 있다. 그래서 '제'(第)를 붙이면 리듬감도 살고 단어의 뜻도 명확해진다.
④ (불명확)
⑤ (중복)
⑥ 엄밀히 따지면 '겹치는 말'이다.

발음
ⓐ 도착〔도:착〕
ⓑ 중유〔중:유〕
ⓒ 공급〔공:급〕

정치
|19| 노 대통령, 오늘 과테말라 출발 귀국길에

　　　　과테말라를 방문해
평창 동계올림픽 유치 지원활동을 했던
노무현 대통령이
오늘 새벽 과테말라를 떠나
귀국길에 오릅니다.
　　　　노 대통령은 오늘 오전
경유지인 하와이 호놀룰루에 들러
하루를 묵은 뒤
내일 오후 서울에 도착합니다.
　　　　노 대통령은 어제 과테말라에서
2014년 동계올림픽 개최지 발표 뒤
우리 유치위 사무실을 방문해
관계자들을 위로, 격려했으며,
유치위 사무실 앞에 모여있던
과테말라 동포와 강원도민 써포터스 등을
부인 권양숙 여사와 함께 위로했습니다. (끝)

① 과테말라를 방문해

평창 동계올림픽 유치 지원활동을 했던

노무현 대통령이

오늘 새벽 과테말라를 떠나

귀국길에 오릅니다.

　　　노 대통령은 오늘 오전

경유지인 하와이 호놀룰루에 들러

하루를 묵은 뒤

내일 오후 서울에 도착합니다.

　　　노 대통령은 어제 과테말라에서

2014년 동계올림픽 개최지 발표 뒤
　　　②
우리 유치위 사무실을 방문해

관계자들을 위로, 격려했으며,

유치위 사무실 앞에 모여있던

과테말라 동포와 강원도민 써포터스 등을
③　　　　　　　　　④ (→ 서포터스)
부인 권양숙 여사와 함께 위로했습니다. (끝)

> 과테말라에서 평창 동계올림픽 유치 지원활동을 한 노무현 대통령 내외가 현지 시각 오늘 새벽 귀국길에 오릅니다.
>
> 〃
>
> 노 대통령은 어제 2014년 동계올림픽의 소치 개최 발표 후, 평창 유치위 관계자들을 위로·격려했으며 부인 권양숙 여사와 함께 유치위 사무실 앞에 모여 있던 과테말라 동포와 강원도민 서포터스와도 아쉬움을 달랬습니다.

해설
① (겹침) 깔끔하게 고쳐 쓰기
② (겹침)
③ 위치를 잘 선택하자.
④ (겹침) 참신한 표현을 쓰자.

정치

|20| 열린우리당, '日 일본군 위안부 동원 사죄해야'

일본군의 위안부 강제동원에 대해
일본 정부의 공식적인 인정과 사과를 요구하는
일본군 위안부 결의안이 내일
미 하원 본회의에 상정될 예정인 것과 관련해
열린우리당은 일본의 사죄와 보상을 촉구했습니다.

열린우리당 장영달 원내대표는
오늘 최고위원회의에서,
일본 정부가 위안부 결의안 표결을 막기 위해
미 의회에 압박을 서슴지 않았다며,
이제라도 일본은 진심으로 사죄하고
부끄럼 없는 국제사회 일원이 돼야 한다고 말했습니다.

윤원호 최고위원은
미국 워싱턴에서 정신대문제대책협의회를 구성해
매주 집회를 해온 동포들에게 박수를 보낸다며,
일본은 지체 없이 일본군 위안부 동원에 대해
사죄하고 보상해야 한다고 말했습니다.(끝)

① 　일본군의 위안부 강제동원에 대해
일본 정부의 공식적인 인정과 사과를 요구하는
ⓐ
일본군 위안부 결의안이 내일
미 하원 본회의에 상정될 예정인 것과 관련해,
ⓑ
열린우리당은 일본의 사죄와 보상을 촉구했습니다.
　　열린우리당 장영달 원내대표는
오늘 최고위원회의에서,
일본 정부가 위안부 결의안 표결을 막기 위해
ⓒ
미 의회에 압박을 서슴지 않았다며,
ⓓ
이제라도 일본은 진심으로 사죄하고
부끄럼 없는 국제사회 일원이 돼야 한다고 말했습니다.
　　윤원호 최고위원은
미국 워싱턴에서 정신대문제대책협의회를 구성해
매주 집회를 해온 동포들에게 박수를 보낸다며,
ⓔ
일본은 지체 없이 일본군 위안부 동원에 대해
사죄하고 보상해야 한다고 말했습니다.(끝)

　　열린우리당은 일본군 위안부 결의안이 내일 미 하원 본회의에 상정되는 것과 관련해 일본의 사죄와 보상을 촉구했습니다.

〞

〞

정
치

해설
① 열린우리당이 갑자기 특별해 보인다. 그냥 평범한 기사를 마치 열린우리당이 이제껏 침묵을 지키다 일본의 사죄와 보상을 촉구하는 것처럼 만들어 놓았다. 게다가 너무 길다.

발음
ⓐ 謝過[사:과], *참고. 沙果[사과]
ⓑ 보상[보:상]
ⓒ 서슴지[서슴찌](○), [서슴치](×)
ⓓ 眞心[진심](○), [진:심](×)
ⓔ 동원[동:원]

정치

|21| 검찰 수사 탄력, 김재정씨 내일 소환

이명박 전 서울시장의 처남 김재정 씨가
부동산 의혹과 관련해 경향신문과
한나라당 박근혜 전 대표 캠프의
유승민 의원 등에 대한 고소 유지 의사를 밝힘에 따라
검찰 수사에도 탄력이 붙게 됐습니다.
검찰은
김재정씨를 고소인 자격으로 내일 소환해
경향신문과 유승민 의원 등을
고소하게 된 경위와 함께
부동산의 실소유주나 자금출처 등에 대해
광범위한 조사를 벌일 계획입니다.
검찰은 또
행정자치부가 일부 부동산 보유 현황에 대한
열람 기록 제출을 거부함에 따라
압수수색 영장을 발부받아
강제로 자료를 확보하는 방안을
검토하고 있습니다.
김성호 법무부 장관도
이번 수사와 관련해
수사를 계속할지 여부는
검찰이 독립적으로 판단할 것이라고 밝혀
수사팀에 힘을 받쳐 줬습니다. (끝)

이명박 전 서울시장의 처남 김재정 씨가
부동산 의혹과 관련해 경향신문과
한나라당 박근혜 전 대표 캠프의
유승민 의원 등에 대한 고소 유지 의사를 밝힘에 따라
검찰 수사에도 <u>탄력이 붙게 됐습니다.</u>
　　　　　　(수사(修辭)나 비유는 팩트를 흐린다. 멋부리기)
　　검찰은
김재정씨를 고소인 자격으로 내일 소환해
경향신문과 유승민 의원 등을
　　　　ⓐ
고소하게 된 <u>경위</u>와 함께
부동산의 실소유주나 자금출처 등에 대해
　　　　ⓑ
광범위한 <u>조사</u>를 벌일 계획입니다.
　　검찰은 또
행정자치부가 일부 부동산 보유 현황에 대한
　　　　　　　　　ⓒ
열람 기록 제출을 <u>거부함</u>에 따라
압수수색 영장을 발부받아
강제로 자료를 확보하는 방안을
검토하고 있습니다.
　　김성호 법무부 장관도
이번 수사와 관련해
　①
수사를 <u>계속할지 여부는</u>
검찰이 독립적으로 판단할 것이라고 밝혀
수사팀에 <u>힘을 받쳐 줬습니다.</u> (끝)
　　　　(공허한 멋부리기)

이명박 전 서울시장의 처남 김재정 씨는 자신의 부동산 의혹과 관련해 경향신문과 박근혜 전 대표 측근인 유승민 의원 등에 대한 고소 유지에 변함이 없다고 밝혔습니다.

"

"

김성호 법무부 장관도 이번 수사와 관련해 수사계속 여부는(수사를 계속할 지는) 검찰이 독립적으로 판단할 것이라고 말했습니다.

정
치

해설
① '~할 지' 다음 '여부'는 비문법적이다. '여(與)'에 벌써 '할 지'의 의미가 들어 있다.

발음
ⓐ 經緯〔경위〕(○), 〔경:위〕(×)
　〔경유〕, 〔경이〕로 소리나지 않도록 유의.
ⓑ 調査〔조사〕(○), 〔조:사〕(×)
ⓒ 거부〔거:부〕

정치

|22| 노대통령 또 선거법위반…선거운동 판단유보

중앙선거관리위원회는 어제
선관위원 전체회의를 열고
최근 노무현 대통령의 잇단 대선 관련 발언이
공무원의 선거중립의무를 위반했다고 결정하고
선거법 준수를 촉구하는 공문을 보내기로 했습니다.
선관위는 전체회의 결정문에서
"지난 8일의 원광대 강연과 6.10 민주항쟁 기념사,
한겨레신문 인터뷰에서
특정 정당과 후보자가 되고자 하는 자를 폄하하고,
특정 정당에 대한 지지 표명과
여권의 대선전략에 대해 언급함으로써
공무원의 선거 중립의무를 위반했다"고 밝혔습니다.
선관위는 "다만, 대통령의 이런 발언이
사전선거운동에 해당하는지에 관해서는
앞으로 상황을 지켜본 뒤 결론내리기로 했다"고
밝혔습니다.
양금석 선관위 공보관은
사전선거운동 결정 유보에 대해
"지난 7일 결정보다 진일보한 조치로
상황이 더 나가면 지금 것과 다음 번 것을 합해서
결정하겠다는 것"이라고 밝혀
유사 사례가 또다시 발생하면
사전선거운동으로 볼 수 있음을 시사했습니다.
이번 선관위의 조치는
지난 7일의 '선거중립의무 준수 요청'에서
'선거법 준수 촉구'로 표현 수위를 한단계 높였고
잇단 선거법 위반 사태에 대해
이례적으로 강한 유감을 표시해 주목됩니다.
선관위는 또
다가오는 대선이 공명정대하게 치러질 수 있도록
엄정한 법 집행을 재삼 다짐함과 아울러
선관위의 독립성과 중립성을 훼손하는 행위에 대해
단호히 대처해 나가기로 결의했다고 밝혔습니다.
선관위가 노 대통령의 발언에 대해
공무원의 정치적 중립의무 위반 결정을 내린 것은
2004년 3월 이후 세 번째로,
이번 위법 결정은 두 번째 위법 판단이 내려진 지
11일 만에 또다시 이뤄진 것이어서
적잖은 파장이 예상됩니다. (끝)

정치

중앙선거관리위원회는 어제
선관위원 전체회의를 열고
최근 노무현 대통령의 잇딴 대선 관련 발언이
공무원의 선거중립의무를 위반했다고 결정하고
선거법 준수를 촉구하는 공문을 보내기로 했습니다.
　　선관위는 전체회의 결정문에서
지난 8일의 원광대 강연과 6.10 민주항쟁 기념사,
한겨레신문 인터뷰에서
특정 정당과 후보자가 되고자 하는 자를 폄하하고
특정 정당에 대한 지지 표명과
여권의 대선전략에 대해 언급함으로써
공무원의 선거 중립의무를 위반했다고 밝혔습니다.
　　선관위는 다만, 대통령의 이런 발언이
사전선거운동에 해당하는지에 관해서는
앞으로 상황을 지켜본 뒤 결론내리기로 했다고
밝혔습니다.
　　양금석 선관위 공보관은
사전선거운동 결정 유보에 대해
지난 7일 결정보다 진일보한 조치로
②상황이 더 나가면 지금 것과 다음 번 것을 합해서
결정하겠다는 것이라고 밝혀
유사 사례가 또다시 발생하면
사전선거운동으로 볼 수 있음을 시사했습니다.
　　이번 선관위의 조치는
지난 7일의 '선거중립의무 준수 요청'에서
'선거법 준수 촉구'로 표현 수위를 한단계 높였고
잇단 선거법 위반 사태에 대해
이례적으로 강한 유감을 표시해 주목됩니다.
　　선관위는 또
다가오는 대선이 공명정대하게 치러질 수 있도록
엄정한 법 집행을 재삼 다짐함과 아울러
선관위의 독립성과 중립성을 훼손하는 행위에 대해
단호히 대처해 나가기로 결의했다고 밝혔습니다.
　　선관위가 노 대통령의 발언에 대해
공무원의 정치적 중립의무 위반 결정을 내린 것은
2004년 3월 이후 세 번째로,
이번 위법 결정은 두 번째 위법 판단이 내려진 지
11일 만에 또다시 이뤄진 것이어서
적잖은 파장이 예상됩니다. (끝)

해설
① 잇딴(×)
  잇달다, 또는 잇따르다.
  잇단(○), 잇따른(○)
② 장황, 불필요, 너무 구어적

발음
ⓐ 선관위〔선ː꽈뉘〕
  〔선가니〕가 되지 않도록 유의
ⓑ 遺憾〔유감〕(○), 〔유ː감〕(×)
ⓒ 正大〔정ː대〕
ⓓ 波長〔파장〕(○), 〔파ː장〕(×)

정치

|23| 천영우 본부장, 'BDA 송금 진행중…북 입금 확인단계 남아'

　　　　6자회담 수석대표인 천영우 한반도 평화교섭본부장은 BDA 은행에 있던 북한 돈을 송금하는 작업이 진행중이며, 북한이 이를 확인하는 단계가 남아 있다고 밝혔습니다.
　　　　천 본부장은 오늘 새벽 미국 방문을 마치고 인천공항을 통해 입국하면서, 송금 완료에 시간이 많이 걸리지는 않겠지만 북한이 입금을 확인하는데는 얼마나 시간이 걸릴지 두고 봐야 한다고 말했습니다.
　　　　천 본부장은 또 BDA 문제해결은 2.13 합의 이행을 위한 첫 번째 장애가 제거된 것으로 앞으로는 2.13 합의 이행에 집중해야 할 시기라고 강조했습니다. (끝)

　　　　6자회담 수석대표인
천영우 한반도 평화교섭본부장은
BDA 은행에 있던 북한 돈을 <u>송금</u>하는ⓐ
작업이 진행중이며, 북한이
이를 확인하는 단계가 남아 있다고 밝혔습니다.
　　　　천 본부장은 오늘 새벽
미국 <u>방문</u>을 마치고 인천공항을 통해 입국하면서,ⓑ
송금 완료에 시간이 많이 걸리지는 않겠지만
북한이 입금을 <u>확인하는데는</u>
　　　　　(→ 확인하는 데는)
얼마나 시간이 걸릴지 두고 봐야
<u>한다고</u> 말했습니다.
('안다고')
　　　　천 본부장은 또 BDA 문제해결은
2.13 합의 <u>이행</u>을 위한 첫 번째 장애가 <u>제거된</u> 것으로ⓒ　　　　　　　　　　　　　　ⓓ
　　　　　　　　　　　　　('제거되는', 아직 제거되지 않았다.)
앞으로는 2.13 합의 이행에 집중해야 할
<u>시기라고</u> 강조했습니다. (끝)
('것이라고')

> BDA 문제는 현재 송금 과정에 있으며, 북한이 이를 확인하는 작업이 남아 있다고 6자회담 우리측 수석대표 천영우 본부장이 밝혔습니다.
> 　(방송뉴스는 가급적 주어와 술어를 가까이 놓는다.)
>
> ″
>
> 천본부장은 또, BDA 문제 해결은 2.13 합의 이행을 위한 첫 번째 장애가 제거되는 것으로 관련국들은 나머지 절차도 예의 주시해야 할 것이고 강조했습니다.

발음
ⓐ 송금〔송ː금〕
ⓑ 방문〔방ː문〕
ⓒ 이행〔이ː행〕
ⓓ 除去〔제거〕(○), 〔제ː거〕(×)

정치

|24| 국회, 교육·문화·사회 분야 대정부질문

국회는 오늘
한덕수 국무총리 등 관계 국무위원들을
출석시킨 가운데 본회의를 열어
교육, 문화, 사회 분야에 대한
질의를 벌입니다.

한나라당과 열린우리당 등
10명의 의원들이 나서는
교육, 문화, 사회 분야 대정부 질문에서
의원들은 사교육비, 교육 양극화 문제 등에 대해
질의에 나설 예정입니다.

특히 오늘 대정부 질문에서
일부 열린우리당 의원들은
한나라당 이명박 전 시장의
BBK 투자 실패 연루 의혹을 거듭 제기하고,
정수장학회의 설립 허가를 취소하고
재산을 국고로 환수해 원래 소유자에게
반환할 것을 총리에게 권고할 예정이어서
한나라당 의원들과의 공방이 이어질 것으로
보입니다. (끝)

국회는 오늘

한덕수 국무총리 등 관계 국무위원들을

출석시킨 가운데 본회의를 열어

교육·문화·사회 분야에 대한

①
질의를 벌입니다.
(대정부질문을)
　　　　　한나라당과 열린우리당 등

10명의 의원들이 나서는

교육·문화·사회 분야 대정부 질문에서
　(→ 불필요)
의원들은 사교육비, 교육 양극화 문제 등에 대해

질의에 나설 예정입니다.
(겹침) (겹침)
　　　　특히 오늘 대정부 질문에서

일부 열린우리당 의원들은
②
한나라당 이명박 전 시장의

BBK 투자 실패 연루 의혹을 거듭 제기하고,

정수장학회의 설립 허가를 취소하고

재산을 국고로 환수해 원래 소유자에게

반환할 것을 총리에게 권고할 예정이어서

한나라당 의원들과의 공방이 이어질 것으로

보입니다. (끝)

　　국회는 오늘 한덕수 총리 등 국무위원들이 출석한 가운데 본 회의를 열어 교육·문화·사회 분야에 대한 대정부 질문을 벌입니다.

　　한나라당과 열린우리당 등 10명의 의원들이 나서는 오늘, 교육문제에서는 사교육비와 교육 양극화 등에 대한 질의가 집중될 것으로 보입니다.

　　특히, 열린우리당 의원들은 이명박 전 서울시장의 BBK 투자실패 연루 의혹을 거듭 제기하고, 박근혜 대표와 관련된 정수장학회의 허가 취소와 원 소유자 반환도 촉구할 것으로 알려져 한나라당 의원들과의 열띤 공방이 예상됩니다.

정치

해설
① 대정부질문이 테마다. 평범한 '질의'가 아니다.
② 이명박 전 시장이 마치 정수장학회와도 관련이 있는 것처럼 보인다.

발음
ⓐ 提起〔제기〕(○), 〔제:기〕(×)
ⓑ 권고〔권:고〕
ⓒ 攻防〔공:방〕, *참고. 工房〔공방〕

정치

|25| 열린우리 지도부, 임시 전당대회 소집 추진

열린우리당 지도부가
대통합 신당에 참여하는 방식을 결정하기 위해
임시 전당대회 소집을
추진하기로 했습니다.

정세균 의장 등 당 지도부는
어젯밤 당사에서 긴급 워크숍을 갖고,
14일로 예정된 지도부와 중앙위원회 연석회의에
시민사회와 정치권 안팎에서 진행하는
대통합 신당에 참여하는 것을 결의하고,
구체적인 신당 참여 방식을 정하기 위해
임시 전당대회를 소집하는 안건을 상정하기로 했다고
서혜석 대변인이 전했습니다.

열린우리당 지도부는
오늘 오전에 있을 의원 총회에서도
이같은 내용을 설명하고,
대책을 논의할 예정입니다.

한편 이미 탈당쪽으로 입장을 정리한
충청지역 의원들에 이어
열린우리당 내 경기지역 의원들도
어제 저녁 회동을 갖고,
오는 14일 이후 행동을 통일하기로 했으며,
15일쯤 동반 탈당하는 방안을 검토중인 것으로
전해졌습니다. (끝)

정치

열린우리당 지도부가
         ①
         (→ 는)
대통합 신당에 참여하는 방식을 결정하기 위해
ⓐ
임시 전당대회 소집을
추진하기로 했습니다.
       ⓑ
   정세균 의장 등 당 지도부는
                    ②
어젯밤 당사에서 긴급 워크숍을 갖고,
                    (→ 열어)
14일로 예정된 지도부와 중앙위원회 연석회의에
시민사회와 정치권 안팎에서 진행하는
대통합 신당에 참여하는 것을 결의하고,
                    (→ 결의하는 등)
구체적인 신당 참여 방식을 정하기 위해
                    ⓒ
임시 전당대회를 소집하는 안건을 상정하기로 했다고
서혜석 대변인이 전했습니다.

   열린우리당 지도부는
              ③
오늘 오전에 있을 의원 총회에서도
         (→ 열릴)
이같은 내용을 설명하고,
대책을 논의할 예정입니다.

   한편 이미 탈당쪽으로 입장을 정리한
충청지역 의원들에 이어
열린우리당 내 경기지역 의원들도
(→ 불필요) ⓓ
어제 저녁 회동을 갖고,
오는 14일 이후 행동을 통일하기로 했으며,
                       ⓔ
15일쯤 동반 탈당하는 방안을 검토중인 것으로
전해졌습니다. (끝)

해설
① '이/가'는 주어에 무게중심이 놓인다. 주어가 특별히 의무를 갖는 경우가 아니므로 '는'이 적당하다.
② '갖고'와 '결의하고'의 '고'가 겹쳐나와 음감이 어색하다.
③ 현재 존재하는 '있다'에 미래형 어미를 붙이는 것은 어색하다.

발음
ⓐ 임시[임:시]
ⓑ 丁世均[정세균]
  '丁'은 짧다. [정:세균](×)
  * 참고. 丁若鏞[정야공]
ⓒ 상정[상:정]
ⓓ 회동[회:동]
ⓔ 方案[방안](○), [방:안](×)

정치

|26| 열린당 의원들, 다음 달 14일 전후 집단탈당

열린우리당 의원들이
다음 달 14일을 전후로 해
집단 탈당할 것으로 알려졌습니다.
김덕규, 문학진 의원 등
열린우리당과 탈당파 의원 24명은
어젯밤 모임을 갖고
열린우리당 지도부가 추진하고 있는
대통합 신당이 약속 시한인
다음 달 14일까지 될 수 없다고 판단해
의원들 각자가 탈당을 통해
신당창당위원회를 만드는데
사실상 의견 일치를 봤다고
참석한 의원들이 말했습니다.
이들은 모임에 참석한 의원 외에도
20여 명이 더 탈당에 공감대를 이루고 있다며
추가 탈당 규모가 4~50명이 될 수도 있다고
주장했습니다.
이들은 또 정동영, 김근태 전 의장 측에도
탈당을 촉구한 것으로 전해졌습니다.
이들은 신당창당위원회를 통해
민주당과 통합신당, 그리고 손학규 전 지사와
접촉해 외연을 확대한다는 계획을
세운 것으로 알려졌습니다.
이들은 오늘 오전
정대철 열린우리당 고문 사무실에서
만나 구체적인 탈당 방법을 논의하기로 했습니다. (끝)

열린우리당 의원들이
다음 달 14일을 전후로 해
집단 탈당할 것으로 알려졌습니다.
김덕규, 문학진 의원 등
열린우리당과 <u>탈당파 의원 24명은</u>
어젯밤 모임을 갖고
열린우리당 지도부가 추진하고 있는
대통합 신당이 약속 시한인
다음 달 14일까지 될 수 없다고 판단해
의원들 각자가 탈당을 통해
신당창당위원회를 만드는데
사실상 의견 일치를 봤다고
<u>참석한 의원들이</u> 말했습니다.
　①
　<u>이들은</u> 모임에 참석한 의원 외에도
20여 명이 더 탈당에 공감대를 이루고 있다며
추가 탈당 규모가 4~50명이 될 수도 있다고
주장했습니다.
　<u>이들은</u> 또 정동영, 김근태 전 의장 측에도
탈당을 촉구한 것으로 전해졌습니다.
　<u>이들은</u> 신당창당위원회를 통해
　　(→ 또)
민주당과 통합신당, 그리고 손학규 전 지사와
접촉해 외연을 확대한다는 계획을
　　　　　　　　　　(→ 도)
세운 것으로 알려졌습니다.
　<u>이들은</u> 오늘 오전
(→ 탈당파 의원들은)
정대철 열린우리당 고문 사무실에서
ⓐ　　ⓑ
<u>만나</u> <u>구체적인</u> 탈당 <u>방법</u>을 논의하기로 했습니다. (끝)
(→ 불필요)

~사실상 의견 일치를 본 것으로 전해졌습니다. ('탈당파의원 24명'과 '참석한 의원'들로 주어를 이원화하면 복잡하다.)

이들은 모임에 참석한 의원들을 포함해 약 4~50명이 추가 탈당할 것이라고 주장하고 정동영, 김근태 전 의장 측에도 탈당을 촉구한 것으로 전해졌습니다.

해설
① '이들은'을 이어 나오는 문두에 똑같이 네 번 썼다. 둔감하다.

발음
ⓐ 具體的〔구체적〕(○), 〔구:체적〕(×)
ⓑ 方法〔방법〕(○), 〔방:법〕(×), 〔방뻡〕(×)

정치

|27| 민주당-통합신당, 오늘 본격 협상 재개

중도개혁통합신당과 민주당이
오늘부터 통합 협상을 본격 시작합니다.
통합신당 김한길 대표와
민주당 박상천 대표는 오늘 오전 국회에서
공개회동을 갖고 협상을 재개할 예정입니다.
통합신당 측은
양측 모두 전략상 합쳐야 할 요인이 많기 때문에
이번 협상은 잘 될 것이라고 전망했고,
민주당 측도 양당 대표가
논점을 피하지 않고 바로 들어가 결과물을 도출하는
스타일이기 때문에 이번에는
진전이 있을 것이라고 기대하고 있습니다.
그동안 논란이 돼온 지도체제도
2인 공동대표제 쪽으로 양당이 사실상
합의를 본 것으로 알려졌습니다.
그러나 민주당은 통합을
외연 확대보다는 중도개혁주의 정체성 확립에
무게를 두고 있고
통합신당은 외연확대를 통한
범여권 대통합에 무게를 두고 있어서
통합 대상을 둘러싼 논란은 계속될 것으로 보입니다. (끝)

중도개혁통합신당과 민주당이

오늘부터 통합 협상을 본격 시작합니다.
　　　　　　　　(→ 본격적으로, 불필요)
　　　통합신당 김한길 대표와

민주당 박상천 대표는 오늘 오전 국회에서

공개회동을 갖고 협상을 재개할 예정입니다.

　　　통합신당 측은

양측 모두 전략상 합쳐야 할 요인이 많기 때문에

이번 협상은 잘 될 것이라고 전망했고,

민주당 측도 양당 대표가

논점을 피하지 않고 바로 들어가 결과물을 도출하는
(이상하고 모호한 말 → '공론(空論)은 피하고 성과물을 중시하는 태도여서')
스타일이기 때문에 이번에는

진전이 있을 것이라고 기대하고 있습니다.

　　　그동안 논란이 돼온 지도체제도

2인 공동대표제 쪽으로 양당이 사실상

합의를 본 것으로 알려졌습니다.
　①
　　　그러나 민주당은 통합을
　　　　　　　　ⓐ
외연 확대보다는 중도개혁주의 정체성 확립에

무게를 두고 있고

통합신당은 외연확대를 통한

범여권 대통합에 무게를 두고 있어서

통합 대상을 둘러싼 논란은 계속될 것으로 보입니다. (끝)

　　　　　　　　　　　　"

　　　　　　　　　　　　"

　　　　　　　　　　　　"

　　　　　　　　　　　　"

그러나 민주당은 외연확대보다는 중도개혁주의의 정체성 확립에 통합의 무게를 두는 반면, 통합신당은 세 불리기를 통한 범여권 대통합을 중시하는 입장이어서 통합대상을 둘러싼 논란은 계속될 것으로 보입니다.

해설
① 단어의 위치, 단어의 중복성에 문제가 있음.

발음
ⓐ 正體性[정:체썽]

정치

|28| 신당, 오늘 선대위 해단식

대통합민주신당은 오늘 정동영 후보가 참석한 가운데 당 선대위 해단식을 갖습니다.

　　참패로 끝난 선거 결과에 충격을 감추지 못하고 있는 신당은 오늘 해단식에서 선거 결과를 평가하고,
내년 1월로 예정된 전당대회를 준비하는 등
당 체제 정비와 총선 체제 구축을 위한 방안을 논의할 계획입니다.

　　한편 정동영 후보는 오늘 선대위 해단식에 참석한 뒤 내일 광주의 정신지체장애인시설로 내려가
향후 거취에 대한 숙고에 들어갈 계획인 것으로 전해졌습니다. (끝)

대통합민주신당은 오늘 정동영 후보가 참석한 가운데 당 선대위 해단식을 갖습니다.

　　참패로 끝난 선거 결과에 충격을 감추지 못하고 있는 신당은 오늘 해단식에서 선거 결과를 평가하고,
내년 1월로 예정된 전당대회를 준비하는 등
당 체제 정비와 총선 체제 구축을 위한 방안을 논의할 계획입니다.

　　한편 정동영 후보는 오늘 선대위 해단식에 참석한 뒤 내일 광주의 ①<u>정신지체장애인시설로 내려가</u>
향후 거취에 대한 숙고에 들어갈 계획인 것으로 전해졌습니다. (끝)

"

"

한편 정동영 후보는 오늘 선대위 해단식에 참석한 뒤 내일 광주로 내려가 향후 거취에 대한 숙고에 들어갈 계획인 것으로 전해졌습니다.

해설

① 불필요하게 자세한 정보. 왜 정신지체장애인 시설로 가는가에 대한 간략한 정보라도 있어야 한다. 그렇지 않으면 오해를 낳을 수 있다. 지병? 대선패배에 대한 충격으로 정신에 문제?

* 참고
'정신지체장애인' → '지적장애인'(순화)

정치

|29| 한, 국정원 자료 열람 강경 대응 방침

한나라당은
국정원 직원의 이명박 전 시장 측
자료 열람과 관련해
현 정권의 야당 후보 죽이기라며
당 차원에서 강력히 대응할 방침입
니다.

한나라당은
오늘 오전 최고위원회의를 열어
국정원이 어제 자료 열람은
업무 목적이었다고 밝힌 데 대해
구체적인 대응 방안을 논의할 계획
입니다.

회의에서는 이와 함께
이 전 시장 측과
당 공작정치저지 범국민투쟁위원회
이 요구한
긴급 의원 총회와 관련 상임위 5개를
소집하는 문제도 논의할 예정입니
다. (끝)

한나라당은
국정원 직원의 이명박 전 시장 측
자료 열람과 <u>관련해</u>
현 정권의 <u>야당 후보 죽이기</u>라며
(진부한 과장 표현)
당 차원에서 강력히 대응할 방침입
니다.

한나라당은
오늘 오전 최고위원회의를 열어
국정원이 어제 <u>자료 열람은</u>
(띄어쓰기에 따라 시점이 바뀔 우려)
업무 목적이었다고 밝힌 데 대해
구체적인 대응 방안을 논의할 계획입
니다.

회의에서는 이와 함께
이 전 시장 측과
당 공작정치저지 범국민투쟁위원회
<u>의</u> 요구한
('가', 오타. 부주의)
긴급 의원 총회와 관련 <u>상임위 5개</u>를
(→ 5개 상임위원회를(어검))
소집하는 문제도 논의할 예정입니
다. (끝)

한나라당은 국정원 직원의 이명박 전 시장 자료열람 사건을 현 정권의 야당 후보 탄압이라며 당 차원에서 강력히 대응하겠다고 밝혔습니다.

한나라당은 오늘 오전 최고위원회의를 열어 자료열람은 단순한 업무 필요에서 비롯됐다는 국정원의 어제 발표에 대해 구체적인 대응책을 논의합니다.

″

해설
- 고쳐쓰기('관련해'는 문장을 늘어지게 하고 모호하게 만든다.)

정　　치

경제 · 과학

사　　회

문화 · 스포츠 · 날씨

국　　제

수도권 · 지방

경제 · 과학

|1| 제1회 서울 장애경제인대회 개최

장애인의 창업 활성화와 기업활동 촉진
장애인경제인의 사기 진작을 위한
제1회 서울 장애경제인대회가
오는 21일 서울 프라자호텔에서 열립니다.
이날 행사에는
서울지역 장애경제인과 예비창업 장애인,
중소기업 관계자 등 2백50여 명이 참석해
경쟁과 자율에 기반한 창업과 기업활동을 통해
경제주체로 발돋움하기 위한
장애경제인들을 격려할 예정입니다.
또 창의적인 기업가 정신으로
끊임없는 기술개발과 경영혁신 활동을 통해
괄목할 만한 기업경영 성과를 올린
우수 장애인기업 대표 6명을 포상합니다.
아울러
장애경제인의 권익 보호와
장애인기업의 이미지 제고에 앞장서 온
탤런트 이의정 씨에게 감사패도 전달합니다. (끝)

장애인의 창업 활성화와 기업활동 촉진
장애인경제인의 <u>사기</u>ⓐ <u>진작</u>ⓑ을 위한

제1회 서울 장애경제인대회가

오는 21일 서울 프라자호텔에서 열립니다.
   ①
     이날 행사에는

서울지역 장애경제인과 예비창업 장애인,

중소기업 관계자 등 2백50여 명이 참석해

경쟁과 자율에 기반한 창업과 기업활동을 통해

경제주체로 발돋움하기 위한

<u>장애경제인들을 격려할 예정입니다.</u>
   ②
     또 창의적인 기업가 정신으로

끊임없는 기술개발과 경영혁신 활동을 통해

괄목할 만한 기업경영 성과를 올린

우수 장애인기업 대표 <u>6명을 포상합니다.</u>
   ③   (6명이 상을 받습니다.)
     아울러

장애경제인의 권익 보호와

장애인기업의 이미지 제고에 앞장서 온

탤런트 이의정 씨에게 감사패도 전달합니다. (끝)

"

 이 자리에는 서울 지역 장애경제인과 예비 창업 장애인, 중소기업 관계자 등 250여 명이 참석합니다.

 아울러 장애인들이 경쟁과 자율에 기반한 창업과 기업 활동을 통해 경제 주체로 발돋움하기 위한 활발한 논의와 함께 다각적인 방안이 모색됩니다.

"

"

경제·과학

해설
① 길다. 자른다. 주어가 없다. 누가 격려하나?
② 역시 주어 不在. 누가 상을 주나? 진부하다.
③ (불필요)

발음
ⓐ 士氣〔사:기〕
ⓑ 振作〔진:작〕

경제·과학

|2| 정보보호인증 획득한 기업에 혜택 확대

정보 보호 관리체계
인증을 획득한 기업에 대한
혜택이 확대됩니다.
한국정보보호진흥원은
정보보호관리체계 인증을 받은 기업이
보험에 가입하거나 입찰에 참가하는 경우,
또 기업이 신용평가를 받을 경우
가점을 부여하거나
추가 할인율을 적용받을 수 있도록
혜택을 확대하는 방안을 마련했다고 밝혔습니다.
이에 따라
정보보호관리체계 인증을 취득한 기업은
앞으로 기술보증기금의 기술평가 보증을 받을 때
가점을 적용받을 수 있어,
중소기업의 경우 금융기관으로부터
투자나 융자를 얻기가 수월해지게 됐습니다.
또, 신용기관으로부터
기업 신용등급 평가를 받을 때도
가점이 적용되는 등
기업에 실질적인 도움이 될 것으로 보입니다.
진흥원은
자발적으로 높은 수준의 정보보호조치를 이행하는
기업들이 보다 많은 혜택을 받을 수 있도록
정보통신부와 함께
정책을 마련해 추진하겠다고 밝혔습니다. (끝)

정보 보호 관리체계
인증을 획득한 기업에 대한
혜택이 확대됩니다.
① 한국정보보호진흥원은
정보보호관리체계 인증을 받은 기업이
보험에 ⓐ가입하거나 입찰에 참가하는 경우,
또 기업이 신용평가를 받을 경우
가점을 부여하거나
추가 할인율을 적용받을 수 있도록
혜택을 확대하는 방안을 마련했다고 밝혔습니다.
이에 따라
정보보호관리체계 인증을 취득한 기업은
앞으로 기술보증기금의 기술평가 보증을 받을 때
가점을 적용받을 수 있어,
중소기업의 경우 금융기관으로부터
투자나 ⓑ융자를 ⓒ얻기가 수월해지게 됐습니다.
② 또, 신용기관으로부터
기업 신용등급 평가를 받을 때도
가점이 적용되는 등
기업에 실질적인 도움이 될 것으로 보입니다.
진흥원은
자발적으로 높은 수준의 정보보호조치를 이행하는
기업들이 보다 많은 혜택을 받을 수 있도록
정보통신부와 함께
정책을 마련해 추진하겠다고 밝혔습니다. (끝)

"
한국정보보호진흥원은 정보보호인증기업이 보험 가입이나 입찰 참가, 그리고 신용평가를 받을 때 가점이나 추가 할인을 주는 방안을 마련했다고 밝혔습니다.

이에 따라 정보보호인증기업은 기술보증기금의 기술평가보증 시 가점을 받게 되며, 중소기업의 경우 금융기관으로부터의 융자 등이 수월해집니다.

"
한국정보보호진흥원은 자발적으로 높은 수준의 정보보호조치를 이행하는 기업들에 더 많은 혜택이 가도록 정보통신부와 함께 우대정책을 계속 추진해 나가겠다고 밝혔습니다.

> 해설
① 한마디로 요령 부족이다.
 중간의 '또'는 완성도를 떨어뜨리고 '부여'와 '적용받을 수'는 주체와 객체를 뒤섞고 있다.
② (앞에 썼다.) 불필요

> 발음
ⓐ 加入〔가입〕(○), 〔가:입〕(×)
ⓑ 融資〔융자〕(○), 〔융:자〕(×)
ⓒ 얻기〔얻:끼〕

경제 · 과학

|3| 해외부동산 취득 급감…11월 5천900만 달러

우리 국민이 해외에서 취득한 부동산 규모가 크게 줄고 있습니다.

재정경제부는 지난 11월 한 달 동안 내국인이 사들인 해외 부동산은 151건에 5천9백만 달러로 집계됐다고 밝혔습니다.

이에 따라 올해 들어 11월까지의 해외 부동산 취득은 2천465건, 10억 2천7백만 달러로 10억 달러를 넘어섰습니다.

내국인의 해외 부동산 투자가 늘면서 지난 4월부터 취득실적이 넉 달 연속으로 1억 달러를 넘었으나 8월부터는 월간 취득 규모가 1억 달러에 미치지 못하는 추세가 이어지고 있습니다.

하지만, 이런 올해의 실적은 지난해 천317건, 7억 4천4백만 달러보다는 크게 늘어난 것입니다. (끝)

① 우리 국민이 해외에서 취득한

부동산 규모가 크게 줄고 있습니다.
② 재정경제부는

지난 11월 한 달 동안

내국인이 사들인 해외 부동산은

151건에 5천9백만 달러로 집계됐다고 밝혔습니다.
③ 이에 따라 올해 들어

11월까지의 해외 부동산 취득은 2천465건,

10억 2천7백만 달러로

10억 달러를 넘어섰습니다.
④ 내국인의 해외 부동산 투자가 늘면서

지난 4월부터 취득실적이

넉 달 연속으로 1억 달러를 넘었으나

8월부터는 월간 취득 규모가

1억 달러에 미치지 못하는 추세가

이어지고 있습니다.
⑤ 하지만, 이런 올해의 실적은

지난해 천317건, 7억 4천4백만 달러보다는

크게 늘어난 것입니다. (끝)

해외에서 부동산을 취득하는 추세가 최근들어 주춤한 것으로 나타났습니다.

재정경제부는 지난 4월부터 넉달 연속 1억 달러를 넘던 부동산 취득 실적이 8월부터 1억 달러를 밑돌고 있다고 밝혔습니다.

이에 따라 올해 11월까지 해외 부동산 총 실적은 2,465 건에 10억 2천7백만 달러를 기록중입니다.

"

그러나 1,317건에 7억 4천4백만 달러였던 작년에 비해서는 늘어난 실적이라고 재경부는 밝혔습니다.

경제·과학

해설
① 전체 기사 내용을 보니 '크게 줄어 든' 것이 아니다.
② 두 번째 문장에서는 리드 문을 뒷받침하는 내용이 나와야 할 것 아닌가. 생뚱맞다. 꼭 필요한 정보가 아니다.
③ 뒤로 가야 제 격이다.
④ ②자리에 와야 한다.
⑤ 고친 문장에 맞게 마무리한다.

경제·과학

|4| 회사설립시, 최다출자자만 신고

앞으로 새로 회사를 설립할 때
최다 출자자만 신고하고
또 사모투자 전문회사 등을 설립할 때는
간이신고만 하면 됩니다.
공정거래위원회는
이같은 내용을 담은
기업결합 신고요령 개정안을 의결해
내일부터 시행한다고 밝혔습니다.
지금까지는 회사를 설립할 때
신설 회사에 대한 출자비율이 20% 이상인 회사는
모두 신고할 의무가 있었지만
개정안은 출자비율에 관계없이
최다 출자자가 다른 출자회사 현황 등을 합해서
신고하도록 했습니다.
또 사모투자 전문회사는
투자대상회사와 업종, 출자비율 외에
무·유한책임사원의 출자비율 등을
함께 제출해야 하고
사모투자 전문회사 등의 설립은
인터넷 신고 등이 가능한
간이신고 대상으로 규정했습니다. (끝)

앞으로 ①새로 회사를 설립할 때

최다 출자자만 신고하고

또 사모투자 전문회사 ②등을 설립할 때는

ⓐ ⓑ
간이신고만 하면 됩니다.

　　　　공정거래위원회는

이같은 내용을 담은

기업결합 신고요령 개정안을 의결해

내일부터 시행한다고 밝혔습니다.

　　　　③
　　　　지금까지는 회사를 설립할 때

신설 회사에 대한 출자비율이 20% 이상인 회사는

모두 신고할 의무가 있었지만

ⓒ
개정안은 출자비율에 관계없이

　　　　　　　　④
최다 출자자가 다른 출자회사 현황 등을 합해서
　　　　　(,)
신고하도록 했습니다.

　　　⑤
　　　또 사모투자 전문회사는

투자대상회사와 업종, 출자비율 외에

무·유한책임사원의 출자비율 등을

함께 제출해야 하고

⑥
사모투자 전문회사 등의 설립은

인터넷 신고 등이 가능한

간이신고 대상으로 규정했습니다. (끝)

앞으로 회사를 새로 설립할 때는 최다 출자자만 신고하고 사모투자 전문회사 등은 간이 신고만 하면 됩니다.

〞

회사설립시 지금까지는 신설회사에 대한 출자 비율이 20% 이상인 회사는 모두 신고해야 했지만, 개정안은 출자 비율에 관계 없이 최다 출자자가, 다른 출자회사 현황 등을 종합해 신고하면 되도록 했습니다.

또 사모투자 전문회사 등의 설립은 인터넷 신고 등이 가능한 간이 신고 대상으로 규정했습니다.
단 사모투자 전문회사는 투자대상회사와 업종, 출자비율 외에 유·무한 책임사원의 출자 비율 등을 함께 제출하도록 했습니다.

해설
① 작은 것이지만 어휘 배열의 효용성은 기본이다.
② (겹침)
③ 너무 똑같이 많이 나온다.
④ 만약 '최다 출자자가'와 '다른'을 이어 읽으면 뜻이 이상해 진다. 쉼표를 찍어 위험을 예방한다.(친절성)
⑤ 신고의 간소화를 주된 내용으로 하면서 오히려 부담을 주는 방향으로 가고 있다.
⑥ ⑤ 보다 먼저 내놓고 ⑤를 예외로 돌린다.

발음
ⓐ 簡易〔간ː이〕
ⓑ 申告〔신고〕(○), 〔신ː고〕(×)
ⓒ 改定〔개ː정〕

경제·과학

|5| 한·EU FTA 5차 협상, 오늘 종료

벨기에 브뤼셀에서 열리고 있는
유럽연합과의 FTA 5차 협상이
오늘로 닷새간의 일정을 마무리합니다.
양측은
가장 중요한 상품 개방 분야에서
품목별 주고받기의 기틀을 마련했지만,
자동차 기술 표준 등 또다른 핵심 쟁점에선
합의에 이르지 못했습니다.
그러나 농산물 개방안과
서비스와 위생 검역, 지적재산권 등의
분야에서는 상당한 진전을
거둔 것으로 전해졌습니다.
김한수 수석대표는
이번 5차 협상에서
상품 개방안을 놓고 본격적인 주고받기를
시작한 점이 가장 큰 성과라고 평가한 뒤,
현재로선 상품 양허안의 균형점 찾기와
자동차 기술 표준 문제 해결,
품목별 원산지 기준 합의 등이
가장 큰 과제로 남았다고 말했습니다.
양측 협상단 대표는
오늘 각각 기자회견을 열어
이번 협상 결과에 대해 설명할 계획입니다.
유럽연합과의 FTA 6차 협상은
내년 1월 서울에서 열립니다. (끝)

벨기에 브뤼셀에서 열리고 있는
유럽연합과의 FTA 5차 협상이
오늘로 닷새간의 일정을 마무리합니다.
　　　①
　　　양측은
가장 중요한 상품 개방 분야에서
ⓐ
품목별 주고받기의 기틀을 마련했지만,
자동차 기술 표준 등 또다른 핵심 쟁점에선
합의에 이르지 못했습니다.
　　　②
　　　그러나 농산물 개방안과
서비스와 위생 검역, 지적재산권 등의
　　　　　　　ⓑ
분야에서는 상당한 진전을
거둔 것으로 전해졌습니다.
　　　③
　　　김한수 수석대표는
이번 5차 협상에서
④
상품 개방안을 놓고 본격적인 주고받기를
시작한 점이 가장 큰 성과라고 평가한 뒤,
현재로선 상품 양허안의 균형점 찾기와
자동차 기술 표준 문제 해결,
품목별 원산지 기준 합의 등이
　　　　　　　ⓒ
가장 큰 과제로 남았다고 말했습니다.
　　　양측 협상단 대표는
오늘 각각 기자회견을 열어
이번 협상 결과에 대해 설명할 계획입니다.
　　　유럽연합과의 FTA 6차 협상은
내년 1월 서울에서 열립니다. (끝)

"

김한수 우리측 수석대표는 상품개방안을 놓고 품목별 주고 받기를 본격화한 점이 이번 5차 협상의 성과라고 평가하고, 아직 상품 양허안의 균형점 찾기와 자동차 기술 표준문제, 품목별 원산지 기준 설정 등이 과제로 남아 있다고 말했습니다.

그러나, 농산물, 서비스, 지적재산권, 식품 검역 등 분야에서는 상당한 진전을 이룬 것으로 전해졌습니다.

"

양측 협상단은 오늘 기자회견을 열어 이번 협상 결과에 대해 설명합니다. 한·EU FTA 6차 협상은 내년 1월 서울에서 열립니다.

[해설]

① 위치에 ②가 와야 흐름이 맞다. 내용도 중복이 많다.
　'품목별 주고 받기'는 '자동차 기술 표준 등 또다른 핵심 쟁점'과 동격이 아니다. 더 큰 틀이다. 따라서 이렇게 되면 비문(非文)이다.
② 나열을 하려면 '등가 원칙'을 지켜야 한다. '농산물'은 개방안까지 쓰고 '서비스'는 '검역'에도 걸리게 끔 해 놓았다.
③ 에서도 같은 오류를 범하고 있다.
　'표준문제 해결'과 '기준 합의' 등은 문법적으로 '과제'가 아니다.
④ (중복)

[발음]

ⓐ 품목〔품:목〕
ⓑ 진전〔진:전〕
ⓒ 課題〔과제〕(○), 〔과:제〕(×)

경제·과학

|6| 내년도 건강보험료 6.4% 인상하기로

　　　　내년도 직장과 지역 가입자의
건강보험료 인상률이 6.4%로 확정됐습니다.
　　　복지부는
건강보험정책 심의위원회에서
내년에 적용할 건강보험료를
올해보다 6.4% 올리기로 결정했다고 밝혔습니다.
　　　이에 따라
소득에서 건강보험료가 차지하는 비율인
건강보험료율은
현재 4.77%에서 5.08%로 바뀌게 됩니다.
　　　월 소득이 2백만 원일 경우
직장가입자의 건강보험료 본인 부담금은
3천백 원가량 오릅니다.
　　　또 월소득 백만 원과 3백만 원이면
각각 천5백 원과 4천6백 원 정도의
건강 보험료를 추가로 내야 합니다.
　　　이와 함께 현재 20%인 식대 본인부담률을
50%로 높여,
대학병원에 입원한 환자의 경우
한끼 식사 당 천원 가량을 더 부담하게 됩니다.
　　　또, 무료였던 6세 미만 아동의
입원비 본인 부담률을 10%로 올리고,
현금으로 주고 있는 장제비를
폐지하기로 결정했습니다. (끝)

① 　　　　내년도 직장과 지역 가입자의

건강보험료 인상률이 6.4%로 확정됐습니다.

　　　　복지부는

건강보험정책 ⓐ 심의위원회에서 ⓑ

내년에 적용할 건강보험료를

올해보다 6.4% 올리기로 결정했다고 밝혔습니다.

　　　　이에 따라

소득에서 건강보험료가 차지하는 비율인

②
건강보험료율은

현재 4.77%에서 5.08%로 바뀌게 됩니다.

③ 　　　월 소득이 2백만 원일 경우 ⓒ

직장가입자의 건강보험료 본인 부담금은

3천백 원가량 오릅니다.

④ 　　　또 월소득 백만 원과 3백만 원이면

각각 천5백 원과 4천6백 원 정도의

건강 보험료를 추가로 내야 합니다.

　　　　이와 함께 현재 20%인 식대 본인부담률을

50%로 높여,

대학병원에 입원한 환자의 경우

한끼 식사 당 천원 가량을 더 부담하게 됩니다. ⓓ

　　　　또, 무료였던 6세 미만 아동의

입원비 본인 부담률을 10%로 올리고,

⑤
현금으로 주고 있는 장제비를

폐지하기로 결정했습니다. (끝)

건강보험료가 내년에 6% 정도 오를 것으로 보입니다.

보건복지부 건강보험정책 심의위원회는 내년에 적용할 건강보험료를 직장과 지역 모두 올해보다 6.4% 인상하기로 결정했다고 밝혔습니다.

이에 따라 소득에서 건강보험료가 차지하는 건강보험요율도 현재 4.77%에서 5.08%로 높아집니다.

구체적으로 보면 월소득 백만 원인 사람은 1,500원을, 2백만 원 소득의 직장가입자는 3,100원을, 3백만 원 소득자는 4,600원을 더 내게 됐습니다.

또 식대 본인부담률도 대폭 올라, 현재 20%에서 50%가 돼 대학병원 입원환자의 경우 식사 한 끼에 천 원 가량을 더 부담해야 합니다.

이와 함께 그동안 무료였던 6세 미만 아동의 입원비 본인부담금이 새로 생겨 10%를 내야 하며, 현금으로 지급 받던 장제비는 폐지됐습니다.

해설

① 서민경제에 관한 중요 뉴스다. 더 알기 쉽고 확실하게 쓴다. 6.4%는 뒤에 나오니 리드는 어림수를 쓴다.
② 합성명사 속 단어는 따로 적을 때 표기가 기준이 된다.
　예) 회계연도
③ 왜 2백만 원이 대표가 돼야 하나?
④ 소득과 보험료를 붙여야 듣기가 쉽다.
⑤ 국민 편에 서라.

발음

ⓐ 건강[건:강]
ⓑ 심의[시:미]
ⓒ 소득[소:득]
ⓓ [처넌]으로 소리나지 않게 주의.
　[처눤](○)

경제·과학

|7| 한-EU FTA 나흘째…상품 개방 협상 가속화

벨기에 브뤼셀에서 열리고 있는
유럽연합과의 FTA 5차 협상 나흘째인 오늘
양측 협상단은 공산품 관세와 서비스,
지적재산권 분야 등에서 논의를 계속합니다.
특히 어제 상품 관세 협상에서
양측이 우리 측이 제시한 상품 개방안을 토대로
본격적인 품목별 주고받기를
시작하자는 데 합의한 만큼
전체 협상에도 속도가 붙을 것으로 보입니다.
공산품 분야에서 양측은
자동차와 전기·전자·정밀기계 등
핵심 품목에 대해
구체적인 개방 일정을 논의할 예정입니다.
김한수 우리 측 수석대표는
'양측이 제시한 상품 개방안의 수준이
비교적 높기 때문에
빠른 시일 안에 협상을 마무리할 수 있는
기틀이 마련됐다'고 평가했습니다.
어제 열린 수산물 개방 협상에서 양측은
쟁점 품목을 8개 정도로 압축했습니다.
특히 우리 측의 민감 품목인
고등어에 대해서는 전면 개방은 하지 않되,
일정 물량에 한해서 관세를
낮추자는 데 의견 접근을 이뤘습니다.
지적재산권과 서비스, 원산지 분과 등에서도
일부 진전이 있었던 것으로 알려졌습니다.
조기타결의 분수령이 될 이번 5차 협상은
내일까지 계속됩니다. (끝)

벨기에 브뤼셀에서 열리고 있는
① 유럽연합과의 FTA 5차 협상 나흘째인 오늘
양측 협상단은 공산품 관세와 서비스,
지적재산권 분야 등에서 논의를 계속합니다.
　　　특히 어제 상품 관세 협상에서
② 양측이 우리 측이 제시한 상품 개방안을 토대로
본격적인 품목별 주고받기를
시작하자는 데 합의한 만큼
전체 협상에도 속도가 붙을 것으로 보입니다.
　　　공산품 분야에서 양측은
자동차와 전기·전자·정밀기계 등
핵심 품목에 대해
구체적인 개방 일정을 논의할 예정입니다.
　　　③ 김한수 우리 측 수석대표는
'양측이 제시한 상품 개방안의 수준이
비교적 높기 때문에
빠른 시일 안에 협상을 마무리할 수 있는
기틀이 마련됐다'고 평가했습니다.
　　　④ 어제 열린 수산물 개방 협상에서 양측은
쟁점 품목을 8개 정도로 압축했습니다.
특히 우리 측의 민감 품목인
고등어에 대해서는 전면 개방은 하지 않되,
일정 물량에 한해서 관세를
낮추자는 데 의견 접근을 이뤘습니다.
　　　⑤ 지적재산권과 서비스, 원산지 분과 등에서도
일부 진전이 있었던 것으로 알려졌습니다.
　　　조기타결의 분수령이 될 이번 5차 협상은
내일까지 계속됩니다. (끝)

> 벨기에 브뤼셀에서 열리고 있는 한·EU FTA 5차 협상 나흘째인 오늘 공산품 관세와 서비스, 지적재산권 분야 등의 논의가 계속됩니다.
>
> 특히 어제 우리측이 내놓은 상품 개방안을 토대로 본격적인 품목별 주고받기가 합의된 만큼 전체 협상에 속도가 붙을 것으로 보입니다.
>
> 지적재산권과 서비스, 원산지 표시 분야 협상도 일부 진전이 있었고 수산물 개방 문제는 쟁점 품목이 8개로 압축된 가운데 우리측 민감품목인 고등어는 전면 개방은 피하고 제한적 물량에 낮은 관세 쪽으로 의견 접근을 이루었습니다.

해설
① '유럽연합과의'와 '양측 협상단'이 서로 충돌한다.
② ①보다 더 충돌한다.
③은 두 번째 문장과 같은 내용이다. 게다가 '상품 개방안의 수준이 비교적 높다'는 모호한 표현이다.
④ 수산물은 첫 문장에서 언급조차 안 됐다. 쓰려면 맨 뒤에 붙여야 그나마 명분이 선다.
⑤ '수산물'보다 앞서 나와야 한다.

경제 · 과학

|8| 뉴욕 증시, 0.7% 소폭 하락

　　　뉴욕 증시가
어제 급상승에 따른 경계심과
금융권의 잇단 손실고백으로
신용위기 우려가 되살아나면서
하락했습니다.
　　　오늘 뉴욕 증권거래소에서
블루칩 위주의 다우존스 산업평균지수는
13,214.34로 어제보다 92.75포인트 0.7%가
떨어졌습니다.
　　　기술주 중심의 나스닥은
2,644.32로 어제보다 29.33포인트, 1.1%가 내렸고
대형주 중심의 S&P 500 지수는
11.53포인트, 0.78%가 떨어진 1,469.52에 거래를
마쳤습니다.
　　　오늘 증시는
완만한 인플레이션 지표에 따른
금리 인하 기대감으로 상승장으로 출발했으나,
투자은행 베어스턴스가 3분기의 8억 5천만 달러에 이어
4분기에도 12억 달러 규모의
서브프라임 모기지 관련 자산을 상각한다고 밝히고
HSBC 홀딩스 역시 34억 달러 규모의
자산상각을 밝히면서,
되살아나는 금융권의 피해 우려로
장 막판에 하락폭이 커졌습니다. (끝)

　　　　뉴욕 증시가
어제 급상승에 따른 <u>경계심과</u>
　　　　　　　　　①
금융권의 잇단 손실<u>고백</u>으로
　　　　　　　　②
③
<u>신용위기 우려가 되살아나면서</u>
하락했습니다.
　　　　오늘 뉴욕 증권거래소에서
블루칩 위주의 다우존스 산업평균지수는
13,214.34로 어제보다 92.75포인트 0.7%가
떨어졌습니다.
　　　　기술주 중심의 나스닥은
2,644.32로 어제보다 29.33포인트, 1.1%가 내렸고
대형주 중심의 S&P 500 지수는
11.53포인트, 0.78%가 떨어진 1,469.52에 거래를
마쳤습니다.
　　④
　　　　오늘 증시는
완만한 인플레이션 지표에 따른
금리 인하 기대감으로 상승장으로 출발했으나,
투자은행 베어스턴스가 3분기의 8억 5천만 달러에 이어
4분기에도 12억 달러 규모의
서브프라임 모기지 관련 자산을 상각한다고 밝히고
HSBC 홀딩스 역시 34억 달러 규모의
자산상각을 밝히면서,
되살아나는 금융권의 피해 우려로
장 막판에 하락폭이 커졌습니다. (끝)

　　　뉴욕 증시가 어제 급상승에 따른 경계심리와 금융권의 연이은 손실 발표로 신용위기 우려가 다시 나오면서 하락했습니다.

　　　　　　　"

　　　　　　　"

　　　오늘 증시는 금리 인하에 대한 기대로 상승장으로 출발했지만 베어스턴스 은행과 HSBC 홀딩스 등의 이른바 '자산상각' 발표로 장 막판에 하락했습니다.

해설
① '경계심리'가 정확하다.
② 연애하나?
③ '위기', '우려'는 '되살아나다'와 붙이기에 어색하다.

④ 마지막 문장에 10줄은 심했다. 핵심만 쓴다. '상각' (償却)은 어려울지 모르니 '이른바'를 붙여 독자를 다독인다.
　*참고. 償却 - 보상하여 갚음.

경제·과학

|9| 9월 서비스생산 3.5% ↑…증가세 둔화

추석연휴로 인한 영업일수 감소와

잦은 비 등의 영향으로

지난 9월 서비스업 생산 증가세가

둔화된 것으로 나타났습니다.

통계청이 발표한

9월 서비스업활동동향에 따르면

서비스업 생산은

지난해 같은 달에 비해 3.5% 늘었습니다.

이러한 증가율은

지난해 10월 이후 가장 낮은 수준으로

추석으로 인해 9월 영업일수는

지난해 21일에서 올해 17일로,

강우일수는 지난해 6일에서 올해 20일로

대폭 늘어난 데 따른 것이라고

통계청은 설명했습니다. (끝)

추석연휴로 인한 영업일수 감소와
①
잦은 비 등의 영향으로
　　　　　　　②
지난 9월 서비스업 생산 증가세가

둔화된 것으로 나타났습니다.

통계청이 발표한
　　　　　　　③
9월 서비스업활동동향에 따르면

서비스업 생산은

지난해 같은 달에 비해 3.5% 늘었습니다.
　④
　　　이러한 증가율은

지난해 10월 이후 가장 낮은 수준으로

추석으로 인해 9월 영업일수는

지난해 21일에서 올해 17일로,

강우일수는 지난해 6일에서 올해 20일로

대폭 늘어난 데 따른 것이라고
ⓐ
통계청은 설명했습니다. (끝)

추석 때 영업일수 감소와 상대적으로 잦았던 비 때문에 지난 9월 서비스업이 부진했던 것으로 나타났습니다.

통계청은 9월 서비스업 생산량이 지난해 같은 때보다 3.5% 느는 데 그쳤다고 밝혔습니다.

이러한 증가율은 지난해 10월 이후 가장 낮은 수준으로, 추석연휴 때 영업일수가 나흘 줄고 비온 날은 이번 가을들어 14일이나 늘어난 것이 원인이라고 통계청은 밝혔습니다.

경제·과학

> [!해설]
> ① 엄밀히 말해 다른 해에 비해 잦은 비다.
> ② 리드니까 더 쉽고 가볍게 쓴다.
> ③ '~에 따르면'은 피한다. '늘었습니다'와 호응이 안 된다.
> ④ 숫자가 너무 많다.

> [!발음]
> ⓐ 統計廳〔통:계청〕

경제·과학

|10| 정통부, KT 건물 반값 임대 70억 특혜

정보통신부가
KT 건물을 임대해 사용하면서
지난 10년간 70억 원이 넘는 특혜를 받았다는
주장이 제기됐습니다.
국회 과학기술정보통신위원회 소속인
한나라당 김태환 의원은
정보통신부 국정감사 자료에 따르면
정통부가 1998년 KT로부터
광화문 통신센터 건물 11층을 임대한 이후
해마다 다른 입주업체보다
7억 7천만 원의 임대료를 적게 내고 있다며
이 같이 밝혔습니다.
김 의원은 또
첫 임대 이후 지난 10년간
임대료와 관리비가 한 번도 인상되지 않았을 뿐 아니라
정통부가 지난 2005년 추가로 임대한
15층과 지하 시설에 대해서는 보증금도 없이
정상임대료의 3분의 1만 지급해 온 것으로 나타났다며
정부 당국과 사업자 간의 부정 거래 의혹이
사실로 드러났다고 주장했습니다.
김 의원은
임차인이 민간기업이라면
건물주 KT가 정상 임대료의 50%만 받고도
입주를 허용했겠느냐며
규제 기관과 대상 기관 사이의 특혜나 봐주기 의혹을
철저히 조사해 책임을 물어야 한다고 강조했습니다. (끝)

정보통신부가
KT 건물을 임대해 사용하면서
(→ 임차해)
지난 10년간 70억 원이 넘는 특혜를 받았다는
주장이 제기됐습니다.

　　　　　국회 과학기술정보통신위원회 소속인
　　　　　　　　　　　　　　　　(→ 불필요)
한나라당 김태환 의원은
정보통신부 국정감사 자료에 따르면
　　　　　　　　　　(→ 를 인용해)
정통부가 1998년 KT로부터
광화문 통신센터 건물 11층을 임대한 이후
해마다 다른 입주업체보다
　　　　(→ 불필요)
7억 7천만 원의 임대료를 적게 내고 있다며
이 같이 밝혔습니다.

　　　　김 의원은 또
　　　　　　　(→ 삭제)
첫 임대 이후 지난 10년간
임대료와 관리비가 한 번도 인상되지 않았을 뿐 아니라
　　　　　(→ 넓은 의미의 중복)
정통부가 지난 2005년 추가로 임대한
　　　　　　　　　　　　(→ 같은 건물, '정확성')
15층과 지하 시설에 대해서는 보증금도 없이
정상임대료의 3분의 1만 지급해 온 것으로 나타났다며
정부 당국과 사업자 간의 부정 거래 의혹이
사실로 드러났다고 주장했습니다.

　　　　김 의원은
임차인이 민간기업이라면
건물주 KT가 정상 임대료의 50%만 받고도
입주를 허용했겠느냐며
규제 기관과 대상 기관 사이의 특혜나 봐주기 의혹을
철저히 조사해 책임을 물어야 한다고 강조했습니다. (끝)

경제·과학

발음
ⓐ 使用[사:용]
ⓑ 넘는[넘:는]
ⓒ 提起[제기](○), [제:기](×)
ⓓ 光化門[광화문](○), [광:화문](×)
ⓔ 不正[부정], *참고. 否定[부:정]
ⓕ 賃借人[임:차인]

경제 · 과학

|11| 참여연대, '돈벌이 급급 저축은행 비판, 정부 감독 강화해야'

시중 저축은행의 상당수가
대부업체에 자금을 대출해줬다는 지적에 대해
참여연대는 논평을 내고,
저축은행이 서민 금융기관으로서
제 역할을 해야 한다며
정부의 철저한 관리감독을 촉구했습니다.
참여연대는
서민과 중소기업이 주로 이용하는
저축은행들이
대부업체에는 수천억을 대출해주면서
정작 서민들을 위한
소액신용대출은 60%나 줄인 것은
서민금융기관으로서의 역할을
망각한 것이라고 비판했습니다.
참여연대는 또
이같은 저축은행의 행태를
정부가 제재하기는 커녕
오히려 규제를 완화하려는 것은
서민들의 고통을
방치하는 일이라고 비난했습니다.
금융감독원이
국회에 제출한 국감자료를 보면
지난 6월말 현재
시중 저축은행의 50% 정도가
대부업체에는 3천 6백여 억원을 대출해 준 반면,
소액신용대출 규모는
지난 4년 동안 60%나
줄인 것으로 나타났습니다. (끝)

시중 저축은행의 상당수가
대부업체에 자금을 대출해줬다는 지적에 대해
참여연대는 논평을 내고,
① 저축은행이 서민 금융기관으로서
제 역할을 해야 한다며
정부의 철저한 관리감독을 촉구했습니다.
참여연대는
ⓐ 서민과 중소기업이 주로 이용하는
ⓑ 저축은행들이
대부업체에는 수천억을 대출해주면서
정작 서민들을 위한
ⓒ 소액신용대출은 60%나 줄인 것은
서민금융기관으로서의 역할을
② 망각한 것이라고 비판했습니다.
참여연대는 또
이같은 저축은행의 행태를
정부가 제재하기는 커녕
오히려 규제를 완화하려는 것은
서민들의 고통을
ⓓ 방치하는 일이라고 비난했습니다.
금융감독원이
국회에 제출한 국감자료를 보면
지난 6월말 현재
시중 저축은행의 50% 정도가
대부업체에는 3천 6백여 억원을 대출해 준 반면,
소액신용대출 규모는
지난 4년 동안 60%나
줄인 것으로 **나타났습니다.** (끝)
(→ 나타나 있습니다.)

참여연대는 오늘 저축은행의 상당수가 대부업체에 자금을 대출했다는 보도에 대해 정부의 철저한 관리 감독을 촉구했습니다.

"

또한 정부가 이같은 저축은행들의 행태를 제재하기는커녕 오히려 규제를 완화하려는 것은 서민들의 고통을 방치하는 것이라고 비난했습니다.

"

해설
① (당연한 말) 뒤에 나온다.
② '저버린 것이라고' (참신성)

발음
ⓐ 서민〔서:민〕
ⓑ 저축〔저:축〕
ⓒ 소액〔소:액〕
ⓓ 방치〔방:치〕

경제 · 과학

|12| 국가암정보센터 암정보 신뢰성, 국제인증 획득

보건복지부는 국립암센터가 운영, 지원하는 국가암정보센터가 세계적 권위가 있는 보건의료정보 인증 기관인 혼코드로부터 최근 회원 인증을 받았다고 밝혔습니다.

이는 국가암정보센터에서 제공하는 암정보가 신뢰할 만한 세계적 수준의 의료 정보라는 사실을 인정받은 것이라고 복지부 관계자는 설명했습니다.

혼코드는 인터넷에서 이용 가능한 보건의료정보의 신뢰성을 표준화하기 위해 지난 1996년에 개인의료기밀 보호와 정보 출처 표시, 후원의 투명성 확보 등 8가지 윤리강령을 바탕으로 제정된 국제규약으로 전 세계 72개국에서 5천 개가 넘는 웹사이트가 인증을 받았습니다. (끝)

경제·과학

　　①　보건복지부는

국립암센터가 운영·지원하는

국가암정보센터가

세계적 권위가 있는

보건의료정보 인증 기관인 혼코드로부터

최근 회원 인증을 받았다고 밝혔습니다.

　　　이는 국가암정보센터에서

제공하는 암정보가 신뢰할 만한

세계적 수준의 의료 정보라는 사실을

인정받은 것이라고

복지부 관계자는 설명했습니다.

　　②　혼코드는

인터넷에서 이용 가능한
　　　　　　　　ⓐ

보건의료정보의 신뢰성을 표준화하기 위해
　　　　　　　ⓑ

지난 1996년에 개인의료기밀 보호와

정보 출처 표시, 후원의 투명성 확보 등

8가지 윤리강령을 바탕으로 제정된 국제규약으로,
③
전 세계 72개국에서 5천 개가 넘는

웹사이트가 인증을 받았습니다. (끝)

　　우리 국가암정보센터가 세계적 권위의 보건의료 정보 인증기관인 '혼 코드'로부터 회원 인증을 받았습니다.

　　보건복지부는 이에 대해 국립 암센터가 운영·지원하는 암정보센터의 정보수준이 세계적인 것임을 인정받은 셈이라고 설명했습니다.

　　'혼 코드'란 인터넷에서 이용 가능한 보건의료정보의 신뢰성을 표준화 하기 위해 지난 1996년 제정된 국제 규약으로, 개인 의료기밀 보호와 정보출처 표시, 후원의 투명성 확보 등 8 가지 윤리 강령을 담고 있습니다.

해설
① 크고 작은 주어들이 얽혀 있어 복잡하다.
② '정의(定義)'에는 '~란'이 적절하다.
③ 세계에서 72 번째라니 맥이 빠진다. 기사의 가치를 떨어뜨리므로 빼는 게 낫다.

발음
ⓐ 可能〔가ː능〕
ⓑ 신뢰성〔실ː뢰썽〕

경제·과학

|13| 아르바이트도 양극화…직종간 시급 최대 2만6천원 격차

아르바이트 시급이 직종 간에 최대 2만 6천원 정도가 차이가 나는 것으로 나타났습니다.

취업포털 커리어는 아르바이트 채용공고 12만건을 분석한 결과, 아르바이트의 평균 시급이 5천160원으로 집계됐다고 밝혔습니다.

시급이 가장 높은 직종은 모델 아르바이트로, 한 시간에 최고 3만원을 받는 것으로 조사됐습니다.

또 예체능 강사가 한 시간에 최고 2만 5천원, 소비자 품평회 요원은 2만원 수준이었습니다.

반면 편의점 아르바이트의 경우 시급은 법정 최저임금은 3천 480원 수준에 그쳤습니다. (끝)

①
　　아르바이트 시급이

직종 간에 최대 2만 6천원 정도가
(→ 직종에 따라)
차이가 나는 것으로 나타났습니다.
②
　　취업포털 커리어는

아르바이트 채용공고 12만건을 분석한 결과,

아르바이트의 평균 시급이

5천160원으로 집계됐다고 밝혔습니다.
③
　　시급이 가장 높은 직종은

모델 아르바이트로,

한 시간에 최고 3만원을 받는 것으로 조사됐습니다.
④ ⓐ
　　또 예체능 강사가

한 시간에 최고 2만 5천원,

소비자 품평회 요원은 2만원 수준이었습니다.
ⓑ
　　반면 편의점 아르바이트의 경우

시급은 법정 최저임금은

3천 480원 수준에 그쳤습니다. (끝)

시급이 가장 높은 직종은 모델 아르바이트로 한 시간에 최고 3만 원인 반면, 편의점 아르바이트는 3,480 원 수준에 그쳤습니다.

경제·과학

해설
① 리드문을 '격차·차이'에 중점을 두었다면, 그에 합당한 정보가 다음에 나와야 한다. 따라서 다음 문장 평균 시급 5,160원은 혼란을 준다.
　모델 아르바이트 3만 원에 이어 편의점 3,480원을 대비시켰어야 한다. 나머지 정보는 그 다음에 쓴다.
② 셋째 문장으로
③은 ⑤와 묶어 고쳐쓰기
④로 마무리하면서 '강사가'를 '강사는'으로 고친다.

발음
ⓐ 藝體能[예:체능]
ⓑ 편의점[펴니점]

경제·과학

|14| 中小 대다수, '백화점·할인점과 불공정거래 감내하며 지속'

중소기업의 대부분이
대형마트와의 거래에서
불공정 행위를 당하고 있는 것으로 조사됐습니다.
중소기업중앙회가
대형마트, 백화점 등과 거래하는
중소기업 109곳을 대상으로 조사한 결과를 보면
76퍼센트가
불공정 거래행위를 경험한 적이 있다고
답했습니다.
불공정 행위로는
판매장려금과 신상품 촉진비 등
추가비용 요구가 62퍼센트로 가장 많았습니다.
또 납품단가 인하와
부당 반품 등의 부당 거래가 42퍼센트,
판촉비와 광고비 등의 비용 전가가 39퍼센트,
판촉사원 파견, 상품권 구입 등의 강요 행위가
34퍼센트로 뒤를 이었습니다.
그러나 이들 중소기업의 87퍼센트는
이런 행위를 묵인하고
거래를 계속하고 있는 것으로 나타났습니다. (끝)

중소기업의 대부분이
대형마트와의 거래에서
ⓐ
불공정 행위를 당하고 있는 것으로 조사됐습니다.
　　　중소기업중앙회가
대형마트, 백화점 등과 거래하는
중소기업 109곳을 대상으로 조사한 결과를 보면
76퍼센트가
①
불공정 거래행위를 경험한 적이 있다고
답했습니다.
　　　불공정 행위로는
판매장려금과 신상품 촉진비 등
　　　　　　　　　　　(옷 떠넘기는, '명료성')
추가비용 요구가 62퍼센트로 가장 많았습니다.
　　　또 납품단가 인하와
ⓑ
부당 반품 등의 부당 거래가 42퍼센트,
　　ⓒ　　　　ⓓ
판촉비와 광고비 등의 비용 전가가 39퍼센트,
판촉사원 파견, 상품권 구입 등의 강요 행위가
34퍼센트로 뒤를 이었습니다.
　　　그러나 이들 중소기업의 87퍼센트는
②
이런 행위를 묵인하고
거래를 계속하고 있는 것으로 나타났습니다. (끝)

"

중소기업 중앙회가 대형마트와 백화점 등을 상대하는 109개 중소기업을 조사한 결과 76%가 불공정거래를 당한 적이 있다고 답했습니다.

"

"

그러나 중소기업 대부분인 87%는 이런 행위를 계속 감수하고 있는 것으로 나타났습니다.

경제·과학

해설
① 직접 당한 것이다. 밀리서 본 것이 아니다.
② '묵인'은 강한 자, 기득권자가 약한 자, 새내기에 대해 취하는 행위다.

발음
ⓐ 去來〔거:래〕
ⓑ 返品〔반:품〕
ⓒ 廣告費〔광:고비〕
ⓓ 轉嫁〔전:가〕

경제·과학

|15| 올 4분기, 공기업 860여 명 채용 예정

올 4분기 주요 공기업의 채용규모가 860여 명에 이를 것으로 보입니다.

채용정보업체 잡코리아가 매출액 상위 5백 대 기업에 속하는 공기업 60여 곳을 대상으로 조사한 결과 27%가 올 4분기에 채용 계획을 세우고 있으며, 채용 규모는 모두 860여 명에 이를 것으로 나타났습니다.

기업별로 보면 대한주택공사가 이달에 신입사원 180여 명을 모집하는 것을 시작으로 코트라와 한국 동서발전, 중부발전, 한국공항공사 등이 사원을 선발할 계획을 세워놓고 있습니다. (끝)

올 4분기 주요 공기업의 채용ⓐ규모가
①
860여 명에 이를 것으로 보입니다.
②
채용정보업체 잡코리아가

매출액 상위 5백 대 기업에 속하는

공기업 60여 곳을 대상으로 조사한 결과

27%가 올 4분기에 채용 계획을 세우고 있으며,

채용 규모는 모두 860여 명에 이를 것으로

나타났습니다.

　　　　기업별로 보면

대한주택공사가 이 달에

신입사원 180여 명을 모집하는 것을 시작으로

코트라와 한국 동서발전, 중부발전,

한국공항공사 등이 뒤를 이어 사원을 선발할
　　　　　　　　　　　(→ 사원을 선발합니다.)
계획을 세워놓고 있습니다. (끝)

올 4분기 주요 공기업의 채용규모는 860명 선인 것으로 알려졌습니다.

채용정보업체 '잡코리아'가 60여 개 공기업을 조사한 결과 이 중 1/4 정도가 채용계획이 있으며, 인원은 모두 합해 860여 명 정도인 것으로 나타났습니다.

"

경제·과학

해설
① 상당히 많은 느낌을 준다. 객관적 사실을 말하기에 어색한 느낌. 더구나 뒷 문장과 겹침.
② 중요한 것은 작년과의 대비 수치이다. '860여 명'이 작년보다 는 것인지 준 것인지가 핵심 정보다. 이것이 빠져있다.

발음
ⓐ 採用〔채ː용〕

경제·과학

|16| 토지보상금 예치자에 상업용지 우선권 부여

　　　　수도권에서 택지 개발로 받은
토지 보상금 가운데 1억 원 이상을
금융 기관에 3년 이상 예치할 경우에는
상업 용지 분양 우선권이 주어집니다.
　　　　지방의 경우 5천만 원 이상만 예치하면
같은 혜택이 주어집니다.
　　　　건설교통부는
이 같은 내용의 택지개발업무 처리지침을 개정해
오늘부터 시행에 들어간다고 밝혔습니다.
　　　　우선 수도권에서는 1억원 이상을,
그리고 지방은 5천만 원 이상을 3년 이상 예치한
토지소유자들이 우선권을 받을 수 있고
지구 안에서 공급하는 상업 용지의 50% 이내에서
예치자들끼리 제한 경쟁을 하게 됩니다.
　　　　또 공공 택지의 자족 기능 관련 시설 용지를
수도권과 지방에 상관없이
10퍼센트 범위에서 조성하도록 했으며
특별한 경우 최고 20퍼센트까지도
가능하게 했습니다.
　　　　이와 함께 사업시행자가 택지를 공급할 때
가격 부풀리기를 막기 위해
한국감정원과 한국감정평가협회 추천
우선감정평가법인이 각각 산정한 감정 가액을
산술 평균해 공급 가격을 결정하도록 했습니다. (끝)

수도권에서 택지 개발로 받은
토지 보상금 가운데 1억 원 이상을
금융 기관에 3년 이상 예치할 경우에는
상업 용지 분양 우선권이 주어집니다.
　　　지방의 경우 5천만 원 이상만 예치하면
같은 혜택이 주어집니다.
　　　건설교통부는
이 같은 내용의 택지개발업무 처리지침을 개정해
오늘부터 시행에 들어간다고 밝혔습니다.
우선 수도권에서는 1억원 이상을,
그리고 지방은 5천만 원 이상을 3년 이상 예치한
토지소유자들이 우선권을 받을 수 있고
① 지구 안에서 공급하는 상업 용지의 50% 이내에서
(→ 같은 지구 내에서, '친절성', '음성언어')
예치자들끼리 제한 경쟁을 하게 됩니다.
　　　또 공공 택지의 자족 기능 관련 시설 용지를
수도권과 지방에 상관없이
10퍼센트 범위에서 조성하도록 했으며
　　　　　　내
특별한 경우 최고 20퍼센트까지도
가능하게 했습니다.
　　　이와 함께 사업시행자가 택지를 공급할 때
가격 부풀리기를 막기 위해
②
한국감정원과 한국감정평가협회 추천
　　　　　　　　　　　　　　가　하는
우선감정평가법인이 각각 산정한 감정 가액을
(→ 불필요)　　　　　　　　　　(→ '가 등')
산술 평균해 공급 가격을 결정하도록 했습니다. (끝)
　　　　　　　　　('가액'이 더 확실)

해설
① 이대로 놓아두면 'earth'로 오인될 우려가 없지 않다.(음성언어)
② '한국감정원'에다 그 다음이 '한국감정평가협회', '추천', '우선감정평가법인' 등 긴 음절의 복합명사들로 이루어져 전달력이 떨어진다. '절'로 만드는 것이 낫다.

발음
ⓐ 處理〔처:리〕
ⓑ 算定〔산:정〕
ⓒ 鑑定〔감정〕, *참고. 感情〔감:정〕

경제·과학

경제·과학

|17| 에스엠엔터테인먼트의 불공정 전속계약 적발

공정거래위원회가
연예인과 전속 계약을 맺으면서
계약을 위반할 경우
지나치게 많은 손해배상을 물도록 요구한
연예기획사 '에스엠(SM) 엔터테인먼트'에 대해
시정명령을 내렸습니다.
공정위는
에스엠 엔터테인먼트가
지난 2001년 신인 탤런트 김지훈씨와
연예 전속 계약을 맺으면서
계약을 위반할 경우
총투자액의 5배가 넘는 금액과 별도로 1억 원 등을
물도록 요구했다고 밝혔습니다.
공정위는 이 같은 배상규정은
민법상 손해배상 한도를 넘은 것으로
연예기획사 측이 우월적 지위를 이용해
신인급인 연예인에게
불리한 계약을 강요한 것이라고 밝혔습니다.
공정위는 또
에스엠 엔터테인먼트가
김씨의 계약기간을
첫 음반 발매 후 5년을 정해놓거나
조연급 이상 영화나 드라마 첫 출연 이후
5년으로 규정한 것은
조연급 이상의 개념이 불명확하지 않는 등
연예인이 기획사의 자의적인 해석에 따라
신분이 구속될 우려가 있다고
지적했습니다.
공정위는 이와 함께
대형 연예 기획사가 우월적 지위를 이용해
신인급 연예인을 상대로
불공정 계약을 요구하는 경우가 많다고 보고
조사를 강화할 방침입니다. (끝)

①
　　공정거래위원회가
연예인과 전속 계약을 맺으면서
계약을 위반할 경우
지나치게 많은 손해배상을 물도록 요구한
연예기획사 '에스엠(SM) 엔터테인먼트'에 대해
시정명령을 내렸습니다.
　　공정위는
에스엠 엔터테인먼트가
지난 2001년 신인 탤런트 김지훈씨와
② ⓐ　③
연예 전속 계약을 맺으면서
계약을 위반할 경우
총투자액의 5배가 넘는 금액과 별도로 1억 원 등을
물도록 요구했다고 밝혔습니다.
　　공정위는 이 같은 배상규정은
　　　　　　ⓑ
민법상 손해배상 한도를 넘은 것으로
연예기획사 측이 우월적 지위를 이용해
신인급인 연예인에게
불리한 계약을 강요한 것이라고 밝혔습니다.
　　공정위는 또
에스엠 엔터테인먼트가
김씨의 계약기간을
첫 음반 발매 후 5년을 정해놓거나
ⓒ
조연급 이상 영화나 드라마 첫 출연 이후
5년으로 규정한 것은
　　　　　　　　　④
조연급 이상의 개념이 불명확하지 않는 등
　　　　　　　ⓓ
연예인이 기획사의 자의적인 해석에 따라
신분이 구속될 우려가 있다고
지적했습니다.
　　　　　⑤
　　공정위는 이와 함께
대형 연예 기획사가 우월적 지위를 이용해
신인급 연예인을 상대로
불공정 계약을 요구하는 경우가 많다고 보고
조사를 강화할 방침입니다. (끝)

> [!NOTE] 해설
> ① 마치 공정위가 연예인과 전속계약을 한 것 같은 착각이 일어난다. 조사 '가' 하나를 잘못 써 벌어진 비극이다. 게다가 '에스엠'을 위한 수식어가 너무 길다.
> ② 뭐하러 쓰나?
> ③ 엄밀히 따지면 '겹치는 말'이다.
> ④ 죽 늘여 쓰다보니 긍정과 부정표현까지 혼동되는 것이다. '명확하지 않아.'
> ⑤ (불필요)

공정거래위원회는 오늘 연예인에게 비정상적 손해배상을 요구한 연예기획사 SM 엔터테인먼트에 대해 시정명령을 내렸습니다.

에스엠 엔터테인먼트는 지난 2001년 신인 탤런트 김지훈 씨와 계약하면서, 위반할 경우 총 투자액의 5배가 넘는 위약금과 별도로 1억 원 등을 물도록 요구했습니다.

"

"

"

> [!NOTE] 발음
> ⓐ 연예[여:녜]
> ⓑ 한도[한:도]
> ⓒ 조연[조:연]
> ⓓ 자의적[자이적]

경제 · 과학

|18| 남북 정상회담, 외국인 투자에 별 영향 없다

　　　　토머스 메드슨

UBS 글로벌 주식부문 헤드는

남북 정상회담과 대통령 선거 등

한국의 중요 정치적 이슈가

외국인 투자 방향에

큰 영향을 미치지 못할 것으로 내다봤습니다.

　　　메드슨 헤드는 기자 간담회에서

"한국의 최근 정치적 이슈는

남미나 중동 등 다른 지역에서도 발생하는

일상적인 일"이라며 이같이 말했습니다.

　　　또 외국인 투자자들의

한국 주식 매도세에 대해서는

"외국인 투자자는 시장이 조정을 받으면

해외 주식을 줄이는 게 상례라며

한국 주식 매도는 당분간 계속 될 것"이라고

밝혔습니다. (끝)

토머스 메드슨
UBS 글로벌 주식부문 헤드는
①

남북 정상회담과 대통령 선거 등

한국의 중요 정치적 이슈가

외국인 투자 방향에

큰 영향을 미치지 못할 것으로 내다봤습니다.

　　메드슨 헤드는 기자 간담회에서
　　　　(→ 씨, 대표)
"한국의 최근 정치적 이슈는

남미나 중동 등 다른 지역에서도 발생하는

일상적인 일"이라며 이같이 말했습니다.

　　또\외국인 투자자들의
　　　②최근
한국 주식 매도세에 대해서는
　　　　　('경향', '추세')
"외국인 투자자는 시장이 조정을 받으면
　　　　　　　　　ⓐ
해외 주식을 줄이는 게 상례라며
　　　　　　　　　ⓑ
한국 주식 매도는 당분간 계속 될 것"이라고
　　(→ '이는')
밝혔습니다.#####

> 　UBS 글로벌 주식부문 토머스 메드슨 대표는 남북정상회담과 대통령 선거 등 중요 정치적 사안이 외국인의 한국에 대한 투자 방향에 큰 영향을 주지는 않을 것이라고 내다봤습니다.
>
> "
>
> "

해설
① 전문 용어. 어렵다. 바꾸어야 한다. 뒤에 또 나온다.
② (친절성)

발음
ⓐ 常例〔상녜〕(○), 〔상:녜〕(×)
ⓑ 繼續〔계:속〕

경제·과학

경제 · 과학

|19| CD금리 상승세, 당분간 지속 전망

주택담보대출 금리의 기준이 되는
양도성예금증서, 즉 CD 금리의 오름세가
당분간 이어질 것이란 전망이 나왔습니다.
금융연구원 한재준 연구위원은
보고서를 통해 최근 CD 금리 상승은
지난달 콜금리가 인상된 것과 함께
CD 발행은 늘고 매수기반은 약화된
수급요인에 따른 것이라고 분석했습니다.
한 연구위원은
최근 은행들이 예금 이탈로
자금 확보를 위해 CD 발행을 늘리고 있지만
CD에 주로 투자하는 MMF는 자금 유입도 줄고
투자 한도가 제한돼 있는 등
수요가 약하다고 분석했습니다.
이 때문에 하반기에도
CD 금리 오름세가 지속되겠지만
CD 금리가 3년 물 국고채 금리를
넘기는 쉽지 않은 만큼 상승폭은
제한될 것이라고 설명했습니다. (끝)

주택담보대출 금리의 기준이 되는
① 양도성예금증서, 즉 CD 금리의 오름세가
　　　　　　　　　ⓐ
당분간 이어질 것이란 전망이 나왔습니다.

　　　　금융연구원 한재준 연구위원은
②
보고서를 통해 최근 CD 금리 상승은

지난달 콜금리가 인상된 것과 함께

CD 발행은 늘고 매수기반은 약화된
　　　　　　　　　　　　　③
수급요인에 따른 것이라고 분석했습니다.

　　　　한 연구위원은
　　　　　ⓑ
최근 은행들이 예금 이탈로

자금 확보를 위해 CD 발행을 늘리고 있지만
　　　　　　　　　　　　　④
CD에 주로 투자하는 MMF는 자금 유입도 줄고

투자 한도가 제한돼 있는 등

수요가 약하다고 분석했습니다.

　　　　이 때문에 하반기에도

CD 금리 오름세가 지속되겠지만

CD 금리가 3년 물 국고채 금리를
　　　　(→ 3년 만기) ⓒ
넘기는 쉽지 않은 만큼 상승폭은
ⓓ
제한될 것이라고 설명했습니다. (끝)

주택담보대출 금리의 기준이 되는 CD, 즉 양도성예금증서의 오름세가 당분간 이어질 것이란 전망이 나왔습니다.

금융연구원 한재준 연구위원은 최근 CD 금리상승의 원인이 지난달 콜금리가 인상된 것과 CD 발행은 늘고 매수기반은 약화된 것 때문이라고 밝혔습니다.

한 위원은 최근 은행들이 예금 이탈로 인한 위기감에 자금 확보를 위한 CD 발행을 늘리고 있지만, CD에 주로 투자되는 MMF, 즉 금융시장 투자펀드는 자금유입이 줄어들고 투자 한도도 제한돼 있는 등 수요가 약하다고 분석했습니다.

　　　　　"

해설

① '즉' 다음에 짧은 것을 쓰라는 말이 아니다. '즉' 다음에 우리말이 나와야 한다.
② 구체적 보고서 명이 없으면 생략하는 게 낫다.
③ 다음 문장과 겹친다.
④ Money Market Fund

발음

ⓐ 전망[전:망]
ⓑ 예금[예:금]
ⓒ 상승[상:승]
ⓓ 제한[제:한]

경제·과학

|20| 직장인 5 명 중 3 명 "학력 프리미엄 필요하다"

대부분의 직장인들은 이른바 학력 프리미엄이 필요하고 또 실제로 존재하고 있다고 생각하는 것으로 나타났습니다.

생활취업포털 파인드잡이 직장인 천4백여 명을 대상으로 조사한 결과 58.1%가 '학력 프리미엄이 필요하다'고 답했습니다.

그 이유로는 '학력도 일종의 경쟁력이고 성실함을 반증하는 것이기 때문'이라는 응답이 49.5%로 가장 많았습니다.

이와 함께 직장인의 83.3%는 직장생활에서 학력 프리미엄이 있다는 것을 느낀 적이 있다고 밝혔고, '높은 사람과 같은 학교 출신이어서 승진이 빠를 때' 이를 느꼈다는 대답이 가장 많았습니다. (끝)

　　　　대부분의 직장인들은
　　　　　　　　　　①
이른바 학력 프리미엄이 필요하고

또 실제로 존재하고 있다고

생각하는 것으로 나타났습니다.

　　　　생활취업포털 파인드잡이

직장인 천4백여 명을 대상으로 조사한 결과

58.1%가 '학력 프리미엄이 필요하다'고 답했습니다.

　　　　그 이유로는

'학력도 일종의 경쟁력이고
　　　②
성실함을 반증하는 것이기 때문'이라는 응답이
　　　(→ 방증)
49.5%로 가장 많았습니다.
　　　　　③
　　　이와 함께 직장인의 83.3%는

직장생활에서 학력 프리미엄이

있다는 것을 느낀 적이 있다고 밝혔고,

'높은 사람과 같은 학교 출신이어서

승진이 빠를 때'

이를 느꼈다는 대답이 가장 많았습니다. (끝)

직장인 대부분은 이른바 '학력 프리미엄'이 실제 작용하며, 필요하다고 생각하는 것으로 나타났습니다.

〞

〞

이와 함께 직장인의 83.3%는 학력 프리미엄을 느낀 적이 있다고 밝히면서 '간부들과 같은 학교 출신이어서 승진이 빠를 때' 이를 가장 실감한다고 응답했습니다.

해설
① 구어 같다. 느슨하다.
② • 방증 – 주변의 상황을 밝힘으로써 간접적으로 증명이 됨.
　• 반증 – 어떤 사실이나 주장이 옳지 아니함을 그에 반대되는 근거를 들어 증명함.
　　예) 사실을 뒤집을 만한 반증이 없다.
③ 비문(非文). 주어와 술어의 호응이 안 맞음.

경제 · 과학

|21| 한국인 첫 우주인 오늘 발표

한국인 첫 우주인이 오늘 발표됩니다.

과학기술부는

오늘 오전 한국항공우주원장 등 7명으로 구성된

한국 우주인 선발협의체 회의를 열어

고산과 이소연 씨 가운데 한 명을

우주선에 탑승할 후보로 선정,

발표할 예정이라고 밝혔습니다.

후보 선정에는

성적 30%와 러시아 가가린 훈련센터 성적 50%,

국내 우주과학실험 훈련성적 10%,

종합평가 10% 등이 반영될 예정이지만

두 후보의 성적 차가 크지 않은 것으로 알려져

최종 결과에 관심이 쏠리고 있습니다.

최종 선정된 후보자는

내년 3월까지 무중력 비행기 훈련 등

각종 우주 적응 훈련을 받게 되고,

내년 4월 국제우주정거장에서

일주일 정도 머물며 임무를 수행하게 됩니다. (끝)

한국인 첫 우주인이 오늘 발표됩니다.

과학기술부는
①
오늘 오전 한국항공우주원장 등 7명으로 구성된

한국 우주인 선발협의체 회의를 열어
②
고산과 이소연 씨 가운데 한 명을
③
우주선에 탑승할 후보로 선정,

발표할 예정이라고 밝혔습니다.

후보 선정에는
④   ⑤
성적 30%와 러시아 가가린 훈련센터 성적 50%,

국내 우주과학실험 훈련성적 10%,
         ㉮
종합평가 10% 등이 반영될 예정이지만

두 후보의 성적 차가 크지 않은 것으로 알려져

최종 결과에 관심이 쏠리고 있습니다.

최종 선정된 후보자는

내년 3월까지 무중력 비행기 훈련 등

각종 우주 적응 훈련을 받게 되고,

내년 4월 국제우주정거장에서
            ⑥
일주일 정도 머물며 임무를 수행하게 됩니다. (끝)

한국인 최초의 우주인이 오늘 발표됩니다.

과학기술부는 오늘 오전 한국 우주인 선발 협의체 7인 회의를 열어 고산 씨와 이소연 씨 중 한 명을 우주선에 탑승할 후보로 최종 확정할 계획이라고 밝혔습니다.

최종 선정에는 러시아 가가린 훈련센터 성적 50%, 4차에 걸친 선발성적 30%, 과학실험평가 10%, 그리고 종합평가 10%가 반영되는데 두 사람의 점수차가 크지 않은 것으로 알려졌습니다.

경제·과학

|해설|
① (불필요)
② '고산'이라는 이름이 다소 특이하기 때문에 음성언어 측면에서 명확히 해 줄 필요가 있다.
③ (명료성)
④ 간단한 설명 필요. 그냥 '성적'하면 막연하다.
⑤ 높은 비율부터 쓴다.
⑥ 무슨 임무? 약간의 설명이 있어야

|발음|
㉮ 반영[바:녕]

113

경제·과학

|22| 남해안 적조, 6년 만에 최악 피해

　　　　남해안 적조 피해가

눈덩이처럼 불어나

6년 만에 최악의 피해를

기록하고 있습니다.

　　　　오늘 경남 통영 등

남해안 양식장 9곳에서는

우럭과 참돔 등 물고기 116만 5천 마리가 죽어

지금까지 남해안의 적조 피해는

321만 마리, 55억 4천만 원으로 집계됐습니다.

　　　　이 같은 피해액은

지난 2001년 피해액 62억 원에 가까운 수칩니다.

　　　　국립수산과학원은

외해에서 발생한 적조가 조류를 타고

연안으로 계속 밀려들어 양식장을 덮치고 있어

앞으로 피해가 더 커질 것으로 내다봤습니다. (끝)

남해안 적조 피해가
① 눈덩이처럼 불어나

6년 만에 최악의 피해를

기록하고 있습니다.

오늘 경남 통영 등

남해안 양식장 9곳에서는

우럭과 참돔 등 물고기 116만 5천 마리가 죽어

지금까지 남해안의 적조 피해는

321만 마리, 55억 4천만 원으로 집계됐습니다.

② 이 같은 피해액은

지난 2001년 피해액 62억 원에 가까운 수칩니다.

국립수산과학원은

③ 외해에서 발생한 적조가 조류를 타고

연안으로 계속 밀려들어 양식장을 덮치고 있어

앞으로 피해가 더 커질 것으로 내다봤습니다. (끝)

남해안 적조 피해가 6년 만에 가장 심각한 수준인 것으로 나타났습니다.

오늘 하루만도 경남 통영 등 남해안 양식장 9곳에서 우럭, 참돔 등 116만 5천 마리의 어류가 폐사해 지금까지 남해안 적조로 321만 마리의 물고기가 죽고 피해액은 총 55억 4천만 원으로 집계됐습니다.

국립수산과학원은 적조가 조류를 타고 연안 양식장을 덮치고 있어 앞으로도 피해가 계속 될 지 우려하고 있습니다.

해설

① (진부한 비유)
② 2001년 피해액과 굳이 비교할 필요가 없다. 낡은 자료(불필요)
③ 없어도 별 탈 없다. 더구나 '외해'는 잘 쓰지 않고 발음도 어렵다.

115

경제·과학

|23| 중기청, 생산성 향상 선도기업 2천 개 집중 육성

앞으로 생산성 향상을 선도할
중소기업 2천 개가 집중 육성되고,
우수 기능을 보유한 중소기업 장기 재직자에 대한
공공시설 이용 우대방안이 추진됩니다.
중소기업청은 이에 따라
생산성 컨설팅, 생산정보화와
생산성 향상 설비투자금을 지원하고
기업 간 연계 생산성을 올릴 방침입니다.
또 만성적인 인력난을 해결하기 위해
10년 이상 장기재직자가
철도, 공항 등 공공시설 이용시
우대하는 방안을 추진하고
'중소기업 바로 알기' 등 인식개선 사업을
본격적으로 전개해 나갈 계획입니다.
이와 함께
수익성 향상의 근원적 역량이 될
연구개발(R&D) 능력을 강화하기 위해서
중소기업청은 R&D 출연 규모를
연간 3천600억 원에서
연차적으로 5천억 원 이상으로 확대하며,
산학연 공동컨소시엄 구성 등
산학협력을 통해 기술역량을
높여 나가기로 했습니다. (끝)

　　　　　앞으로 생산성 향상을 선도할
① 　　(→ 불필요)
중소기업 2천 개가 집중 육성되고,
　　　　　　　　　　　　②
우수 기능을 보유한 중소기업 장기 재직자에 대한
공공시설 이용 우대방안이 추진됩니다.
　　　　　　　　③
　　　　중소기업청은 이에 따라
④
생산성 컨설팅, 생산정보화와
생산성 향상 설비투자금을 지원하고
기업 간 연계 생산성을 올릴 방침입니다.
　　　　또 만성적인 인력난을 해결하기 위해
　　　　　　　　ⓐ
10년 이상 장기재직자가
철도, 공항 등 공공시설 이용시
우대하는 방안을 추진하고
　　　　　　　　　⑤
'중소기업 바로 알기' 등 인식개선 사업을
본격적으로 전개해 나갈 계획입니다.
　　　　이와 함께
⑥　　　　　ⓑ
수익성 향상의 근원적 역량이 될
연구개발(R&D) 능력을 강화하기 위해서
　　　　　　⑦
중소기업청은 R&D 출연 규모를
연간 3천600억 원에서
연차적으로 5천억 원 이상으로 확대하며,
　　　　　　　　ⓒ
산학연 공동컨소시엄 구성 등
⑧
산학협력을 통해 기술역량을
높여 나가기로 했습니다. (끝)

생산성 향상을 선도하는 2천 개 중소기업이 집중 육성되고, 중·소업체 우수인력에 대한 공공시설 이용 우대 방안이 추진됩니다.

중소기업청은 이와 관련해 앞으로 생산성 향상을 위한 컨설팅과 정보화, 투자를 지원하고 기업간 연계도 강화할 방침입니다.

또 중소기업의 10년 이상 장기 재직자에 대한 우대 방안을 마련해 철도, 공항 등 공공시설 이용시 각종 혜택을 주기로 했습니다.
이와 함께 '중소기업 바로알기' 등의 사업을 통해 대국민 홍보활동을 전개하기로 했습니다.

중소기업청은 아울러 중소기업에 대한 R&D, 즉 연구개발비 출연규모를 3천 600억 원에서 5천억 원 이상으로 확대하고 산학연 공동 컨소시엄을 구성해 기술역량을 높여 나가기로 했습니다.

해설
① 2천 개 중소기업이 낫다. '개'가 뒤에 오면 어색하다.
② (뒤에 구체적으로 나온다.)
③ 위와 직접적 인과관계로 적당하지 않거나 부족하다.
④ (세번이나 썼다.)
⑤ 관청용어
⑥ 어렵고 구호 같다.
⑦ (풀어쓴다.)
⑧ (중복). 산학연

발음
ⓐ 長期〔장기〕, *참고. 將棋〔장:기〕
ⓑ 근원적〔그눤적〕(○), 〔그:눤쩍〕(×)
ⓒ 構成〔구성〕(○), 〔구:성〕(×)

|24| 백화점 여름세일 초반 매출 한 자릿수 증가

주요 백화점들의

여름세일 첫 사흘간 매출이

지난해보다 소폭 증가한 것으로 나타났습니다.

롯데백화점은

지난해 12월 오픈한 서울 미아점을 제외한

수도권 12개 매장에서

7월 정기세일 첫 사흘인

지난 6일부터 8일까지의 매출이

지난해 세일때보다 8.5% 늘었다고 밝혔습니다.

현대백화점 역시 11개 점포에서

여름세일 초반 사흘간의 매출 실적이

지난해보다 6% 늘어난 것으로 나타났습니다.

신세계백화점은

지난 3월 오픈한 용인 죽전점을 제외한

나머지 점포의 여름세일 첫 사흘간 매출이

지난해보다 9% 늘었습니다. (끝)

주요 백화점들의

여름세일 첫 사흘간 매출이
　　　(→ 초반 사흘)
지난해보다 소폭 증가한 것으로 나타났습니다.

　　　롯데백화점은
①
지난해 12월 오픈한 서울 미아점을 제외한
　　　　　　　ⓐ
수도권 12개 매장에서
②
7월 정기세일 첫 사흘인

지난 6일부터 8일까지의 매출이

지난해 세일때보다 8.5% 늘었다고 밝혔습니다.
　　　　　　　　　ⓑ
　　　현대백화점 역시 11개 점포에서
③
여름세일 초반 사흘간의 매출 실적이

지난해보다 6% 늘어난 것으로 나타났습니다.

　　　신세계백화점은
④
지난 3월 오픈한 용인 죽전점을 제외한

나머지 점포의 여름세일 첫 사흘간 매출이

지난해보다 9% 늘었습니다. (끝)

"

롯데백화점은 수도권 12개 매장에서 7월 6일부터 8일까지 사흘동안 매출이 작년 같은 기간 세일 때보다 8.5% 늘었다고 밝혔습니다.

현대백화점 역시, 11개 점포에서 지난해보다 6% 는 것으로 나타났고 신세계백화점도 ○○개 지점 매출이 9% 증가한 것으로 나타났습니다.

"

해설
① 중요정보가 아니다. 통계에서 제외된 것을 무엇하러 되짚나?
　'오픈'은 백화점 업계 용어이지 보도 용어가 아니다.
② (중복)
③ (중복)
④ 비 중요 정보

발음
ⓐ 賣場〔매ː장〕
ⓑ 店鋪〔점ː포〕

경제·과학

경제 · 과학

|25| 재경차관보, 회원제 골프장도 세금 완화 검토

조원동 재정경제부 차관보는
회원제 골프장의 보유세 부담을 줄이고
특소세를 폐지하는 방안 등을
검토하겠다고 말했습니다.
조 차관보는
서비스업 경쟁력 강화 대책의 하나로 나온
반값 골프장 건설과 관련해
태스크포스 팀에서 대중 골프장과
회원제 골프장 간의 차별적 요인까지
함께 검토해 달라는 주문이 있었다며
이같이 밝혔습니다.
현재 골프장을 건설하려면
일정 수준의 보전 산지를 두도록 돼 있고,
이를 골프장 면적으로 계산해,
보유세를 부과하고 있는데
대중 골프장과 달리 회원제 골프장은
보유세를 중과하고 있는데다,
특별소비세까지 부과되고 있습니다.
조 차관보는
국무총리실을 중심으로
골프장 관련 절차적 규제 완화는
상당히 추진돼 왔다며,
다만 비용 부담에 있어서 차별적 요소가 있어
추가 개선의 여지가 있는지
태스크포스팀에서 검토해 달라는
지적이 있었다고 설명했습니다.
조원동 차관보는 또
농지를 전용해 골프장을 건설하는 방안을
시뮬레이션 해 본 결과
농민에게 도움이 되고
기타 기관투자자와 재무적 투자자들이
관심을 가질 정도의 수익률은
올릴 수 있는 것으로 나왔다며,
어느 정도의 농지를 포함시켜 허용할 지와
골프장 수요나 면적이 얼마나 될 지는
10월까지 수요 조사를 충분히 한 뒤
설명하겠다고 밝혔습니다. (끝)

① 조원동 재정경제부 차관보는
회원제 골프장의 보유세 부담을 줄이고
특소세를 폐지하는 방안 등을
검토하겠다고 말했습니다.
　　　조 차관보는
서비스업 경쟁력 강화 대책의 하나로 나온
반값 골프장 건설과 관련해
태스크포스 팀에서 대중 골프장과
회원제 골프장 간의 차별적 요인까지
　　　　　　　(→ 차이점까지)
함께 검토해 달라는 주문이 있었다며
이같이 밝혔습니다.
　　　현재 골프장을 건설하려면
일정 수준의 보전 산지를 두도록 돼 있고,
이를 골프장 면적으로 계산해,
보유세를 부과하고 있는데
대중 골프장과 달리 회원제 골프장은
보유세를 중과하고 있는데다
　　　　(→ 무겁게 물리는데)
특별소비세까지 부과되고 있습니다.
　　　　　　　(→ 하고)
　　　조 차관보는
국무총리실을 중심으로
골프장 관련 절차적 규제 완화는
　　　　　　　　　　(→ 가)
상당히 추진돼 왔다며,
다만 비용 부담에 있어서 차별적 요소가 있어
(→ 불필요, 중복)
추가 개선의 여지가 있는지
태스크포스팀에서 검토해 달라는
지적이 있었다고 설명했습니다.
　　　조원동 차관보는 또
농지를 전용해 골프장을 건설하는 방안을
시뮬레이션 해 본 결과
(→ 시험 실시해)
농민에게 도움이 되고
　　　(→ 되면서, '친절성', '리듬감')
기타 기관투자자와 재무적 투자자들이
관심을 가질 정도의 수익률은
올릴 수 있는 것으로 나왔다며,
②
어느 정도의 농지를 포함시켜 허용할 지와
골프장 수요나 면적이 얼마나 될 지는
10월까지 수요 조사를 충분히 한 뒤
설명하겠다고 밝혔습니다. (끝)

회원제 골프장의 보유세 부담을 줄이고 특소세를 폐지하는 방안이 검토됩니다.

재정경제부 조원동 차관보는~

〝

〝

〝

〝

농지 포함 허용 범위와 골프장 수요 등의 예상치를 오는 10월까지 조사해 발표하겠다고 밝혔습니다.

해설
① 장·차관 밑의 공직자는 생소한 인명으로 봐야 한다.
　리드에 나올 필요는 없다. 두 번째 문장부터 등장하는 것이 적절하다. 같은 주어를 생략하는 효과도 거둔다.
② - 고쳐쓰기

발음
ⓐ 폐지〔폐ː지〕
ⓑ 검토〔검ː토〕
ⓒ 경쟁력〔경ː쟁녁〕
ⓓ 方案〔방안〕(○), 〔방ː안〕(×)

경제·과학

121

경제·과학

|26| 다우지수, 장중 14,000선 돌파

　　　　뉴욕 증시의 다우지수가
장중 한 때 14,021.95까지 상승하며
14,000선을 돌파,
사상 최고치를 기록했습니다.
　　　　다우지수는 이후 등락을 거듭하다
결국 전날보다 20.57포인트 오른
13,971.55에 거래를 마쳤습니다.
　　　　종가 기준으로 나흘 연속 사상 최고칩니다.
　　　　장중 한 때도
다우지수가 13,000에서 14,000선을 넘어서는데는
거래일 기준으로
불과 57일 밖에 걸리지 않았습니다.
　　　　스탠더드 앤드 푸어스 500 지수는
전날보다 0.15포인트 내린
1,549.37를 기록했으며,
나스닥 지수는 14.96포인트 상승한
2,712.29를 나타냈습니다.
　　　　오늘 뉴욕 증시는
아메리칸 익스프레스에 대한
투자의견 상향 조정과
긍정적인 기업실적 발표가 이어진데다
반도체 주의 상승세까지 겹치면서
전반적으로 오름세를 보였습니다. (끝)

뉴욕 증시의 다우지수가

장중 한 때 14,021.95까지 상승하며

①
14,000선을 돌파,

사상 최고치를 기록했습니다.

　　　다우지수는 이후 등락을 거듭하다

결국 전날보다 20.57포인트 오른

②
13,971.55에 거래를 마쳤습니다.

　　　③
　　　종가 기준으로 나흘 연속 사상 최고칩니다.

　　　장중 한 때라도

다우지수가 13,000에서 14,000선을 넘어서는데는

거래일 기준으로

불과 57일 밖에 걸리지 않았습니다.

　　　스탠더드 앤드 푸어스 500 지수는

전날보다 0.15포인트 내린

1,549.37를 기록했으며,

나스닥 지수는 14.96포인트 상승한

2,712.29를 나타냈습니다.

　　　오늘 뉴욕 증시는

아메리칸 익스프레스에 대한
　　　　　　　카드('정확성')
투자의견 상향 조정과

긍정적인 기업실적 발표가 이어진데다

반도체 주의 상승세까지 겹치면서

전반적으로 오름세를 보였습니다. (끝)

　　　뉴욕 다우존스 지수가 전날보다 20.57포인트나 오른 13,971.55에 마감됐습니다.

　　　다우지수는 장중 한때 14,000선을 돌파해 사상최고치인 14,021.95까지 상승하기도 했습니다.

"

"

"

경제·과학

해설
① 다우지수가 14,000을 돌파한 게 결과처럼 보인다.
② 결과가 먼저 와야 한다.
③ (불필요), 리듬도 안 맞음.

경제·과학

|27| 한-EU FTA 2차 협상, 오늘 개막

유럽연합 EU와의
FTA 2차 협상이 오늘(한국시간 오후 5시)
벨기에 브뤼셀에서 시작됩니다.
이번 2차 협상을 앞두고
베르세로 EU 측 수석대표는
KBS 취재팀과 만나
"자신들은 모든 제품에 대한 관세를
7년 이내에 없앨 것이며,
한국도 비슷한 수준으로
개방해야한다"고 주장했습니다.
김한수 우리 측 수석대표도
어제 새벽 브뤼셀 공항에 도착해
"우리의 개방 품목을 더 늘리는 대신
EU 측에도 자동차 등
우리의 주요 수출품 관세를 없애는 시기를
더욱 앞당길 것을 요구하겠다"며
EU의 공세에 우리도 공세적으로
대응하겠다고 밝혔습니다.
또한 이번 협상에서 EU 측은
특정지역 이름이 들어간 제품의
독점권을 인정하는
이른바 지리적 표시제와
지적재산권 보호를 강화해줄 것을
집중 요구할 것으로 보입니다.
우리 측은 또
개성공단의 한국산 인정과
대학생 인턴 확대 등을 요구할 계획입니다.
한편 한-EU FTA 저지 범국민운동본부 측은
오늘 오전 기자회견을 열어
협상을 중단할 것을 요구할 계획입니다. (끝)

유럽연합 EU와의 FTA 2차 협상이 오늘(한국시간 오후 5시) (→ 우리시각으로 오늘 오후 5시) 벨기에 브뤼셀에서 시작됩니다.

이번 2차 협상을 앞두고 베르세로 EU 측 수석대표는 KBS 취재팀과 만나
① "자신들은 모든 제품에 대한 관세를 7년 이내에 없앨 것이며, 한국도 비슷한 수준으로 개방해야한다"고 주장했습니다.

김한수 우리 측 수석대표도 어제 새벽 브뤼셀 공항에 도착해
② (불필요)
"우리의 개방 품목을 더 늘리는 대신 EU 측에도 자동차 등 우리의 주요 수출품 관세를 없애는 시기를 더욱 앞당길 것을 요구하겠다"며 EU의 공세에 우리도 공세적으로 대응하겠다고 밝혔습니다.

또한 이번 협상에서 EU 측은 특정지역 이름이 들어간 제품의 독점권을 인정하는 이른바 지리적 표시제와
(→ 원산지표시제)
지적재산권 보호를 강화해줄 것을 집중 요구할 것으로 보입니다.

우리 측은 또
('반면', 친절성, 맥락성) (삭제)
개성공단의 한국산 인정과
제품(친절성)
대학생 인턴 확대 등을 요구할 계획입니다.

한편 한-EU FTA 저지 범국민운동본부 측은 오늘 오전 기자회견을 열어 협상을 중단할 것을 요구할 계획입니다. (끝)

베르세로 EU 수석대표는 모든 제품에 대한 관세를 7년 내에 없앨 것이며 한국도 이에 걸맞은 수준으로 개방할 것을 촉구했습니다.

김한수 우리측 수석대표는 이에 대해, 우리도 개방품목을 더 늘리겠지만 EU에도 우리의 주력상품에 대한 관세를 하루빨리 철폐할 것을 요구하겠다며 적극 대응할 뜻을 밝혔습니다.

"

"

"

경제·과학

해설
① ② '간결성' 문제.
   직접화법 남발. 요령과 성의 부족

발음
ⓐ 沮止〔저지〕, *참고. 低地〔저:지〕

경제 · 과학

|28| 해외건설수주, 작년 실적 돌파 초읽기

해외건설 수주가 순조로워
올해 목표인 200억달러 돌파가
무난할 것으로 전망됩니다.
건설교통부는
올 상반기 해외건설수주액은
모두 161억 달러로 집계됐다고 밝히고
이는 지난해 같은 기간에 비해
89%나 늘어난 것으로
지난해 연간실적 165억 달러 돌파도
눈앞에 두고 있다고 설명했습니다.
올해 상반기 수주현황을 보면
아랍에미리트가 43억 7천만달러로 가장 많고
업체별로 보면
두산중공업이 28억5천만달러로
가장 많이 수주했습니다.
건교부는
신도시와 대규모 주택개발사업과 같은
투자개발형 사업진출을 활성화하기 위해
해외건설펀드를 설립하고
국산 해외건설 기자재의
수출 확대도 추진하기로 했습니다. (끝)

해외건설 수주가 순조로워

올해 목표인 200억달러 돌파가

무난할 것으로 전망됩니다.

　　건설교통부는

올 상반기 해외건설수주액은
　　　　　　　　(→ '이', 어겸과 문법 면에서)
모두 161억 달러로 집계됐다고 밝히고

이는 지난해 같은 기간에 비해

89%나 늘어난 것으로

지난해 연간실적 165억 달러 돌파도
　　　전체 (→ 불필요) 인
눈앞에 두고 있다고 설명했습니다.

　　올해 ⓐ상반기 수주현황을 보면

아랍에미리트가 43억 7천만달러로 가장 많고

업체별로 보면

두산ⓑ중공업이 28억5천만달러로

가장 많이 수주했습니다.

　　건교부는

신도시와 대규모 ⓒ주택개발사업과 같은

투자개발형 사업진출을 활성화하기 위해

해외건설펀드를 설립하고

국산 해외건설 기자재의

수출 확대도 추진하기로 했습니다. (끝)

"

"

　　지난해 전체 실적이 165억 달러인 것과 비교하면 대단한 성과라고 말했습니다.

　　수주 국가로는 아랍에미리트가 43억 7천만 달러로 가장 많고 업체로는 두산중공업이 28억 5천만 달러로 1위를 차지했습니다.

"

발음
ⓐ 상반기〔상ː반기〕
ⓑ 중공업〔중ː공업〕
ⓒ 주택〔주ː택〕

경제 · 과학

|29| 도시가스 소매요금 내달 3% 인상

다음달과 8월에 적용될
도시가스 소매요금이 3% 인상됩니다.
한국가스공사는
다음달 1일부터
도시가스 원료비를 1세제곱미터에
467원 47전으로 3.7% 인상해
도매요금을 조정한다고 밝혔습니다.
원료비 인상에 따라
도매요금은 세제곱 미터에 526원 92전으로
종전보다 3.2% 오르고,
평균 소매요금은 현행 558원 27전에서
574원 74전으로 3% 인상됩니다.
가스공사 측은
당초 도시가스 원료비를
7.3% 인상할 예정이었으나
서민들의 가계 부담과
산업용 가스의 가격경쟁력을 고려해
인상분의 50%만
가격에 반영한다고 설명했습니다.
가스요금은 도입가격과 환율 등을 고려해
2개월마다 조정됩니다. (끝)

① 다음달과 8월에 적용될
도시가스 <u>소매</u>ⓐ요금이 3% 인상됩니다.
② 한국가스공사는
다음달 1일부터
도시가스 원료비를 1세제곱미터에
467원 47전으로 3.7% 인상해
도매요금을 조정한다고 밝혔습니다.
③ 원료비 인상에 따라
도매요금은 세제곱 미터에 526원 92전으로
종전보다 3.2% 오르고,
평균 소매요금은 현행 558원 27전에서
574원 74전으로 3% 인상됩니다.
④ 가스공사 측은
당초 도시가스 원료비를
7.3% 인상할 예정이었으나
ⓑ<u>서민</u>들의 가계 부담과
산업용 가스의 가격경쟁력을 고려해
인상분의 50%만
가격에 반영한다고 설명했습니다.
가스요금은 도입가격과 <u>환율</u>ⓒ 등을 고려해
2개월마다 조정됩니다. (끝)

다음달 도시가스 소매요금이 3% 인상되고 도매요금도 3.7% 오릅니다.

한국가스공사는 가스원료비가 1세제곱미터에 467원 47전으로 3.7% 올라 도·소매 요금을 조정하게 됐다고 밝혔습니다.

"

"

가스요금은 도입가격과 환율 등을 고려해 두 달에 한 번씩 조정됩니다.

경제·과학

해설
①②③ 도매요금과 소매요금이 왔다갔다 해 어수선하다.(요령 부족)
④ 가스공사의 일방적 주장이다. 가스공사 대변인 같다. 서민은 분노한다. 달리 써야 한다.

발음
ⓐ 小賣[소:매], *참고. 소매[소매], 옷
ⓑ 서민[서:민]
ⓒ 환율[화:뉼]

경제 · 과학

|30| 40~50대 노동력 자영업으로 몰려

40대에서 50대 중고령 노동력이
점점 더 자영업으로 몰리고 있다는 지적이 나왔습니다.

삼성경제연구소는 최근
한 보고서에서
지난해 전체 자영업주에서
40대에서 50대의 비중이 56.8%로
1년 전보다 5.8%포인트 올라갔다고 밝혔습니다.

그리고 이는 중고령 노동력이
자영업 부문으로
흡수되고 있다는 뜻이라고 설명했습니다.

삼성경제연구소는 그러나
일부 자영업은 소득 양극화 현상이 확대되고 있다면서,
중고령 노동력이 무조건 자영업으로 진입하지 않도록
임금근로자 형태의 일자리를 확대하고
직업 훈련 등이 필요하다고 지적했습니다. (끝)

① 　　40대에서 50대 중고령 노동력이
②　　　　　　　　　③
점점 더 자영업으로 몰리고 있다는 지적이 나왔습니다.

　　　　삼성경제연구소는 최근

한 보고서에서
(→ 구체적으로)
지난해 전체 자영업주에서

　　　　　　　ⓐ
40대에서 50대의 비중이 56.8%로

1년 전보다 5.8%포인트 올라갔다고 밝혔습니다.
　　　④
　　　　그리고 이는 중고령 노동력이

자영업 부문으로

흡수되고 있다는 뜻이라고 설명했습니다.

　　　　삼성경제연구소는 그러나
⑤　　　ⓑ
일부 자영업은 소득 양극화 현상이 확대되고 있다면서

중고령 노동력이 무조건 자영업으로 진입하지 않도록
⑥ⓒ
임금근로자 형태의 일자리를 확대하고
　　ⓓ
직업 훈련 등이 필요하다고 지적했습니다. (끝)

> 4-50대 연령인, 이른바 '중고령' 노동력이 자영업으로 몰리고 있다는 조사결과가 나왔습니다.
>
> "
>
>
> "
>
> 삼성경제연구소는 그러나, 자영업도 소득편차가 커 양극화하고 있다면서 중고령 노동력이 자영업으로만 쏠리지 않도록 임금근로자 일자리의 확대와 직업훈련 등이 필요하다고 밝혔습니다.

경제·과학

해설
① 간결미. 어감도 더 좋음.
② 세련미 떨어짐. '몰리고'에 추세의 의미가 있기에 더더욱 불필요.
③ 탓하는 것이 아니다.(→ 중립적)
④ 내용 중복. 불필요
⑤ 내용연결에 무리.
⑥ '절'은 '절'끼리, '구'는 '구'끼리

발음
ⓐ 비중[비:중]
ⓑ 소득[소:득]
ⓒ 임금[임:금]
ⓓ 훈련[훌:련]

경제 · 과학

|31| 1분기 세수 40조원…작년보다 진도 빨라

올들어 3월까지 국세청이 거둔 세금이
40조원에 달해 세금 징수가 순조롭게
진행되고 있는 것으로 나타났습니다.
국세청은
국회 보고 자료를 통해
올해 국세청 소관 세입 예산
139조 4천억원 가운데
지난 3월까지 40조 천억원을
거뒀다고 밝혔습니다.
3월까지 국세청 소관 세수의 진도율은
28.8%입니다.
국세청은 현금영수증 등
과세 인프라 확충과 고소득 자영업자의 과세정상화,
성실신고 유도 등을 통해
세부담의 형평성을 높이면서
무리 없이 세수를 확보하겠다고
재경위에 보고했습니다.
국세청은 세부담의 형평성을 높이기 위해
자영업자에 대한 소득자료 보유율을
2014년까지 90% 이상으로 올리고,
올해는 미등록자 축소와
부가세, 소득세 신고비율 향상 등을
중점 추진하겠다고 말했습니다.
또 기업 세무조사때는
비자금 조성과 분식회계 여부 등에 대한
검증을 강화하고 변칙 상속·증여를 차단해
세금 없는 부의 대물림을 방지하기로 했습니다. (끝)

올들어 3월까지 국세청이 거둔 세금이
40조원에 달해 세금 징수가 순조롭게
진행되고 있는 것으로 나타났습니다.
　　국세청은
국회 보고 자료를 통해
올해 국세청 소관 세입 예산
　　　　　　(→ 불필요)
139조 4천억원 가운데
지난 3월까지 40조 천억원을
거뒀다고 밝혔습니다.
　②
　　　3월까지 국세청 소관 세수의 진도율은
28.8%입니다.
　　국세청은 현금영수증 등
　　　　　　③
과세 인프라 확충과 고소득 자영업자의 과세정상화,
성실신고 유도 등을 통해
　　　　ⓐ
세부담의 형평성을 높이면서
무리 없이 세수를 확보하겠다고
재경위에 보고했습니다.
　　　　　④
　　국세청은 세부담의 형평성을 높이기 위해
자영업자에 대한 소득자료 보유율을
2014년까지 90% 이상으로 올리고,
올해는 미등록자 축소와
부가세, 소득세 신고비율 향상 등을
중점 추진하겠다고 말했습니다.
　　또 기업 세무조사때는
　　　　　ⓑ
비자금 조성과 분식회계 여부 등에 대한
검증을 강화하고 변칙 상속·증여를 차단해
세금 없는 부의 대물림을 방지하기로 했습니다. (끝)
　　　　　　　　　ⓒ
　　　　　　(여기서는 '막기로'가 더 낫다.)

지난 3월까지(1/4분기 현재) 국세청이 거둔 세금은 40조 원으로 약 30%의 진도율을 보이고 있습니다.

"

"

국세청은 특히 자영업자에 대한 소득자료 보유율을 2014년까지 90% 이상으로 늘리고, 탈루세금 징수와 새로운 세원 발굴, 그리고 부가세와 소득세 신고비율 향상 등을 중점 추진하겠다고 말했습니다.

해설
① 세금이 잘 걷히는 것이 국민 감정상 공공의 이익과 꼭 부합하지는 않는다.(서민 입장에 서지 못할 바에는 중립 입장이라도 지켜야 한다.)
② 예년과의 비교가 빠져 있다. 28.8%가 높은 건가, 낮은 건가?
③, ④는 결국 같은 의미

발음
ⓐ 誘導〔유도〕, *참고. 柔道〔유:도〕
ⓑ 조성〔조:성〕
ⓒ 防止〔방지〕(○), 〔방:지〕(×)

133

경제·과학

|32| 동탄2신도시 상가, 1년이상 영업한 경우만 상업용지 공급

　　　　동탄 2신도시 예정지에서
1년 이상 영업한 경우에만
생활대책용지를 받을 수 있습니다.
　　　　건설교통부는
동탄2신도시 예정지에서 영업중인 상가가
생활대책용지를 공급받을 수 있는 기준을
'공람공고일 1년 전에 영업하고 있는 경우'로
결정했다고 밝혔습니다.
　　　　생활대책용지는
사업시행자가 원활한 사업추진을 위해
생활대책차원에서 상업용지를 제공하는 제도로,
지금까지 공람공고일 현재
영업중이면 대상에 포함됐습니다.
　　　　건교부는 그러나
동탄 2신도시 예정지에
보상을 노린 상가가 지난해 말부터 늘어남에 따라
이들을 보상에서 제외시키기 위해
기준일을 1년 앞당겼습니다.
　　　　이에 따라 작년 6월 12일 이후에 들어선 상가는
생활대책용지 분양권을 받을 수 없으며
다만 유령상가가 아닐 경우에는
영업권 보상과 이주 대책은 받을 수 있습니다. (끝)

① 동탄 2신도시 예정지에서 1년 이상 영업한 경우에만 생활대책용지를 받을 수 있습니다.

건설교통부는 동탄2신도시 예정지에서 영업중인 상가가
(→ 동탄 제2신도시)
생활대책용지를 공급받을 수 있는 기준을 '공람공고일 1년 전에 영업하고 있는 경우'로
(최종, '친절성')
결정했다고 밝혔습니다.

② 생활대책용지는 사업시행자가 원활한 사업추진을 위해 생활대책차원에서 상업용지를 제공하는 제도로, 지금까지 공람공고일 현재 영업중이면 대상에 포함됐습니다.

③ 건교부는 그러나 동탄 2신도시 예정지에 보상을 노린 상가가 지난해 말부터 늘어남에 따라 이들을 보상에서 제외시키기 위해 기준일을 1년 앞당겼습니다.

이에 따라 작년 6월 12일 이후에 들어선 상가는 생활대책용지 분양권을 받을 수 없으며 다만 유령상가가 아닐 경우에는
(→ 삭제)
영업권 보상과 이주 대책은 받을 수 있습니다. (끝)

> 화성 동탄 제2신도시 예정지에서 상점을 연지 1년이 안 된 사람은 보상 대상에서 제외됩니다.
>
> ″
>
> 생활대책용지는 사업시행자가 원활한 사업 추진을 위해 입주 상인에게 상업용지를 제공하는 것으로 지금까지는 공람공고일 현재 영업중이면 상인들이 받을 수 있었습니다.
>
> 그러나 동탄 신도시에 보상을 노린 상가가 최근 급증함에 따라 건교부는 이같이 기준을 강화한 것입니다.
>
> ″

경제·과학

해설
① 간결하나, 허전하고 알맹이가 빠져있다.
② 주술 호응이 안 맞다.
③ 주어를 한번쯤 뒤에 놓는다. (변화)

경제 · 과학

|33| 경북·강원, 우박 피해농가 경영자금 지원

정부가
지난 8일 우박 피해를 입은
경북, 강원 지역 농가에 대해
특별 경영자금을 지원합니다.
농림부는
두 지역 농가 가운데
피해율이 30%를 넘는 농가에 대해
500만 원에서 천만 원까지의 특별경영자금을
연 3%의 이자로 지원하기로 했습니다.
정부는 또
피해 농가에 대한 조사를 거쳐
1헥타에 일반작물은 5만 원,
채소류는 17만 7천 원,
과수는 31만 3천 원을 지원할 예정입니다.
이밖에 완전히 새로 심어야 하는 농가에는
1헥타에 2백만 원 안팎을 지급하고
피해가 심각한 농가에 대해서는
생계지원금을 지원하고
고등학교 자녀의 수업료를 면제해줍니다. (끝)

정부가

지난 8일 우박 피해를 입은

경북, 강원 지역 농가에 대해
(→ 경북과 강원, '음성언어')
특별 경영자금을 지원합니다.

농림부는

두 지역 농가 가운데
(→ 두 지역에서)
피해율이 30%를 넘는 농가에 대해

500만 원에서 천만 원까지의 특별경영자금을

연 3%의 이자로 지원하기로 했습니다.

정부는 또
         (→ 불필요. 변화)
피해 농가에 대한 조사를 거쳐
          (→ 불필요)
1헥타에 일반작물은 5만 원,
(헥타르, '외래어표기법')
채소류는 17만 7천 원,

과수는 31만 3천 원을 지원할 예정입니다.

이밖에 완전히 새로 심어야 하는 농가에는
        (목적어 빠짐, '적물음')
1헥타에 2백만 원 안팎을 지급하고

피해가 심각한 농가에 대해서는

생계지원금을 지원하고

고등학교 자녀의 수업료를 면제해줍니다. (끝)
(→ 고등학생, '정확성')   (시혜가 아니다. 피해에 대한 마땅한 보상이다.)

"

"

면적 단위로는 1헥타르 피해를 기준으로 일반작물 5만 원, 채소류 17만 7천 원, 과수 31만 3천 원을 지급하며 특히 피해가 심각한 정도로 판단되는 경우 생계지원금을 주고 고등학생 자녀의 수업료를 면제하기로 했습니다.

발음
- 免除 [면:제]

경제 · 과학

|34| 감정평가사, 3년마다 재등록

　　　　토지 등의 경제적 가치를 판정하는
감정평가사의 등록이 의무화되고,
결격 사유가 발견되면
일정 기간 영업을 할 수 없게 됩니다.
　　　건설교통부는
이 같은 내용을 중심으로 하는
감정평가에 관한 법률 시행령과
시행규칙 개정안을 입법 예고했습니다.
　　　　개정안은 법제처 심사 등을 거쳐
오는 7월 28일부터 시행됩니다.
　　　　개정안이 시행되면
현재 자격증만 있으면
별도의 등록이 필요없는 감정평가사도
의무적으로 등록을 해야 하고,
3년에 한 번씩은 재등록을 해야 합니다.
　　　　또 건설교통부에는
감정평가사 징계위원회를 설치해
자격의 취소, 업무 정비, 견책 등을
의결하게 됩니다. (끝)

토지 등의 경제적 가치를 판정하는

감정평가사의 등록이 의무화되고,

결격 사유가 발견되면

일정 기간 영업을 할 수 없게 됩니다.

　　　건설교통부는

이 같은 내용을 중심으로 하는

감정평가에 관한 법률 시행령과

시행규칙 개정안을 입법 예고했습니다.

　　　개정안은 법제처 심사 등을 거쳐

오는 7월 28일부터 시행됩니다.

　　　개정안이 시행되면

현재 자격증만 있으면

별도의 등록이 필요없는 감정평가사도

의무적으로 등록을 해야 하고,

3년에 한 번씩은 재등록을 해야 합니다.

　　　① 또 건설교통부에는

감정평가사 징계위원회를 설치해

자격의 취소, 업무 정비, 견책 등을

의결하게 됩니다. (끝)

건설교통부는 아울러 산하에 징계위원회를 두고 위법행위를 한 감정평가사에 대한 자격 취소, 업무 정비, 견책 등의 조치를 심의·의결합니다.

[해설]

① - 문장 내용이 '맥락' 안에 있지 새로운 추가 사항이 아니다.
　- 세 번째, 네 번째 문장이 '개정안' 주어로 되어 있기 때문에 '건설교통부'를 주어로 해도 겹치지 않는다.
　　'~에는'을 씀으로써 주어가 빠지는 우를 범했다.
　- 일방적으로 '의결' 하지는 않는다. 대개는 '심의'를 거친다.('정확성') '심의'와 '의결' 사이에 가운뎃점을 넣는 것이 정확하다. '가운뎃점은 같은 계열의 단어 사이에 쓴다'는 조건에 부합한다.
　　*참고. '조사·연구'

[발음]

ⓐ 鑑定[감정], *참고. 感情[감:정]
ⓑ 整備[정:비]
ⓒ 譴責[견:책]

경제·과학

|35| '신제품' 인증 사후점검제 도입

국내에서 최초로 개발된 신기술이나

이에 준하는 기술로 개발된 제품에 부여하는

'신제품' 인증을

사후에 점검하는 제도가 도입됩니다.

산업자원부 기술표준원은

'신제품' 인증의 신뢰성을 확보하기 위해

정기 사후관리제를 도입하기로 하고

1차로 오늘부터 217개 인증 신제품을 대상으로

조사를 실시한다고 밝혔습니다.

기술표준원은

사후관리 조사반을 편성해

'신제품' 인증제품이 기술성과

품질, 성능 등에서

최초 인증 때와 같은지 확인하게 되며

다를 경우 개선권고를 하거나

최고 인증 취소도 할 예정입니다. (끝)

국내에서 최초로 개발된 신기술이나

이에 준하는 기술로 개발된 제품에 부여하는
①
'신제품' 인증을

ⓐ
사후에 점검하는 제도가 도입됩니다.

　　　산업자원부 기술표준원은

'신제품' 인증의 신뢰성을 확보하기 위해

정기 사후관리제를 도입하기로 하고

1차로 오늘부터 217개 인증 신제품을 대상으로

조사를 실시한다고 밝혔습니다.

　　　기술표준원은

사후관리 조사반을 편성해

'신제품' 인증제품이 기술성과
　　　　　　ⓑ
품질, 성능 등에서

최초 인증 때와 같은지 확인하게 되며
　　　　ⓒ
다를 경우 개선권고를 하거나
(→ 다를 경우에는 최저 '개선권고'부터 최고 '인증취소' 조치를 취할 계획입니다.)
최고 인증 취소도 할 예정입니다. (끝)

산업자원부 기술표준원이 인정하는 이른바 '신제품' 인증에 대해 정기 사후관리제가 도입됩니다.

　여기서 '신제품'이란 우리나라가 최초로 개발한 신기술이나 이에 준하는 기술로 개발된 제품으로 인증을 받은 것을 뜻합니다.
　산자부는 '신제품' 인증의 신뢰성을 확보하기 위해 사후관리제를 도입하기로 했다고 밝히고 1차로 오늘부터 217개 인증 신제품을 대상으로 조사를 실시한다고 밝혔습니다.

"

경제·과학

해설
① '사후관리제'에 무게가 놓여야 하고 '신제품'의 용어정리도 따로 해 놓아야 깔끔하다.

발음
ⓐ 事後〔사ː후〕
ⓑ 性能〔성ː능〕
ⓒ 개선권고〔개ː선권ː고〕

경제 · 과학

|36| 중기청, 수출 중소기업 네트워크 지원

중소기업청이 수출 중소기업 간에 정보와 경험 등 노하우를 공유하기 위해 수출 중소기업 네트워크를 결정하고 12개 지역 네트워크에 활동 경비 1억 2천만 원을 지원한다고 밝혔습니다.

수출중소기업 네트워크에는 중견 수출기업과 수출 초보 기업이 함께 참여해 수출 성공, 실패사례 분석, 해외마케팅 방안, FTA 대응 등 다양한 주제에 대해 세미나와 워크숍 등을 진행하게 됩니다.

수출중소기업 네트워크 활동에 참여하고자 하는 중소기업은 관할 지방 중소기업청 수출지원센터로 문의하면 됩니다. (끝)

중소기업청이 수출 중소기업 간에 <u>정보와 경험 등</u> (겹치는 말. '정보와 경험'이나 <u>노하우</u>를 공유하기 위해 '노하우' 중 하나만 쓴다.) <u>수출 중소기업</u> 네트워크를 결정하고 (→ 불필요) 12개 지역 네트워크에 활동 경비 1억 2천만 원을 지원한다고 밝혔습니다.

① <u>수출중소기업</u> 네트워크에는 중견 <u>수출</u>기업과 수출 <u>초보</u> 기업이 (→ 신진) 함께 참여해 <u>수출</u> 성공, 실패사례 분석, 해외마케팅 방안, FTA 대응 등 다양한 주제에 대해 세미나와 워크숍 등을 진행하게 됩니다.

수출중소기업 네트워크 활동에 참여하고자 하는 중소기업은 <u>관할 지방</u> 중소기업청 수출지원센터로 문의하면 됩니다. (끝) (→ 각 지역)

" 이 네트워크에는 중견기업과 신진기업이 함께 참여하며 성공·실패 사례분석, 해외마케팅 방안, FTA 대응 등 여러 주제에 관한 세미나와 워크숍도 마련됩니다. "

해설
① '수출'을 너무 많이 썼다. 무려 7번

경제 · 과학

|37| 인천 청라지구에 대규모 지하 도시 건설

한국토지공사 청라사업단은 청라지구 중심부 지하 122만 천 제곱미터 면적에 쇼핑몰 등이 들어서는 '지하도시'를 건설한다고 밝혔습니다.

청라 지하도시에는 대형 주차장과 문화시설, 스포츠 레저시설, 쇼핑몰과 영화관 등이 들어서며 서울 삼성동 코엑스몰의 9배 규묩니다.

청라사업단은 또 지상에 북한 개성지역도 조망이 가능한 높이 450미터의 '시티타워'를 세우기로 했습니다. (끝)

한국토지공사 청라사업단은 청라지구 중심부 <u>지하</u>① 122만 천 제곱미터 면적에 <u>쇼핑몰</u>② 등이 들어서는 <u>'지하도시'</u>를 건설한다고 밝혔습니다.

청라 지하도시에는 대형 주차장과 문화시설, 스포츠 레저시설, 쇼핑몰과 영화관 등이 들어서며 서울 삼성동 코엑스몰의 9배 규묩니다.

청라사업단은 또 지상에 북한 개성<u>지역</u>도③ <u>조망이 가능한</u>④ 높이 450미터의 '시티타워'를 세우기로 했습니다. (끝)

한국토지공사 청라사업단은 청라지구 중심부에 122만 제곱미터 면적의 지하도시를 건설한다고 밝혔습니다.

청라 지하도시에는 쇼핑몰, 스포츠시설, 영화관 등이 들어서는데 서울 삼성동 코엑스몰의 9배 규모입니다.

청라사업단은 또, 지상에는 북한 개성까지도 볼 수 있는 높이 450미터의 '시티타워'를 세우기로 했습니다.

해설
① 뒤 '지하도시'와 겹친다.
② 뒤로 보낸다.
③ '지역'을 붙여 '개성'이 작아 보인다.
④ 불필요하다. 어렵다.

경제 · 과학

|38| 공정위, 이통사 제휴마케팅 실태조사

공정거래위원회는
이동통신사들의 제휴 마케팅과
CID, 즉 발신자번호표시 요금
부과체계에 대해
실태 조사를 실시합니다.
　　　공정위는
오늘부터 일주일 동안
SK텔레콤과 KTF 등 이동통신사를
대상으로
제휴 마케팅 실태와
발신자 번호표시 요금체계
등에 대한
실태 조사를 벌여
위법성 여부를 조사할 방침
입니다. (끝)

공정거래위원회는
이동통신사들의 제휴 마케팅과
CID, 즉 발신자번호표시 요금
부과체계에 대해
실태 조사를 <u>실시합니다.</u>
(→ 뺍니다. '실태'와 '실시'가 겹쳐 어색)
　　　공정위는
오늘부터 일주일 동안
SK텔레콤과 KTF 등 <u>이동통신사</u>를ⓐ
대상으로
<u>제휴 마케팅 실태와</u>
<u>발신자 번호표시 요금체계</u>
<u>등에 대한</u>
(→ 불필요. 윗 문장과 똑같음)
실태 조사를 벌여
위법성 <u>여부</u>를 조사할 방침①
(→ 유무)
입니다. (끝)

해설
① '유무'는 '있는지 없는지'고, '여부'는 '그런지 안 그런지', '했는지 안 했는지', '인지 아닌지'다.
　　*참고. '죄의 유무', '상처 유무', '사실 여부', '참가 여부', '체크 여부'

발음
ⓐ 移動[이동](○), *참고. 2洞[이:동]

경제·과학

|39| 지난달 외환보유액 34억 달러 증가

　한국은행은 지난달 말 현재 외환보유액이 2507억 4천만 달러로 지난 4월에 비해 34억 8천만 달러 늘었다고 밝혔습니다.

　한은은 외환 운용 수익이 늘어나면서 전체 외환보유액도 증가했다고 설명했습니다.

　전 세계적으로 보면 지난 4월 말 현재 중국이 1조 2천억 달러의 외환을 보유해 세계 1위를 기록하고 있으며, 일본, 러시아, 타이완, 한국 등이 뒤를 잇고 있습니다. (끝)

---

① 한국은행은
② 지난달 말 현재 ㉮외환보유액이 2507억 4천만 달러로 지난 4월에 비해 34억 8천만 달러 늘었다고 밝혔습니다.
③ 한은은 외환 운용 수익이 늘어나면서 전체 외환보유액도 증가했다고 설명했습니다.

　전 세계적으로 보면
(→ 불필요)
지난 4월 말 현재 중국이 1조 2천억 달러의 외환을 보유해 세계 1위를 기록하고 있으며, 일본, 러시아, 타이완, ④한국 등이 뒤를 잇고 있습니다. (끝)

　5월말 현재 외환보유액이 2,507억 4천만 달러로 한달 전보다 34억 8천만 달러 늘었다고 한국은행이 오늘 밝혔습니다.

　한국은행은 외환운용수익이 늘어나면서 전체 외환보유액도 증가했다고 설명했습니다.

　중국이 1조 2천억 달러로 외환보유 세계 1위를 기록하고 있으며 우리나라는 일본, 러시아, 타이완에 이어 세계 5위입니다.

해설

① '외환보유액' 내용을 먼저 밝히고 '한국은행'을 술어 바로 앞에 놓는 것이 방송뉴스답다.
② '지난'이 겹치므로 '5월말'로 적시하는 것이 낫다.
③ '한국은행'을 '한은'으로 줄이면 보조사 '은'과 겹쳐 [하:느는]으로 소리나 전달력 측면에서 이상하다.
④ '우리나라'가 이 경우 적당하고, 5위를 적시한다.

발음

㉮ 外換 [외:환]

경제 · 과학

|40| 앨빈 토플러, 5일 기업인 상대 강연

한국능률협회는 '부의 미래'라는 책의 저자인 미래학자 앨빈 토플러를 초청해 내일(5일) 서울 코엑스 컨벤션홀에서 특별 세미나를 개최한다고 밝혔습니다.

앨빈 토플러는 '변화의 속도를 뛰어넘는 기업으로'를 주제로 한국기업이 처한 도전과 기회 등 다양한 미래 경영전략에 대해 강의할 예정입니다. (끝)

한국능률협회는 ⓐⓑ'부의 미래'라는 책의 저자인 미래학자 앨빈 토플러를 초청해 내일(5일) 서울 코엑스 컨벤션홀에서 특별 세미나를 개최한다고 밝혔습니다.

앨빈 토플러는 ⓒ'변화의 속도를 뛰어넘는 기업으로'를 주제로 ⓓ한국기업이 처한 ⓔ도전과 기회 등 다양한 미래 경영전략에 대해 강의할 예정입니다. (끝)

이른바 '제3의 물결'로 유명한 미래학자 앨빈 토플러 박사 초청 세미나가 내일 서울 코엑스에서 열립니다.

한국능률협회는 최근 '부의 미래'라는 새 책을 출판한 토플러 박사를 초대해 '변화의 속도를 뛰어넘는 기업'이라는 주제로 특별세미나를 연다고 밝혔습니다.

토플러 박사는 한국기업이 처한 도전과 기회 등 미래경영전략을 제시할 예정입니다.

해설
- '친절성'을 고려하면서 보다 조리있게 고쳐쓰기했다.

발음
ⓐ 富〔부ː〕
ⓑ 미래〔미ː래〕
ⓒ 변화〔변ː화〕
ⓓ 處한〔처ː한〕
ⓔ 挑戰〔도전〕(○), 〔도ː전〕(×)

경제 · 과학

|41| 올 연말 평판 42인치 TV, 천 달러 이하

대형 평판 TV 시장의 경쟁이 치열해지면서 올 연말에는 42인치 중소업체의 평판 HD TV 가격이 천 달러 아래로 내려갈 수 있다는 전망이 나왔습니다.

LG경제연구원은 보고서에서 전 세계 40인치 이상 평판 TV 시장이 폭발적인 성장세를 보이고 있으며 혹독한 가격 하락이 계속될 것이라고 예상했습니다.

연구원은 이어 지나친 가격 경쟁이 평판 TV 산업 전체의 가치를 파괴할 수 있다는 우려의 목소리가 나오고 있다고 지적했습니다. (끝)

대형 평판 TV 시장의 경쟁이 치열해지면서 올 연말에는 42인치 중소업체의 평판 HD TV 가격이 천 달러 아래로 내려갈
(→ 수출가격 혹은 해외시장가격)
수 있다는 전망이 나왔습니다.

LG경제연구원은
ⓐ
보고서에서 전 세계 40인치 이상 평판 TV 시장이 폭발적인 성장세를 보이고
ⓑ
있으며 혹독한 가격 하락이
(? 이상한 말) ⓒ
계속될 것이라고 예상했습니다.

연구원은 이어
(→ LG연구원은) ⓓ
지나친 가격 경쟁이 평판 TV 산업 전체의 가치를
(번역투. → 침체(붕괴)를
파괴할 수 있다는
가져올 수 있다는)
우려의 목소리가 나오고 있다고 지적했습니다. (끝)

"

LG경제연구원은 보고서에서 전세계 40인치 이상 평판TV의 시장 공급이 넘쳐나 큰 폭의 가격 하락이 예상된다고 밝혔습니다.

"

발음
ⓐ 보고서〔보:고서〕
ⓑ 하락〔하:락〕
ⓒ 예상〔예:상〕
ⓓ 경쟁〔경:쟁〕

정   치

경제·과학

사　　회

문화·스포츠·날씨

국   제

수도권·지방

사회

|1| '강화도 무기 탈취 사건', 오늘 현장 검증

강화도 무기 탈취 사건을 수사중인
경기도 화성의 해병대 사령부 헌병단은
오늘 피의자 35살 조모 씨를 상대로
현장 검증을 실시합니다.

헌병단은
피의자 조 씨를 대상으로 오늘 오전 10시부터
지난 6일 총기 탈취 사건이 일어난
인천시 강화군 황산도 선착장 입구 해안도로에서
조 씨가 차량을 이용해
초병 2명을 친 뒤 흉기를 휘둘러
1명을 숨지게 하고 무기를 빼앗는 장면 등을
현장 검증할 예정이라고 밝혔습니다.

헌병단은
우선 조 씨가 초병살해와 무기 탈취 등
주된 범행을 저지른 강화도에서 현장검증을 하고
수사를 더 진행한 뒤
도주 경로 등에 대한 검증을
추가로 실시할 계획입니다. (끝)

강화도 무기 탈취 사건을 수사중인

경기도 화성의 해병대 사령부 헌병단은

오늘 피의자 35살 조모 씨를 상대로

현장 검증을 실시합니다.

ⓐ
　　헌병단은
　　　①
피의자 조 씨를 대상으로 오늘 오전 10시부터

지난 6일 총기 탈취 사건이 일어난

인천시 강화군 황산도 선착장 입구 해안도로에서

조 씨가 차량을 이용해

초병 2명을 친 뒤 흉기를 휘둘러
　　　　　　　ⓑ
1명을 숨지게 하고 무기를 빼앗는 장면 등을
②
현장 검증할 예정이라고 밝혔습니다.

　　헌병단은
③
우선 조 씨가 초병살해와 무기 탈취 등

주된 범행을 저지른 강화도에서 현장검증을 하고

수사를 더 진행한 뒤

도주 경로 등에 대한 검증을

추가로 실시할 계획입니다. (끝)

"

헌병단은 오늘 오전 10시 현장검증을 통해 조 씨가 초병 2명을 차량으로 친 뒤 흉기를 휘둘러 1명을 숨지게 하고 무기를 빼앗는 장면 등을 재연할 예정이라고 밝혔습니다.

헌병단은 또 오늘 현장검증 뒤 수사를 더 진행해 도주 경로 등에 대한 검증을 차후 추가 실시하겠다고 말했습니다.

해설
① 현장검증 날짜와 사건 발생일을 붙여 놓으니 이상하다. 수식어가 길다.
② 주어가 앞의 '조 씨가'에 걸려 조 씨가 현장 검증을 하는 주체처럼 돼 버렸다.
③ 중언부언이다.

발음
ⓐ 헌병단[헌:병단]
ⓑ 武器[무:기], *참고. 無期[무기]

사회

사회

|2| 북한 어선, 표류 27일만에 구조

동해에서 27일 동안 표류하던 북한 어선이
우리 군 당국에 발견돼
현재 보호 중인 것으로 확인됐습니다.
정부 소식통은
어제 오후 2시 반쯤
울릉도 동북방 31마일 해역에서
1톤급 소형 목선에 타고있던 북한 선원 5명을
구조했다고 말했습니다.
소식통에 따르면
이들은 지난달 13일
북한 함경남도 홍원항을 출항한 지 하룻만에
기관 고장으로 표류를 시작했고,
어제 발견되기까지 모두 27일 동안
동해상을 표류했던 것으로 전해졌습니다.
발견 당시 선원 5명은
북한으로 돌아가겠다는 의사를 표시했지만
오랜 굶주림으로 인한 영양실조 상태를 고려해
현재 해군 1함대 사령부로 이동해
치료를 받고 있는 상태입니다.
또 이들이 타고 있던 목선은
해경에 의해 묵호항으로 예인돼
현재 기관을 수리 중입니다.
정부는
이들의 건강이 회복되는 대로
북한으로 돌려보낼 예정입니다. (끝)

①
　　동해에서 27일 동안 표류하던 북한 어선이
우리 군 당국에 발견돼
②
현재 보호 중인 것으로 확인됐습니다.
　　　③
　　　정부 소식통은
어제 오후 2시 반쯤
　　　　　④
울릉도 동북방 31마일 해역에서
1톤급 소형 목선에 타고있던 북한 선원 5명을
구조했다고 말했습니다.
　　　⑤
　　소식통에 따르면
이들은 지난달 13일
북한 함경남도 홍원항을 출항한 지 하룻만에
ⓐ　　⑥　　　　　　　(→ 하루 만에)
기관 고장으로 표류를 시작했고,
어제 발견되기까지 모두 27일 동안
동해상을 표류했던 것으로 전해졌습니다.
　　　발견 당시 선원 5명은
북한으로 돌아가겠다는 의사를 표시했지만
⑦
오랜 굶주림으로 인한 영양실조 상태를 고려해
현재 해군 1함대 사령부로 이동해
치료를 받고 있는 상태입니다.
　　　또 이들이 타고 있던 목선은
ⓑ
해경에 의해 묵호항으로 예인돼
현재 기관을 수리 중입니다.
　　　정부는
　　ⓒ
이들의 건강이 회복되는 대로
북한으로 돌려보낼 예정입니다. (끝)

　　동해상에서 표류하던 북한 어선이 우리 해군에 발견돼 현재 보호를 받고 있는 것으로 확인됐습니다.

　　군 당국은 어제 오후 2시 반쯤 울릉도 동북방 50km 해역에서 표류하던 소형 목선에서 북한 선원 5명을 구조했다고 밝혔습니다.

　　이들은 지난달 13일 함경남도 홍원항을 출항해 하루 만에 기관이 고장나 어제 발견되기까지 27일 동안을 표류했던 것으로 알려졌습니다.

　　군 당국은 선원들이 발견 당시 북한으로 귀환 의사 표시를 했지만, 영양상태가 너무 나빠 현재 해군 1함대 사령부에서 치료중이라고 밝혔습니다.

"

"

해설
① 뒤로 보낸다.
② 누가 누구를 보호하나?
③ '군'으로 통일한다.
④ 미터법 사용해야…. 2007. 7. 1 시행
⑤ '…에 따르면'을 피한다.
⑥ (겹침)
⑦ 비문(非文)이다. 앞에 주어가 있어야 한다.

발음
ⓐ 고장〔고ː장〕
ⓑ 해경〔해ː경〕
ⓒ 건강〔건ː강〕

사회

|3| 용의차량, 화성서 전소된 채 발견

　　　　어제 오후
인천시 강화군 초지대교 부근에서 일어난
총기 탈취사건과 관련해,
용의 차량으로 의심되는 코란도 승용차 1대가
불에 탄 채 발견됐습니다.
　　　　경찰은 어젯밤 11시쯤
경기도 화성시 장안면 풍무교 부근에서
용의차량과 같은 차종인 코란도 승용차가
불에 탄 채 발견돼
정밀 검식작업을 벌이고 있다고 밝혔습니다.
　　　　하지만 차 안에서
총기나 탄약류는 발견되지 않았습니다.
　　　　이에 앞서 저녁 7시 40분쯤에는
평택-안성간 고속도로 청북요금소를
용의차량이 빠져나간 것으로 조사돼,
군과 경찰은 용의점이 높다고 보고
확인 작업을 벌이고 있습니다.
　　　　경찰 조사 결과
이 차량은 지난 10월 11일,
경기도 이천의 자동차 매매상에서
도난 당했던 차량으로 드러났습니다.
　　　　이에 따라 경찰은
용의차량이 발견된 주변 지역과
청북요금소 부근에
600여 명의 병력을 동원해
수색작업을 벌이고 있습니다.
　　　　용의자는
30대 중반의 남자로 키 170센티미터 정도,
그리고 베이지색 사파리 점퍼를 착용하고
짧은 머리를 하고 있는 것으로 전해졌습니다.
　　　　군경은
이번 사건에 공범이 있었는지 여부,
또 현역이나 예비역 군인이 개입했는 지 등
여러 가지 가능성을 열어두고
다각적으로 수사하고 있다고 밝혔습니다. (끝)

　　　　어제 오후
인천시 강화군 초지대교 부근에서 일어난
총기 탈취사건과 관련해,
①용의 차량으로 의심되는 ②코란도 승용차 1대가
불에 탄 채 발견됐습니다.
　　　　경찰은 어젯밤 11시쯤
경기도 화성시 장안면 풍무교 부근에서
용의차량과 같은 차종인 코란도 승용차가
불에 탄 채 발견돼
정밀 ③검식작업을 벌이고 있다고 밝혔습니다.
　　　　하지만 차 안에서
총기나 탄약류는 발견되지 않았습니다.
　　④이에 앞서 저녁 7시 40분쯤에는
평택-안성간 고속도로 청북요금소를
용의차량이 빠져나간 것으로 조사돼,
군과 경찰은 용의점이 높다고 보고
확인 작업을 벌이고 있습니다.
　　　　경찰 조사 결과
이 차량은 지난 10월 11일,
경기도 이천의 자동차 매매상에서
도난 당했던 차량으로 드러났습니다.
　　　(→ 당한)
　　　　이에 따라 경찰은
용의차량이 발견된 주변 지역과
　(→ 불필요)
청북요금소 부근에
600여 명의 병력을 동원해
수색작업을 벌이고 있습니다.
　　⑤　용의자는
30대 중반의 남자로 키 170센티미터 정도,
그리고 베이지색 사파리 점퍼를 착용하고
짧은 머리를 하고 있는 것으로 전해졌습니다.
　　　　군경은
이번 사건에 ⓐ⑥공범이 있었는지 여부,
또 ⓑ현역이나 ⓒ예비역 군인이 개입했는 지 등
⑦여러 가지 가능성을 열어두고
다각적으로 수사하고 있다고 밝혔습니다. (끝)

어제 오후 강화도 초지대교 부근에서 일어난 총기 탈취 사건의 범행에 쓰인 것으로 보이는 차량이 불에 탄 채 발견됐습니다.

경찰은 어제 밤 11시쯤 경기도 화성시 풍무교 부근에서 용의차량과 같은 차종인 코란도 한 대가 불타 있는 것을 발견해 정밀 감식 작업을 벌이고 있다고 밝혔습니다.

이에 앞서 경찰은 오후 7시 40분 용의차량이 평택-안성간 고속도로 청북요금소를 통과하는 것을 CCTV를 통해 확인했으나, 5분이 지나서야 검문검색을 실시해 늑장대응을 했던 것으로 드러났습니다.

용의자는 키 1m 70cm 가량의 30대 남자로 짧은 머리에 베이지색 점퍼 차림인 것으로 전해졌습니다.

군과 경찰은 이번 사건에 군인이 개입됐는지, 공범이 있는지 등 여러 가능성을 염두에 두고 수사하고 있다고 밝혔습니다.

사회

해설
① '용의'에 '의심되는'의 의미가 들어 있다.
② 뒤로 보낸다.
③ '감식'이다. '범죄수사에서 필적, 지문, 혈흔 따위를 과학적으로 감정하는 것.'
④ (7시 45분에 뒤늦게 여기를 검문·검색한 것으로 드러났다. 이것을 지적해야…)
⑤ 요령있게 쓰자. '착용하고', '하고 있는 것으로' 등은 어색하다.
⑥ '여부' 앞에는 명사형이 와야…예) 선택 여부, 결혼 여부
⑦ (중언부언)

발음
ⓐ 共犯〔공ː범〕
ⓑ 현역〔혀ː녁〕
ⓒ 예비역〔예ː비역〕

사회

|4| 식약청 '알칼리 이온수, 위장증상 개선' 인정

　　　　식약청이
알칼리 이온수가 소화불량 등
4가지 위장증상에 대해
개선효과가 있다는 사실을 확인했습니다.
　　　　식품의약품안전청은
알칼리 이온수가
만성 설사와 소화불량, 위장내 이상발효,
위산과다 개선 효과 등에 대한
효과가 있음을 확인하고,
이에 대한 광고 표현을
내년 4월부터
제한적으로 허용한다고 밝혔습니다.
　　　　식약청은 알칼리 이온수기를
세계 최초로 개발하고 상용화한 일본에서
안전성과 유용성을 재검정하기 위해
국가차원의 장기 연구개발을 실시한 결과,
알칼리 이온수를
500밀리리터에서 1리터 정도 마시면
가벼운 소화불량 등 4가지 위장증상에
효능이 있는 것을 확인했다고
설명했습니다.
　　　　식약청은 이와함께
알칼리 이온수기를
'먹는물을 전기분해해 수소 이온 농도
8.5에서 10까지의 알칼리이온수를
만드는 기기'로 정의하고,
소화불량등 인정된 효능 이외의 효능에 대한
광고표현은 금지하기로 했습니다. (끝)

①식약청이
알칼리 이온수가 소화불량 등
4가지 위장증상에 대해
개선효과가 있다는 사실을 확인했습니다.
　　　식품의약품안전청은
알칼리 이온수가
만성 설사와 소화불량, 위장내 이상발효,
위산과다 ②개선 효과 등에 대한
효과가 있음을 확인하고,
이에 대한 광고 표현을
내년 4월부터
제한적으로 허용한다고 밝혔습니다.
　　　식약청은 알칼리 이온수기를
세계 최초로 개발하고 상용화한 일본에서
안전성과 유용성을 재검정하기 위해
국가차원의 장기 연구개발을 실시한 결과,
알칼리 이온수를
500밀리리터에서 1리터 정도 마시면
가벼운 소화불량 등 4가지 위장증상에
효능이 있는 것을 확인했다고
설명했습니다.
　　　식약청은 이와함께
④알칼리 이온수기를
'먹는물을 전기분해해 수소 이온 농도
8.5에서 10까지의 알칼리이온수를
만드는 기기'로 정의하고,
⑤소화불량등 인정된 효능 이외의 효능에 대한
광고표현은 금지하기로 했습니다. (끝)

식품 의약품 안전청은 알칼리 이온수가 소화불량 등 네 가지 위장 증상에 효과가 있다고 공식 발표했습니다.

식약청은 오늘 알칼리 이온수가 소화불량, 만성설사, 위장 내 이상 발효, 위산 과다 등에 개선 효과가 있음을 인정하고, 관련제품의 광고 표현도 내년 4월 이후 일부 허용한다고 밝혔습니다.

이같은 발표는 알칼리 이온수기를 최초 개발하고 상용화한 일본이 국가적 프로젝트를 실시한 결과 알칼리 이온수의 실제적 효능을 입증한 데 따른 것입니다.

식약청은 그러나 소화불량 개선 등 이번에 인정된 알칼리 이온수의 네 가지 효능 외의 광고는 금지원칙을 유지하기로 했습니다.

해설
① 주격조사 '이'를 쓰면 주어에 무게가 실린다. 다른 데는 다 못했는데 '식약청'이 했다거나 아니면 아주 굵직한 일을 했어야 한다. 그러나 내용을 보면 그렇지 않다. 전개 문장에 '식품의약품안전청'이라는 풀네임을 쓰고, 리드에 축약을 쓴 것도 영 이상하다.
② (중언부언)
③ 식약청이 확인한 게 아니다. 일본에서 확인해서 그걸 인정한 것뿐이다. 곧 리드는 거짓말이다!
④ 이걸 알 필요가 있을까?
⑤ 또 겹치기

발음
ⓐ 개선[개:선]
ⓑ 효과[효:과]/[효:꽈](○)

사회

|5| 췌장암, 진료비 가장 많이 들어

우리나라에서 가장 많이 발생하는 11대 암으로 지난해 하반기에 입원한 환자는 모두 11만3천여 명이며, 췌장암의 진료비가 가장 많이 드는 것으로 나타났습니다.

건강보험심사평가원은 지난해 하반기에 11대 암환자의 입원일수와 진료비를 분석한 결과 이같은 결과가 나타났다고 밝혔습니다.

심평원의 자료를 구체적으로 보면 진료비가 가장 많이 드는 암은 췌장암으로 췌장 전체를 절제하는 수술에 평균 천백5십여만원이 든 것으로 조사됐습니다.

또 췌장암 전체를 절제하는 수술을 할 경우 평균 입원일 수가 34.5일로 입원 기간이 가장 길었습니다.

암 환자들을 성별로 보면 갑상선암을 제외한 대부분의 암이 남성에게 훨씬 많이 발생했으며, 특히 식도암은 전체 환자의 93% 가량이 남성으로 나타났습니다.

연령별로 보면 갑상선암과 유방암, 자궁경부암은 40대에 난소암은 50대, 그리고 위암과 간암, 대장암, 폐암 등 나머지 암들은 60대에 가장 많이 발생했습니다. (끝)

① 　　　　우리나라에서
가장 많이 발생하는 11대 암으로
지난해 하반기에 입원한 환자는
모두 11만3천여 명이며, 췌장암의
진료비가 가장 많이 드는 것으로 나타났습니다.
　　ⓐ　ⓑ
　　　　건강보험심사평가원은
지난해 하반기에 11대 암환자의
ⓒ
입원일수와 진료비를 분석한 결과
이같은 결과가 나타났다고 밝혔습니다.
　　　②
　　　심평원의 자료를 구체적으로 보면
③
진료비가 가장 많이 드는 암은 췌장암으로
췌장 전체를 절제하는 수술에
　　　④
평균 천백5십여만원이 든 것으로 조사됐습니다.
　　⑤
　　　또 췌장암 전체를
절제하는 수술을 할 경우
평균 입원일 수가 34.5일로
입원 기간이 가장 길었습니다.
　　　　암 환자들을 성별로 보면
　　　　　(→ 불필요)　(→ '성별로는', '~보면'을 계속 쓰고 있다.)
갑상선암을 제외한 대부분의 암이
남성에게 훨씬 많이 발생했으며,
특히 식도암은 전체 환자의 93% 가량이
남성으로 나타났습니다.
　　　연령별로 보면
　　　(→ '연령은')
갑상선암과 유방암, 자궁경부암은 40대에
　　　　　　　　　　　　(→ 이)
난소암은 50대, 그리고
위암과 간암, 대장암, 폐암 등 나머지 암들은
　　　　　　　　　　(→ 삭제, '나머지'는 한계가 모호하다.)
60대에 가장 많이 발생했습니다. (끝)

지난해 하반기 암으로 입원한 환자는 모두 11만 3천여 명이며 진료비는 췌장암이 가장 비싼 것으로 나타났습니다.

"

췌장암의 진료비가 가장 높아, 췌장 전체를 절제하는 수술에 평균 1,150만 원이 들었으며 입원 일수도 평균 34.5일로 제일 길었습니다.

"

"

해설

① 너무 거창하다. '11대암'을 '가장 많이 발생하는'으로 수식하는 것은 이상하다. '11'이라는 숫자가 부담된다. 뒤로 보낸다.
② 쓸 필요 없다. '심평원'은 더구나 지나친 축약이다. 거기서 그렇게 써도 기사는 지양한다.
③ 리드와 똑같은 표현으로 쓰면 어떡하나?
④ '오십만 원'에 또 '여'를 붙이는 것은 옹색하다.
⑤ 위에 나왔다.

발음

ⓐ 건강[건:강]
ⓑ 審査[심:사], *참고. 心思[심사]
ⓒ 입원. [이번]으로 발음 안 나게 유의.
　[이붼]

사회

|6| 평택농협 간부가 쌀 판매대금 빼돌려

평택농협에서 미곡처리장을 관리하는 간부 직원이 쌀 판매대금을 빼돌린 사실이 자체조사에서 드러나 농협 경기본부가 감사에 나섰습니다.

평택농협은 평택 미곡처리장에서 근무하는 간부직원 47살 모씨가 2004년부터 최근까지 재고 쌀 판매대금 일부를 입금하지 않고 횡령했다는 내부 고발에 따라 조사한 결과 1억 5천여 만원을 횡령한 것으로 드러났다고 밝혔습니다.

이에 따라 평택농협의 감사 의뢰를 받은 농협 경기본부가 지난 19일부터 평택농협에 대한 감사에 착수해 공금 횡령 규모와 시기 등을 파악하고 있습니다. (끝)

① 평택농협에서

미곡처리장을 관리하는 간부 직원이

쌀 판매대금을 빼돌린 사실이

자체조사에서 드러나 농협 경기본부가

감사에 나섰습니다.

　　　평택농협은

평택 미곡처리장에서 근무하는

간부직원 47살 모씨가 2004년부터 최근까지

재고 쌀 판매대금 일부를 입금하지 않고

횡령했다는 내부 고발에 따라 조사한 결과

1억 5천여 만원을 횡령한 것으로

드러났다고 밝혔습니다.

　　　　②
　　　이에 따라 평택농협의

감사 의뢰를 받은 농협 경기본부가

지난 19일부터 평택농협에 대한 감사에 착수해

공금 횡령 규모와 시기 등을
③
파악하고 있습니다. (끝)

농협 미곡처리장의 한 간부가 공금을 횡령한 사실이 드러나 감사를 받고 있습니다.

경기도 평택 농협은 미곡처리장의 간부 47살 ○모 씨가 지난 2004년부터 재고 쌀 판매대금 일부를 착복했다는 내부 고발에 따라 조사한 결과 1억 5천여만 원을 횡령한 것으로 나타났다고 밝혔습니다.

이에 따라, 농협 경기본부는 지난 19일부터 감사에 들어가 정확한 횡령 규모와 시기를 조사중입니다.

해설

① 리드에 너무 많은 정보를 쏟아부었다. 이러면 다음에 쓸 게 없거나 같은 내용을 되풀이하게 된다. '평택 농협'은 결국 네 번이나 나왔다. '쌀 판매대금'이나 '농협 경기본부'는 뒤로 보냈어야 했다.

② 앞에서 말해버려 김이 샜는데, 반복하고 있다.
③ '파악하다'는 주의해 써야 한다. '진행형'의 의미도 되고 '현재'도 되기 때문이다.

사회

|7| 엉뚱한 보복 살인…외국인 노동자 5명 검거

경기도 수원 서부경찰서는 오늘

베트남 출신 노동자에게

동료가 폭행당한 데 앙심을 품고

엉뚱한 베트남 노동자를 흉기로 찔러 숨지게 한

인도네시아 출신 24살 M씨 등

외국인 노동자 5명을 긴급체포했습니다.

경찰에 따르면 M씨 등은

어제 오전 3시20분쯤

수원역 근처 골목에서 베트남 출신 24살 L씨 등

외국인 노동자 2명에게 흉기를 휘둘러

L씨를 살해한 혐의를 받고 있습니다.

경찰 조사 결과, M씨 등은

사건 발생 30분 전쯤

한 베트남인 노동자에게 폭행당한 뒤

보복하려 했지만

폭행한 베트남인을 찾지 못해

다른 베트남인을 범행대상으로

삼은 것으로 밝혀졌습니다. (끝)

경기도 수원 서부경찰서는 오늘

① 베트남 출신 노동자에게

동료가 폭행당한 데 앙심을 품고

엉뚱한 베트남 노동자를 흉기로 찔러 숨지게 한

인도네시아 출신 24살 M씨 등

외국인 노동자 5명을 긴급체포했습니다.

② 경찰에 따르면 M씨 등은

어제 오전 3시20분쯤

ⓐ 수원역 근처 골목에서 베트남 출신 24살 L씨 등

외국인 노동자 2명에게 흉기를 휘둘러

L씨를 살해한 혐의를 받고 있습니다.

③ 경찰 조사 결과, M씨 등은

ⓑ 사건 발생 30분 전쯤

한 베트남인 노동자에게 폭행당한 뒤

ⓒ 보복하려 했지만

폭행한 베트남인을 찾지 못해

다른 베트남인을 범행대상으로

삼은 것으로 밝혀졌습니다. (끝)

경기도 수원 경찰서는 오늘 베트남 노동자를 흉기로 찔러 숨지게 한 혐의로 인도네시아인 24살 M 씨 등 외국인 노동자 5 명을 긴급 체포했습니다.

이들은 어제 오전 3시 20분쯤 수원역 인근 골목에서 베트남 노동자 2 명에게 흉기를 휘둘러 24살 L 씨를 살해한 혐의를 받고 있습니다.

경찰 조사결과, 인도네시아 노동자 M 씨 등은 한 베트남 노동자에게 폭행을 당하고 보복하려 했지만 당사자를 찾지 못하자 분에 못 이겨 엉뚱한 베트남인에게 범행을 저지른 것으로 드러났습니다.

사회

해설
① 상세한 설명·묘사는 뒤 전개 문장에서 한다.
② '~에 따르면'을 쓰면 뒤의 술어와의 호응을 주의해야 한다. 가급적 쓰지 않는다.
③ 논리적으로 정돈하기.

발음
ⓐ 근처[근:처]
ⓑ 사건[사:껀]
ⓒ 보복[보:복]

사회

|8| 하루 1% 이자 챙긴 사채업자 법정구속

하루 1%의 높은 이자를 챙기고
돈을 갚으라며 폭력을 휘둘러 온
사채업자가 법정구속됐습니다.
　　　서울중앙지법 형사3단독 이재욱 판사는
빚을 갚으라며 수차례 폭력을 휘두른 혐의로
불구속기소된 사채업자 김 모 씨에게
징역 8개월의 실형을 선고하고 법정구속했습니다.
　　　재판부는 판결문에서
김 씨는 피해자들을 상대로 돈을 빌려주고
비싼 이자를 붙여 액수를 크게 늘린 뒤
이를 변제하라며 수차례 폭력을 행사해
피해자들과 그 자녀들에게까지
큰 정신적 피해를 입힌 점이
인정된다고 밝혔습니다.
　　　재판부는
이는 채권자로서의 권리행사 수준을 넘어
부당한 경제적 이익을 위해
채무자들의 프라이버시나 행복추구권 등
기본적 인권을 침해하고
가정의 유지까지도 위태롭게 하는 행위로
엄벌에 처하는 것이 마땅하다고 덧붙였습니다.
　　　김 씨는 지난 2003년
손 모 씨에게 하루 1%의 이자를 붙이는
이른바 '달러 이자'로 8천만 원을 빌려준 뒤
기한 내에 손 씨가 빚을 갚지 못하자
이자를 원금에 산입해 액수를 눈덩이처럼 불린 뒤
원금과 이자를 갚으라며 폭력을 행사하는 등
피해자들을 괴롭혀 온 혐의로
불구속기소됐습니다. (끝)

① 하루 1%의 높은 이자를 챙기고
돈을 갚으라며 폭력을 휘둘러 온
사채업자가 법정구속됐습니다.

　서울중앙지법 형사3단독 이재욱 판사는
빚을 갚으라며 수차례 폭력을 휘두른 혐의로
불구속기소된 사채업자 김 모 씨에게
(→ 불필요)
징역 8개월의 실형을 선고하고 법정구속했습니다.
② 재판부는 판결문에서
김 씨는 피해자들을 상대로 돈을 빌려주고
비싼 이자를 붙여 액수를 크게 늘린 뒤
이를 ⓐ변제하라며 수차례 폭력을 행사해
피해자들과 그 자녀들에게까지
큰 정신적 피해를 입힌 점이
인정된다고 밝혔습니다.

　재판부는
이는 ⓑ채권자로서의 권리행사 수준을 넘어
부당한 경제적 이익을 위해
채무자들의 프라이버시나 행복추구권 등
기본적 인권을 침해하고
가정의 유지까지도 위태롭게 하는 행위로
엄벌에 처하는 것이 마땅하다고 덧붙였습니다.
③ 김 씨는 지난 2003년
손 모 씨에게 하루 1%의 이자를 붙이는
이른바 '달러 이자'로 8천만 원을 빌려준 뒤
기한 내에 손 씨가 빚을 갚지 못하자
이자를 원금에 산입해 액수를 눈덩이처럼 불린 뒤
(→ 상투적 과장 표현)
원금과 이자를 갚으라며 폭력을 행사하는 등
피해자들을 괴롭혀 온 혐의로
④ 불구속기소됐습니다. (끝)

　채무자들을 상대로 하루 1%의 이른바 '달러이자'를 챙기고 돈을 갚으라며 폭력을 휘둘러 온 사채업자가 구속됐습니다.

"

"

해설

① 막연히 '높은'으로 안 된다. 속칭 '달러이자'의 존재를 처음에 알려야 실감난다.
② 는 ③과 거의 같다. 그냥 '손 모 씨'의 사례로 단일화해야 한다. 그리고 너무 장황하다. ②와 ③ 중 하나는 뺀다.
④ 이렇게 해 놓으면 위에서는 '법정구속' 시켜놓고 마지막에는 다시 '불구속기소'가 되는 모순이 나타난다. '불구속 기소 됐었습니다.' 혹은 '불구속 기소된 바 있습니다.'로 해야 명확해진다.

발음

ⓐ 변제〔변:제〕
ⓑ 채권자〔채:꿘자〕

사회

|9| 하남시, 주민소환투표운동 시작

다음달 12일
전국에서 처음으로 실시되는
주민소환투표를 앞두고
김황식 시장과 시의원 3명에 대한
주민소환투표운동이 시작됐습니다.
하남시주민소환추진위원회는
하남시내에 위원회 사무실을 마련하고
유세 차량을 동원해 주민들을 상대로
소환투표에 적극 참여할 것을 홍보할 예정입니다.
이와 관련해
소환대상인 김 시장과 시의원들은
별다른 외부 활동을 삼간 채
오는 21일로 예정된
'주민소환투표청구 수리처분 취소소송'
판결을 기다리고 있는 것으로 알려졌습니다.
이런 하남시장 등에 대한 주민소환 투표는
투표권자의 3분의 1 이상이 투표에 참가하면
개표요건에 해당돼 소환 찬성이 많을 경우
소환으로 직결됩니다. (끝)

① 다음달 12일

전국에서 처음으로 실시되는

주민소환투표를 앞두고

김황식 시장과 시의원 3명에 대한

주민소환투표운동이 시작됐습니다.

ⓐ 하남시주민소환추진위원회는

하남시내에 위원회 사무실을 마련하고

유세 차량을 동원해 주민들을 상대로

소환투표에 적극 참여할 것을 홍보할 예정입니다.

이와 관련해

소환대상인 김 시장과 시의원들은

별다른 외부 활동을 삼간 채
(→ 불필요)
오는 21일로 예정된

'주민소환투표청구 수리처분 취소소송'

판결을 기다리고 있는 것으로 알려졌습니다.

② 이런 하남시장 등에 대한 주민소환 투표는

투표권자의 3분의 1 이상이 투표에 참가하면

개표요건에 해당돼 소환 찬성이 많을 경우

소환으로 직결됩니다. (끝)

다음 달 12일 국내에서 처음 벌어지는 경기도 하남시의 주민소환투표를 앞두고 김황식 하남 시장과 시의원 3명에 대한 소환투표운동이 시작됐습니다.

"

"

이번 주민소환투표는 투표권자 3분의 1 이상이 투표하면 개표가 진행되고, 찬성이 많으면 소환이 이루어집니다.

해설
① 정작 중요한 '하남시'가 빠져있다. '전국에서 처음으로'라고 하면 다른 데도 예정돼 있는 것 같다.
② 쉽고 간결하게 고쳐 쓰기

발음
ⓐ 河南〔하남〕(○), 〔하:남〕(×)

사회

|10| 전군표 국세청장 받은 6천만원, '관행적 상납'

어제 구속된 전군표 국세청장이
정상곤 전 부산국세청장으로부터 받은
6천만 원은 인사청탁을 위한 뇌물이 아닌
'관행적 상납' 성격이 짙은 뇌물인 것으로 드러났습니다.
부산 지방검찰청이 청구한 구속영장에 따르면
정상곤 전 부산청장은
전군표 국세청장의 취임식이 있었던
지난해 7월 18일 천만 원을 건네는 등
건설업자 김상진씨로부터
1억 원의 뇌물을 받기 전에도
이미 두 차례나 돈을 건넨 것으로 밝혀졌습니다.
이는 정상곤씨가 김상진씨로터 받은
1억 원 가운데 일부를 국세청장에게 상납했다는
당초 검찰의 설명되는 다소 다른 부분입니다.
또 정상곤씨가
국세청 본청 부동산납세관리국장으로
자리를 옮긴 뒤인 올해 1월에
전군표 청장에게 해외출장비 명목으로
만 달러를 건넨 것도 관행적 상납이었음을
나타내는 반증으로 해석되고 있습니다.
검찰도 구속영장에서
정상곤씨가 인사와 업무처리에 있어서
'잘 봐달라'는 뜻으로 돈을 건넸다고 명시해
일상적인 상납이었음을 암시하기도 했습니다.
검찰은 그러나 국세청의 사기를 감안해
국세청 전체의 상납 관행에 대해
수사를 확대하지는 않겠다고 밝히고 있습니다. (끝)

어제 구속된 전군표 국세청장이
①
정상곤 전 부산국세청장으로부터 받은
　　　　　　　　　　　　　　　②
6천만 원은 인사청탁을 위한 뇌물이 아닌
'관행적 상납' 성격이 짙은 뇌물인 것으로 드러났습니다.
　　　③ 부산 지방검찰청이 청구한 구속영장에 따르면
정상곤 전 부산청장은
전군표 국세청장의 취임식이 있었던
지난해 7월 18일 천만 원을 건네는 등
ⓐ
건설업자 김상진씨로부터
1억 원의 뇌물을 받기 전에도
이미 두 차례나 돈을 건넨 것으로 밝혀졌습니다.
　　　　　④
　　　이는 정상곤씨가 김상진씨로터 받은
1억 원 가운데 일부를 국세청장에게 상납했다는
당초 검찰의 설명되는 다소 다른 부분입니다.
　　　　또 정상곤씨가
국세청 본청 부동산납세관리국장으로
자리를 옮긴 뒤인 올해 1월에
전군표 청장에게 해외출장비 명목으로
　　　　　　　　　　⑤
만 달러를 건넨 것도 관행적 상납이었음을
나타내는 반증으로 해석되고 있습니다.
(→ 방증)
　　　　검찰도 구속영장에서
정상곤씨가 인사와 업무처리에 있어서
'잘 봐달라'는 뜻으로 돈을 건넸다고 명시해
　　　　　　ⓑ
일상적인 상납이었음을 암시하기도 했습니다.
　　　　검찰은 그러나 국세청의 사기를 감안해
국세청 전체의 상납 관행에 대해
수사를 확대하지는 않겠다고 밝히고 있습니다. (끝)

　어제 구속된 전군표 국세청장이 받은 뇌물 6천만 원은 인사청탁 건이 아니라, 이른바 '관행적' 성격인 것으로 드러났습니다.

　정상곤 전 부산청장은 전 청장의 취임식이 있던 지난해 7월 18일, 천만 원을 건네는 등 건설업자 김상진 씨로부터 1억 원의 돈을 받기 전에도 이미 두 차례나 상납을 했던 것으로 밝혀졌습니다.

　이는 정 전 부산청장이 뇌물로 받은 1억 원 중 일부를 전군표 청장에게 줬다는 검찰의 이전 발표와는 다른 부분입니다.

　이 밖에도 정 전 부산청장이 본청 부동산납세관리국장으로 자리를 옮긴 뒤인 올해 1월 건넨 해외출장비 명목의 만 달러도 관행적 상납으로 해석됩니다.

　　　"

　　　"

해설

① 뒤에 무수히 나온다. 더구나 제1보가 아닌 상황. 리드가 길어지는 것을 피한다.
② 이렇게 반복을 하면 기사가 탄력을 잃는다.
③ (불필요) '~에 따르면'을 피한다.
④ 직함이 있으면 일관되게 써야 한다. 더구나 '김상진 씨'와 헛갈린다.
⑤ '반증'은 주의해 써야 한다.
　"어떤 사실이나 주장이 옳지 아니함을 그에 반대되는 근거를 들어 증명함. 또는 그런 증거"
＊참고. "틀렸다는 것은 … 반증되었다."
　　　　"부인했지만 … 반증할 …", "아니라는 것을 … 반증할 …"

발음

ⓐ 건설[건ː설]
ⓑ 상납[상ː납]

|11| 김용철 변호사, 오늘 직접 기자회견

삼성그룹 비자금 조성 의혹을
처음 제기한 천주교 정의구현 전국 사제단이
오늘 오후 2차 기자회견을 엽니다.
　　　　사제단은
오늘 기자회견에 의혹 폭로의 당사자인
김용철 전 삼성그룹 법무팀장이 직접 나와
그동안 제기된 각종 의혹에 대해
설명할 것이라고 밝혔습니다.
　　　　김용철 변호사는
"그룹 비자금이 아니라 개인간 돈 거래일 뿐"이라는
삼성 측 해명을 반박하면서,
삼성의 전방위 로비 행태를
추가로 폭로할 것으로 전해졌습니다.
　　　　정의구현 사제단은 또
삼성을 그만둔 지 3년이 지난 지금
무슨 이유로 의혹을 폭로하게 됐는지와
자신을 둘러싼 여러 의문점에 대해서도
해명할 것이라고 밝혔습니다.
　　　　이와 함께
사제단과 김 변호사는
이른바 떡값을 받았다는 판검사들의 명단,
그리고 이건희 회장의 아들인
이재용 전무가 재산을 형성하는 데
어떤 의혹이 있는지에 대해서도 공개할지 여부를
검토하고 있는 것으로 전해졌습니다. (끝)

　　　　삼성그룹 비자금 조성 의혹을
① 처음 제기한 천주교 정의구현 전국 사제단이
오늘 오후 2차 기자회견을 엽니다.
　　　② 사제단은
오늘 기자회견에 의혹 폭로의 당사자인
김용철 전 삼성그룹 법무팀장이 직접 나와
③ 그동안 제기된 각종 의혹에 대해
설명할 것이라고 밝혔습니다.
　　　김용철 변호사는
④ "그룹 비자금이 아니라 개인간 돈 거래일 뿐"이라는
삼성 측 해명ⓐ을 반박하면서,
삼성의 전방위 로비 행태를
추가로 폭로할 것으로 전해졌습니다.
　　　⑤ 정의구현 사제단은 또
삼성을 그만둔 지 3년이 지난 지금
무슨 이유로 의혹을 폭로하게 됐는지와
자신을 둘러싼 여러 의문점에 대해서도
해명할 것이라고 밝혔습니다.
　　　⑥ 이와 함께
사제단과 김 변호사는
이른바 떡값을 받았다는 판검사들의 명단,
그리고 이건희 회장의 아들인
이재용 전무가 재산을 형성하는 데
어떤 의혹이 있는지에 대해서도 공개할지 여부를
검토ⓑ하고 있는 것으로 전해졌습니다. (끝)

삼성그룹 비자금 조성 의혹을 제기한 천주교 정의구현 사제단이 오늘 오후 2차 기자회견을 엽니다.

오늘 회견에는 의혹 폭로의 당사자인 김용철 전 삼성그룹 법무팀장이 직접 나서 자세한 내용을 밝힐 것으로 알려졌습니다.

김용철 변호사는 비자금 조성이 아닌 개인간 돈 거래라고 밝힌 삼성 측 주장을 반박하면서 삼성의 전방위 로비 행태까지 추가 폭로할 것으로 보입니다.

김 변호사는 또, 삼성을 떠난 지 3년이 지난 시점에서 의혹을 폭로하게 된 이유와 자신을 둘러싼 그밖의 의문에 대해서도 해명합니다.

이와 함께 삼성의 이른바 '떡값'을 받았다는 판·검사들의 명단과 이건희 회장의 아들 이재용 전무의 재산 형성과정도 공개 여부가 주목됩니다.

해설
① 두 번째로 제기한 데가 없다.(불필요)
② 주어를 바꾼다.
③ (불필요). 길어진다.
④ '대 따옴표'가 들어갈 자리가 아니다.(불필요)
⑤ 주어가 또 '사제단'이 되는 바람에 '사제단'이 여러 의문점에 둘러싸이게 되고 말았다.
⑥ 제발 주어에 변화를 주어라.

발음
ⓐ 해명〔해ː명〕
ⓑ 검토〔검ː토〕

사회

|12| 연세대 편입학 비리 의혹 수사 급물살

연세대 편입학 비리 의혹과 관련해
검찰이 이번주 안으로
돈을 건넨 혐의를 받고 있는 학부모를
불러 조사하는 등
연세대 편입학 비리 의혹에 대한
수사가 급물살을 타고 있습니다.
서울 서부지검은 우선
정창영 전 총장의 부인과
편입 응시 학생 부모 사이에
오고간 2억 원의 실체를 밝히기 위해
이번주 안으로
정창영 전 총장의 부인에게
돈을 건넨 혐의를 받고 있는
학부모 김모 씨를 불러 조사할 예정입니다.
또 검찰은
연대 치대 편입생 가운데
현직 치대 교수 등 대학 관계자 자녀들이
적지 않게 편입학했다는 의혹에 대해서도
수사할 계획입니다.
이에 대해 연세대 측은
치과대학 소속 학생들에 대해
자체 검증에 나섰지만
일단 편입학 자체에 큰 문제가 없었다는 입장입니다.
그러나
전공시험을 보지않고 학생을 선발하는
연대 치대만의 독특한 편입학 전형과
면접 과정에서 수험생 정보가 노출됐을
가능성도 배제할 수 없어
자체 검증과 검찰 수사 결과에 따라
적지 않은 파장이 일 것으로 보입니다. (끝)

①　　　　　연세대 편입학 비리 의혹과 관련해
검찰이 이번주 안으로
돈을 건넨 혐의를 받고 있는 학부모를
불러 조사하는 등
연세대 편입학 비리 의혹에 대한
수사가 급물살을 타고 있습니다.
　　　　　　서울 서부지검은 우선
②
정창영 전 총장의 부인과
편입 응시 학생 부모 사이에
오고간 2억 원의 실체를 밝히기 위해
이번주 안으로
정창영 전 총장의 부인에게
돈을 건넨 혐의를 받고 있는
학부모 김모 씨를 불러 조사할 예정입니다.
　　　　　또 검찰은
연대 치대 편입생 가운데
현직 치대 교수 등 대학 관계자 자녀들이
적지 않게 편입학했다는 의혹에 대해서도
수사할 계획입니다.
　　　　이에 대해 연세대 측은
치과대학 소속 학생들에 대해
자체 검증에 나섰지만
③
일단 편입학 자체에 큰 문제가 없었다는 입장입니다.
　　　　그러나
④
전공시험을 보지않고 학생을 선발하는
연대 치대만의 독특한 편입학 전형과
면접 과정에서 수험생 정보가 노출됐을
⑤
가능성도 배제할 수 없어
⑥
자체 검증과 검찰 수사 결과에 따라
적지 않은 파장이 일 것으로 보입니다. (끝)

해설

① 벌써 일보(첫번째 소식)가 지났고, 뒤에 또 나오는 데 이렇게 늘어지게 쓰면 곤란하다.('긴밀성' 결여)
② (길다)
③ (불명료)
④ 좋은 점처럼 들린다.
⑤ 이중 부정은 지양하라. 번역투.
⑥ 앞 문장에 나왔다.

연세대 편·입학 비리 수사가 속도를 낼 것으로 보입니다.

서울 서부지검은 편·입학 대가로 오고 간 2억 원의 실체를 밝히기 위해 금주 내로 연세대 정창영 전 총장의 부인 최 모 씨에게 돈을 건넨 학부모 김 모 씨를 불러 조사할 예정입니다.

검찰은 이와함께 연대 치대 편입생 중 일부가 교수 등 학교관계자 자녀들이라는 의혹에 대해서도 수사합니다.

이에 대해 연대측은 치과대 학생들을 자체 검증했지만 편·입학 과정에 문제가 없다고 밝혔습니다.

그러나 연대 치대는 전공시험을 보지 않는 데다 면접 과정에서 수험생 정보가 노출됐을 가능성도 있어 검찰 수사결과에 따라 파장이 일 것으로 보입니다.

발음

ⓐ 건넨[건:녠]
ⓑ 소속[소:속]
ⓒ 면접[면:접]

사회

|13| 역주행 정면충돌 2명 사상

도로를 역주행한 것으로 추정되는
40대 여성 운전자가 마주오던
승용차와 정면 충돌해
1명이 숨지고 1명은 크게 다쳤습니다.
오늘 새벽 0시 50분쯤
부산 대저동 구포방면 구포대교 진입로에서
49살 조모씨의 카렌스 승용차가
39살 이모씨의 SM5 승용차와 정면 충돌했습니다.
이 사고로
조씨가 그 자리에서 숨졌고,
이씨는 다리에 골절상을 입고
병원에서 치료를 받고 있습니다.
경찰은
조씨가 역주행을 하다
사고가 났다는 목격자들의
진술을 토대로
역주행 경위를 파악하는 등
정확한 사고원인을 조사하고 있습니다. (끝)

① 도로를 역주행한 것으로 추정되는
② 40대 여성 운전자가 마주오던

승용차와 정면 충돌해
③ 1명이 숨지고 1명은 크게 다쳤습니다.

오늘 새벽 0시 50분쯤

부산 대저동 구포방면 구포대교 진입로에서

49살 조모씨의 카렌스 승용차가

39살 이모씨의 SM5 승용차와 정면 충돌했습니다.

이 사고로

조씨가 그 자리에서 숨졌고,

이씨는 다리에 골절상을 입고

병원에서 치료를 받고 있습니다.

경찰은
④ 조씨가 역주행을 하다
ⓐ 사고가 났다는 목격자들의

진술을 토대로

역주행 경위를 파악하는 등
ⓑ 정확한 사고원인을 조사하고 있습니다. (끝)

지난 밤 0시 50분쯤 부산 구포대교 진입로 부근에서 49살 조 모 씨가 몰던 카렌스 승용차가 39살 이 모 씨의 SM5 승용차와 정면 충돌했습니다.

이 사고로 조 씨가 그 자리에서 숨지고, 이 씨는 다리 골절로 병원에서 치료를 받고 있습니다.

경찰은 목격자들의 증언을 토대로 숨진 조 씨가 역주행한 것으로 보고 자세한 경위를 조사 중입니다.

해설
① 뒤로 보낸다.
② 엄밀히 말해 차끼리 충돌한 것이다. (정확성)
③ 뒤에 신원을 밝히며 쓴다.
④ 결국 세 번을 쓰고 말았다.

발음
ⓐ 사고〔사ː고〕
ⓑ 정확〔정ː확〕

사회

|14| 실족 등산객, 헬기 이송 잇따라

　　　화창한 날씨 속에

등산객이 몰리면서

산악사고가 잇따르고 있습니다.

　　　오늘 오후 1시 10분쯤

서울 상계동 수락산의 다사랑 약수터 부근에서

등산을 마치고 내려오던 51살 장 모씨가

미끄러지면서 발목이 부러져

소방헬기에 구조돼 병원으로 옮겨졌습니다.

　　　이에 앞서 12시 20분쯤

수락산 정상 철모바위 부근에서

52살 김모씨도 발목 골절을 입고

헬기로 이송됐습니다.

　　　또 12시 반쯤 서울 도봉산 다락능선

말바위 부근에서 38살 최모씨가

10미터 아래로 떨어져

허리 등을 크게 다치는 바람에

역시 헬기로 병원에 이송됐습니다. (끝)

화창한 날씨 속에

등산객이 몰리면서

산악사고가 잇따르고 있습니다.

　　오늘 오후 1시 10분쯤

서울 상계동 수락산의 다사랑 약수터 부근에서
①
등산을 마치고 내려오던 51살 장 모씨가

미끄러지면서 발목이 부러져
　　　　　　　ⓐ
소방헬기에 구조돼 병원으로 옮겨졌습니다.

　　이에 앞서 12시 20분쯤
　　ⓑ　　　　②
수락산 정상 철모바위 부근에서
　　　　　　　　　　　　　도
52살 김모씨도 발목 골절을 입고
　　　　　(→ '가')
헬기로 이송됐습니다.

　　또 12시 반쯤 서울 도봉산 다락능선
　　　　　　　③
말바위 부근에서 38살 최모씨가

10미터 아래로 떨어져

허리 등을 크게 다치는 바람에
　　　　　　　ⓒ
역시 헬기로 병원에 이송됐습니다. (끝)

오늘 오후 1시쯤 서울 수락산 약수터 부근에서 51살 장 모 씨가 발을 헛디뎌 미끄러지면서 발목이 부러져 헬기로 수송돼 병원에서 치료를 받고 있습니다.

앞서 12시 20분경 수락산 정상 철모바위 근처에서도 52살 김 모 씨가 발목 골절을 입는 사고를 당했습니다.

또 12시 30분 서울 도봉산 다락 능선 말바위 주변에서는 38살 최 모 씨가 10m 절벽에서 떨어져 허리를 크게 다쳐 병원으로 이송됐습니다.

【해설】
① 수식과 서술 사이에 주어가 끼어 이상하다.
② 같은 수락산이니 이를 '도'로 연결하고 '김 모 씨도'의 '도'를 '가'로 하는 것이 자연스럽다.
③ '부근'을 무려 세 번 쓰고 있다.

【발음】
ⓐ 병원[병ː원]
ⓑ 頂上[정상], *참고. 正常[정ː상]
ⓒ 移送[이송](○), [이ː송](×)

177

사회

|15| 고양시 노점상 집회, 어젯밤 자진해산

　　　　전국노점상총연합회가
경기도 고양시 고양시청 앞과 화정역에서
고양시의 노점상 단속에 항의하는 대규모 집회를 갖고
어젯밤 11시 반쯤 모두 자진 해산했습니다.
　　　　전노련 회원 3천여 명은 어제 집회에서
지난 12일, 전노련 고양지역 회원인 이모 씨가
스스로 목숨을 끊은 것은
고양시의 폭력적인 노점상 단속때문이라며
시의 노점상 단속 철회를 요구하며
집회를 가졌습니다.
　　　　이들은 시위대 집행부가
오늘 오후 1시 고양시청과
재협상에 나서기로 합의하면서
스스로 해산했다고 밝혔습니다.
　　　　어제 시위로
화정역과 시청 앞 일대 교통이 한때 마비되고
경찰관 5명이 다쳤습니다.
　　　　경찰은 시위 중 폭력을 행사한 혐의로
45살 김모씨 등 전노련 회원 13명을
연행했다고 밝혔습니다. (끝)

전국노점상총연합회가① 경기도 고양시 고양시청 앞과 화정역에서 고양시의 노점상 단속에 항의하는 대규모 집회를② 갖고 어젯밤 11시 반쯤 모두 자진 해산했습니다.

전노련 회원 3천여 명은 어제 집회에서 지난 12일, 전노련 고양지역 회원인 이모 씨가 스스로 목숨을 끊은 것은 고양시의 폭력적인 노점상 단속때문이라며③ 시의 노점상 단속 철회를 요구하며 집회를 가졌습니다.

이들은 시위대 집행부가 오늘 오후 1시 고양시청과 재협상에 나서기로 합의하면서 스스로 해산했다고 밝혔습니다.
④ 어제 시위로 화정역과 시청 앞 일대 교통이 한때 마비되고 경찰관 5명이 다쳤습니다.
⑤ 경찰은 시위 중 폭력을 행사한 혐의로 45살 김모씨 등 전노련 회원 13명을 연행했다고 밝혔습니다. (끝)

전국노점상연합회가 어제 경기도 고양시청 앞과 화정역 앞에서 노점상 단속에 항의하는 대규모 집회를 열었습니다.

노점상회원 3천여 명은 고양시의 폭력적인 노점상 단속이 지난 12일 노점상 이 모 씨를 자살에 이르게 했다며 노점상 단속 철회를 요구했습니다.

이들은 시위대 집행부가 오늘 오후 1시 고양시 측과 재협상을 하기로 합의하면서 밤 11시 반쯤 해산했습니다.

그러나 어제 시위로 노점상 13 명이 연행되고 경찰관 5 명이 다쳤으며 고양시청과 화정역 일대 교통이 한 때 마비되기도 했습니다.

해설
① '고양시'가 세 번이나 나와 어지럽다.
② 집회와 해산을 한꺼번에 쓰는 것은 이상하다.
③ 서툴게 쓰면 이렇게 어감도 이상해진다. 자꾸 겹침
④ ⑤와 요령있게 합쳤다.

발음
ⓓ 노점상[노ː점상]

사회

|16| '상습체납' 변호사에 벌금형

몇 년간 상습적으로 세금을 내지 않은
현직 변호사에게 벌금형이 선고됐습니다.
서울중앙지법 형사3단독 이재욱 판사는
억대의 세금을 체납한 혐의로 불구속기소된
박 모 변호사에게 벌금 8천8백여만원을 선고했습니다.
재판부는
박 씨가 비슷한 사건으로 처벌받은 전력이 있지만
IMF 당시 선 개인 보증을 갚느라
세금을 제대로 내지 못한 측면이 많았고,
체납된 세금도 이미 다 냈기 때문에
비난가능성이 적다며
벌금형 선고 이유를 밝혔습니다.
박 씨는 지난 2004년부터 3년동안
25차례에 걸쳐 부과된 종합소득세와
부가가치세 등 모두 1억7천만원을
납부하지 않은 혐의로 불구속 기소됐습니다.
앞서 박 씨는 지난 2005년에도
2000년부터 3년간 1억8천여만원의 세금을
내지 않은 혐의로 기소돼
9천만원의 벌금을 선고받기도 했습니다.
이 때문에 재판부가
똑같은 범죄 전력이 있는 박 씨에게
또다시 벌금형을 선고한 것에 대해
너무 가벼운 처벌이라는 논란도 일고 있습니다.
조세범처벌법은
정당한 사유 없이
1회계연도에 3회 이상 체납하는 경우
1년 이하의 징역이나
체납액에 상당하는 벌금에 처하도록 돼 있습니다. (끝)

① 몇 년간 상습적으로 세금을 내지 않은
현직 변호사에게 벌금형이 ②선고됐습니다.
　　　　　서울중앙지법 형사3단독 이재욱 판사는
억대의 ⓐ세금을 ⓑ체납한 혐의로 불구속기소된
박 모 변호사에게 벌금 8천8백여만원을 선고했습니다.
③재판부는
박 씨가 비슷한 사건으로 처벌받은 전력이 있지만
IMF 당시 선 개인 보증을 갚느라
세금을 제대로 내지 못한 측면이 많았고,
체납된 세금도 이미 다 냈기 때문에
비난가능성이 적다며
벌금형 선고 이유를 밝혔습니다.
　　　　박 씨는 지난 2004년부터 3년동안
25차례에 걸쳐 부과된 종합소득세와
부가가치세 등 모두 1억7천만원을
납부하지 않은 혐의로 불구속 기소됐습니다.
　　　　　　　　('됐습니다.', '기소' 다음 '선고'다.)
　　　　앞서 박 씨는 지난 2005년에도
　　　(→ 도)
2000년부터 3년간 1억8천여만원의 세금을
내지 않은 혐의로 기소돼
9천만원의 벌금을 선고받기도 했습니다.
④　　이 때문에 재판부가
　　ⓒ
똑같은 범죄 전력이 있는 박 씨에게
또다시 벌금형을 선고한 것에 대해
너무 가벼운 처벌이라는 논란도 일고 있습니다.
⑤　　조세범처벌법은
ⓓ
정당한 사유 없이
1회계연도에 3회 이상 체납하는 경우
1년 이하의 ⓔ징역이나
체납액에 상당하는 벌금에 처하도록 돼 있습니다. (끝)

3년간 상습적으로 세금을 내지 않은 현직 변호사가 조세범처벌법에 따라 벌금을 물게 됐습니다.

재판부는 변호사 박 씨가 탈세 전력이 있지만 IMF 당시 개인 빚보증 상환이 증명되고 체납된 세금을 다 냈기 때문에 벌금형을 선고했다고 밝혔습니다.

〃

〃

그러나 범죄전력이 있는 박 씨에게 재판부가 다시 벌금형을 내리자 처벌이 가볍다는 지적이 제기되고 있습니다.

해설
① 정확해야 한다. 막연하다.
② 둘째문장 어미와 같다.
③은 ④ 다음에 들어가야 논리적으로 맞다. 논리성
⑤ '조세범처벌법'을 정의한 명분을 주기 위해 첫 문장에 '조세범처벌법 위반'을 넣은 것이다.

발음
ⓐ 세금[세:금]
ⓑ 滯納[체납](O), [체:납](×)
ⓒ 前歷[절력], *참고. 電力[절:력]
ⓓ 正當[정:당], *참고. 政黨[정당]
ⓔ 징역[징:역]

사회

|17| 전군표 국세청장 이번주 소환

전군표 국세청장의
'상납 비리 의혹'을 수사중인
부산지검이 수일 내로
전 청장을 소환할 것으로 보입니다.
　　검찰은
정상곤 전 부산국세청장의 진술이
물증이 필요 없을 정도로
일관적이고 신빙성이 높다며
유재 판결까지도 자신한다고 밝혀
전 청장의 소환 조사 뒤 구속영장 청구 등의
수사절차가 진행될 것임을 시사했습니다.
　　검찰은 또 전 청장이
이병대 부산국세청장을 시켜
정상곤 씨에게 진술 번복을 종용한
사실이 있는지도 추궁할 방침입니다.
　　검찰은
부산구치소 특별면회 대장에
이병대 청장이 정상곤 씨를 면회했다는
기록이 없는 것으로 봐서
부산지검 청사내 변호인 접견실에서
'상납 진술' 번복 권유가
있었던 것으로 보고 있습니다.
　　진술 번복 권유가 전군표 국세청장의
지시에 따른 것으로 밝혀질 경우
증거를 없애려한 것이 돼
향후 검찰 수사에서 전 청장에게
크게 불리하게 작용할 것으로 보입니다. (끝)

①　　전군표 국세청장의
'상납 비리 의혹'을 수사중인
부산지검이 수일 내로
전 청장을 소환할 것으로 보입니다.
　　　　검찰은
정상곤 전 부산국세청장의 진술이
물증이 필요 없을 정도로
일관적이고 신빙성이 높다며
②
유재 판결까지도 자신한다고 밝혀
전 청장의 소환 조사 뒤 구속영장 청구 등의
수사절차가 진행될 것임을 시사했습니다.
　　　검찰은 또 전 청장이
이병대 부산국세청장을 시켜
정상곤 씨에게 진술 번복을 종용한
사실이 있는지도 추궁할 방침입니다.
③　　검찰은
부산구치소 특별면회 대장에
이병대 청장이 정상곤 씨를 면회했다는
기록이 없는 것으로 봐서
부산지검 청사내 변호인 접견실에서
'상납 진술' 번복 권유가
있었던 것으로 보고 있습니다.
　　　진술 번복 권유가 전군표 국세청장의
지시에 따른 것으로 밝혀질 경우
증거를 없애려한 것이 돼
향후 검찰 수사에서 전 청장에게
④
크게 불리하게 작용할 것으로 보입니다. (끝)

[해설]
① '전군표'는 상납하지 않고 상납 받았다.
② 발음 미흡으로 인한 오타(→ 유죄 판결)
③ 주어의 위치를 바꿔 변화를 준다.
④ (부사, 형용사를 줄여라)

상납 비리 의혹에 연루된 전군표 국세청장이 며칠 안에 소환될 것으로 보입니다.

부산지방검찰청은 정상곤 전 부산국세청장의 진술이 물증이 필요 없을 만큼 일관되고 신빙성도 높다며 유죄판결을 자신한다고 밝혀 전 청장이 소환된 후 구속영장이 청구될 것임을 시사했습니다.

〃

그러나 부산구치소 면회대장에 이병대 청장이 정 씨를 면회했다는 기록이 없는 것으로 미루어 검찰 구내 변호인 접견실에서 상납 진술에 대한 번복 권유가 있었던 것으로 검찰은 보고 있습니다.

만약 진술 번복 권유가 전군표 청장의 지시에 따른 것으로 드러날 경우 이는 증거 인멸 기도가 돼 전 청장에게 불리할 것으로 보입니다.

[발음]
ⓐ 상납[상ː납]
ⓑ 신빙성[신ː빙썽]
ⓒ 飜覆[번복](○), [번ː복](×)
ⓓ 변호인[변ː호인]
ⓔ 권유[궈ː뉴]

사회

|18| 언론-정부 '취재지원 방안'놓고 다시 대화

'취재지원 시스템 선진화방안'을 놓고
정부와 언론의 갈등이 계속되고 있는 가운데
오늘 현업 언론인 단체 대표들과
정부 관계자들이 만나 대화를 재개했지만
결론을 내리지는 못했습니다.
정일용 한국기자협회장 등 4개 언론인 단체 대표는
서울 프레스센터에서
안영배 국정홍보처 차장 등을 만나
취재지원 방안과 관련된 갈등을
빠른 시일 내에 마무리해 줄 것과
공무원들이 취재를 기피하는 것을
막을 수 있는 실질적인 장치를 마련해줄 것 등
현장 기자들의 요구 사항을 전달했습니다.
정부측 관계자는 이에 대해
더 이상 요구를 들어줄 것이 없다고 생각하고 있으나
협의 정신을 살려
최대한 검토하겠다고 말한 것으로 전해졌습니다.
현업 언론인 단체 대표들과
정부 관계자들은 오는 25일
다시 만나 이 문제를 논의할 예정입니다. (끝)

'취재지원 시스템 선진화방안'을 놓고
① 정부와 언론의 갈등이 계속되고 있는 가운데
오늘 현업 언론인 단체 대표들과
정부 관계자들이 만나 대화를 재개했지만
결론을 내리지는 못했습니다.
② 정일용 한국기자협회장 등 ③ 4개 언론인 단체 대표는
서울 프레스센터에서
안영배 국정홍보처 ⓐ차장 등을 만나
취재지원 방안과 관련된 갈등을
빠른 시일 내에 마무리해 줄 것과
공무원들이 취재를 기피하는 것을
막을 수 있는 실질적인 장치를 마련해줄 것 등
ⓑ현장 기자들의 요구 사항을 전달했습니다.
정부측 관계자는 이에 대해
더 이상 요구를 들어줄 것이 없다고 생각하고 있으나
협의 정신을 살려
최대한 ⓒ검토하겠다고 말한 것으로 ④전해졌습니다.
현업 언론인 단체 대표들과
정부 관계자들은 오는 25일
다시 만나 이 문제를 논의할 예정입니다. (끝)

이른바 '취재지원 시스템 선진화방안'을 놓고 갈등을 빚고 있는 언론과 정부측 관계자가 대화를 재개했지만 뚜렷한 결론을 내지 못했습니다.

정일용 기자협회장 등 언론인 단체 대표 4인은 오늘 서울 프레스센터에서 안영배 국정홍보처 차장 등을 만나 쟁점해소책과 공무원들의 취재 기피 방지책 등 요구사항을 전달했습니다.

정부측 관계자는 그러나 종전 입장을 고수한 채, 다만 협의 정신을 살려 요구사항을 재검토 해보겠다고 말했습니다.

사회

> 해설
> ① 길다. 밑줄친 부분은 사실상 겹친다.
> ② 너무 길다. '간결미'
> ③ '4개'와 '언론인'이 붙어 있어 어감이 이상하다.
> ④ 갑자기 한 발 뒤로 뺐다. 이 정도를 傳言(전언) 형식으로 쓰는 것은 부적절하다.

> 발음
> ⓐ 次長〔차장〕(○), 〔차:장〕(×)
> ⓑ 현장〔현:장〕
> ⓒ 검토〔검:토〕

사회

|19| 교육부, 유치원 취원 연령 확대 등 오늘 공청회

　　　　교육인적자원부는
유치원 취원 연령을 낮추고
유치원이 초등학교 1~2학년생을 대상으로
방과 후 보육 과정을 운영하도록 하는 방안 등이
담긴 유아 교육 발전 계획 시안을 놓고
오늘(30일) 공청회를 연다고 밝혔습니다.
　　　　유아교육특별연구단이 제안한 시안을 보면
유치원 취원 연령을 현행 만 3세이상에서
0세 이상으로 확대해
유아들이 어린이집이나 유치원에
모두 다닐 수 있도록 하고
초등학교 1~2학년은 오전에
학교 수업을 마친 뒤
오후에는 유치원에서
방과 후 활동을 할 수 있도록 돼 있습니다.
　　　　유아교육특별연구단은
오늘 공청회를 거쳐 다음달 중
최종안을 교육부에 제출할 예정입니다. (끝)

① 　　　교육인적자원부는

유치원 <u>취원</u> 연령을 낮추고
ⓐ

유치원이 초등학교 1~2학년생을 대상으로
　　　　　　　　　　　　　ⓑ
방과 후 <u>보육</u> 과정을 운영하도록 하는 방안 등이

담긴 유아 교육 발전 계획 시안을 놓고
　　　　　　　　　　　　ⓒ
오늘(30일) 공청회를 <u>연다고</u> 밝혔습니다.

　　　유아교육특별연구단이 제안한 시안을 보면
　　　　　　　　　　　　　　　ⓓ
유치원 취원 연령을 <u>현행</u> 만 3세이상에서

0세 이상으로 확대해

유아들이 어린이집이나 유치원에

<u>모두</u> 다닐 수 있도록 하고
(삭제)
초등학교 1~2학년은 오전에

학교 수업을 마친 뒤

오후에는 유치원에서
ⓔ
<u>방과 후</u> 활동을 할 수 있도록 돼 있습니다.

　　　유아교육특별연구단은

오늘 공청회를 거쳐 다음달 중

최종안을 교육부에 제출할 예정입니다. (끝)

유치원 취학연령을 확대하고, 초등학교 1·2학년생의 방과 후 보육과정을 도입하는 방안을 논의하는 공청회가 열립니다.

교육부 유아교육특별연구단의 시안을 보면
~

"

해설

① 리드문이 너무 길다. 한 문장에 너무 많은 정보를 넣으려는 욕심을 버려라. 다음 문장으로 넘겨라. 그리고 나누고 잘라라.

발음

ⓐ 就院[취:원]. [치원]으로 발음나지 않게 유의
ⓑ 보육[보:육]
ⓒ 연다고[연:다고]
ⓓ 현행[현:행]
ⓔ 放課[방:과]

사회

|20| 의사협회, 결혼이민자 가정에 무료 간염백신

　　　　대한의사협회가
결혼이민자 가정을 대상으로
무료 간염백신 접종사업을 실시합니다.
　　　　대한의사협회는
국내에 살고 있는
결혼이민자 수가 10만명을 넘고,
특히 B형 간염보균자가
아시아 지역에 집중됨에 따라
녹십자사 등의 지원으로
국내 거주 결혼이민자 가정에 대해
B형간염 무료 예방접종사업을
실시한다고 밝혔습니다.
　　　　무료 예방접종은
오늘부터 내년 5월까지
모두 3차례에 걸쳐 시행되며,
희망자는 의사협회가 지정한
거주지 인근 의원에서 예방접종을
맞을 수 있습니다. (끝)

대한의사협회가

결혼이민자 가정을 대상으로

무료 간염백신 접종사업을 실시합니다.

　　대한의사협회는

국내에 살고 있는

결혼이민자 수가 10만명을 넘고,

①
특히 B형 간염보균자가

아시아 지역에 집중됨에 따라

②
녹십자사 등의 지원으로

국내 거주 결혼이민자 가정에 대해

B형간염 무료 예방접종사업을

실시한다고 밝혔습니다.

　　무료 예방접종은

오늘부터 내년 5월까지

모두 3차례에 걸쳐 시행되며,

희망자는 의사협회가 지정한

　　　　　　　　　③
거주지 인근 의원에서 예방접종을

맞을 수 있습니다. (끝)

"

대한의사협회는 녹십자 등의 지원으로 국내 거주 결혼이민자 가정에 대해 B형 간염 무료 접종을 실시한다고 밝혔습니다.

"

사
회

해설
① (불필요) 너무 자세한 정보는 핵심을 흐린다.
② '(주)녹십자'는 민간 제약 업체. '적십자사'는 공공기관.(정확성)
③ '접종'이 주사를 맞는 것이다.
　 '예방주사를 맞을 수', '예방접종을 받을 수'

사회

|21| 서울국제고 3.51대 1, 세종과학고 2.22대 1

내년 3월 개교하는
서울 국제고등학교와
세종과학고등학교의 특별 전형 경쟁률이
각각 3.51대 1과 2.22대 1을 기록했습니다.

서울시교육청은
두 학교의 특별 전형 원서 접수를
마감한 결과
서울국제고는 75명 모집에
모두 2백63명이 지원해 3.51대 1의 경쟁률을,
세종과학고는 77명 모집에
171명이 지원해 2.22대 1의
경쟁률을 나타냈다고 밝혔습니다.

이들 학교와 함께
특별 전형 원서를 받은
서울과학고와 한성과학고의 경쟁률은
각각 2.14대 1과 3.7대 1로
지난해와 비슷한 수준을 보였습니다. (끝)

① 내년 3월 개교하는

서울 국제고등학교와

세종과학고등학교의 특별 전형ⓐ 경쟁률이

각각 3.51대 1과 2.22대 1을 기록했습니다.

　　　서울시교육청은

두 학교의 특별 전형 원서ⓑ 접수를

마감한 결과

서울국제고는 75명 모집에

모두 2백63명이 지원해 3.51대 1의 경쟁률을,

세종과학고는 77명 모집에

171명이 지원해 2.22대 1의

경쟁률을 나타냈다고 밝혔습니다.

　　② 이들 학교와 함께

특별 전형 원서를 받은

서울과학고와 한성과학고의 경쟁률은

각각 2.14대 1과 3.7대 1로

지난해와 비슷한 수준을 보였습니다. (끝)

　　내년 3월 개교하는 서울국제고등학교의 특별전형 경쟁률이 3.5대 1로 나타났습니다. 또 세종과학고등학교는 2.2대 1의 경쟁률을 보였습니다.

"

　　이들 학교와 함께 특별전형 원서를 받은 서울과학고는 2.14대 1, 한성과학고는 3.7대 1로 지난해와 비슷한 수준을 보였습니다.

해설
① '학교'와 '경쟁률'을 떨어뜨려 놓으면 전달력이 떨어진다. 정확한 경쟁률(소수점 두 자리 이하)은 전개 문장으로 보낸다.
② ①과 같은 오류

발음
ⓐ 전형〔전ː형〕
ⓑ 원서〔원ː서〕

|22| 연세대 정창영 총장 사퇴…검찰 수사 착수

편,입학과 관련해
부인이 금품을 받았다는 의혹을 받고 있는
연세대학교 정창영 총장이 사퇴한 가운데,
검찰은 정 총장의 부인 최 씨의 출국을
금지시키는 등 수사에 박차를 가하고 있습니다.
검찰은
최 씨와 학부모 김 씨 사이에
금품 거래 내역과
편입학 청탁 사실이 있었는지를 밝히는 데
수사력을 모으는 한편
정 총장에 대해서도
조만간 소환 조사를 벌일 방침입니다.
편,입학 대가로
돈이 오간 사실이 입증되면
총장 부인 최 씨는 배임 수재 혐의로
형사 처벌을 받게 됩니다.
한편 연세대는 어제 오후 이사회를 열어
정 총장의 사표를 수리했습니다.
정 총장은 현재
공관에서 출입을 삼간 채
검찰 조사에 대비하고 있는 것으로 전해졌습니다.
정창영 총장의 부인 최모 씨는
김모 씨로부터 자신의 딸을 치의학과에
편입시켜 달라는 청탁과 함께
2억 원을 받았다는 의혹을 받아왔으며,
정 총장은 얼마 뒤 이 돈을
되돌려줬다고 해명했습니다. (끝)

ⓐ 　　편,입학과 관련해
부인이 금품을 받았다는 의혹을 받고 있는
연세대학교 정창영 총장이 사퇴한 가운데,
검찰은 정 총장의 부인 최 씨의 출국을
금지시키는 등 수사에 박차를 가하고 있습니다.
　　검찰은
최 씨와 학부모 김 씨 사이에
금품 거래 내역과
편입학 청탁 사실이 있었는지를 밝히는 데
수사력을 모으는 한편
정 총장에 대해서도
ⓐ조만간 소환 조사를 벌일 방침입니다.
　　편,입학 대가로
돈이 오간 사실이 입증되면
총장 부인 최 씨는 배임 수재 혐의로
(→삭제) ⓑ
형사 처벌을 받게 됩니다.
한편 연세대는 어제 오후 이사회를 열어
정 총장의 사표를 수리했습니다.
　　정 총장은 현재
공관에서 출입을 삼간 채
검찰 조사에 대비하고 있는 것으로 전해졌습니다.
　　정창영 총장의 부인 최모 씨는
김모 씨로부터 자신의 딸을 치의학과에
　　　　　　　　　②
편입시켜 달라는 청탁과 함께
　　　　　　　　　　③
2억 원을 받았다는 의혹을 받아왔으며,
정 총장은 얼마 뒤 이 돈을
　　　　　　　　④
되돌려줬다고 해명했습니다. (끝)

정창영 연세대 총장이 부인의 편·입학 관련 금품수수 의혹으로 사퇴한 가운데 검찰은 정 전 총장의 부인 최 모 씨를 출국 금지시켰습니다.

″

″

″

정 전 총장의 부인 최 모 씨는 학부모 딸의 치의학과 편입 명목으로 2억 원을 수수한 의혹을 받아왔으며 정 전 총장은 이 돈을 되돌려줬다고 해명한 바 있습니다.

[해설]
① 요령있게, 깔끔하게 고쳐쓰기
② 최 모 씨가 청탁한 게 아니다.
③ 겹치니까 다른 표현으로
④ 시제가 다르다.
*참고. 수수(收受)-무상으로 금품을 받음.

[발음]
ⓐ 早晩間[조:만간]
ⓑ 처벌[처:벌]

사회

|23| 유아교육 공청회, 보육시설원장들 반발로 무산

교육인적자원부 유아교육특별연구단이
'유아교육 5개년 계획'안 마련을 위해
오늘 열리던 공청회가 보육시설원장들의
심한 반발로 무산됐습니다.

공청회는 오늘 오후 2시40분부터
서울 삼청동 한국교육과정평가원
4층 대강당에서 시작됐지만,
정미라 교수의 발제 도중
한국보육시설연합회 회원들 일부가
단상을 점거하고 소란을 피워
10여분 만에 중단됐습니다.

유치원과 경쟁관계에 있는 보육업계는
그동안 유치원 취원 연령 확대 등의 방안에 대해
강하게 반발해 왔습니다.

교육부 유아교육특별연구단측은
안전사고에 대비해 부득이하게
공청회를 중단했지만,
추후 일정을 다시 잡아
공청회를 열겠다고 밝혔습니다. (끝)

교육인적자원부 유아교육특별연구단이

'유아교육 5개년 계획'안 마련을 위해

① 오늘 열려던 공청회가 보육시설원장들의

심한 반발로 무산됐습니다.

② 공청회는 오늘 오후 2시40분부터

서울 삼청동 한국교육과정평가원

4층 대강당에서 시작됐지만,

정미라 교수의 발제 도중

③ 한국보육시설연합회 회원들 일부가

단상을 ⓐ점거하고 ⓑ소란을 피워

10여분 만에 중단됐습니다.

유치원과 경쟁관계에 있는 보육업계는

④ 그동안 유치원 취원 연령 확대 등의 방안에 대해

강하게 반발해 왔습니다.

교육부 유아교육특별연구단측은

⑤ 안전사고에 대비해 부득이하게

공청회를 중단했지만,

⑥ 추후 일정을 다시 잡아

공청회를 열겠다고 밝혔습니다. (끝)

교육부 유아교육 특별연구단의 이른바 '유아교육 5개년 계획' 공청회가 파행 끝에 무산됐습니다.

공청회는 오늘 오후 2시 40분 서울 삼청동 교육과정평가원 대강당에서 시작됐지만 정미라 ○○대 교수의 발제 도중 한국 보육시설연합회 회원들이 단상을 점거하는 등 심한 반발 끝에 10여 분만에 중단됐습니다.

한국 보육시설 연합회는 보육업계의 권익단체로 유치원 취원 연령 확대를 골자로 하는, 교육부의 '유아교육 5개년 계획'에 반대해 왔습니다.

유아교육특별연구단측은 이에 대해, 부득이하게 공청회를 중단했지만, 추후 다시 공청회를 열겠다고 밝혔습니다.

사회

> **해설**
> ① 일단 열긴 열었다. 다음 문장을 보면 확실하다.
> ② '4층'은 불필요하고 정미라 교수의 소속은 필요하다.
> ③ '한국보육시설연합회'가 다음 문장의 '보육업계'인지 어떻게 아나?(친절성)
> ④ 그게 '유아교육 5개년 계획'의 핵심인 걸 적시해야
> ⑤ ⑥ (불필요)

> **발음**
> ⓐ 占據〔점거〕(○), 〔점:거〕(×)
> ⓑ 騷亂〔소란〕(○), 〔소:란〕(×)

사회

|24| 김진춘 경기교육감, '특목고 확대 방침 불변'

교육인적자원부가

특수목적고 폐지 여부 결정을

내년 6월 말까지 유보하기로 한 가운데

김진춘 경기도 교육감은

특수목적고를 확대 설립한다는

도 교육청 입장에는 변화가 없다고 밝혔습니다.

김 교육감은 그러나 교육부가

이미 특목고가 설치돼 있는 시·도의 경우

내년 6월까지는 신설을 위한

사전협의를 유보하기로 함에 따라

일단 그때까지 기다릴 것이라고 덧붙였습니다.

김 교육감은

글로벌 인재 육성을 위해

학생들의 능력에 맞는 교육이 필요하고

이를 위해 교육이 더 다양화

자율화되어야 한다며 특목고·특성화고 등을

단일화하려는 것은 시대 역행이라고

주장했습니다. (끝)

① 교육인적자원부가

특수목적고 폐지 여부 결정을

내년 6월 말까지 ⓐ유보하기로 한 가운데

김진춘 경기도 교육감은

특수목적고를 확대 ⓑ설립한다는

도 교육청 입장에는 변화가 없다고 밝혔습니다.

김 교육감은 그러나 교육부가

이미 특목고가 설치돼 있는 시·도의 경우

내년 6월까지는 신설을 위한

사전협의를 유보하기로 함에 따라

일단 그때까지 기다릴 것이라고 덧붙였습니다.

김 교육감은
②
글로벌 인재 육성을 위해

학생들의 능력에 맞는 교육이 필요하고

이를 위해 교육이 더 다양화

자율화되어야 한다며 특목고·특성화고 등을
③   ④
단일화하려는 것은 시대 역행이라고

주장했습니다. (끝)

특목고 폐지문제가 내년 6월로 유보된 가운데, 김진춘 경기도 교육감은 특목고를 확대 설립한다는 교육청 입장에 변화가 없다고 밝혔습니다.

"

김 교육감은 특목고와 특성화 고교 등을 폐지하는 것은 시대의 흐름에 역행하는 일이라고 주장했습니다.

해설
① '교육부'는 필요없다. 뒤로 보낸다.
② (장황하다)
③ 특목고를 특성화고와 합치는 것 같다. 직접적으로 밝혀라.
④ 그렇게 줄여지지 않는다.(→ '시대를 역행하는 것이라고')

발음
ⓐ 留保〔유보〕(○), 〔유:보〕(×)
ⓑ 설립한다〔설리판다〕(○), 〔설리반다〕(×)

사회

|25| '니코 프리 스쿨 캠페인' 시작

학교현장에서 청소년들의 흡연예방과
금연을 이끌 '니코 프리 스쿨 캠페인'이
발족식을 갖고 오늘부터 활동에 들어갔습니다.
한국금연운동협의회와 대웅제약이
공동으로 벌이는 이번 캠페인은
청소년 맞춤형 흡연 예방교육을 통해
학생들의 눈높이에 맞춰
금연과 흡연예방 운동을 벌이게 됩니다.
이번 캠페인은 특히
주변 선배나 친구들로부터
영향을 더 받는 청소년 흡연의 특징에 따라
금연교육 전문가로부터
'또래지도자' 교육을 받은 멘토 선배가
금연동아리를 구성하여 교육을 진행하며,
금연에 동참할 청소년들은
담배 연기 없는 푸른 하늘을 뜻하는
'스카이 블루' 배지를 달고
다양한 금연활동을 전개하게 됩니다. (끝)

① 학교현장에서 청소년들의 흡연예방과

금연을 이끌 '니코 프리 스쿨 캠페인'이
②　　　　　　　　　③
발족식을 갖고 오늘부터 활동에 들어갔습니다.

　　　한국금연운동협의회와 대응제약이
　　　　　　ⓐ
공동으로 벌이는 이번 캠페인은

청소년 맞춤형 흡연 예방교육을 통해
　　(→ 밑부분이 설명이다. 불필요)
학생들의 눈높이에 맞춰

금연과 흡연예방 운동을 벌이게 됩니다.

　　이번 캠페인은 특히
ⓑ　　　(구체적 설명이므로 '삭제되는 것이 더 낫다.')
주변 선배나 친구들로부터

영향을 더 받는 청소년 흡연의 특징에 따라
　　('비교'가 있어야 한다. '많이'가 낫다.)
금연교육 전문가로부터

'또래지도자' 교육을 받은 멘토 선배가
　　　　　　　　　ⓒ
금연동아리를 구성하여 교육을 진행하며,
　　　　　ⓓ　(→ '해', 방송언어의 특징)
금연에 동참할 청소년들은

담배 연기 없는 푸른 하늘을 뜻하는
　　　④
'스카이 블루' 배지를 달고
이른바('친절성')　ⓔ
다양한 금연활동을 전개하게 됩니다. (끝)
　　　　　　　(→ 펼칩니다.)

청소년들의 흡연 예방과 금연 활동을 이끌, 이른바 '니코 프리 스쿨 캠페인'이 오늘부터 활동에 들어갑니다.

"

"

사
회

해설
①,② 는 불필요
③ 과거 기사같다.
④ '휘장'이 낫다. 우리말 순화 측면도 있고, '배지(badge)'의 발음이 [빼지], [빼쥐] 등으로 혼란스럽게 나기 때문이다.

발음
ⓐ 벌이는[버:리는]
ⓑ 周邊[주변](○), [주:변](×)
ⓒ 構成[구성](○), [구:성](×)
ⓓ 동참[동참], [동:참](×)
ⓔ 展開[전:개]

사회

|26| 대법원, 등기신청시 휴대전화 문자로 고지

최근 신도시 등에서
공문서를 위조해 부동산 주인 몰래
등기를 신청하는 사건이 일어나면서
법원이 소유자의 휴대전화에 무료로
등기 신청 사실을 알려주는 서비스를 합니다.
대법원은 부동산 소유자가
인터넷 등기소에 등록한 토지에 대해
누군가 등기를 신청할 경우
소유자의 휴대전화에 문자로 알려주는 서비스를
다음달 5일부터 제공하기로 했습니다.
등기 신청이 접수되면
접수번호가 부여되는 시각에 실시간으로
대상 토지와 신청 내용, 접수번호,
접수 등기소 등을 알려주게 됩니다.
서비스를 이용하려면
인터넷 등기소에 회원 가입한 뒤
부동산 등기 신청사실 SMS 고지를 신청해
수신받을 휴대전화 번호를 입력하면 됩니다.
대법원은
내년 3월까지 인터넷 등기소에 가입한 회원을 상대로
전국 토지에 대해 무료 서비스를 시범 실시하고,
서비스 대상을 건물로 확대하거나
유상 제공하는 방안 등을 검토한 뒤
내년 4월부터 정식 서비스를 제공할 방침입니다. (끝)

최근 신도시 등에서
공문서를 위조해 부동산 주인 몰래
ⓐ　　ⓑ
등기를 신청하는 사건이 일어나면서
법원이 소유자의 휴대전화에 무료로
등기 신청 사실을 알려주는 서비스를 합니다.
　　　　　　　　　　(→ 실시합니다. 제공합니다.)
　　　대법원은 부동산 소유자가
인터넷 등기소에 등록한 토지에 대해
누군가 등기를 신청할 경우
소유자의 휴대전화에 문자로 알려주는 서비스를
　　　　　　ⓒ
다음달 5일부터 제공하기로 했습니다.
　　　등기 신청이 접수되면
①
접수번호가 부여되는 시각에 실시간으로
대상 토지와 신청 내용, 접수번호,
　　　　　　②
접수 등기소 등을 알려주게 됩니다.
　　　③
　　　서비스를 이용하려면
인터넷 등기소에 회원 가입한 뒤
　　　　　　　ⓓ
부동산 등기 신청사실 SMS 고지를 신청해
수신받을 휴대전화 번호를 입력하면 됩니다.
　　　대법원은
내년 3월까지 인터넷 등기소에 가입한 회원을 상대로
　　　　　　　　(중복)　　　　ⓔ
전국 토지에 대해 무료 서비스를 시범 실시하고,
④
서비스 대상을 건물로 확대하거나
유상 제공하는 방안 등을 검토한 뒤
내년 4월부터 정식 서비스를 제공할 방침입니다. (끝)

　　　등기신청이 접수되면 실시간으로 대상 토지와 신청 내용, 접수번호, 접수 등기소 등을 알 수 있습니다.

　　　서비스를 이용하려면 먼저 인터넷 등기소에 회원으로 가입하고 부동산 등기 신청사실에 관한 SMS, 즉 문자서비스를 신청한 후, 휴대전화번호를 입력하면 됩니다.

　　　대법원은 내년 3월까지 우선 토지에 대한 무료서비스를 실시하고, 대상을 건물 등으로 확대하기로 했습니다.
　　　4월부터는 정식 서비스를 제공할 예정이며 유료화 방안을 검토중입니다.

해설
① 그것이 '실시간'이다.(중복)
② '시혜'가 아니다.
③ 간결미, 논리성-고쳐쓰기
④ 내용이 달라 '격'과 '급'이 안 맞는다. 같이 나열할 성질의 것이 아니다. 자른다.

발음
ⓐ 등기[등기](○), [등끼](×)
ⓑ 신청[신청](○), [신:청](×)
ⓒ 제공[제공](○), [제:공](×)
ⓓ 告知[고:지]
ⓔ 示範[시:범]

|27| 짙은 안개로 항공기 결항·회항

　　　　짙은 안개로
인천국제공항과 김포공항, 광주공항 등
전국 9개 공항에 저시정 경보가 내려지면서
항공기 결항과 회항이 잇따르고 있습니다.
　　　　김포공항은
시정거리가 최저 50미터까지 떨어져
저시정 경보가 발령된 가운데,
김포 출발 예정이던 항공기 10편과
김포 도착 예정이던 항공기 7편 등
국내선 17편이 결항됐습니다.
　　　　인천국제공항은
현재 시정거리가 최저 100미터로
저시정 경보가 내려짐에 따라,
비엔나를 출발해 새벽 2시40분 도착할 예정이던
대한항공 KE8562편이 제주로 회항하는 등
국제선 7편이 회항했습니다.
　　　　한국공항공사는 항공기 이용객들에게
항공기 결항 여부를 확인한 뒤
공항에 나와줄 것을 당부했습니다.
　　　　고속도로 사정도
내륙 지방을 중심으로 안개가 짙게 끼어있어,
한국도로공사는 차량 속도를
평소의 절반으로 줄일 것을 당부했습니다.
　　　　고속도로 구간별로 보면
경인선 부천에서 인천요금소,
영동선 서창에서 호법 구간, 여주에서 둔내 구간,
서해안 고속도로는
금천과 서평택 구간, 목포와 군산 구간에
주의가 요구된다고 도로공사는 밝혔습니다. (끝)

　　　　짙은 안개로
인천국제공항과 김포공항, 광주공항 등
전국 9개 공항에 <u>저시정 경보</u>가 내려지면서 ⓐ
항공기 결항과 회항이 잇따르고 있습니다.
　　　　김포공항은
①
<u>시정거리가</u> 최저 50미터까지 떨어져
저시정 경보가 발령된 가운데,
②
<u>김포</u> 출발 예정<u>이던</u> 항공기 10편과
<u>김포</u> 도착 예정<u>이던</u> 항공기 7편 등
국내선 17편이 결항됐습니다.
　　　　인천국제공항은
③
<u>현재 시정거리가</u> 최저 100미터로
저시정 경보가 <u>내려짐에 따라,</u>
비엔나를 출발해 새벽 2시40분 도착할 예정이던
④　　　　　　　　　　　　　⑤
<u>대한항공</u> KE8562편이 제주로 <u>회항하는</u> 등
국제선 7편이 <u>회항했습니다.</u>
　　　　한국공항공사는 항공기 이용객들에게
　　　　　　　　　ⓑ
항공기 결항 <u>여부</u>를 확인한 뒤
공항에 나와줄 것을 당부했습니다.
　　　　고속도로 사정도
　　　　좋지 않아('명료성') ⓒ
내륙 지방을 중심으로 안개가 <u>짙게</u> 끼어있어,
한국도로공사는 차량 속도를
평소의 절반으로 줄일 것을 당부했습니다.
　　　　고속도로 구간별로 보면
경인선 부천에서 인천요금소,
영동선 서창에서 호법 <u>구간</u>, 여주에서 둔내 <u>구간</u>,
　　　　　　　　　　(삭제)　　　　　　　　(삭제)
서해안 고속도로는
금천과 서평택 <u>구간</u>, 목포와 군산 구간에
　　　　　　　(삭제)
주의가 요구된다고 도로공사는 밝혔습니다. (끝)

김포공항은 시정이(가시거리가) 최저 50m
까지 떨어져 저시정 경보가 발령된 가운데 출
발 예정 항공기 10편과 도착 예정 7편 등
국내선 17편이 결항됐습니다.

인천국제공항도 현재 시정이 최저 100m
로 저시정 경보 중인 가운데, 비엔나 발 오전
2시 40분 도착 예정이던 KAL8562 편이 제
주도로 돌아가는 등 국제선 7편이 회항했습
니다.

> 해설
① 시정(視程) : 목표를 명확히 식별할 수 있는 최대 거리.
　'거리'가 포함되어 있다. 따라서 '시정', '가시거리'로 해야한다.
② 생략의 묘미. 리듬감
③ '현재'와 '내려짐에 따라'가 안 어울린다.
④ '칼'(KAL)이 간편하고 낫다.
⑤ 발음이 어렵다. 더구나 겹친다.

> 발음
ⓐ 저시정 경보[저:시정 경:보]
ⓑ 여부[여:부]
ⓒ 짙게[짇께]. [직께]로 발음 안 나게 유의

사회

사회

|28| 서울대, 4년간 학생 증원 계획

　　　　　서울대가 앞으로 4년 동안
학생 정원을 천 600명 늘리고
교수도 700명 증원해야 한다는 뜻을 밝혔습니다.
　　　　서울대는
국회에 제출한 업무보고서에서
현재 2만 8천여 명인 학부와 대학원 정원을
2011 학년도에는 3만 명이 되도록
하겠다고 밝혔습니다.
　　　　현재 서울대의 정원은
학부와 대학원 각각 만 4천여 명입니다.
　　　　서울대측은
연구 중심 대학으로 가기 위해서는
학부보다 대학원 정원을 늘리는 것이
바람직할 것이라고 판단한다며,
증원 학생 대부분은 학부가 아닌
대학원에 집중시킬 예정이라고 밝혔습니다.
　　　　때문에 올해
3천162 명인 학부 신입생 규모는
당분간 크게 바뀌지 것으로 보입니다.
　　　　서울대는 또
전임교원 정원을 천806 명에서
2천500 명까지 늘리고,
외국인 교수도 100 명 추가 채용할 예정입니다. (끝)

　　　　서울대가 앞으로 4년 동안
학생 정원을 천 600명 늘리고
교수도 700명 증원해야 한다는 뜻을 밝혔습니다.
　　　　서울대는
국회에 제출한 업무보고서에서
현재 2만 8천여 명인 학부와 대학원 정원을
2011 학년도에는 3만 명이 되도록
하겠다고 밝혔습니다.
　　　②
　　　현재 서울대의 정원은
학부와 대학원 각각 만 4천여 명입니다.
　　　　서울대측은
연구 중심 대학으로 가기 위해서는
③
학부보다 대학원 정원을 늘리는 것이
바람직할 것이라고 판단한다며,
④
증원 학생 대부분은 학부가 아닌
대학원에 집중시킬 예정이라고 밝혔습니다.
　　　　때문에 올해
　　　이　　　(→ 현재)
3천162 명인 학부 신입생 규모는
당분간 크게 바뀌지 것으로 보입니다.
　　　　　　(→ 않을)
　　　　서울대는 또
전임교원 정원을 천806 명에서
2천500 명까지 늘리고,
외국인 교수도 100 명 추가 채용할 예정입니다. (끝)
　　　　　　　　(→ 더)

"

　　서울대는 국회에 제출한 보고서에서 현재 학부와 대학원을 합쳐 2만 8천여 명인 정원을 2011학년도에는 3만 명 수준이 되도록 하겠다고 밝혔습니다.

"

　　서울대 측은 연구중심 대학을 목표로 증원 인원을 학부가 아닌 대학원에 집중시키겠다고 말했습니다.

"

"

해설
① '업무'는 군더더기다.
② 학부와 대학원이 똑같이 반반이라는 사실을 알리기 위해서가 아니라면 중언부언이다. 위에 2만 8천여 명이 버젓이 살아 있다.
③ 그게 '연구중심대학'이다.
④ 엄밀히 말해 집중시킬 대상은 '학생'아니라 '인원'이다.

발음
ⓐ 提出〔제출〕(○), 〔제ː출〕(×)
ⓑ 定員〔정ː원〕, * 참고. 庭園〔정원〕
ⓒ 연구〔연ː구〕

사회

|29| 평택 美軍기지 조성공사, 내달 13일 기공식

　　　　경기도 평택시는
오는 24일로 예정됐던 주한미군기지
평택이전사업의 한국측 부지조성공사 기공식이
미군측 사정으로 연기돼
다음달 13일 팽성읍 대추리 현장에서 열립니다.
　　　　평택 미군기지 조성공사는
한·미 양국이 지난 3월
평택기지 시설종합계획에 합의함에 따라
10조여 원을 투입해 2012년 말까지
기지확장예정지에서 3개 구획으로 나눠
진행됩니다.
　　　　주한미군측이 부지조성공사를 맡는
1구역은 지난 3월 공사가 시작됐으며
2010년 1월 완료될 예정입니다.
　　　　기공식에는 한·미 정보와 군 관계자,
국회의원, 지역 기관장, 사회단체장 등
천500여 명이 참석할 예정입니다. (끝)

① 경기도 평택시는

오는 24일로 예정됐던 주한미군기지

평택이전사업의 한국측 부지조성공사 기공식이

미군측 사정으로 연기돼

다음달 13일 팽성읍 대추리 현장에서 <u>열립니다.</u>

평택 미군기지 <u>조성</u>공사는
ⓐ

한·미 양국이 지난 3월
ⓑ
평택기지 <u>시설</u>종합계획에 합의함에 따라

10조여 원을 투입해 2012년 말까지

기지확장예정지에서 3개 구획으로 <u>나눠</u>
       (→ '나뉘어', 피동이 와야 문법에 맞음)
진행됩니다.

주한미군측이 부지조성공사를 맡는
     ⓒ
1구역은 지난 3월 공사가 <u>시작</u>됐으며

2010년 1월 완료될 예정입니다.

기공식에는 한·미 정보와 군 관계자,

국회의원, 지역 기관장, 사회단체장 등

<u>천500여</u> 명이 참석할 예정입니다. (끝)
(천 5백여 명, 혹은 1,500여 명)

> 경기도 평택시는 오는 24일로 예정돼있던 주한미군기지 부지조성공사 기공식이 미군측 사정으로 연기돼 다음달 13일 팽성읍 대추리 현장에서 열린다고 밝혔습니다.
>
> "
>
> "
>
> "

해설
① 주술 호응이 안 맞는다.
 *참고. '경기도 평택시'만 들어내도 된다.

발음
ⓐ 조성[조:성]
ⓑ 시설[시:설]
ⓒ 시작[시:작]

|30| 미국 학위공장 박사 10여 명, 교수로 재직중

서울중앙지검 특수 3부는
퍼시픽 웨스턴대 등
해외 비인증 대학 출신 박사 중 10여 명이
국내 대학에서 교수로 재직 중인 사실을
확인했다고 밝혔습니다.
겸임 교수 이상의 직위에 있는 이들은
대부분 지방 사립대에 취업한 것으로 알려졌습니다.
검찰은
학술진흥재단에서 넘겨받은 2003년 이후
해외 비인증 대학 박사 240여 명을
사학연금관리공단자료 등과 대조해 추려낸
20여 명 가운데 10여 명은
법인 산하 중·고교 교사거나 대학 교직원이어서
수사선상에서 일단 제외했다고 밝혔습니다.
검찰은
학술진흥재단이 비인증 대학으로 분류한 대학이
실제 학위 공장인지 여부를 면밀히 검토한 뒤
해당 교수들을 조만간 소환 조사할 방침입니다.
검찰은 또,
미국에 파견 나간 교육부 직원이나 검사 등을
비인가 대학으로 지목된 학교에 보내
어떤 과정이고 운영을 어떻게 하는 지
조사하고 있습니다.
검찰은 대학으로부터
이들 교수에 대한 임용자료를 제출받아
정상적인 대학의 박사 학위없이
학위 공장에서 돈을 주고 획득한 학위만을 이용해
취업했다면 업무방해 혐의를 적용해
형사처벌할 계획입니다.
아울러 검찰은
학술진흥재단에서 넘겨받은
비인증 대학 목록을 중심으로 수사하되
첩보나 제보 등을 통해
학술진흥재단에 신고되지 않은
다른 비인증 대학 출신 박사들로도
수사를 확대할 예정입니다. (끝)

서울중앙지검 특수 3부는
퍼시픽 웨스턴대 등
해외 비인증 대학 출신 박사 중 10여 명이
(→ 밝혀가 더 낫다.) ⓐ
국내 대학에서 교수로 재직 중인 사실을
확인했다고 밝혔습니다.
　　　　겸임 교수 이상의 직위에 있는 이들은
대부분 지방 사립대에 취업한 것으로 알려졌습니다.
①
　　　검찰은
학술진흥재단에서 넘겨받은 2003년 이후
해외 비인증 대학 박사 240여 명을
사학연금관리공단자료 등과 대조해 추려낸
20여 명 가운데 10여 명은
법인 산하 중·고교 교사거나 대학 교직원이어서
수사선상에서 일단 제외했다고 밝혔습니다.
　　　　검찰은
학술진흥재단이 비인증 대학으로 분류한 대학이
실제 학위 공장인지 여부를 면밀히 검토한 뒤 ⓑ
(→ 이든바가 낫다.) (→ 공장인지를, 여부 앞에는 명사형이 와야 한다.)
해당 교수들을 조만간 소환 조사할 방침입니다.
　　　　검찰은 또,
미국에 파견 나간 교육부 직원이나 검사 등을
비인가 대학으로 지목된 학교에 보내
②
어떤 과정이고 운영을 어떻게 하는 지
조사하고 있습니다.
　　　　검찰은 대학으로부터
이들 교수에 대한 임용자료를 제출받아
정상적인 대학의 박사 학위없이
학위 공장에서 돈을 주고 획득한 학위만을 이용해
취업했다면 업무방해 혐의를 적용해
ⓒ
형사처벌할 계획입니다.
　　　　아울러 검찰은
학술진흥재단에서 넘겨받은
비인증 대학 목록을 중심으로 수사하되
ⓓ
첩보나 제보 등을 통해
학술진흥재단에 신고되지 않은
다른 비인증 대학 출신 박사들로도
(→ 비인가) (→ 까지)
수사를 확대할 예정입니다. (끝)

[해설]
① 한 문장으로 하기엔 벅차다. 내용도 분리해야 뚜렷해진다.
② 비문(非文), 소(小) 주어가 빠져있다.

　　　　　　　　　　　　　　　"

　　　　　　　　　　　　　　　"

　　검찰은 학술진흥재단에서 넘겨받은 해외 비인가 대학 박사 240여 명의 2003년 이후 자료와 사학연금관리공단이 보내준 자료를 대조한 결과, 일단 20여 명을 적발했다고 밝혔습니다.
　　그러나 이 중 10여 명은 법인 산하 중·고교 교사이거나 대학교직원이어서 수사선상에서 제외했습니다.

　　　　　　　　　　　　　　　"

　　검찰은 또, 학사과정이 어떻게 짜여 있고 운영되는지 현지 파견 검사와 교육부관리 등을 통해 파악하기로 했습니다.

　　　　　　　　　　　　　　　"

　　　　　　　　　　　　　　　"

[발음]
ⓐ 재직[재ː직]
ⓑ 면밀[면ː밀]
ⓒ 처벌[처ː벌]
ⓓ 提報[제보](○), [제ː보](×)

사회

|31| 여대생 23%, '성폭력 피해 경험 있다'

여대생 5명 가운데 1명 이상이
성폭력 피해를 입은 경험이 있다는
조사 결과가 나왔습니다.
숙명여자대학교 성평등상담소는
지난해 9월부터 한달간
이 대학 재학생 2천 5백 34명을 상대로
성폭력 실태에 대한 설문 조사를 한 결과,
전체의 23.3%인 5백 43명이
성추행이나 성희롱 등
성폭력을 겪었다고 응답했다고 밝혔습니다.
성폭력 가해자로는
모르는 사람이 53.2%, 조금 아는 사람이 14.8%,
선배가 10.9%, 교수나 강사가 5.7%로 나타났습니다.
성폭력을 당했을 때
어떻게 대처했냐는 질문에는
'불쾌감을 표시하고 화를 냈다'는 응답이 30.5%,
'모르는 척 했다'가 26.0%,
'농담으로 넘겼다'가 18.3%였고,
'상담기관이나 사법기관에 도움을 요청했다'는 응답은
3.3%에 그쳤습니다. (끝)

여대생 5명 가운데 1명 이상이
① 성폭력 피해를 입은 경험이 있다는

조사 결과가 나왔습니다.

　　　숙명여자대학교 성평등상담소는
② 지난해 9월부터 한달간

이 대학 재학생 2천 5백 34명을 상대로
(→ 불필요)
성폭력 실태에 대한 설문 조사를 한 결과,

전체의 23.3%인 5백 43명이

성추행이나 성희롱 등
　　　　　　ⓐ
성폭력을 겪었다고 응답했다고 밝혔습니다.

　　　성폭력 가해자로는

모르는 사람이 53.2%, 조금 아는 사람이 14.8%,

선배가 10.9%, 교수나 강사가 5.7%로 나타났습니다.

　　　성폭력을 당했을 때

어떻게 대처했냐는 질문에는
　　　ⓑ
'불쾌감을 표시하고 화를 냈다'는 응답이 30.5%,

'모르는 척 했다'가 26.0%,

'농담으로 넘겼다'가 18.3%였고,

'상담기관이나 사법기관에 도움을 요청했다'는 응답은

3.3%에 그쳤습니다. (끝)

해설
① '성폭력'은 일반적인 '성폭행'으로 볼 우려가 다분하다. '성 관련 피해' 정도가 무난할 것이다.
　이것이 만약 여성계 등에서 쓰는 전문용어라도 일반 국민의 언어 인식을 더 고려해야 한다.
② '정확성'을 위해 필요하지만, 오래된 자료는 기사의 힘을 빼놓는다. 없는 것이 나아보인다.(2007. 8. 시점)

"

숙명여대 성평등 삼당소가 재학생 2,534명을 대상으로 실태를 조사한 결과, 전체의 23.3%인 543명이 성추행이나 성희롱 등을 당한 적이 있는 것으로 나타났습니다.

가해자로는 모르는 사람이 53.2%, 조금 아는 사람 14.8%, 선배 10.9%, 그리고 교수 또는 강사가 5.7%였습니다.

"

발음
ⓐ 응답[응:답]
ⓑ 화[화:] (←火)

사회

|32| 이랜드 3차협상, 진전없이 종료

　　　　비정규직 문제와 관련해
19일 째 갈등을 빚고 있는 이랜드 노사가
어제 9시간 동안 3차 협상을 벌였지만
입장 차를 좁히지 못해
교섭이 결렬됐습니다.
　　　　이랜드 노사는 어제
서울시 구로동 서울지방노동청 관악지청에서
뉴코아와 홈에버문제를 분리해
개별 협상을 벌였지만
비정규직 고용과 임금문제,
해고자 복직 문제 등 핵심 쟁점을 협의하는 데
실패했습니다.
　　　　뉴코아 문제와 관련해,
사측은 노조가 점거 농성을 풀면
뉴코아 비정규직의
외주화를 중단하겠다고 밝혔지만
노조 측은 용역업체와 계약이 끝나는 1년 뒤
비정규직 노동자 고용이
보장되지 않는다며 사측 제안을 거부했습니다.
　　　　홈에버 문제와 관련해서도
사측은 18개월 넘게 일한 비정규직의
고용을 보장하겠다고 제안했지만
노조측은 3개월 이상 근무한
비정규직의 고용도 보장하라며 맞섰습니다.
　　　　이랜드 노사는 오늘 오후 7시
다시 협상을 갖기로 했습니다. (끝)

①   비정규직 문제와 관련해

19일 째 갈등을 빚고 있는 이랜드 노사가ⓐ

어제 9시간 동안 3차 협상을 벌였지만

입장 차를 좁히지 못해

교섭이 결렬됐습니다.

　　　이랜드 노사는 어제

서울시 구로동 서울지방노동청 관악지청에서

뉴코아와 홈에버문제를 분리해

개별 협상을 벌였지만

비정규직 고용과 임금문제,

해고자 복직 문제 등 핵심 쟁점을 협의하는 데
(→ 합의. '협의'는 협상의 일환)
실패했습니다.

　　　뉴코아 문제와 관련해,

사측은 노조가 점거 농성을 풀면

뉴코아 비정규직의

외주화를 중단하겠다고 밝혔지만

노조 측은 용역업체와 계약이 끝나는 1년 뒤
(→ '노'. 위에서 '사'라고 했다. '정확성')
비정규직 노동자 고용이

보장되지 않는다며 사측 제안을 거부했습니다.
　　　　　　　　　(→ 불필요)
　　　홈에버 문제와 관련해서도

사측은 18개월 넘게 일한 비정규직의

고용을 보장하겠다고 제안했지만

노조측은 3개월 이상 근무한

비정규직의 고용도 보장하라며 맞섰습니다.

　　　이랜드 노사는 오늘 오후 7시

다시 협상을 갖기로 했습니다. (끝)

　　비정규직원 문제로 갈등을 빚고 있는 이랜드 노사는 어제도 마라톤 협상을 벌였으나 교섭이 결렬됐습니다.
　　19일째 대치중인 이랜드 노사는 어제 9시간 동안 세 차례 벌인 협상에서도 입장차를 좁히지 못했습니다.

"

"

"

발음

ⓐ 勞使 [노사](○), [노ː사](×)

사회

|33| 이랜드 농성 12일째+연세의료노조 파업

이랜드 노조원들의 매장점거 농성이
12일째를 맞아 장기화 하고 있습니다.
이랜드 노조와 사측은 어제 오후
서울지방노동청에서 사태해결을 위한 협상을 벌였지만
합의점을 찾지 못하고 결렬됐습니다.
이랜드 노조는
비정규직 해고 문제가 부당해고로 판명된 만큼
협상의제에 포함시켜야 한다고 주장했지만,
사측은 임금 인상 문제만 교섭 의제로 다룬다는
종래의 방침을 고수했습니다.
이랜드 노조는
이번 주말쯤 지방 매장으로도
투쟁을 이어갈 계획이라고 밝혔습니다.
정규직 임금 인상과
1년 이상 근무한 비정규직의 정규직화를 요구하며
어제 파업에 돌입한 연세의료원 노조도
오늘 오전 6시 출근 투쟁을 시작으로
이틀째 파업에 들어갔습니다. (끝)

　　　　　이랜드 노조원들의 매장점거 농성이
①
12일째를 맞아 장기화 하고 있습니다.
　　　　②
　　　　　이랜드 노조와 사측은 어제 오후

서울지방노동청에서 사태해결을 위한 협상을 벌였지만

합의점을 찾지 못하고 결렬됐습니다.

　　　　　이랜드 노조는

비정규직 해고 문제가 부당해고로 판명된 만큼

협상의제에 포함시켜야 한다고 주장했지만,

사측은 임금 인상 문제만 교섭 의제로 다룬다는

종래의 방침을 고수했습니다.

　　　　　이랜드 노조는

이번 주말쯤 지방 매장으로도

투쟁을 이어갈 계획이라고 밝혔습니다.
　　　　③
　　　정규직 임금 인상과
　　한편
1년 이상 근무한 비정규직의 정규직화를 요구하며

어제 파업에 돌입한 연세의료원 노조도

오늘 오전 6시 출근 투쟁을 시작으로

이틀째 파업에 들어갔습니다. (끝)

　　　이랜드 노조원들의 매장 점거 농성이 장기화하고 있습니다.

　　　노사가 대치한 지 12일째인 어제 오후 서울지방 노동청에서 사태해결을 위한 협상을 벌였지만 결렬됐습니다.

　　　〃

　　　〃

　　　한편, 연세의료원 노조도 임금인상과 1년 이상 근무한 비정규직 직원의 정규직 전환을 요구하며 오늘 오전 6시 출근 투쟁을 시작으로 이틀간의 시한부 파업에 들어갔습니다.

해설

① '장기화'의 기준이 12일인가?('자의적 판단')
　 '12일'과 '장기화'는 함께 있으면 어색해 보인다.

② '12일'을 불러들여 깔끔하게 고친다.
③ 수식어가 너무 길어 지친다.

사회

|34| 제약업체와 종합병원 직거래 금지는 합헌·정당

제약업체가 종합병원에 의약품을 공급할 때
반드시 도매업자를 거치도록 한
현행 약사법 시행 규칙은 합헌적이며,
이를 어긴 업체들에 대한 행정제재도
정당하다는 판결이 나왔습니다.
서울행정법원 행정6부는
종합병원과 의약품을 직거래하다
판매정지와 과징금 부과 등의 처분을 받은
12개 제약업체들이 식품의약품안전청을
상대로 낸 소송에서 원고 패소 판결했습니다.
재판부는 판결문에서
해당 규칙은 제약업자가 판매활동에 돈을 낭비하거나
'리베이트' 등 부조리를 발생시킬 우려를 막고
약품 개발에 전념하도록 하기 위해 마련된 것이라며,
종합병원이 아닌 의료기관과 거래행위에는
제한이 없으므로 기본권 제한이
지나치지 않다고 설명했습니다.
재판부는 또
해당 규칙으로 제약회사 측의 자유가
일부 제한되는 것은 사실이지만,
그런 권리가 국민의 건강보호와
불공정행위의 규제라는 공익보다
우월하다고 할 수 없으므로,
헌법상 과잉금지 원칙에
위반되지 않는다고 판시했습니다.
보건당국은
12개 제약업체가 지난 2004년에서 2005년사이
도매업자를 거치지 않고
종합병원과 의약품을 직거래한 사실을 적발하고
지난해 판매금지 등 행정처분을 내렸고,
업체들은 도매상 경유를 강제하는 법규로
유통구조가 오히려 왜곡됐다며 소송을 냈습니다. (끝)

제약업체가 종합병원에 의약품을 공급할 때
반드시 도매업자를 거치도록 한
현행 약사법 시행 규칙은 합헌적이며,
① ②
이를 어긴 업체들에 대한 행정제재도
정당하다는 판결이 나왔습니다.
　　　서울행정법원 행정6부는
종합병원과 의약품을 직거래하다
판매정지와 과징금 부과 등의 처분을 받은
12개 제약업체들이 식품의약품안전청을
상대로 낸 소송에서 원고 패소판결했습니다.
　　　재판부는 판결문에서
해당 규칙은 제약업자가 판매활동에 돈을 낭비하거나
(→ 약사법 시행규칙은. '친절성')
'리베이트' 등 부조리를 발생시킬 우려를 막고
약품 개발에 전념하도록 하기 위해 마련된 것이라며,
종합병원이 아닌 의료기관과 거래행위에는
제한이 없으므로 기본권 제한이
　　　(→ 없기 때문에. 판결문 그대로는 너무 딱딱하다.)
지나치지 않다고 설명했습니다.
　　　재판부는 또
해당 규칙으로 제약회사 측의 자유가
일부 제한되는 것은 사실이지만,
그런 권리가 국민의 건강보호와
(→ 이러한)
불공정행위의 규제라는 공익보다
우월하다고 할 수 없으므로,
　　　　　　　(→ 없기 때문에. 너무 '문어적')
헌법상 과잉금지 원칙에
위반되지 않는다고 판시했습니다.
　　　보건당국은
　　　　　앞서(정밀성)
12개 제약업체가 지난 2004년에서 2005년사이
도매업자를 거치지 않고
종합병원과 의약품을 직거래한 사실을 적발하고
　　　　　　　　　　　　　　　(→ 해)
지난해 판매금지 등 행정처분을 내렸고,
(→ 삭제)　　　　　　　　　　이에 대해(친절성, 리듬감)
업체들은 도매상 경유를 강제하는 법규로
유통구조가 오히려 왜곡됐다며 소송을 냈습니다. (끝)
　　　　　　　　　　(→ 냈었습니다. 시제가 앞서 있다.)

> 제약업체가 종합병원에 의약품을 공급할 때 반드시 도매업자를 거치도록 한 현행 약사법 시행 규칙은 합헌이라는 법원 판결이 나왔습니다.
>
> "
>
> "
>
> "
>
> "

해설
① '的'이 필요없다.
② 뒤에 나온다.

사회

|35| 지하철 통로 변경 불법승인한 메트로 직원 입건

　　　　서울 방배경찰서는
건축 설계업체로부터 돈을 받고
지하철 연결통로 설계 변경 공사를 허가해 준 혐의로
서울메트로 직원 40살 장 모씨를
불구속 입건했습니다.
　　　장 씨는
지난 1월 서울 지하철 2호선 서울대입구역과
인근 상가를 연결하는
통로 공사의 설계를 맡은 모 업체로부터
2백만 원을 받고
에스컬레이터 대신 엘리베이터 설치를 허가하는
위조된 문서를 보내준 혐의를 받고 있습니다.
　　　경찰 조사결과, 장 씨는
전자결제 시스템에 접속한 뒤
이미 결제가 난 문서의 결제사인을 스캔해
위조문서에 붙인 것으로 드러났습니다.
　　　문제의 공사 현장은
역사 주변에 묻혀있는 상수도관과 통신선 때문에
에스컬레이터를 설치해야 한다는 서울메트로 측과
난공사가 예상돼 엘리베이터를 설치해야한다는
업체 측이 최근까지도
심한 의견차를 보여온 것으로 알려졌습니다. (끝)

서울 방배경찰서는
건축 설계업체로부터 돈을 받고
①
지하철 연결통로 설계 변경 공사를 허가해 준 혐의로
서울메트로 직원 40살 장 모씨를
불구속 입건했습니다.
　　　장 씨는
지난 1월 서울 지하철 2호선 서울대입구역과
인근 상가를 연결하는
통로 공사의 설계를 맡은 모 업체로부터
2백만 원을 받고
에스컬레이터 대신 엘리베이터 설치를 허가하는
위조된 문서를 보내준 혐의를 받고 있습니다.
　　　경찰 조사결과, 장 씨는
②
전자결제 시스템에 접속한 뒤
이미 결제가 난 문서의 결제사인을 스캔해
위조문서에 붙인 것으로 드러났습니다.
　　　③ 문제의 공사 현장은
역사 주변에 묻혀있는 상수도관과 통신선 때문에
에스컬레이터를 설치해야 한다는 서울메트로 측과
난공사가 예상돼 엘리베이터를 설치해야한다는
업체 측이 최근까지도
심한 의견차를 보여온 것으로 알려졌습니다. (끝)

　　　서울 방배경찰서는 건축 설계업자로부터 뇌물을 받고 문서를 위조해 준 혐의로 서울메트로 직원 40살 장 모 씨를 불구속 입건했습니다.

"

　　　경찰 조사결과, 장 씨는 사내 전자결재함에서 상급자의 결재사인을 스캔하는 수법으로 문서를 위조한 것으로 드러났습니다.

사
회

해설
① 상세한 설명은 뒤에…, 그러나 두 번째 문장에 이미 다 있다.
② '결재'와 혼동, 3번 중복사용. 회계와 관련 없다.
③ (불필요) 아니면 꽉 줄여라.

사회

|36| '맞춤형 입찰' 뇌물 주고받은 업체·공무원 무더기 적발

공무원에게 뇌물을 주고
관급공사를 따낸 업체 대표와
뇌물을 받은 공무원들이
경찰에 무더기로 붙잡혔습니다.
경찰청 특수수사과는 오늘
인천 송도신도시 건설공사 등 관급공사에
대형 하수관 등을 납품하는 과정에서
뇌물을 주고 받은 혐의로
모 제조업체 대표 45살 이모 씨와
공무원 47살 서모 씨 등 4명에 대해
구속영장을 신청했습니다.
이 씨 등 업체관계자들은 지난 해 12월
인천 송도신도시 건설공사에
납품 입찰을 따내기 위해
공무원 서 씨에게 고급 자동차 등
6천만원 상당의 현금과 향응을
제공한 혐의를 받고 있습니다.
경찰은 서 씨가 뇌물을 받은 뒤
조달청 관계자에게 청탁해
이 씨 업체가 유리하도록
입찰 조건을 바꿔 공고하도록
이른바 '맞춤형 입찰'을 주도했다고 밝혔습니다.
그러나 업체 측과 공무원 서 씨는
뇌물을 주고받은 적이 없다며
혐의를 부인하고 있습니다.
경찰은 또 업체대표 이 씨가
서울 지역의 관급공사를 따내기 위해
서울 시내 6개 구청 공무원과
조달청 공무원들에게도
꾸준히 뇌물을 줬다고 밝혔습니다.
경찰은 아울러
송도신도시 건설 공사를 포함한
여러 관급공사 입찰 과정에서
뇌물을 주고받은 혐의로 업체 임직원들과
관련공무원 32명을 불구속 입건했습니다. (끝)

　　　　　　공무원에게 뇌물을 주고
관급공사를 따낸 업체 대표와
뇌물을 받은 공무원들이
경찰에 무더기로 붙잡혔습니다.
　　　　　　경찰청 특수수사과는 오늘
인천 송도신도시 건설공사 등 관급공사에
대형 하수관 등을 납품하는 과정에서
뇌물을 주고 받은 혐의로
모 제조업체 대표 45살 이모 씨와
공무원 47살 서모 씨 등 4명에 대해
구속영장을 신청했습니다.
　　　　　　이 씨 등 업체관계자들은 지난 해 12월
인천 송도신도시 건설공사에
납품 입찰을 따내기 위해
공무원 서 씨에게 고급 자동차 등
6천만원 상당의 현금과 향응을
제공한 혐의를 받고 있습니다.
　　　　　　경찰은 서 씨가 뇌물을 받은 뒤
조달청 관계자에게 청탁해
이 씨 업체가 유리하도록
입찰 조건을 바꿔 공고하도록
이른바 '맞춤형 입찰'을 주도했다고 밝혔습니다.
　　　　　　그러나 업체 측과 공무원 서 씨는
뇌물을 주고받은 적이 없다며
혐의를 부인하고 있습니다.
　　　　　　경찰은 또 업체대표 이 씨가
서울 지역의 관급공사를 따내기 위해
서울 시내 6개 구청 공무원과
조달청 공무원들에게도
꾸준히 뇌물을 줬다고 밝혔습니다.
　　　　　　경찰은 아울러
송도신도시 건설 공사를 포함한
여러 관급공사 입찰 과정에서
뇌물을 주고받은 혐의로 업체 임직원들과
관련공무원 32명을 불구속 입건했습니다. (끝)

해설
① '뇌물을 받은'과 '뇌물을 주고 받은'이 너무 많이 나온다.
② '~(하)도록'을 연거푸 썼다. 어감과 리듬감도 안 좋다.

　　　　　　관급공사와 관련해 뇌물을 주고받은 업체대표와 공무원들이 무더기로 붙잡혔습니다.

"

"

　　　　　　경찰은 서 씨가 뇌물을 받은 후 이 씨 업체가 유리하도록 조달청 관계자에게 청탁해 입찰조건을 바꿔 공고하게 하는 등 이른바 '맞춤형 입찰'을 주도했다고 밝혔습니다.

"

"

"

발음
ⓐ 賂物〔뇌물〕(○), 〔뉘:물〕(×)
　'긔'모음 음가내기
ⓑ 구속영장〔구송녕짱〕
ⓒ 신청〔신청〕(○), 〔신:청〕(×)
ⓓ 상당〔상당〕(○), 〔상:당〕(×)
ⓔ 현금〔현:금〕
ⓕ 향응〔향:응〕
ⓖ 提供〔제공〕(○), 〔제:공〕(×)
ⓗ 否認〔부:인〕, *참고. 婦人, 夫人〔부인〕

|37| 여름철 차량결함 사고 급증

　　여름철 고온으로 인해
고속도로에서 타이어가 파손되거나
엔진이 과열돼 교통사고가
급증한 것으로 나타났습니다.
　　도로공사 경기본부는
지난해 전국 고속도로에서 차량결함으로
304건의 교통사고가 발생해 30명이 숨졌으며
이 가운데 타이어 파손이 197건에
29명이 숨졌다고 밝혔습니다.
　　또 제동장치 결함이 37건에
1명이 숨졌고 엔진과열로 인한 사고도
27건 등이었습니다.
　　특히 차량결함으로 인한
교통사고의 30%와 사망자의 50%가 6~8월에 집중돼
여름철에 차량결함으로 인한 대형 인명사고가
잦은 것으로 분석됐습니다.
　　도로공사는 이에 따라
차량 출발 전에 반드시 엔진 오일과 냉각수,
타이어 공기압 등을 점검하고
2시간마다 타이어와 차량 부품을
쉬도록 할 것을 당부했습니다. (끝)

① 　여름철 고온으로 인해 고속도로에서 타이어가 파손되거나 엔진이 과열돼 교통사고가 급증한 것으로 나타났습니다.

　도로공사 경기본부는 지난해 전국 고속도로에서 차량결함으로 ② 304건의 교통사고가 발생해 30명이 숨졌으며 이 가운데 타이어 파손이 197건에 29명이 숨졌다고 밝혔습니다.

　또 제동장치 결함이 37건에 1명이 숨졌고 엔진과열로 인한 사고도 27건 등이었습니다.

　특히 차량결함으로 인한 교통사고의 30%와 사망자의 50%가 6~8월에 집중돼 여름철에 차량결함으로 인한 대형 인명사고가 잦은 것으로 분석됐습니다.

　도로공사는 이에 따라 차량 출발 전에 반드시 ⓐ엔진 오일과 냉각수, 타이어 공기압 등을 ⓑ점검하고 ③ 2시간마다 타이어와 차량 부품을 쉬도록 할 것을 당부했습니다. (끝)

　여름철 고속도로 교통사고의 가장 큰 원인은 타이어 파손인 것으로 나타났습니다.

　도로공사 경기본부는 2006년 기준으로 차량결함으로 발생한 고속도로 교통사고가 304건이며, 그 중 타이어 파손이 197건으로 집계됐다고 밝혔습니다.

　또한 전체 차량결함 교통사고 사망자 30 명 중 대부분인 29 명이 타이어 이상으로 숨진 것으로 나타났습니다. 다음으로 제동장치 결함이 27 건에 사망자 1 명, 엔진과열이 27 건 등이었습니다.

〃

　도로공사는 이에 따라 차량 출발 전 냉각수, 타이어 공기압 등을 점검하되 운행시간이 2시간을 넘을 경우 잠시 엔진을 꺼줄 것을 당부했습니다.

해설
① 일반론이다.
② 사고 건수와 사망자 수를 따로 다루는 게 효율적이다. 더구나 사망자는 30 명 중 29 명이 타이어 사고로 인한 것이니 두드러진다.
③ (이상한 말)

발음
ⓐ 〔엔진〕. 〔앤진〕으로 소리나지 않게 유의
ⓑ 점검〔점:검〕

사회

|38| 신정아 씨, 캔사스대 학부 졸업도 안해

　　　　신정아 씨의 예일대 박사 학위가
가짜로 확인된 가운데,
신 씨가 학부와 석사를 마쳤다고 주장한
캔사스 대학에서도
신 씨는 학부를 졸업하지 않은 것으로
드러났습니다.
　　　　동국대학교 진상조사위원회는
캔사스 대학교에 학력위조를 요청한 결과
신 씨가 92년부터 96년까지 학부 재학은 했지만
졸업은 하지 않았다는 회신을
어제 오후 받았다고 밝혔습니다.
　　　　동국대는 아울러
지난 11일 동국대학교가
신 씨 임용 때 캔자스대학교에
신 씨의 학위를 조회했다고 발표한 것은
당시 기안문에 나온 내용을 착각했던 것이라며
실제로는 조회가 이뤄지지 않았다고
인정했습니다.
　　　　동국대는 오는 20일 이사회를 소집해
신정아 씨 사건의 진상 조사 결과와
수사의뢰 여부를 밝히겠다고 말했습니다. (끝)

①　신정아 씨의 예일대 박사 학위가

가짜로 확인된 가운데,

신 씨가 학부와 석사를 마쳤다고 주장한

캔사스 대학에서도
(→ 캔자스. '외래어표기법')
신 씨는 학부를 졸업하지 않은 것으로

드러났습니다.
　　　　　　　　　ⓐ
　　동국대학교 진상조사위원회는

캔사스 대학교에 학력위조를 요청한 결과

신 씨가 92년부터 96년까지 학부 재학은 했지만

졸업은 하지 않았다는 회신을

어제 오후 받았다고 밝혔습니다.

　　동국대는 아울러
②　　　　③
지난 11일 동국대학교가

신 씨 임용 때 캔자스대학교에
　　　　　　　④
신 씨의 학위를 조회했다고 발표한 것은

당시 기안문에 나온 내용을 착각했던 것이라며

실제로는 조회가 이뤄지지 않았다고

인정했습니다.

　　동국대는 오는 20일 이사회를 소집해

신정아 씨 사건의 진상 조사 결과와

수사의뢰 여부를 밝히겠다고 말했습니다. (끝)

　미국 예일대 박사학위가 가짜로 드러난 신정아 씨는 자신이 주장한 캔자스 주립대학 학부와 대학원도 졸업하지 않은 것으로 밝혀졌습니다.

"

　동국대는 또 신 씨 임용 때 캔자스 대학에 신 씨 학위를 조회했다고 한 지난 11일 발표는 당시 기안문에 나온 내용을 착각한 것으로 실수였음을 인정했습니다.

"

해설
① 한 문장에 같은 이름을 세 번 쓰는 것은 문제있다.
② 날짜는 술어 앞에 놓여야 확실하다.
③ 중복
④ 중복

발음
ⓐ 진상조사〔진ː상조사〕(○),
　　　〔진상조ː사〕(×)

사회

|39| 경기지역 인터넷·전화 상거래 분쟁 '증가'

휴대전화와 인터넷 사용이
보편화 됨에 따라 텔레마케팅과
인터넷 거래를 통한 소비자 분쟁도
갈수록 증가하고 있습니다.
경기도 소비자정보센터
2007년도 상반기 실적분석 결과에 따르면
총 상담건수 7천910건 가운데
텔레마케팅 관련 상담은 610건,
인터넷 거래 관련 상담은 615건으로
지난해 같은 기간에 비해
각각 18%와 11%가 늘어났습니다.
반면 TV홈쇼핑 관련 상담은 46% 줄었고
통신판매와 노상판매 관련 상담도
각각 28%와 8% 감소했습니다.
텔레마케팅의 경우
각종 회원가입 관련 분쟁 상담과
교재·잡지, 인터넷서비스 가입,
건강식품, 휴대전화, 내비게이션 등의 순으로
상담건수가 많았습니다.
또 인터넷 거래 상담은
의류·신변용품 관련 분쟁,
컴퓨터 물품, 가전제품,
인터넷 정보이용 등의 순이었습니다. (끝)

휴대전화와 인터넷 사용이
보편화 됨에 따라 텔레마케팅과
인터넷 거래를 통한 소비자 분쟁도
갈수록 증가하고 있습니다.
 경기도 소비자정보센터
2007년도 상반기 실적분석 결과에 따르면
총 상담건수 7천910건 가운데
텔레마케팅 관련 상담은 <u>610건</u>,㉠
인터넷 거래 관련 상담은 <u>615건</u>으로
지난해 같은 기간에 비해
<u>각각 18%와 11%가</u> 늘어났습니다.
 반면 TV홈쇼핑 관련 상담은 46% 줄었고
㉡ <u>통신판매와 노상판매</u> 관련 상담도
<u>각각 28%와 8%</u> 감소했습니다.
 텔레마케팅의 경우
각종 회원가입 관련 <u>분쟁 상담</u>과㉢
<u>교재·잡지</u>, <u>인터넷서비스 가입</u>,
<u>건강식품</u>, <u>휴대전화</u>, <u>내비게이션</u> 등의 <u>순으로</u>
상담건수가 많았습니다.　　(→ 순이었습니다.)
 또 인터넷 <u>거래 상담</u>은㉣
<u>의류·신변용품 관련 분쟁</u>,
<u>컴퓨터 물품</u>, <u>가전제품</u>,
<u>인터넷 정보이용</u> 등의 순이었습니다. (끝)

휴대전화와 인터넷 사용이 보편화됨에 따라 텔레마케팅과 인터넷 관련 소비자 분쟁이 갈수록 증가하고 있습니다.

 경기도 소비자정보센터가 분석한 2007 상반기 결과를 보면, 총 상담건수 7,910건 중 텔레마케팅 상담건수가 610건으로 작년대비 18% 늘어나며 증가폭 1위를 기록했습니다. 인터넷 상담은 모두 615건으로 건수로는 텔레마케팅 보다 많았으나 증가폭은 11%를 나타냈습니다.

 이에 반해 TV홈쇼핑 관련 상담은 46%나 줄었고 통신판매 28%, 노상판매는 8% 감소했습니다.

 텔레마케팅의 경우 회원가입 관련 상담건수가 가장 많았고, 이어~

 또 인터넷 거래 상담은 의류와 잡화 관련 분쟁이 1위, 컴퓨터 물품, 가전제품, 인터넷 정보이용에 관한 불만 등이 그 뒤를 이었습니다.

사회

해설

㉠,㉡ 방송뉴스는 음성에 실린다. 연관된 정보의 거리를 멀게 하면 전달력이 떨어진다. 숫자는 더 그렇다.
㉢ 여러 사항을 나열할 때 주의할 점은 등가(等價), 동격(同格)이어야 한다는 점이다.

처음에는 '회원가입 관련 분쟁상담'이라 써 놓고 다음에는 품목을 쓰더니 다시 '인터넷 서비스 가입'으로 잇고 또 물품명을 썼다.(무성의, 무감각)
㉣ ㉢의 잘못을 반복하고 있다.

사회

|40| 한국 화물선 침몰…10명 구조 12명 실종 1명 사망

한국 선원 8명 등 23명을 태우고
운항 중이던 제주 선적 화물선이
중동 해역에서 침몰해
10명이 구조되고 12명이 실종됐습니다.
제주선적 화물선 오키드썬 호는
우리 시각으로 어제 오전 8시 반쯤
중동 오만 동쪽 151킬로미터 해상에서
선체에 금이 간 채 항해하다
물이 들어와 침몰했습니다.
배에는 한국인 8명과 필리핀인 13명 등
23명이 타고 있었으며,
한국인 선원 4명 등 10명은
부근을 지나던 선박에 구조됐습니다.
구조된 한국인 선원은
49살 진건식 씨와 41살 신장철 씨,
24살 양영진 씨, 60살 홍군명 씨 등 4명입니다.
하지만, 선장 전상익 씨와 최규인 씨,
이병화 씨, 현관수 씨 등 한국인 4명을 포함해
12명은 실종됐습니다.
선원 한 명은
숨진 것으로 확인됐지만,
신원은 아직까지 파악되지 않고 있습니다.
사고가 난 오키드썬 호는
SW해운 소속으로 철재 4만 2천 톤을 싣고
지난달 18일 중국 텐진 신항을 출발해
이란 호메니항으로 가던 길이었습니다. (끝)

　　　　한국 선원 8명 등 23명을 태우고
운항 중이던 제주 선적 화물선이
① 중동 해역에서 침몰해
10명이 구조되고 12명이 실종됐습니다.
　　（뒤에 쏟다. 중복의 덫）
　　　　제주선적 화물선 오키드썬 호는
우리 시각으로 어제 오전 8시 반쯤
중동 오만 동쪽 151킬로미터 해상에서
선체에 금이 간 채 항해하다
물이 들어와 침몰했습니다.
　　　　배에는 한국인 8명과 필리핀인 13명 등
23명이 타고 있었으며,
한국인 선원 4명 등 10명은
부근을 지나던 선박에 구조됐습니다.
　　　　구조된 한국인 선원은
49살 진건식 씨와 41살 신장철 씨,
24살 양영진 씨, 60살 홍군명 씨 등 4명입니다.
　　　　하지만, 선장 전상익 씨와 최규인 씨,
이병화 씨, 현관수 씨 등 한국인 4명을 포함해
12명은 실종됐습니다.
　　　　선원 한 명은
숨진 것으로 확인됐지만,
신원은 아직까지 파악되지 않고 있습니다.
　　　　사고가 난 오키드썬 호는
SW해운 소속으로 철재 4만 2천 톤을 싣고
지난달 18일 중국 톈진 신항을 출발해
　　　　　　　　（→ 톈진, '외래어 표기법', '정확성'）
이란 호메니항으로 가던 길이었습니다. （끝）
　　（→ 호메이니항, '정확성'）

한국인 선원 8 명 등 23 명을 태우고 운항 중이던 제주 선적 화물선이 중동지역 해상에서 침몰했습니다.(사실 중동은 middle-east의 번역으로 서구관점의 용어. 전향적으로는 '서 아시아'가 근사하다.)

"

"

　먼저 실종자 명단입니다. 선장 전상익 씨, 최규인 씨, 이병화 씨, 현관수 씨 등 4 명이며, 8 명은 아직까지 신원파악을 못하고 있습니다.
　다음은 구조된 한국인 선원입니다.
　49살 진건식 씨, 41살 신장철 씨, 24살 양영진 씨, 60살 홍군명 씨 등 4명입니다.

"

발음
ⓐ 救助〔구:조〕(○), *참고. 構造〔구조〕

|41| 귀갓길 자매에 흉기 휘두른 강도, 시민이 검거

귀가하던 자매에게 흉기를 휘두른 뒤
금품을 빼앗아 달아나던 30대 남성을
시민들이 붙잡아 경찰에 넘겼습니다.
어젯밤 10시 반 쯤
서울 당산동 한 아파트 앞에서
경기도 고양시 32살 양모 씨가
집으로 가던 37살, 33살 김모 씨 자매에게
흉기를 휘두른 뒤
현금 6만 7천 원을 빼앗아 달아나다가
현장을 목격하고 뒤쫓아온
47살 오모 씨 등 아파트 주민들과
대치 끝에 붙잡혀 경찰에 연행됐습니다.
김 씨 자매는
곧바로 병원으로 옮겨져 수술을 받았지만
생명이 위독한 상탭니다.
양 씨는 경찰조사에서
헤어지자는 애인의 문자를 받은 뒤
애인을 만나러 가기 위한
여행비를 마련하려고
이 같은 범행을 저질렀다고 말했습니다. (끝)

귀가하던 자매에게 흉기를 휘두른 뒤
금품을 빼앗아 달아나던 30대 남성을
시민들이 붙잡아 경찰에 넘겼습니다.
　　　어젯밤 10시 반 쯤
서울 당산동 한 아파트 앞에서
경기도 고양시 32살 양모 씨가
집으로 가던 37살, 33살 김모 씨 자매에게
흉기를 휘두른 뒤
현금 6만 7천 원을 빼앗아 달아나다가
현장을 목격하고 뒤쫓아온
47살 오모 씨 등 아파트 주민들과
대치 끝에 붙잡혀 경찰에 연행됐습니다.
　　　김 씨 자매는
곧바로 병원으로 옮겨져 수술을 받았지만
생명이 위독한 상탭니다.
　　　양 씨는 경찰조사에서
헤어지자는 애인의 문자를 받은 뒤
애인을 만나러 가기 위한
여행비를 마련하려고
이 같은 범행을 저질렀다고 말했습니다. (끝)

　　　용감한 시민들이 강도를 붙잡아 경찰에 넘겼습니다.

　　　어젯밤 10시 반쯤 서울 당산동 모 아파트 앞에서 47살 오 모 씨 등 주민들이, 길가던 30대 자매에게 흉기를 휘두르며 현금 6만여 원을 뺏아 달아나던 경기도 고양시 32살 양 모 씨를 붙잡았습니다.

　　　양 씨는 헤어진 애인을 만나는 데 돈이 필요해 이 같은 범행을 저질렀다고 말했습니다. 흉기에 찔린 두 여성은 김 모 씨 자매로 병원으로 옮겨졌지만 위독합니다.

해설
간결성, 군더더기 줄이기

사회

|42| 교육부 내신 갈등 관련 절충안 오늘 발표

최근 내신 사태와 관련해
내신 실질반영율에 대한
교육부의 최종 입장이 발표됩니다.
교육인적자원부는
지금까지 각 대학과 협의회 등이 제공한
각종 내신 반영 비율 관련 절충안들을 토대로
교육부의 입장을 정리해
오늘 오전 중에 발표하겠다고 밝혔습니다.
교육부는 지금까지
전국대학입학처장 협의회 측의
'내신 반영비율의 연차별 확대' 방안과
고려대와 연세대, 서강대,
성균관대, 중앙대 그리고 한양대 등
6개 주요사립대학들이 건의했던
내신 실질반영률의 자율적인 상향 조정 안,
그리고 올해까지만 내신 1~2등급을
만점 처리하겠다는 서울대 안 등을
차례로 검토해 왔던 것으로 알려졌습니다.
교육부 관계자는 그러나
그동안 교육부가 고수해왔던
'올해 내신 반영비율 50% 확대' 원칙에서
완전히 물러서는 절충안을
받아들이지는 않을 것이라고 밝혔습니다.
이런 가운데
6개 주요사립대학들은
전국 대학입학처장 협의회에서 제안한
내신 반영 비율의 단계적 상향 조정안에 대해
6개 사립대학들은 내신 실질반영률의
자율적인 확대 방침을 여전히 고수하고 있다며
반대 의사를 분명히 했습니다. (끝)

① 최근 내신 사태와 관련해
내신 실질반영율에 대한
교육부의 최종 입장이 발표됩니다.
　　　교육인적자원부는
지금까지 각 대학과 협의회 등이 제공한
각종 내신 반영 비율 관련 절충안들을 토대로
교육부의 입장을 정리해
오늘 오전 중에 발표하겠다고 밝혔습니다.
　　　교육부는 지금까지
전국대학입학처장 협의회 측의
'내신 반영비율의 연차별 확대' 방안과
② 고려대와 연세대, 서강대,
성균관대, 중앙대 그리고 한양대 등
③ 6개 주요사립대학들이 건의했던
내신 실질반영률의 자율적인 상향 조정 안,
그리고 올해까지만 내신 1~2등급을
만점 처리하겠다는 서울대 안 등을
차례로 검토해 왔던 것으로 알려졌습니다.
　　　④ 교육부 관계자는 그러나
그동안 교육부가 고수해왔던
'올해 내신 반영비율 50% 확대' 원칙에서
완전히 물러서는 절충안을
받아들이지는 않을 것이라고 밝혔습니다.
　　　⑤ 이런 가운데
6개 주요사립대학들은
전국 대학입학처장 협의회에서 제안한
내신 반영 비율의 단계적 상향 조정안에 대해
6개 사립대학들은 내신 실질반영률의
자율적인 확대 방침을 여전히 고수하고 있다며
반대 의사를 분명히 했습니다. (끝)

　　　내신 반영비율을 둘러싸고 교육부와 대학들이 갈등을 빚고 있는 가운데 교육부의 최종입장이 오늘 발표됩니다.

　　　〃

　　　교육부는 그동안 전국대학입학처장 협의회 측이 제시한 '내신 반영비율의 연차별 확대방안'과 고려·연세·서강·성균관·중앙·한양 등 6개 사립대학들이 내놓은 '내신 실질반영률의 자율적 상향조정안', 그리고 내신 1·2등급을 올해까지만 만점처리하자는 서울대안 등을 놓고 고심해왔던 것으로 알려졌습니다.

　　　아직까지 확정안의 윤곽은 드러나지 않고 있지만 올해 내신 반영비율을 50%로 확대한다는 교육부의 원칙적 입장은 고수할 것으로 보입니다.

해설
① 불분명하다. 최소한의 설명이 필요하다.
② 간결미, 전달력을 고려한다.
③ 여기서는 '주요'를 주의해 써야 한다. 다른 대학들의 정서를 고려한다.
④ 이상하다.
⑤ 장황하다. 없어도 된다.

사회

|43| '테마방' 업주들에게 추징금 62억여 원

　　　　내부를 특색있게 꾸민
이른바 '테마방'식 성매매 업소를 차려놓고
성매매를 알선한 업주들에게 실형과 함께
거액의 추징금이 선고됐습니다.
　　　　서울중앙지방법원 형사2단독은
윤락행위를 알선한 혐의 등으로 구속기소된
안마시술소 업주 박 모 씨에게
징역 1년 4월을 선고했습니다.
　　　　같은 혐의로 기소된
이 모 씨 등 3명에게는 징역 1년에 집행유예 3년을,
송 모 씨 등 2명에게는 징역 10월에 집행유예 2년을
각각 선고했습니다.
　　　　법원은 또
박 씨에게 추징금 30억 원 등 이들에게
모두 62억 8천여만 원의 추징금을 물렸습니다.
　　　　재판부는
안마시술소를 운영하는 데 든 돈은
범죄수익을 소비하는 방법에 지나지 않아
범죄수익에서 공제할 수 없고,
피고인들이 부가세를 낸 것도 마찬가지로
범죄수익에서 공제할 수 없다고
추징액 산정 이유를 밝혔습니다.
　　　　박 씨 등은
지난 2005년부터 서울 강남에
안마시술소를 차려놓고 성매매를 알선해
백50여억 원을 챙긴 혐의로 기소됐습니다. (끝)

①
　　내부를 특색있게 꾸민
이른바 '테마방'식 성매매 업소를 차려놓고
성매매를 알선한 업주들에게 실형과 함께
거액의 추징금이 선고됐습니다.
　　　　　　　　②
　　서울중앙지방법원 형사2단독은
윤락행위를 알선한 혐의 등으로 구속기소된
안마시술소 업주 박 모 씨에게
　　（→ 삭제）　③
징역 1년 4월을 선고했습니다.
　　같은 혐의로 기소된
이 모 씨 등 3명에게는 징역 1년에 집행유예 3년을,
송 모 씨 등 2명에게는 징역 10월에 집행유예 2년을
각각 선고했습니다.
　　법원은 또
박 씨에게 추징금 30억 원 등 이들에게
모두 62억 8천여만 원의 추징금을 물렸습니다.
　　　④
　　재판부는
안마시술소를 운영하는 데 든 돈은
범죄수익을 소비하는 방법에 지나지 않아
범죄수익에서 공제할 수 없고,
피고인들이 부가세를 낸 것도 마찬가지로
범죄수익에서 공제할 수 없다고
추징액 산정 이유를 밝혔습니다.
　　박 씨 등은
지난 2005년부터 서울 강남에
안마시술소를 차려놓고 성매매를 알선해
백50여억 원을 챙긴 혐의로 기소됐습니다. (끝)
　　　　　　　　（→ 기소됐었습니다. '시제'）

해설
① 선전하는 것 같다.
② 무언가 잘린 느낌. 어감도 이상하다.
③ (변화 필요) 앞뒤 문장도 똑같이 마무리하고 있다.
④ 판결문이 너무 어려우면 쓸 필요 없다.(불필요)

안마시술소를 속칭 '테마방'으로 꾸며 성매매를 알선한 업주들에게 실형과 함께 거액의 추징금이 선고됐습니다.

서울중앙지방법원 형사2단독 ○○○ 판사는 오늘 윤락행위를 알선한 혐의 등으로 구속·기소된 박 모 씨에게 징역 1년 4개월을 선고했습니다.

또 같은 혐의로 기소된 이 모 씨 등 3명은 징역 1년에 집행유예 3년, 송 모 씨 등 2명은 징역 10개월에 집행유예 2년이 선고됐습니다.

"

"

발음
ⓐ 性賣買〔성ː매매〕
ⓑ 거액〔거ː액〕
ⓒ 범죄〔범ː죄〕
ⓓ 산정〔산ː정〕

사회

|44| 한양대, '복장 불량자 출입금지' 논란

　　　　한양대학교 경영대학 측이
복장이 불량한 학생들의 건물 출입을 금지한다는
안내문을 게시해 논란이 일고 있습니다.

　　　　한양대 경영대 학장은 최근,
건물 출입문 앞에 "맨발에 슬리퍼를 신거나
운동복 반바지를 입은 학생들의 출입을 금지한다"는
안내문을 게시했습니다.

　　　　경영대 학생회 측은 이에 대해
복장규제의 근거가 없고,
규제 시행에 대한 의견 수렴이 부족했다며
경영대 학장에게 공개 질의하는 등
반발하고 있습니다.

　　　　한양대 경영대 학장은
최근 날씨가 더워지면서
슬리퍼에 운동복을 입은 학생이 늘어나
최소한의 예의를 지키자는 뜻에서 취한 조치라며,
학생들의 출입을 강제로 막을 생각은 없다고
해명했습니다. (끝)

한양대학교 경영대학 측이
　　　('측'은 설명부분에서 변화를 줄 때 사용한다.)
복장이 불량한 학생들의 건물 출입을 금지한다는

안내문을 게시해 논란이 일고 있습니다.

한양대 경영대학장은 최근,
　　(최소한 '이름'이 필요하다.)
건물 출입문 앞에 "맨발에 슬리퍼를 신거나

운동복 반바지를 입은 학생들의 출입을 금지한다"는

안내문을 게시했습니다.

경영대 학생회 측은 이에 대해
　　　　　　　　ⓐ
복장규제의 근거가 없고,

규제 시행에 대한 의견 수렴이 부족했다며

경영대 학장에게 공개 질의하는 등

반발하고 있습니다.

한양대 경영대 학장은
　　('이름' 필요)
최근 날씨가 더워지면서

슬리퍼에 운동복을 입은 학생이 늘어나

최소한의 예의를 지키자는 뜻에서 취한 조치라며,

학생들의 출입을 강제로 막을 생각은 없다고

해명했습니다. (끝)

한양대 경영대가 복장이 불량한 학생들의 교내 건물 출입을 금지하는 조치를 내려 논란이 일고 있습니다.

○○○ 경영대 학장은 최근, 맨발에 슬리퍼를 신거나 운동복 또는 반바지를 입은 학생들의 출입을 금한다는 내용의 안내문을 건물 출입구에 게시했습니다.

경영대 학생회는 이에 대해 복장규제 조치의 근거가 없고 학생들의 의견 수렴이 부족했다며 학장에게 공개질의하는 등 반발하고 있습니다.

○○○ 학장은 더운 날씨지만 학생들에게 복장에 관한 최소한 예의를 지키자는 차원에서 취한 일이라며, 강제사항은 아니라고 해명했습니다.

해설
- 고쳐쓰기

발음
ⓐ 根據〔근거〕(○), 〔근ː거〕(×)

237

사회

|45| 백혈병 환자 60여 명 12억 부당진료 소송

　　　　백혈병환자 60여 명이
여의도 성모병원을 상대로
건강보험 부당청구 진료비 12억 원을 돌려달라며
반환 청구 소송을 냈습니다.
　　　　백혈병 환우회측은
여의도 성모병원이 백혈병 환자 백여명에게서
각각 700만 원에서 많게는 1억 천만 원까지
진료비를 과다 청구했다는 결정 통지문을
건강보험 심사평가원으로부터 받았지만
성모병원측이 아직까지 환급을
해주지 않고 있다고 밝혔습니다.
　　　　환우회측은 이에 따라
이중 생활이 어려운 의료급여환자 63 명이
우선 12억 원의 민사소송을 제기했다고
밝혔습니다.
　　　　이에 대해 여의도 성모병원측은
심평원의 진료비 환급 결정을 받아들일 수 없으며,
정부측에 보험급여 기준의 제도개선을
촉구하겠다는 입장입니다. (끝)

백혈병환자 60여 명이

여의도 성모병원을 상대로

건강보험 부당청구 진료비 12억 원을 돌려달라며

반환 청구 소송을 냈습니다.

　　　백혈병 환우회측은

여의도 성모병원이 백혈병 환자 백여명에게서

각각 700만 원에서 많게는 1억 천만 원까지

진료비를 과다 청구했다는 결정 통지문을

건강보험 심사평가원으로 부터 받았지만
ⓐ　　　　　　　(붙여써야)
성모병원측이 아직까지 환급을

해주지 않고 있다고 밝혔습니다.

　　　환우회 측은 이에 따라

이중 생활이 어려운 의료급여환자 63 명이
(이 중, '띄어쓰기')
우선 12억 원의 민사소송을 제기했다고

밝혔습니다.

　　　이에 대해 여의도 성모병원 측은

심평원의 진료비 환급 결정을 받아들일 수 없으며,
('지나친 축약' → 심사평가원)
정부측에 보험급여 기준의 제도개선을

촉구하겠다는 입장입니다. (끝)
　　　　(→ 입장을 보이고 있습니다. 문법적 호응의 문제)

"

　　　백혈병 환우회측은 여의도 성모병원이 건강보험심사평가원으로부터 환자 백여 명의 진료비를 적게는 700만 원에서 많게는 1억 천만 원까지 과다 청구했다는 결정통지문을 받았는데도 아직까지 환급을 해 주지 않고 있다고 밝혔습니다.

"

"

발음
ⓐ 聖母病院〔성ː모병ː원〕

239

사회

|46| 천억 대 유사수신 혐의 업체 대표 등 35명 입건

　　　　노래방 조명기기 제조 업체가
천억 원이 넘는 투자금을 가로챈 정황이 포착돼
경찰이 수사를 벌이고 있습니다.
　　　　서울 강동경찰서는
서울 가산동 모 노래방 조명기기 제조업체
대표 47살 조 모 씨 등 2명에 대해
유사수신과 사기 등의 혐의를 적용해
수사하고 있다고 밝혔습니다.
　　　　조 씨 등은
지난 2005년부터 서울 가산동에
노래방 조명기기 등을 만드는 업체를 차려 놓고,
3천여 명의 투자자들로부터 투자금을 받은 뒤
천3백여억 원의 투자금을 돌려주지 않은
혐의를 받고 있습니다.
　　　　경찰은 조 씨 등이
노래방 기기 판매를 빙자한
유사수신행위를 한 혐의가 있다고 보고
이 업체 상위 판매자 52살 김 모 씨 등
33명을 같은 혐의로 불구속 입건했습니다. (끝)

노래방 조명기기 제조 업체가

천억 원이 넘는 투자금을 가로챈 정황이 포착돼
①
경찰이 수사를 벌이고 있습니다.

서울 강동경찰서는
②
서울 가산동 모 노래방 조명기기 제조업체
        (중복)
대표 47살 조 모 씨 등 2명에 대해

유사수신과 사기 등의 혐의를 적용해

수사하고 있다고 밝혔습니다.
 (겹침)
       조 씨 등은

지난 2005년부터 서울 가산동에
         ③
노래방 조명기기 등을 만드는 업체를 차려 놓고,
          ('燈'과 헛갈릴 우려가 많다.)
3천여 명의 투자자들로부터 투자금을 받은 뒤

천3백여억 원의 투자금을 돌려주지 않은
ⓐ
혐의를 받고 있습니다.

       경찰은 조 씨 등이

노래방 기기 판매를 빙자한
ⓑ   (→ 해)
유사수신행위를 한 혐의가 있다고 보고
          ④
이 업체 상위 판매자 52살 김 모 씨 등
        (안 쓰는 말)
33명을 같은 혐의로 불구속 입건했습니다. (끝)

서울 강동경찰서는 이 업체 대표 47살 조 모 씨 등 2명에 대해 유사수신과 사기 등 혐의를 적용해 조사 중이라고 밝혔습니다.

조 씨 등은 지난 2005년 노래방 조명기기 업체를 세우고 3천여 명의 투자자들로부터 받은 투자금 가운데 천 3백여억 원을 돌려주지 않은 혐의를 받고 있습니다.

경찰은 조 씨 등이 노래방기기 판매를 빙자해 실제로는 유사수신행위를 한 것으로 보고, 52살 김 모 씨 등 관련자 33명도 같은 혐의로 불구속 입건했습니다.

발음
ⓐ 혐의〔혀미〕
ⓑ 類似〔유ː사〕

사회

241

사회

|47| 서울국제고 교장 공모에 3명 지원

　　　　귀족학교 논란을 불러온 서울국제고의
교장 공모에 모두 3명이 지원했습니다.
　　　　서울시교육청은
영어로 의사 소통이 원활한
현직 중등학교 교장 또는 교장 자격증 소지자를
대상으로 서울국제고의 교장을 공모한 결과
3명이 지원서를 내 경쟁률이 3대 1로 나타났다고
밝혔습니다.
　　　　후보자들은
학교 또는 지역 교육청의 단계별 심사를 거쳐
교육감에 의해 최종 선정되며
선발된 교장은 앞으로 4년간 학교 운영을 맡습니다.
　　　　시교육청은 당초
전직 대사나 대학 총장 등
거물급 국제 인사를 교장으로 영입하려 했으나
교육부의 제동으로
교장 공모 방식을 바꿔 후보를 모집했습니다. (끝)

①　　　　　　　　②
　귀족학교 논란을 불러온 서울국제고의

교장 공모에 모두 3명이 지원했습니다.

　　　서울시교육청은
　　　　　　　③
영어로 의사 소통이 원할한
　　　　　　　　(→ 원활한)
현직 중등학교 교장 또는 교장 자격증 소지자를

대상으로 서울국제고의 교장을 공모한 결과
④
3명이 지원서를 낸 경쟁률이 3대 1로 나타났다고

밝혔습니다.

　　　후보자들은

학교 또는 지역 교육청의 단계별 심사를 거쳐
　　　　　　　⑤
교육감에 의해 최종 선정되며

선발된 교장은 앞으로 4년간 학교 운영을 맡습니다.

　　　시교육청은 당초

전직 대사나 대학 총장 등

거물급 국제 인사를 교장으로 영입하려 했으나

교육부의 제동으로

교장 공모 방식을 바꿔 후보를 모집했습니다. (끝)

> 　이른바 '귀족학교' 논란이 일고 있는 서울국제고등학교 교장 공모에 3명이 지원한 것으로 나타났습니다.
>
> 　서울시교육청은 영어로 의사소통이 원활한 수준의 현직 중등학교 교장 또는 교장자격증 소지자를 대상으로 국제고 교장을 공모한 결과 3명이 응모했다고 밝혔습니다.
>
> 　후보자들은 학교 또는 해당 교육청의 단계별 심사를 거쳐 교육감이 최종 선발하며 임기는 4년입니다.

해설
① 단정지으면 안 된다.
② 첫머리에는 가급적 풀네임을 쓴다.
③ 의외로 많이 틀린다.
④ 친절히 과하다.
⑤ '선발'이 낫다.

사회

|48| 선로 자갈, 열차 충돌 후 튕겨 2명 다쳐

달리던 KTX열차의 객차 사이의
충격완화장치가 끊어져 선로를 긁고 지나가면서
선로 안의 자갈이 튕겨나가
2명이 다치는 사고가 났습니다.
오늘 오후 5시쯤
부산행 149호 KTX열차가
경북 청도읍 거연리를 지나던 중
요란한 소리와 함께
선로 바닥에 깔린 자갈이 열차로 튀고 연기가 나는
모습을 보고 놀란 승객들의 저지로
밀양 상동역에서 멈춰섰습니다.
이 사고로 열차 선로 옆에서
모내기를 하던 청도읍 44살 예 모씨 등 2명이
선로에서 튕겨 나온 자갈에 맞아
타박상을 입고 병원으로 옮겨졌습니다.
또 국도를 지나던
65살 손 모씨의 화물차 등
차량 석 대가 자갈에 맞아 유리창 등이
부서졌습니다.
코레일은 객차 사이에 설치해
승차감을 좋게 해 주는 충격완화장치가 끊어지면서
선로 바닥의 자갈을 계속 긁고 지나가
사고가 났다면서
이 장치가 고장이 나더라도 열차의 안전운행에는
영향을 미치지 않는다고 밝혔습니다. (끝)

　　　　달리던 KTX 열차의 객차 사이의
충격완화장치가 끊어져 <u>선로를 긁고 지나가면서</u>①
선로 안의 자갈이 튕겨나가
2명이 다치는 사고가 났습니다.
　　　　오늘 오후 5시쯤
부산행 149호 KTX 열차가
경북 청도읍 거연리를 지나던 중
요란한 소리와 함께
선로 바닥에 깔린 자갈이 열차로 튀고 연기가 나는
<u>모습을 보고 놀란 승객들의 저지로</u>②
밀양 상동역에서 멈춰섰습니다.
　　　　이 사고로 열차 선로 옆에서
모내기를 하던 청도읍 44살 예 모씨 등 2명이
선로에서 튕겨 나온 <u>자갈에 맞아</u>③
타박상을 입고 병원으로 옮겨졌습니다.
　　　　또 국도를 지나던
65살 손 모씨의 <u>화물차</u>ⓐ 등
차량 석 대가 <u>자갈에 맞아</u>③ 유리창 등이
부서졌습니다.
　　　　코레일은 객차 사이에 설치해
<u>승차감을 좋게 해 주는</u>④ 충격완화장치가 끊어지면서
<u>선로 바닥의 자갈을 계속 긁고 지나가</u>
사고가 났다면서
이 장치가 <u>고장</u>ⓑ이 나더라도 <u>열차의 안전운행에는</u>⑤
영향을 미치지 않는다고 밝혔습니다. (끝)

　　달리던 KTX 열차가 객차를 연결하는 충격완화장치가 끊어지는 바람에 선로 안쪽 자갈을 튕겨 2명이 부상했습니다.

　　오늘 오후 5시쯤 KTX 부산행 149호 열차가 경북 청도읍 부근을 지나던 중 요란한 소리를 내며 연기를 내뿜었습니다.
　　승객들은 열차에 이상을 느끼고 조종실에 급히 알렸고 열차는 밀양 상동역에 멈춰섰습니다.

　　이 사고로 선로 옆에서 모내기를 하던 청도읍 44살 예 모씨 등 2명이 튕겨나온 자갈에 맞아 병원으로 옮겨져 치료를 받고 있습니다.

　　또, 국도를 지나던 65살 손 모씨의 화물차 등 차량 3대의 유리창이 부서졌습니다.

　　코레일 측은 충격완화장치가 끊어지면서 선로 바닥의 자갈을 계속 긁고 지나가 사고가 났다고 밝히면서도 열차의 안전에는 지장이 없다고 주장했습니다.

사회

해설
① 뒤로 보낸다.(너무 자세한 사항)
② 승객이 열차를 못 가게 막았나?
③ (겹침)
④ 그게 '충격완화장치'다.
⑤ 코레일의 주장일 뿐이다.

발음
ⓐ 화물차〔화ː물차〕
ⓑ 고장〔고ː장〕

사회

|49| 특급호텔 밥먹고 식중독 의심 증상

호텔 식당에서 식사했던
손님들이 구토와 설사 등의 증세를 보여
호텔과 보건당국이 뒤늦게 확인에 들어갔습니다.
지난 10일
서울의 한 특급호텔 결혼식에 참석한
하 모 씨 등 하객 7명은
1층 일식당에서 점심 식사를 한 뒤
구토와 설사, 고열 등의 증세를 보여
병원에서 치료를 받았습니다.
병원측은 하 씨 등이
장염 증세를 보이고 있으며
식중독 여부 확인을 위해서는
추가적인 역학조사가 필요하다고 밝혔습니다.
이에 대해 호텔 측은
그날 일식당에서 식사한 하객은 모두 30여 명이며
증세를 알려온 4명 가운데 1명만이 진단서를 제출해
추가적인 확인을 못했다고 밝혔습니다.
호텔측은 또
당시 식자재 등을 수거해 검사를 맡기는 등
정확한 원인을 파악하고 있습니다. (끝)

호텔 식당에서 식사했던

손님들이 구토와 설사 등의 증세를 보여

호텔과 보건당국이 뒤늦게 확인에 들어갔습니다.

지난 10일

서울의 한 특급호텔 결혼식에 참석한
　　　(너무 막연. '구(區)' 정도는 언급하든지 아니면 이니셜을 표기해야…)
하 모 씨 등 하객 7명은
　　　　　　ⓐ　(→ 이)
1층 일식당에서 점심 식사를 한 뒤

구토와 설사, 고열 등의 증세를 보여
ⓑ
병원에서 치료를 받았습니다.

병원측은 하 씨 등이
　　(보건당국인가, 병원인가? 병원이라면 어느 병원인가?)
장염 증세를 보이고 있으며

식중독 여부 확인을 위해서는
　　　(→ 불필요)
추가적인 역학조사가 필요하다고 밝혔습니다.
('적인' 없이 뒤로) 　(추가로)
　　　이에 대해 호텔 측은

그날 일식당에서 식사한 하객은 모두 30여 명이며
　　　　　　　　　　　　ⓒ
증세를 알려온 4명 가운데 1명만이 진단서를 제출해

추가적인 확인을 못했다고 밝혔습니다.
('적' 남용)
　　　호텔측은 또
　　　　　　　　(삭제)　ⓓ
당시 식자재 등을 수거해 검사를 맡기는 등
ⓔ
정확한 원인을 파악하고 있습니다. (끝)

"

"

"

호텔 측은 이에 대해 그제 일식당에서 식사한 하객 30여 명 중 4명이 이상 증세를 알려왔으며 추가 확인은 안 된 상태라고 밝혔습니다.

"

발음
ⓐ 점심〔점:심〕
ⓑ 병원〔병:원〕
ⓒ 진단서〔진:단서〕
ⓓ 검사〔검:사〕
ⓔ 정확〔정:확〕

사회

|50| 외국선원 21명 해상탈출 잠적

오늘 새벽 3시쯤
부산 동삼동 남 외항 0.8마일 해상에서
외국인 선원 21명이 정박중인 배에서 탈출해
해상에 떠있던 부표 등을 이용해
육상에 상륙한 뒤 달아났습니다.

해경은 달아난 외국인 선원들은
한국선적 참치잡이 어선 2척에 나눠타고 있던
베트남인 12명과 인도네시아인 9명으로
파악됐다고 밝혔습니다.

해경은 특히 이 가운데
인도네시아 선원 A씨를
바다에서 바로 검거했고
병원으로 옮겨서 치료하고 있다고 설명했습니다.

해경은 경찰과 군과 함께
달아난 이들의 행방을 쫓는 한편
정확한 탈출 경위를 조사하고 있다고 덧붙였습니다. (끝)

오늘 새벽 3시쯤

부산 동삼동 남 외항 0.8마일 해상에서

외국인 선원 21명이 정박중인 배에서 탈출해

해상에 떠있던 부표 등을 이용해

육상에 상륙한 뒤 달아났습니다.
　　①
해경은 달아난 외국인 선원들은
　　　　　　　(→ 이)
한국선적 참치잡이 어선 2척에 나눠타고 있던

베트남인 12명과 인도네시아인 9명으로

파악됐다고 밝혔습니다.

해경은 특히 이 가운데

인도네시아 선원 A씨를

바다에서 바로 검거했고

병원으로 옮겨서 치료하고 있다고 설명했습니다.

해경은 경찰과 군과 함께

달아난 이들의 행방을 쫓는 한편

정확한 탈출 경위를 조사하고 있다고 덧붙였습니다. (끝)

오늘 오전 3시쯤 부산 동삼동 남 외항 약 1.3km 해상에 정박중이던 참치잡이 어선에서 외국인 선원 21 명이 탈출했습니다.
이들은 해상에 있던 부표 등을 잡고 육지로 접근해 달아난 것으로 밝혀졌습니다.

해경은 이들이 베트남인 12 명과 인도네시아인 9 명이라고 밝히고 이 가운데 인도네시아인 A 씨는 검거해 병원에서 치료중이라고 말했습니다.
"

해설
- 산뜻하게 줄이기

① *참고. 〈'은/는', '이/가'의 용법〉

'은/는'	'이/가'
- 대조의 기능	- 새로운 정보
- 이야기를 이끌어내는 기능	- 묘사문
- 술어에 무게 중심이 있음	- 주어에 무게 중심이 있음

①의 경우는 앞의 '해경은'의 '은'과도 음운상 겹치므로 더 부적절

사회

|51| 일조권 문제로 사이 안좋던 이웃 2 명 살해

　　　　대전 북부경찰서는
평소 일조권 문제로 사이가 좋지 않던
이웃 주민 2명을 잇따라 흉기로 살해한 혐의로
대전시 삼정동 42살 민 모씨를
붙잡아 조사하고 있습니다.
　　　민 씨는
오늘 새벽 0시 10분쯤
자신의 집에서 술을 마시던 중
이웃들이 자신에 대한 험담을 하고 다닌다는
말을 전해듣고 격분해
48살 강 모 씨와 55살 이 모씨를
잇따라 찾아가 흉기로 살해한 혐의를 받고 있습니다.
　　　　경찰 조사결과
민 씨는 지난해 강 씨 집 바로 앞에
3층 짜리 건물을 새로 지은 뒤
일조권과 조망권 문제로 자주 다퉈왔으며,
강 씨의 민원제기로 준공검사를 받지 못해
건물을 사용하지 못하는 등
갈등을 빚어온 것으로 알려졌습니다.
　　　　또 이 씨와는
과거에 있었던 토지 거래 문제로
서로 감정이 좋지 않았던 것으로
경찰조사 결과 드러났습니다. (끝)

　　　　대전 북부경찰서는
평소 일조권 문제로 사이가 좋지 않던
이웃 주민 2명을 잇따라 흉기로 살해한 혐의로
대전시 삼정동 42살 민 모씨를
붙잡아 조사하고 있습니다.
　　　민 씨는
오늘 새벽 0시 10분쯤
자신의 집에서 술을 마시던 중
이웃들이 자신에 대한 험담을 하고 다닌다는
말을 전해듣고 격분해
48살 강 모 씨와 55살 이 모씨를
잇따라 찾아가 흉기로 살해한 혐의를 받고 있습니다.
　　　경찰 조사결과
민 씨는 지난해 강 씨 집 바로 앞에
3층 짜리 건물을 새로 지은 뒤
일조권과 조망권 문제로 자주 다퉈왔으며,
강 씨의 민원제기로 준공검사를 받지 못해
건물을 사용하지 못하는 등
갈등을 빚어온 것으로 알려졌습니다.
　　　또 이 씨와는
과거에 있었던 토지 거래 문제로
서로 감정이 좋지 않았던 것으로
경찰조사 결과 드러났습니다. (끝)

　일조권과 토지거래문제 등으로 40대 남자가 이웃 2명을 흉기로 살해했습니다.
　대전 북부경찰서는 오늘 대전시 삼정동 42살 민 모씨를 붙잡았습니다.

　민 씨는 오늘 오전 ○시쯤 일조권과 조망권 문제로 갈등을 빚어온 48살 강 모 씨를 살해하고, 이어 토지거래 문제로 다툼이 있었던 55살 이 모 씨도 흉기로 살해한 혐의입니다.

　경찰은 민 씨를 상대로 더 정확한 사건 경위를 캐고 있습니다.

해설
- 단순, 간결. 군더더기 없게. 그러나 내용은 정확히 빠짐없이.

발음
ⓐ 험담〔험:담〕
ⓑ 건물〔건:물〕
ⓒ 眺望權〔조망꿘〕(○), 〔조:망꿘〕(×)
ⓓ 준공〔준:공〕

사회

|52| "어머니 살해했다." 고백 20대 남자 추락사

20대 남자가 경찰에
어머니를 살해했다고 전화를 건 후
아파트에서 뛰어내려 목숨을 끊었습니다.
지난 27일 오후 8시쯤,
서울 봉천동 한 아파트에서
이 아파트 16층에서 살던 28살 강 모씨가
자신의 집 베란다에서 떨어져 숨졌습니다.
경찰은 강씨가 숨지기 직전,
경찰서와 소방서에 세 차례 전화를 걸어
지난 2월 어머니를 살해했다고 말한 뒤
자수 의사를 밝혔지만 현장에 도착해보니
숨겨있었다고 말했습니다.
경찰은 베란다옆 다용도실에서
심하게 부패된 50대 여인의 시신을 발견했으며,
이 여인이 강씨의 어머니임을 확인했다고
밝혔습니다.
경찰은 강씨가 어머니를 목 졸라 살해한 뒤
석달째 시신을 방치해오다 경찰에 신고한 직후
스스로 목숨을 끊은 것으로 보고 있습니다.
경찰은 그러나
단 둘이 살아온 이들 모자가 모두 숨져
정확한 사건 경위를 파악하는데
어려움을 겪고 있다고 밝혔습니다. (끝)

① 20대 남자가 경찰에
어머니를 살해했다고 전화를 건 후
아파트에서 뛰어내려 목숨을 끊었습니다.
　　　지난 27일 오후 8시쯤,
서울 봉천동 한 아파트에서
이 아파트 16층에서 살던 28살 강 모씨가
자신의 집 베란다에서 떨어져 숨졌습니다.
　　　경찰은 강씨가 숨지기 직전,
경찰서와 소방서에 세 차례 전화를 걸어
지난 2월 어머니를 살해했다고 말한 뒤
자수 의사를 밝혔지만 현장에 도착해보니
숨져있었다고 말했습니다.
　　　경찰은 베란다옆 다용도실에서
심하게 부패된 50대 여인의 시신을 발견했으며,
이 여인이 강씨의 어머니임을 확인했다고
밝혔습니다.
　　　경찰은 강씨가 어머니를 목 졸라 살해한 뒤
석달째 시신을 방치해오다 경찰에 신고한 직후
스스로 목숨을 끊은 것으로 보고 있습니다.
　　　경찰은 그러나
단 둘이 살아온 이들 모자가 모두 숨져
정확한 사건 경위를 파악하는데
어려움을 겪고 있다고 밝혔습니다. (끝)

　　　지난 27일 오후 8시쯤 서울 봉천동 모 아파트 16층에서 28살 강 모씨가 베란다에서 스스로 뛰어내려 숨졌습니다.

　　　강 씨는 자살 직전 경찰에 전화를 걸어 3개월 전 어머니를 살해했다고 자수했으나, 경찰이 집에 도착했을 때 이미 숨져있었습니다.

　　　경찰은 베란다 옆 다용도실에서 강 씨 어머니로 추정되는 50대 여인의 시신을 발견했습니다.

　　　"

　　　"

사
회

해설
① 죽은 사실을 먼저 밝히고 신고는 나중에 쓰는 것이 자연스럽다.

발음
ⓐ 전화〔전ː화〕
ⓑ 현장〔현ː장〕
ⓒ 방치〔방ː치〕
ⓓ 母子〔모ː자〕, *참고. 帽子〔모자〕

253

사회

|53| SK, GS칼텍스, 현대오일, 경유값 담합 기소

　　　　서울중앙지검 형사6부는
경유값 인상을 담합한 혐의로
SK에 대해 1억5천만원,
GS칼텍스와 현대오일뱅크에 대해 각각 1억원의
벌금을 부과하는 내용으로 약식기소했습니다.
　　　　검찰은 그러나
휘발유와 등유에 대해서는
담합 증거를 찾지 못해 무혐의 처리했고,
에쓰오일의 경우 휘발유, 등유 뿐 아니라
경유에 대해서도 무혐의 처분을 받았습니다.
　　　　앞서 공정거래위원회는
SK와 GS칼텍스, 현대오일뱅크, 에쓰오일 등
4개 정유사가 2004년 4월1일부터 6월10일까지
휘발유와 등유, 경유의 가격을
담합 인상한 사실을 적발해
지난 2월 말 과징금 526억원을 부과하고
이들 업체를 검찰에 고발했습니다. (끝)

서울중앙지검 형사6부는

경유값 인상을 담합한 혐의로

SK에 대해 1억5천만원,
(SK에너지, '정확성')
GS칼텍스와 현대오일뱅크에 대해 각각 1억원의

벌금을 부과하는 내용으로 약식기소했습니다.
　　　　(→ 부과하고)
　　　　검찰은 그러나

휘발유와 등유에 대해서는

담합 증거를 찾지 못해 무혐의 처리했고,
①　　　　　　ⓐ
에쓰오일의 경우 휘발유, 등유 뿐 아니라
　　　　　　　ⓑ
경유에 대해서도 무혐의 처분을 받았습니다.

　　앞서 공정거래위원회는

SK와 GS칼텍스, 현대오일뱅크, 에쓰오일 등

4개 정유사가 2004년 4월1일부터 6월10일까지

휘발유와 등유, 경유의 가격을
ⓒ
담합 인상한 사실을 적발해
　　　　　　　　　　ⓓ
지난 2월 말 과징금 526억원을 부과하고
　　　　　　　　　②
이들 업체를 검찰에 고발했습니다. (끝)

검찰은 그러나 휘발유와 등유에 대해서는 담합 증거를 찾지 못해 무혐의 처리했다고 밝혔습니다.

이에 앞서 공정거래위원회는 SK에너지 등 4개 정유사가 2004년 4월부터 6월까지 휘발유, 등유, 경유 등의 가격을 담합, 인상한 사실을 적발해 지난 2월말 과징금 526억 원을 부과하고 이들 업체를 검찰에 고발한 바 있습니다.

한편 에쓰오일은 이번 담합인상과 관련해 유일하게 무혐의 판정을 받았습니다.

사회

해설
① 뒤로 넘기는 것이 자연스럽다.
② 이전 일이다. 시제가 다름을 적시해야 정확하다.

발음
ⓐ 〔휴발류〕로 소리 안 나게 주의
ⓑ 〔무혀미〕로 발음됨.
　*참고. '의'의 발음
　- 단어 첫음절 〔의〕
　- 소유격조사 〔에/의〕
　　• 방송에서는 〔에〕가 더 바람직함.
　- 단어 끝 음절 〔이〕
ⓒ 〔단합〕으로 소리 안 나게 주의
ⓓ 賦課〔부ː과〕

사회

|54| 남미 방문 감사단, '브라질, 아르헨 일정 취소'

외유성 의혹을 받으며
남미 3개국 방문길에 나선 감사 혁신 포럼 소속
공기업 감사 12명이
첫 방문국인 칠레에 도착한 뒤
브라질과 아르헨티나 등 나머지 일정이
모두 취소됐다고 현지 여행업계가 밝혔습니다.
당초 서울을 출발한 21명 가운데
9명은 경유지인 미국 엘에이에 머무른 것으로
전해졌습니다.
여행업계 관계자는
현지 시각으로 오늘 오전 서울에서
리우 데 자네이루와 이과수 그리고
아르헨티나의 부에노스 아이레스 등
나머지 일정을 모두 취소한다는
연락이 왔다고 말했습니다.
브라질 4박 5일 일정표에 따르면
도착 첫날인 17일 오후에
리우 데 자네이루 항구 관리회사를 방문하는
공식 일정만 잡혀있을 뿐
아르헨티나로 떠나는 21일까지 모두
리우와 이과수 관광으로
일정이 짜여져 있습니다.
한편 현지 시각으로
오늘 새벽 칠레 산티아고에 도착한 이들은
세미나와 시내 관광 등 당초 일정대로
첫날을 보낸 것으로 알려졌습니다. (끝)

① 외유성 의혹을 받으며
남미 3개국 방문길에 나선 감사 혁신 포럼 소속
공기업 감사 12명이
첫 방문국인 칠레에 도착한 뒤
브라질과 아르헨티나 등 나머지 일정이
모두 취소됐다고 현지 여행업계가 밝혔습니다.
② 당초 서울을 출발한 21명 가운데
9명은 경유지인 미국 엘에이에 머무른 것으로
전해졌습니다.
여행업계 관계자는
②
현지 시각으로 오늘 오전 서울에서
리우 데 자네이루와 이과수 그리고
아르헨티나의 부에노스 아이레스 등
나머지 일정을 모두 취소한다는
연락이 왔다고 말했습니다.
브라질 4박 5일 일정표에 따르면
도착 첫날인 17일 오후에
③
리우 데 자네이루 항구 관리회사를 방문하는
공식 일정만 잡혀있을 뿐
아르헨티나로 떠나는 21일까지 모두
리우와 이과수 관광으로
일정이 짜여져 있습니다.
한편 현지 시각으로
오늘 새벽 칠레 산티아고에 도착한 이들은
세미나와 시내 관광 등 당초 일정대로
첫날을 보낸 것으로 알려졌습니다. (끝)

외유성 남미방문 의혹을 받고 있는 공기업 감사 12 명의 일정이 일부 취소됐다고 여행업계 관계자가 밝혔습니다.

현지 날짜 16일 칠레 산티아고에 도착한 이들은 세미나와 관광 등으로 첫날 일정을 보냈으나 이후 브라질, 아르헨티나 방문은 취소한 것으로 드러났습니다.

일정표에는 당초 취지와 달리 이과수 폭포 방문 등 대부분 관광 스케줄로 코스가 짜여져 있었습니다.

한편, 문제가 불거지자 여행을 떠난 21 명의 감사 중 9 명은 경유지인 미국 LA에서 귀국준비 중인 것으로 알려졌습니다.

해설
① 수식어가 너무 길다. 더구나 이 기사는 1報가 아닌 2보, 3보 정도의 기사다. 첫 리드가 전체적으로 너무 자세하다.
② 뒤에 나오는 것이 더 낫다.

발음
ⓐ 監査〔감사〕, * 참고. 感謝〔감ː사〕
ⓑ L.A.〔엘레이〕
　* 참고. 9.11〔구일릴〕, 114〔일릴사〕

|55| 소설 '혼불' 배경 종갓집 화재…90대 노인 숨져

고 최명희씨의

대하소설 '혼불'의 배경이 된

삭령 최씨 종가에서 불이 나

잠을 자던 90대 할머니가 숨졌습니다.

오늘 새벽 한 시쯤

전북 남원시 사매면 노봉마을

최 씨 문중의 종가에서 불이 나

방에서 잠을 자던 92살 박 모 할머니가 숨지고

한옥 4채 가운데 한 채가 모두 타

소방서 추산 2천8백여만 원의 재산피해가 났습니다.

경찰은

부엌에서 불길이 치솟았다는

목격자의 말을 토대로

정확한 화재 원인을 조사하고 있습니다.

삭령 최씨 종가는

조선시대 남원 지역 양반가의 몰락 과정과

3대째 종가를 지켜온 며느리의 애환을 그린

고 최명희씨의 대하소설 '혼불'의

배경이 된 곳입니다. (끝)

고 최명희씨의
① 대하소설 '혼불'의 배경이 된

삭령 최씨 종가에서 불이 나

잠을 자던 90대 할머니가 숨졌습니다.

오늘 새벽 한 시쯤

전북 남원시 사매면 노봉마을

최 씨 문중의 종가에서 불이 나

방에서 잠을 자던 92살 박 모 할머니가 숨지고

한옥 4채 가운데 한 채가 모두 타

② 소방서 추산 <u>2천8백여만 원의</u> 재산피해가 났습니다.

경찰은

ⓐ <u>부엌에서</u> 불길이 치솟았다는

목격자의 말을 토대로

정확한 화재 원인을 조사하고 있습니다.

삭령 최씨 종가는

③ <u>조선시대 남원 지역 양반가의 몰락 ⓑ과정과</u>

<u>3대째 종가를 지켜온 며느리의 애환을 그린</u>

고 최명희씨의 대하소설 '혼불'의

배경이 된 곳입니다. (끝)

오늘 오전 한 시쯤 전라북도 남원시 사매면 노봉마을 삭령 최 씨 종가에서 불이 났습니다.

이 불로 방에서 잠자던 92살 박 모 할머니가 숨지고 한옥 4 채 가운데 한 채가 모두 타 소방서 추산 2천8백만 원의 재산피해가 났습니다.

경찰은 부엌에서 불길이 치솟았다는 목격자의 말을 토대로 정확한 화재원인을 조사하고 있습니다.

삭령 최 씨 종가는 고 최명희 씨의 대하소설 '혼불'의 배경으로 유명합니다.

해설

① '혼불'이 중요한 게 아니라 사람이 죽은 사실이 더 중요하다. '혼불' 관련 부분은 뒤로 가야 더 자연스럽다.
② '2천8백만 원'만 해도 된다. 어차피 추산이다.
③ 너무 자세하다. 불필요하다.

발음

ⓐ 〔부어케서〕(○), 〔부어게서〕(×)
ⓑ 過程〔과:정〕, *참고, 課程〔과정〕

사회

|56| 어선충돌 1 척 침몰, 2 명 실종

 부산 앞바다에서 어선 두 척이 충돌해 선원 2명이 실종됐습니다.

 오늘 오후 5시 반쯤 부산 태종대 동쪽 10마일 앞바다에서 부산선적 138톤 트롤어선과 51톤 급 저인망 어선 19동방호가 충돌해 19동방호가 침몰했습니다.

 이 사고로 19동방호 선장 54살 장모 씨와 기관장 51살 김모 씨 등 2명이 실종됐습니다.

 해경은 경비함정 4정을 급파해 실종자 수색작업을 벌이고 있지만 해상의 기상악화로 수색작업에 어려움을 겪고 있습니다. (끝)

 부산 앞바다에서 어선 두 척이 충돌해 선원 2명이 실종됐습니다.

 오늘 오후 5시 반쯤 부산 태종대 동쪽 10마일 앞바다
①
에서 부산선적 138톤 트롤어선과
②
51톤 급 저인망 어선 19동방호가
③
충돌해 19동방호가 침몰했습니다.

 이 사고로 19동방호 선장 54살 장모 씨와 기관장 51살 김모 씨 등 2명이 실종됐습니다.

 해경은 경비함정 4정을 급파해 실종자 수색작업을 벌이고 있지만 해상의 기상악화로 수색작업에 어려움을 겪고 있습니다. (끝)

"
 오늘 오후 5시 반쯤 부산 태종대 동쪽 약 16km 해상에서 138톤 급 트롤어선과 51톤 급 저인망어선 제19동방호가 충돌했습니다.

 이 사고로 동방호가 침몰하고 선장 54살 장 모씨와 기관장 51살 김 모씨 등 2 명이 실종됐습니다.
"

해설
① '동방호'처럼 이름이 있어야 한다.
② 방송뉴스는 그냥 '십구'로 발음되므로 앞에 '제'를 붙여야 적절하다.
③ 뒤로 가는 것이 낫다.
 - 사고 원인에 관한 언급이 없다. 목격자 증언 등이 필요하다.

사회

|57| 모델 하우스 불

오늘 새벽 5시 반쯤 서울 역삼동 강남역 부근의 한 모델하우스 3층에서 불이 났습니다. 오늘 불로 소방차 48대와 소방대원 140여 명이 긴급 출동했습니다. 새벽 시간이라 건물 안에는 경비원 1명이 있었지만 대피해 현재까지 인명 피해는 없는 것으로 알려졌습니다. 또 화재 진압 시간이 길어지면서 출근 시간대 까지 강남역 주변 도로에서는 극심한 정체가 빚어지고 있습니다. 소방당국은 진화작업이 끝나는 대로 정확한 화재원인을 조사할 예정입니다. (끝)	오늘 새벽 5시 반쯤 서울 역삼동 강남역 부근의 한 모델하우스 3층에서 불이 났습니다. ① 오늘 불로 소방차 48대와 소방대원 140여 명이 긴급 출동했습니다. 새벽 시간이라 건물 안에는 경비원 1명이 있었지만 대피해 현재까지 인명 피해는 없는 것으로 알려졌습니다. ② 또 화재 진압 시간이 길어지면서 출근 시간대 까지 강남역 주변 도로에서는 극심한 정체가 빚어지고 있습니다. 소방당국은 진화작업이 끝나는 대로 정확한 화재원인을 조사할 예정입니다. (끝)	오늘 새벽 5시 반쯤 서울 역삼동 강남역 부근 모 아파트 모델하우스에서 불이 났습니다. 이 불로 소방차 48 대와 소방대원 140여 명이 긴급 출동했으나 아직까지 불길을 잡지 못하고 있습니다. 새벽이라 건물 안에는 경비원 한 명 만이 있었고 즉시 대피해 인명피해는 없었습니다. 그러나, 화재 진압 시간이 길어지면서 출근 시간대까지 주변 도로가 극심한 정체를 빚고 있습니다. "

해설
① 꽤 큰 불이다. 몇 시간째 불을 끄는지, 어느 정도 불길을 잡았는지 정보가 필요하다.
② 간결미

사회

|58| 서울대, 물리II 변경 수험생 추가지원 없어

수능 물리II 등급 상향 조정이 대입 정시 모집에 큰 영향을 미치지 못한 것으로 나타났습니다.

서울대는 어제까지 이틀동안 물리II 등급이 오른 수험생을 대상으로 정시 모집 추가 접수를 받은 결과, 추가 지원자가 없었다고 밝혔습니다.

어제 추가 접수를 마감한 이화여대와 가톨릭대의 추가 지원자는 각각 2명이었고, 중앙대에는 4명이 추가로 접수했습니다.

고려대, 연세대, 서강대, 한양대, 건국대, 경희대, 동국대 등은 오늘 오후 추가 원서접수를 마감합니다. (끝)

---

① 수능 물리II 등급 상향 조정이 대입 정시 모집에 ⓐ큰 영향을 미치지 못한 것으로 나타났습니다.

서울대는 어제까지 이틀동안 물리II 등급이 오른 수험생을 대상으로 정시 모집 ② ③ 추가 접수를 받은 결과, 추가 지원자가 없었다고 밝혔습니다.

④ 어제 추가 접수를 마감한 이화여대와 가톨릭대의 추가 지원자는 각각 2명이었고, 중앙대에는 4명이 추가로 접수했습니다.

⑤ 고려대, 연세대, 서강대, 한양대, 건국대, 경희대, 동국대 등은 오늘 오후 추가 ⓑ원서접수를 마감합니다. (끝)

"

서울대는 어제까지 이틀동안 물리II의 등급이 오른 수험생을 대상으로 정시모집 추가원서를 받은 결과, 지원자가 없었다고 밝혔습니다.

이화여대와 가톨릭대는 추가 지원자가 각각 2명이었고 중앙대는 4명을 추가로 접수한 것으로 알려졌습니다.

고려·연세·서강·한양·건국·경희·동국대 등은 오늘 오후 추가 원서접수를 마감합니다.

해설
① '물리II'를 '물리 투'로 발음하지 않게 주의한다. '물리 이'다.
② '추가'를 두 번 썼다.
③ '접수를 받은'은 겹치는 말이다. '신청을 받은', '접수를 한'이다. 여기서는 '원서를 받은'이 더 낫다.
④ (불필요) 뒤의 '추가'는 또 겹침.
⑤ (리듬감)

발음
ⓐ 영향〔영:향〕
ⓑ 원서〔원:서〕

사회

|59| 조희준 전 국민일보 회장 11일 일본서 체포

25억원에 이르는 세금을 포탈하고 180억원의 회사 자금을 횡령한 뒤 부과된 벌금 50억원을 납부하지 않은 채 해외로 도주한 조희준 전 국민일보 회장이 지난 11일 일본에서 체포됐습니다.

법무부는 거액의 벌금을 납부하지 않고 해외로 도피한 조 전 회장에 대해 지난 5월 범죄인 인도 청구를 했으며, 현재 일본 도쿄에서 구금돼 범죄인 인도 재판을 기다리고 있다고 밝혔습니다.

법무부는 조씨에 대한 한국 송환이 일본 범죄인 인도법에 따라 진행되며 통상 2달 정도 걸린다고 밝혔습니다. (끝)

---

① 25억원에 이르는 세금을 포탈하고 180억원의 회사 자금을 횡령한 뒤 부과된 벌금 50억원을 납부하지 않은 채 해외로 도주한 조희준 전 국민일보 회장이 지난 11일 일본에서 체포됐습니다.

법무부는
ⓐ 거액의 벌금을 납부하지 않고 해외로 도피한 조 전 회장에 대해 지난 5월 범죄인 인도 청구를 했으며, 현재 일본 도쿄에서 구금돼
ⓑ 범죄인 인도 재판을 기다리고 있다고 밝혔습니다.

법무부는 조씨에 대한 한국 송환이 일본 범죄인 인도법에 따라 진행되며 통상 2달 정도 걸린다고 밝혔습니다. (끝)

횡령과 세금포탈 등 혐의를 받자 해외로 도주한 조희준 국민일보 회장이 지난 11일 일본에서 체포된 것으로 뒤늦게 알려졌습니다.

법무부는 25억 원의 세금포탈, 180억 원의 횡령, 벌금 50억 원 미납 등의 혐의로 해외로 도피한 조 전 회장에 대해 지난 5월 범죄인 인도 청구를 한 바 있으며 현재 재판을 기다리고 있다고 밝혔습니다.

해설
① '조희준'의 수식어가 너무 길다.

발음
ⓐ 거액〔거:액〕
ⓑ 범죄인〔범:죄인〕

사회

|60| 소방방재청, 의용소방상 시상식 개최

소방방재청은 오늘 오전 정부 중앙청사에서 의용소방대 회원과 소방관계자 등 400여명이 참석한 가운데 제15회 의용소방상 시상식을 열었습니다.

오늘 시상식에서 고상우 제주소방서 구좌읍 의용소방대장이 올해 의용소방대 분야 대상을, 정태진 효성 구미 1공장 환경관리팀장이 방화·위험물 안전관리 분야 대상을 받는 등 모두 64명이 시상했습니다.

의용소방상은 지역과 직장에서 방화활동에 봉사 활동을 해온 의용소방대원과 방화관리자에게 수여하는 것으로, 지난 93년부터 시행되고 있습니다. (끝)

---

① 소방방재청은 오늘 오전 정부 중앙청사에서 의용소방대 회원과 소방관계자 등 400여명이 참석한 가운데 제15회 의용소방상 시상식을 열었습니다.

오늘 시상식에서 고상우 제주소방서 구좌읍 의용소방대장이 올해 의용소방대 분야 대상을, 정태진 효성 구미 1공장 환경관리팀장이 방화·위험물 안전관리 분야 대상을 받는 등 모두 64명이
② 시상했습니다.

의용소방상은 지역과 직장에서 방화활동에 봉사 활동을 해온 의용소방대원과 방화관리자에게 수여하는 것으로,
③ 지난 93년부터 시행되고 있습니다. (끝)

오늘 오전 정부중앙청사에서 제15회 의용소방상 시상식이 있었습니다.

의용소방대 회원과 소방관계자 등 400여 명이 참석한 가운데 열린 시상식에서 고상우 제주소방서 소방대장이 대상을, 정태진 효성구미공장 환경팀장이 안전관리대상을 받는 등 64명이 상을 받았습니다.

의용소방상은 방화활동 유공자에게 주는 상으로 지난 1993년부터 시행해 오고 있습니다.

해설
① 거창하고 이상하다.
② '수상'이 맞다.
③ 세기가 바뀌었다. (정확성)

사회

|61| 사고차 수습하던 견인차 운전사 숨져

오늘 새벽 4시쯤 전북 군산시 임피면 서해안고속도로 하행선 동군산 나들목 부근에서 교통사고 현장을 처리하던 견인차 운전사 26살 고모 씨가 견인대에 맞아 숨졌습니다.

경찰은 숨진 고 씨가 사고가 난 15톤 화물차를 견인하는 과정에서 부러진 견인대에 머리를 맞아 변을 당한 것으로 보고 정확한 경위를 조사하고 있습니다. (끝)

오늘 새벽 4시쯤
① 전북 군산시 임피면
서해안고속도로 하행선
동군산 나들목 부근에서
교통사고 현장을 처리하던
ⓐ 견인차 운전사 26살 고모 씨가
② 견인대에 맞아 숨졌습니다.
경찰은 숨진 고 씨가
③ 사고가 난 15톤 화물차를
견인하는 과정에서
부러진 견인대에 머리를 맞아
ⓑ 변을 당한 것으로 보고
ⓒ ⓓ
정확한 경위를 조사하고
있습니다. (끝)

오늘 오전 4시쯤 서해안 고속도로 하행선 동군산 나들목 부근에서 교통사고를 수습하던 견인차 운전자 26살 고 모 씨가 숨졌습니다.

경찰은 고 씨가 15톤 짜리 사고 화물차를 견인하다 견인대가 부러지는 바람에 머리를 다쳐 변을 당한 것으로 보고 있습니다.

해설
① 위치 정보가 필요하나 뒤에 '동군산'이라는 확실한 정보가 있어 여기서는 생략이 낫다.
② 같은 내용이 바로 반복되므로 뒤로 보낸다.
③ '결과'를 먼저 앞세운 셈이 되어 어색하다.

발음
ⓐ 견인차[겨닌차](○), [겨:닌차](×)
ⓑ 變[변:]
ⓒ 정확[정:확]
ⓓ 經緯[경위], *참고. 警衛[경:위]

사회

|62| 백범 암살배후 밝히던 권중희 씨 별세

백범 김구 선생 암살의 배후를 밝히는데 앞장섰던 권중희 씨가 그제 오후 5시쯤 향년 71살로 세상을 떠났습니다.

권 씨의 유가족은 고인이 경기도 파주시 자택에서 컴퓨터로 글을 쓰다 심장마비로 숨을 거뒀다고 밝혔습니다.

권 씨는 지난 1987년 3월 숨어지내던 김구 선생 암살범 안두희 씨를 찾아내 서울 마포구청 앞에서 폭행하는 등 안 씨를 추적하고 암살 배후를 밝히는데 많은 노력을 기울였습니다. (끝)

백범 김구 선생 암살의 배후를 밝히는데 앞장섰던 권중희 씨가 그제 오후 5시쯤 향년 71살로
(→ '기세를 일기로')
세상을 떠났습니다.

권 씨의 유가족은 고인이 경기도 파주시
①
자택에서 <u>컴퓨터로 글을 쓰다</u> 심장마비로 <u>숨을 거뒀다고</u>
(이상하다. '별세했다고')
밝혔습니다.

권 씨는 지난 1987년 3월 숨어지내던 김구 선생 암살범 안두희 씨를 찾아내
②
<u>서울 마포구청 앞에서</u> <u>폭행하는 등</u> 안 씨를 추적하고 암살 배후를
③
밝히는데 <u>많은 노력을</u> <u>기울였습니다.</u> (끝)

권 씨는 지난 1987년 3월 김구 선생 암살범 안두희 씨를 찾아내 자백을 요구하며 폭행한 사건으로 알려졌으며, 안 씨를 추적하고 김구 선생 암살 배후를 밝히는 활동을 계속 해왔습니다.

해설
① 생뚱맞다. 이걸 쓰려면 사인(死因)과 관련이 있어야 한다.
　＊참고. 享年 : 한 평생 살아누린 나이.
② 이렇게 놓아두면 이유없이 폭행을 저지른 나쁜 사람 같다.
③ 어색하다.

사회

|63| 수원 상가건물 불…1억5천만 원 피해

오늘 새벽 3시쯤 경기도 수원시 화서1동의 한 상가건물에서 불이나 1시간 20분만에 꺼졌습니다. 이 불로 건물 내부 66제곱미터와 상점 내 물건 등이 타 소방서 추산 1억 5천만 원의 재산피해가 났습니다. 경찰은 정확한 화재 원인을 조사하고 있습니다. (끝)	오늘 새벽 3시쯤 경기도 수원시 화서1동의 한 상가건물에서 <u>불이나</u>① <u>1시간 20분만에 꺼졌습니다.</u> 이 불로 ② <u>건물 내부 66제곱미터와</u> <u>상점 내 물건 등이 타</u> <u>소방서 추산 1억 5천만 원의</u> <u>재산피해가 났습니다.</u> 경찰은 정확한 화재 원인을 조사하고 있습니다. (끝)	오늘 오전 3시쯤 경기도 수원시 화서1동 상가에서 불이 났습니다. 인명 피해는 없었지만 내부 66제곱미터와 물건 등을 태워 소방서추산 1억 5천만 원의 재산피해가 났습니다. 불길은 2시간 20분이 지나서야 잡혔으며, 경찰은 현재 화재 원인을 조사중입니다.

해설
① 불이 난 소식을 전하면서 동시에 꺼진 사실까지 묶는 것은 이상하다.
② 과감히 생략

*참고. '불이 꺼지다.'와 '불길이 잡히다.'를 적절히 안배해 쓴다.

사회

|64| 망원동 가정집 불…4천 3백만원 재산피해

어제 오후 4시 40분쯤 서울 망원1동의 한 가정집에서 불이나 20여분만에 꺼졌습니다.

이 불로 건물 2층 내부 110제곱미터와 가구 등을 태워 4천 3백만원의 재산피해가 났지만, 당시 집 안에 사람이 없어 인명피해는 없었습니다.

경찰은 목격자 등을 상대로 정확한 화재원인을 조사하고 있습니다. (끝)

어제 오후 4시 40분쯤 ① 서울 망원1동의 한 가정집에서 불이나 20여분만에 꺼졌습니다.

이 불로 건물 2층 내부 110제곱미터와 가구 등을 태워 4천 3백만원의 재산피해가 났지만, 당시 집 안에 사람이 없어 인명피해는 없었습니다.

② 경찰은 목격자 등을 상대로 정확한 ⓐ화재원인을 조사하고 있습니다. (끝)

어제 오후 4시 40분쯤 서울 망원동 가정집에서 불이 났습니다.

이 불로 집 2층 110제곱미터와 가구 등을 태워 4천3백만 원의 재산피해가 났습니다.

불이 난 시각, 집안에 사람이 없어 다행히 인명피해는 없었습니다.

해설
① '한'이 없어도 망원동의 전 가정집을 의미하지는 않는다.
② 추정도 없다면 안 써도 된다.

발음
ⓐ 화재〔화:재〕

사회

|65| 고라니 피하려다 추돌…5명 부상

오늘 새벽 0시쯤 충북 청원군 오창읍 중부고속도로 상행선 267km 지점에서, 서울시 가련동 26살 박 모씨가 몰던 스타렉스 승합차가 중앙선 가드레일을 들이받고 뒤따라오던 1톤 화물차와 추돌해 박 씨 등 5명이 인근병원으로 옮겨져 치료를 받고 있습니다.

경찰은 사고 당시 고속도로에 고라니가 있었다는 목격자들의 말로 미뤄 고라니를 피하려다 사고가 난 것으로 보고 정확한 사고 경위를 조사하고 있습니다. (끝)

① 오늘 새벽 0시쯤
② 충북 청원군 오창읍
중부고속도로 상행선
267km 지점에서,
③ 서울시 가련동 26살 박 모씨가
몰던 스타렉스 승합차가
④ 중앙선 가드레일을 들이받고
뒤따라오던 1톤 화물차와
추돌해 박 씨 등 5명이
인근병원으로 옮겨져
치료를 받고 있습니다.

경찰은 사고 당시
고속도로에 고라니가 있었다는
목격자들의 말로 미뤄
⑤ 고라니를 피하려다 사고가
난 것으로 보고 정확한 사고
경위를 조사하고 있습니다. (끝)

지난 밤 0시쯤 중부고속도로 상행선 오창 나들목 부근에서, 서울시 갈현동 26살 박 모 씨가 몰던 스타렉스 승합차가 중앙선 가드레일을 들이받았습니다.

이어 뒤따라오던 1톤 화물차가 이 승합차를 다시 추돌해 박 씨 등 5명이 다쳐 병원에서 치료를 받고 있습니다.

경찰은 고속도로 위에 고라니가 있었다는 목격자들의 말로 미루어 이를 피하려다 사고가 난 것이 아닌가 보고 있습니다.

해설
① 前向的으로 바꿔보자.
② '오창 나들목'이 간단하고 이해도 쉽다.
③ 이런 이름의 동네가 없다.(→ 갈현동)
④ 여기서 안 끊어서 길어진 것이다.
⑤ 전향적으로 바꿔보자.(참신성)

사회

|66| 결혼식장 하객들 지갑 훔친 50대 구속

결혼식 하객들이
사진을 촬영하는 동안
하객들의 가방에서 지갑을
훔친 50대 남자가
경찰에 붙잡혔습니다.

　서울 동대문경찰서는
지난달 3일 서울 제기동에
있는 한 예식장에서
하객들이 가족사진을 촬영하는
동안 자리에 두고 간 가방 속
지갑을 훔쳐 126만원 상당의
물품을 훔친 혐의로
54살 김모 씨를 구속했습니다.

　경찰 조사 결과 김씨는
이미 구속된 또 다른 김씨와
짜고 또 다른 김씨가
결혼식장에서 가족인 것처럼
사진을 촬영하는 동안
몰래 지갑을 훔쳐온 것으로
드러났습니다.(끝)

결혼식 하객들이ⓐ
①사진을 촬영하는 동안ⓑ
②하객들의 가방에서 지갑을
훔친 50대 남자가
경찰에 붙잡혔습니다.

　서울 동대문경찰서는
지난달 3일 서울 제기동에
있는 한 예식장에서
하객들이 가족사진을 촬영하는
동안 자리에 두고 간 가방 속
③지갑을 훔쳐 126만원 상당의
물품을 훔친 혐의로
54살 김모 씨를 구속했습니다.

　경찰 조사 결과 김씨는
④이미 구속된 또 다른 김씨와
짜고 또 다른 김씨가
결혼식장에서 가족인 것처럼
사진을 촬영하는 동안
몰래 지갑을 훔쳐온 것으로
드러났습니다. (끝)

　결혼식 하객들의 주의가 소홀한 틈을 타 지갑을 훔친 50대 남자가 경찰에 붙잡혔습니다.

　서울 동대문 경찰서는 지난 달 3일 서울 제기동 모 예식장에서 사람들이 사진을 찍는 동안, 자리에 둔 가방을 털어 120여만 원의 금품을 훔친 혐의로 54살 김 모 씨를 구속했습니다.

　김 씨는 공범과 짜고 가족인 것처럼 행세하며 범행을 저질러 온 것으로 경찰 조사결과 드러났습니다.

해설
① 세 번이나 나온다.
② 역시 세 번 나온다.
③ 어림수를 쓴다.
④ 서툴다. 둔하다.

발음
ⓐ 賀客[하:객]
ⓑ 촬영[촤령](O), [촬령](×).
　 [차]로 발음나지 않게 주의

사회

|67| 40대 여성 돌연사, 동거남이 신고

한 40대 여성이 한밤중에 자신이 살던 집에서 갑자기 숨졌습니다.

서울 송파경찰서는 오늘 새벽 1시 쯤 서울 마천동에 사는 48살 이 모씨가 자신의 집에서 자다가 숨져있는 것을 동거 중이던 45살 박 모씨가 발견해 신고했다고 밝혔습니다.

경찰은 이 씨의 몸에 별다른 외상 흔적이 없고, 이 씨가 평소 몸이 좋지 않았다는 가족들의 말에 따라 돌연사한 것으로 보고 있습니다.
(끝)

①한 40대 여성이 한밤중에 ②자신이 살던 집에서 갑자기 숨졌습니다.

서울 송파경찰서는 ③오늘 새벽 1시 쯤 서울 마천동에 ④사는 48살 이 모씨가 자신의 집에서 자다가 숨져있는 것을 동거 중이던 45살 박 모씨가 발견해 ⓐ신고했다고 밝혔습니다.

경찰은 이 씨의 몸에 별다른 외상 흔적이 없고, 이 씨가 평소 몸이 좋지 않았다는 가족들의 말에 따라 돌연사한 것으로 보고 있습니다.
(끝)

40대 여성이 한밤중에 갑자기 숨졌습니다.

서울 송파경찰서는 지난 밤 1시쯤 서울 마천동 48살 이 모 씨가 숨져있는 것을 동거 중이던 45살 박 모 씨가 발견해 신고했다고 밝혔습니다.

경찰은 숨진 이 씨가 외상이 없는데다, 평소 몸이 약했다는 가족들의 말에 따라 돌연사 한 것으로 보고 있습니다.

해설
① 군더더기
② 군말. '삶'과 '죽음'이 한 문장에 있어 이상하다.
③ '지난 밤'이 전향적이고 참신하다.
④ 삶과 죽음 사이가 너무 짧다.

발음
ⓐ 申告[신고](○), [신:고](×)

사회

|68| 오늘부터 대학 미공개 신기술 투자 박람회

교육부는 대학과 기업 간 산학협력 활성화를 위한 대학의 미공개 신기술 투자박람회가 오늘부터 이틀동안 양재동 aT 센터에서 열립니다.

'2007 산학협력 테크노-페어'로 이름 붙여진 이번 박람회는 교육부와 산업자원부가 주관하고 국내 42개 대학이 참여하는 최대 규모의 기술 마케팅 행사입니다.

교육부는 미국과 영국 등 선진국들이 비밀유지협약을 통해 대학의 신기술을 기업에 미리 공개하는 기술이전 사업을 활발하게 펼치고 있다며 국내에서도 대학의 기술 이전 사업이 최근 2~3년간 매년 30% 이상씩 성장하고 있다고 설명했습니다. (끝)

---

① 교육부는 대학과 기업 간 산학협력 활성화를 위한 대학의 미공개 신기술 투자박람회가 오늘부터 이틀동안 양재동 aT 센터에서 열립니다.

'2007 산학협력 테크노-페어'로 ② 이름 붙여진
(→ 이름 붙은)
이번 박람회는 교육부와 산업자원부가 주관하고 국내 42개 대학이 참여하는 최대 규모의 기술 마케팅 행사입니다.

교육부는 미국과 영국 등 선진국들이 비밀유지협약을 통해 대학의 신기술을 기업에 미리 공개하는 기술이전 사업을 활발하게 펼치고 있다며 국내에서도 대학의 기술 ⓐ이전 사업이 최근 2~3년간 매년 30% ⓑ이상씩 성장하고 있다고 설명했습니다. (끝)

기업과의 산학 협력 활성화를 위한 대학의 미공개 신기술 투자박람회가 오늘부터 이틀 동안 서울 양재동 aT 센터에서 열립니다.

"

"

해설
① 주어 '교육부는'과 술어 '열립니다.'가 불호응이다. 주어와 술어가 멀어 발생하는 전형적 오류다.
② 의미가 통하고 문법에 맞으면 '능동형'을 쓴다.

발음
ⓐ 移轉[이전](○), [이:전](×)
ⓑ 以上[이:상]

사회

|69| 용두동 단독주택 불…천8백만 원 피해

오늘 새벽 2시 쯤 서울시 용두동의 주택에서 불이나 10여 분만에 꺼졌습니다.

이 불로 단층 주택의 7가구 가운데 3가구가 타 천8백여만 원의 재산피해를 냈습니다.

목격자들은 뭔가 터지는 소리와 함께 불이 났다고 말했습니다. (끝)

오늘 새벽 2시 쯤 서울시 용두동의 <u>주택</u>에서 ⓐ
① ⓑ
<u>불이나 10여 분만에 꺼졌습니다.</u>

이 불로 단층 주택의 7가구 가운데 3가구가 타 천8백여만 원의 재산피해를 냈습니다.

목격자들은
② <u>뭔가 터지는 소리와 함께 불이 났다고 말했습니다.</u> (끝)

오늘 오전 2시쯤 서울시 용두동 단층 연립주택에서 불이 났습니다.

이 불로 전체 7가구 가운데 3가구가 타 천8백여만 원의 재산피해를 냈습니다.

목격자들은 폭발음과 함께 불이 났다고 말했습니다.

해설
① 불이 나고 꺼진 것을 한 문장에 넣으면 김이 빠짐. 시간의 흐름을 무시한 이상한 문장이 됨.
② 너무 구어적이다. 간결, 단순화

발음
ⓐ 住宅[주:택]
ⓑ 10여 분[시벼분](○), [십녀분](×)

사회

|70| 오토바이 절도 명문대생 붙잡혀

서울 관악경찰서는	서울 관악경찰서는	서울 관악경찰서는 대학 구내에서 오토바이를 훔친 혐의로 대학생 24살 이 모 씨를 불구속 입건했습니다.
자신이 다니고 있는	자신이 다니고 있는	
대학교 안에서	대학교 안에서	
오토바이를 훔친 혐의로	오토바이를 훔친 혐의로	
명문대생 24살 이모씨를	① 명문대생 24살 이모씨를	
붙잡아 불구속 입건했습니다.	붙잡아 불구속 입건했습니다. (→ 불필요)	
이씨는	이씨는	이 씨는 지난 9일 밤 11시쯤 자신이 다니는 모 대학 중앙도서관 앞에서 26살 송 모 씨의 오토바이를 훔친 혐의를 받고 있습니다.
지난 9일 밤 11시쯤	지난 9일 밤 11시쯤	
서울 모 대학 중앙도서관	서울 모 대학 중앙도서관	
앞에서 26살 송모군의	앞에서 26살 송모군의	
500cc 오토바이를	500cc 오토바이를	
훔친 혐의를 받고 있습니다.	훔친 혐의를 받고 있습니다.	
(끝)	(끝)	

해설
① 명문대생이 오토바이를 훔치는 게 아주 특이하거나 통념을 벗어난 것은 아니다.
성폭행, 지폐위조, 존속 살해 등 사건이 커야 어울린다.

사회

|71| 내일부터 내년 추석 항공권 예약

　　　내일(26일)부터
내년 추석 연휴기간
국내선 항공편 예약 접수가
시작됩니다.
　　　대한항공은
내일 오후 2시부터
내년 9월 12일부터 6일까지
추석연휴 닷새에 대한
국내선 정기편 항공권의
예약 접수를 시작한다고
밝혔습니다.
　　　대한항공 측은
올해부터 예약 가능시점이
320여 일 앞으로 당겨져
내일부터 예약을 받는다고
밝히고, 한번에 예약 가능한
좌석은 4개로 제한한다고
덧붙였습니다. (끝)

　　　내일(26일)부터
내년 추석 연휴기간
국내선 항공편 예약 접수가
시작됩니다.
　　　대한항공은
①
<u>내일 오후 2시부터</u>
내년 9월 12일부터 6일까지
②
추석연휴 <u>닷새에 대한</u>
ⓐ
국내선 <u>정기편</u> 항공권의
예약 접수를 시작한다고
밝혔습니다.
　　　대한항공 측은
③
올해부터 <u>예약 가능시점이</u>
<u>320여 일 앞으로 당겨져</u>
내일부터 예약을 받는다고
밝히고, 한번에 예약 가능한
ⓑ
좌석은 4개로 <u>제한</u>한다고
덧붙였습니다. (끝)

"

대한항공은 내년 9월 12일부터 16일까지 추석연휴 닷새분 국내선 정기항공권의 예약 접수를 내일 오후 2시 시작한다고 밝혔습니다.

대한항공측은 올해부터 예약 가능일이 훨씬 앞당겨졌다고 밝히고 한번에 예약할 수 있는 좌석수는 4개로 제한한다고 덧붙였습니다.

해설
① 뒤의 숫자정보와 겹쳐 헷갈린다. '부터'와 '까지' 있어 더 그렇다. 술어 앞에 있어야 더 명확해진다.
② (어색하다)
③ 정확한 숫자를 쓰든지 아니면, 맥락상 그다지 중요하지 않으니 수를 피한다.

발음
ⓐ 정기편[정:기편]
ⓑ 제한[제:한]

사회

|72| '노래하는 고속도로', 외곽순환도로에 등장

졸음 운전과 과속 등을 막기 위한 '노래하는 고속도로'가 등장했습니다.

한국도로공사는 서울외곽순환도로 판교방향 103.2km 지점부터 345m 구간을 운전자가 시속 100km로 달리면 노면과 타이어의 마찰로 생긴 진동음이 음원으로 바뀌면서 동요 '비행기'를 들을 수 있다고 밝혔습니다.

도로공사는 이른바 '노래하는 고속도로'가 교통사고 예방에 효과가 있는지 분석한 뒤, 효과가 있다고 판단될 경우 이를 확대 설치할 계획입니다. (끝)

졸음 운전과 과속 등을
막기 위한 '노래하는 고속도로'가
　　　이른바(친절성)
등장했습니다.

한국도로공사는
서울외곽순환도로 판교방향
103.2km 지점부터 345m
구간을 운전자가
　　　(→ 에서)
시속 100km로 달리면
ⓐ
노면과 타이어의 마찰로 생긴
진동음이 음원으로 바뀌면서
ⓑ　①
동요 '비행기'를 들을 수 있다고
　　　(→ 가 자동으로 나온다고
밝혔습니다.
　　　 밝혔습니다.)
　　도로공사는
이른바 '노래하는 고속도로'가
(→ '이') ⓒ　ⓓ
교통사고 예방에 효과가
(→ 불필요)
있는지 분석한 뒤,
효과가 있다고 판단될 경우
　　　(→ 긍정적이면)
이를 확대 설치할 계획입니다. (끝)

해설
① '비행기'를 적극적으로 듣고 싶어하는 느낌을 준다. 그게 아니지 않은가.

발음
ⓐ 路面〔노ː면〕
ⓑ 童謠〔동ː요〕
ⓒ 豫防〔예ː방〕
ⓓ 效果〔효ː꽈/효ː과〕

사회

|73| 일산 아파트 화재…2명 부상

오늘 새벽 2시 50분쯤 경기도 고양시 탄현동의 한 아파트 9층에서 원인을 알 수 없는 불이 나 집 주인 72살 유모 부부가 연기를 들이마시고 병원에서 치료를 받았습니다.

이 불은 30분 만에 진화됐지만 가전 제품을 포함해 아파트 내부 130m²가 타 6천5백만원의 재산 피해가 났습니다.

경찰은 정확한 화재 원인을 조사하고 있습니다. (끝)

오늘 새벽 2시 50분쯤 경기도 고양시 탄현동의 한 아파트 9층에서
①
원인을 알 수 없는 불이 나
②
집 주인 72살 유모 부부가 연기를 들이마시고
③
병원에서 치료를 받았습니다.

이 불은 30분 만에 진화됐지만
④
가전 제품을 포함해 아파트 내부 130m²가 타 6천5백만원의 재산 피해가 났습니다.

경찰은 정확한 화재 원인을 조사하고 있습니다. (끝)

오늘 오전 3시쯤 경기도 고양시 탄현동 모 아파트 9층에서 불이 났습니다.

이 불로 집주인 72살 유 모 씨 부부가 유독가스를 마셔 병원에서 치료를 받고 있습니다.

또 아파트 내부 130m²가 불에 타 6천5백만 원의 재산 피해가 났습니다.

불은 30분 지나 진화됐으며, 경찰은 정확한 화재원인을 조사 중입니다.

해설
① 보통 원인을 알 수 없다. 원인을 알 때만 쓴다.
② '씨(氏)'가 빠졌다.
③ (정확성)
④ 가전제품 값이 얼마나 한다고…. (불필요)

사회

|74| 추석연휴 배편, 26일 가장 붐빌 듯

추석 연휴기간 배를 이용하는 여행객은 연휴 마지막 날인 26일에 가장 많을 것으로 추정됩니다.

해양경찰청은 추석연휴 기간 배를 이용하는 여행객은 26일이 14만 5천명으로 가장 많고 추석 당일인 25일이 14만 명, 전날인 24일이 12만 6천 명 순으로 추석을 전후해 배편이 붐빌 것으로 내다봤습니다.

올 추석에 여객선을 이용하는 사람들은 모두 75만 3천 명으로 지난해와 비슷하지만, 긴 연휴 기간 덕분에 이용객이 분산돼 크게 붐비지는 않을 것으로 해경은 내다봤습니다. (끝)

추석 연휴기간 배를 이용하는 여행객은 연휴 마지막 날인 26일에 가장 많을 것으로 <u>추정됩니다</u>.
(→ '예상')

해양경찰청은 추석연휴 기간 배를 이용하는
① <u>여행객은 26일이</u>
(→ '이') (생략)
14만 5천명으로 가장 많고 추석 당일인 25일<u>이</u> 14만 명,
(생략)
전날인 24일이 12만 6천 명 순으로 추석을 전후해 배편이 붐빌 것으로 <u>내다봤습니다.</u>

올 추석에 여객선을 이용하는 사람들은 모두 75만 3천 명으로 지난해와
② <u>비슷하지만,</u> 긴 연휴 기간
③ <u>덕분에</u> 이용객이 분산돼 크게 붐비지는 않을 것으로
④
해경은 <u>내다봤습니다.</u> (끝)

"

"

올 추석 여객선 이용객은 75만3천 명 선으로 지난해와 비슷할 것으로 보이지만, 상대적으로 긴 연휴에 따른 분산 효과 때문에 크게 붐비지는 않을 것이라고 해경은 밝혔습니다.

해설

① (음성언어의 리듬감), '해양경찰청은'의 '은'과 '여행객은'의 '은'이 거푸 나옴.
② 아직 모른다.
③ '연휴기간'과 어울리지 않는다.
④ (위와 겹침)

사회

|75| 화재 진압 소방관, 소방차에 깔려 숨져

오늘 새벽 1시쯤 경기도 연천군 대전리에 있는 소 사육농장에서 불이나 출동한 동두천 소방서 소속 38살 이 모 소방장이 소방펌프차에 깔려 숨졌습니다.

동료 소방관들은 펌프차를 세운 뒤 진화작업을 시작하려던 순간 갑자기 펌프차가 뒤로 밀리면서 이 씨가 깔린 채 10여미터를 끌려갔다고 전했습니다.

경찰은 경사가 급한 화재현장에서 펌프차가 미끄러지면서 사고가 난 것으로 보고, 펌프차 운전자 등을 상대로 정확한 사고 경위를 조사하고 있습니다. (끝)

---

① 오늘 새벽 1시쯤 경기도 연천군 대전리에 있는 소 사육농장에서 불이나 출동한 동두천 소방서 소속 38살 이 모 소방장이 소방펌프차에 깔려 숨졌습니다.

동료 소방관들은 펌프차를 세운 뒤 진화작업을 시작하려던 순간 갑자기 펌프차가 뒤로 밀리면서 이 씨가 깔린 채 10여미터를 끌려갔다고 전했습니다.

경찰은 경사가 급한 ② 화재현장에서 <u>펌프차</u>가 미끄러지면서 사고가 난 것으로 보고, <u>펌프차</u> 운전자 등을 상대로
ⓐ ⓑ ⓒ
<u>정확</u>한 <u>사고</u> <u>경위</u>를 조사하고 있습니다. (끝)

축사 화재 진압에 출동했던 소방관이 사고로 목숨을 잃었습니다.

오늘 오전 1시쯤 경기도 연천군 대전리 우사에서 불이나 출동한 동두천 소방서 소속 38살 이 모 소방장이 소방펌프차에 깔려 숨졌습니다.

"

경찰은 펌프차를 경사진 곳에 세워 사고가 난 것으로 보고, 자세한 경위를 조사 중입니다.

해설
① '리드'가 너무 길다. 나누는 것이 좋다.
② 겹침

발음
ⓐ 정확[정:확]
ⓑ 사고[사:고]
ⓒ 經緯[경위], *참고. 警衛[경:위]

사회

|76| 경부선 버스-중앙분리대 추돌, 2십여 명 부상

오늘 새벽 4시 30분쯤 경부고속도로 하행선 기흥나들목 3킬로미터 지난 지점에서 고속버스가 트레일러, 승용차와 연달아 추돌한 뒤 중앙분리대를 들이받았습니다.

또 중앙분리대가 반대 방향 1차로로 넘어가면서 마주 오던 승용차 2대가 추돌해 버스 승객 10여명과 승용차 운전자 등 20여명이 다쳐 병원에서 치료를 받고 있습니다.

이 사고로 기흥나들목 9킬로미터 구간이 부산 방향을 중심으로 3시간 이상 극심한 정체를 빚었습니다.

경찰은 정확한 피해 규모와 사고 경위를 조사하고 있습니다. (끝)

오늘 새벽 4시 30분쯤 경부고속도로 하행선 기흥나들목 3킬로미터 지난 지점에서 고속버스가 <u>트레일러,</u>① <u>승용차와 연달아 추돌한 뒤</u> 중앙분리대를 들이받았습니다.

<u>또</u>② 중앙분리대가 반대 방향 1차로로 넘어가면서 <u>마주 오던 승용차 2대가</u>③ <u>추돌해</u> 버스 승객 10여명과 승용차 운전자 등 20여명이 다쳐 병원에서 치료를 받고 있습니다.

이 사고로 기흥나들목 9킬로미터 구간이 부산 방향을 중심으로 3시간 이상 극심한 정체를 빚었습니다.

경찰은 정확한 피해 규모와 사고 경위를 조사하고 있습니다. (끝)

"오늘 새벽 4시 30분쯤 경부고속도로 기흥 나들목 3킬로미터 지점에서 고속버스가 트레일러와 승용차를 잇따라 추돌하고 중앙분리대를 들이받았습니다.

이어 부서진 중앙분리대가 반대편 1차로로 넘어가면서 승용차 2대가 또 추돌해 버스승객 10여 명과 승용차에 타고 있던 20여 명이 다쳤습니다.

이 사고로 기흥 나들목 하행선 9킬로미터 구간이 세 시간 이상 극심한 정체를 빚었습니다."

해설

① '승용차와'의 '와'가 겹치는 것을 피하기 위해 ','를 썼지만 그렇게 되면 음성언어 측면에서 전달력이 떨어진다. '와'를 앞에 쓰고 뒤에 '를'을 붙이면 해결된다.

② '또'는 별개의 다른 사고같은 느낌을 준다.

③ 앞에서 반대 방향이라고 했으므로 '마주오던'이 불필요하고 읽기에 따라 '추돌'의 의미를 흐리고 '충돌'로 오해할 소지가 있다.

사회

|77| 인천공항서 승객 80여 명, 국제선 연착 항의 소동

오늘 오전 1시쯤 중국 남방항공 CZ-681편 승객 80여명이 항공기 연착에 항의해 비행기에서 내리는 것을 거부하는 소동이 있었습니다.

승객들은 어제 오후 1시 반에 도착할 예정이었던 항공편이 무려 11시간 반이나 늦어졌다며 한시간 반 동안 연착에 대한 보상을 요구하며 기내에서 항의를 계속했습니다.

결국 승객들은 항공사가 숙박료와 교통편 제공을 비롯한 보상을 약속한 뒤인 2시 40분쯤에야 모두 비행기에서 내렸습니다.

이로 인해 이 항공편 이륙이 2시간 반 가량 늦어졌습니다.
(끝)

오늘 오전 1시쯤 중국 남방항공 CZ-681편 승객 80여명이 항공기 연착에 항의해 비행기에서 내리는 것을 거부하는 소동이 있었습니다.

승객들은
① 어제 오후 1시 반에 도착할 예정이었던 항공편이 <u>무려</u>
② <u>11시간 반이나 늦어졌</u>다며 <u>한시간 반</u> 동안 연착에 대한 보상을 요구하며 기내에서 항의를 계속했습니다.

<u>결국 승객들은</u>
(→ 삭제)
항공사가 숙박료와 교통편 제공을 비롯한 보상을 약속한 뒤인 2시 40분쯤에야
오전('정확성')
모두 비행기에서 내렸습니다.

이로 인해 이 항공편 이륙이 2시간 반 가량 늦어졌습니다.
(끝)

" 승객들은 어제 오후 1시 반 도착예정이던 비행기가 11시간 반이나 연착한 것에 대해 불만을 터뜨렸습니다.

"

이 소동으로 다른 항공편 이륙에도 차질을 빚었습니다.

해설

① 숫자가 너무 많이 나와 혼란스럽다.
② 연결어미 '며'가 거푸 나와 어감이 안 산다.

사회

|78| 여중생, 20대 여대생 동반 투신

여대생과 여중생 등 여성 두 명이 함께 목숨을 끊었습니다.

어젯밤 9시 반쯤 서울 숭인동 모 아파트 24층 아파트 옥상에서 대학생 21살 신 모씨와 중학생 13살 이 모양이 아파트 아래로 뛰어내려 숨졌습니다.

이들이 뛰어내린 아파트 옥상에서는 가족들에게 미안하다는 내용이 적힌 유서와 가방 등의 유품이 발견됐습니다.

경찰은 신 씨와 이 양이 나이차가 많이 나는 등 공통점이 거의없어 이들이 인터넷 자살 사이트에서 만나 동반자살했을 가능성 등에 대해 조사하고 있습니다. (끝)

---

① 여대생과 여중생 등
<u>여성 두 명이 함께</u> (→ 불필요)
목숨을 끊었습니다.

어젯밤 9시 반쯤
② 서울 숭인동 모 <u>아파트</u> 24층 <u>아파트</u> 옥상에서 대학생 21살 신 모씨와 중학생 13살 이 모양이 <u>아파트</u> 아래로 뛰어내려 숨졌습니다.

이들이 뛰어내린 아파트 옥상에서는 가족들에게 미안하다는 내용이 적힌 유서와 가방 등의 유품이 발견됐습니다.

경찰은 신 씨와 이 양이
③ <u>나이차가 많이 나는 등</u>
<u>공통점이 거의없어</u>
이들이 인터넷 자살 사이트에서 만나 동반자살했을 가능성 등에 대해 조사하고 있습니다. (끝)

여대생과 여중생이 아파트에서 함께 뛰어내려 숨졌습니다.

어제 밤 9시 반쯤, 서울 숭인동 모 아파트 24층 옥상에서 대학생 21살 신 모 씨와 중학생 13살 이 모 양이 가족들에게 미안하다는 유서를 남긴 채 자살했습니다.

"

경찰은 이들이 인터넷 자살사이트에서 만나 동반자살한 것으로 보고 있습니다.

해설
① 요령 부족
② 한 문장에 '아파트'를 세 번 썼다.
③ 명쾌하지 못하다. '나이차'가 작으면 '공통점'이 많나?

사회

|79| 일제 음주단속…229 명 적발

경찰이 지난밤 사이 전국 주요 길목에서 음주운전을 단속한 결과 서울에서만 2백여 명의 음주운전자를 적발했습니다.

이번 단속에서 여성 탤런트 31살 김 모씨가 혈중알코올농도 0.05%로 면허정지 처분을 받는 등 서울에서만 2백 29명의 음주운전자가 적발됐습니다.

경찰은 적발자 가운데 88명의 면허를 취소하고, 백 38명의 면허를 정지시켰다고 밝혔습니다.

경찰은 지난 4월부터 매주 음주운전을 일제히 단속한 결과 지난해 같은 기간에 비해 교통사고 사망자가 5.3% 줄었다고 설명했습니다. (끝)

경찰이 지난밤 <u>사이</u> (→ 삭제)
전국 주요 길목에서 음주운전을 (→ 불필요)
단속한 결과 서울에서만
2백여 명의 <u>음주운전자를</u> ⓐ
적발했습니다.

이번 단속에서
① <u>여성 탤런트 31살 김 모씨가 혈중알코올농도 0.05%로 면허정지 처분을 받는 등</u>
서울에서만 2백 29명의 음주운전자가 적발됐습니다.

경찰은
② <u>적발자</u> 가운데 88명의 면허를 취소하고, 백 38명의 <u>면허를</u> ⓑ
정지시켰다고 밝혔습니다.

경찰은 지난 4월부터 매주 음주운전을 <u>일제히</u>
단속한 결과 지난해 같은 (→ 불필요, '리듬감' 깨짐)
기간에 비해 교통사고 사망자가
5.3% 줄었다고 설명했습니다.
(끝)

지난 밤 경찰의 음주운전 단속으로 서울에서만 2백여 명의 음주운전자가 적발됐습니다.

경찰은 음주운전을 한 229 명 가운데 88 명의 면허를 취소하고, 138 명의 면허를 정지조치 했다고 밝혔습니다.

지난 4월부터 매주 음주운전 단속을 한 결과 지난해 같은 기간에 비해 교통사고 사망자 수가 5.3% 줄었다고 경찰은 밝혔습니다.

해설
① 여자 탤런트가 229 명의 음주운전자를 대표한다고? 더구나 누군지 알 수도 없다. 그러므로 쓸 필요없다.
② 적발자는 경찰이다. 경찰이 단속하고 왜 자신이 면허가 취소되나? '주체'와 '객체'의 혼동.

발음
ⓐ 음주[음:주]
ⓑ 면허[면:허]

사회

|80| 50대 분신소동에 경찰관 등 3명 화상

어제 저녁 8시 40분쯤 광주시 계림동의 한 여관 앞에서 50살 민 모씨가 분신을 시도하다 이를 말리던 채모 경사 등 경찰관 2명에게도 기름을 끼얹고 불을 붙였습니다.

이 불로 민 씨는 전신에 3도 화상을 입어 생명이 위독하고, 채모 경사 등 경찰관 2명도 중상을 입어 서울의 화상 전문 병원으로 이송됐습니다.

경찰은 민 씨가 어제 낮 여관에서 장기 투숙하고 있던 정모 씨와 다툰 것에 앙심을 품고 여관 앞에서 분신 소동을 벌인 것으로 보고 정확한 사건 경위를 조사하고 있습니다. (끝)

어제 저녁 8시 40분쯤 광주시 계림동의 한 여관 앞에서 50살 민 모씨가 분신을 시도하다 이를 말리던
①
<u>채모 경사 등 경찰관 2명에게도 기름을 끼얹고 불을 붙였습니다.</u>

이 불로 민 씨는 전신에 3도 화상을 입어 생명이 위독하고, 채모 경사 등 경찰관 2명도 중상을 입어 서울의 화상 전문 병원으로 이송됐습니다.

경찰은 민 씨가 어제 낮 여관에서
②
<u>장기 투숙하고 있던 정모 씨와 다툰 것에 앙심을 품고</u> 여관 앞에서 분신 소동을 벌인 것으로 보고 정확한 사건 경위를 조사하고 있습니다. (끝)

어제 저녁 8시 40분쯤 광주시 계림동 모 여관 앞에서 50살 민 모씨가 분신 자살을 시도했습니다.

민 씨는 전신에 3도 화상을 입고 병원으로 옮겨졌지만 중태입니다.

한편, 분신을 만류하던 채 모 경사 등 2명도 흥분한 민 씨가 기름을 끼얹고 불을 붙이는 바람에 중상을 입었습니다.

해설

① 민 모씨의 분신 결과를 먼저 적어야 한다. '리드'만 보면 마치 민 씨는 괜찮은 것 같다.

② 민 씨는 누구인가? 여관주인인가? 아니라면, 장기투숙에 왜 앙심을 품나?(불명확성)

사회

|81| 일본 국제선 일부 노선, 결항 계속

태풍 '마니'의 영향으로 어제 차질을 빚었던 국내선 항공편은 오늘 모두 정상화했지만, 일본 국제선 일부 노선은 결항이 이어지고 있습니다.

인천국제공항공사는 일본 간사이 공항을 출발해 오전 11시 20분 인천공항에 도착할 예정이던 일본항공이 결항된 것을 비롯해, 현재까지 4편의 운항이 취소됐다고 밝혔습니다.

공항공사는 해당 항공사별로 운항 여부를 검토하고 있기 때문에, 오전 9시 이후로 결항 항공편이 늘어날 수 있다며 일본 국제선 이용 승객은 출발전 운항 여부를 확인해 줄 것을 당부했습니다. (끝)

태풍 '마니'의 영향으로 어제 차질을 빚었던 국내선 항공편은 오늘 모두
ⓐ <u>정상화했지만, 일본 국제선</u>
　　(일본의 국제선 항공이 아니잖은가?)
일부 노선은 결항이 이어지고 있습니다.

인천국제공항공사는 일본 간사이 공항을 출발해 오전 11시 20분 인천공항에 도착할 예정이던
<u>일본항공이 결항된 것을 비롯해,</u>
(→ JAL(잘). 보통명사로 오인될 우려. 참고 KAL(칼))
현재까지 4편의 운항이 취소됐다고 밝혔습니다.

공항공사는
ⓑ <u>해당 항공사별로 운항 여부를 검토하고 있기 때문에,</u>
　　(→ 불필요. 당연하다.)
오전 9시 이후로 결항 항공편이 늘어날 수 있다며 일본 국제선 이용 승객은 출발전 운항 여부를 확인해 줄 것을 당부했습니다. (끝)

태풍 '마니'의 영향으로 운항에 차질을 빚던 국내선 항공편이 오늘 모두 정상을 찾았지만 국제선 일본 노선은 아직 결항사태가 지속되고 있습니다.

인천공항 측은 오전 9시 이후 결항 항공편이 늘어날 수 있다며 일본행 이용 승객은 출발전 운항여부를 확인할 것을 당부했습니다.

"

발음
ⓐ 정상화[정ː상화]
ⓑ 운항[운ː항]

사회

|82| 택시 2만대 '농촌서 휴가 보내기' 캠페인

정부가 펼치고 있는 '농촌과 산촌에서 휴가 보내기' 캠페인에 택시 2만대가 동참합니다.

농림부는 서울지역 택시 만 2천대 등 전국 대도시에서 운행중인 택시 2만대가 다음달 27일까지 전국의 농촌과 산촌 주요 휴가지를 소개하는 전단지를 비치하고 승객들을 상대로 홍보활동을 벌인다고 밝혔습니다.

또 휴가철이 끝난 뒤인 9월부터 10월 중순까지는 농축산물 원산지 식별요령과 친환경 농산물 등의 내용이 담긴 전단지로 교체될 예정입니다. (끝)

정부가 펼치고 있는 '농촌과 산촌에서 휴가 보내기'
① 캠페인에 <u>택시 2만대가 동참합니다.</u>

농림부는 서울지역 택시 만 2천대 등 전국 대도시에서 운행중인
② <u>택시 2만대가</u> 다음달 27일까지 전국의 농촌과 산촌 주요 휴가지를 소개하는 전단지를 비치하고 승객들을 상대로 <u>홍보활동을 벌인다고 밝혔습니다.</u>
③ 또 휴가철이 끝난 뒤인 9월부터 10월 중순까지는 농축산물 원산지 식별요령과 친환경 농산물 등의 내용이 담긴 전단지로 <u>교체될 예정입니다.</u> (끝)

정부가 펼치고 있는, 이른바 '농촌과 산촌에서 휴가 보내기' 캠페인에 택시기사들이 동참합니다.

농림부는 다음달 27일까지 서울 등 전국 대도시에서 택시기사 2만여 명이 차량 내부에 전국 농촌과 산촌의 주요 휴가 명소를 소개하는 전단을 비치하고 홍보활동을 벌인다고 밝혔습니다.

농림부는 또 여름휴가철이 끝나는 9, 10월에는 농축산물 원산지 식별요령과 친환경 농산물 목록 등으로 전단의 내용을 바꿀 예정입니다.

해설
① 택시는 동참의 주체가 될 수 없다.
② 택시가 홍보활동을?
③ 주어 '농림부는'을 생략했다면 '교체될 예정입니다'와 호응이 안 맞다.

사회

|83| 이삿짐 컨테이너 불로 천만 원 재산피해

어제 오후 5시 반쯤 경기도 구리시 토평동 물류센터 내에 있던 이삿짐 컨테이너에서 불이나 50여 분만에 꺼졌습니다.

이 불로 컨테이너 안에 있던 가전제품 등 4천여 만원 상당의 이삿짐이 불에 탔습니다.

경찰은 불이 나기 3시간전쯤 컨테이너 뒤에서 용접작업을 했다는 목격자들의 말을 토대로 정확한 화재원인을 조사하고 있습니다. (끝)

어제 오후 5시 반쯤 경기도 구리시 토평동 물류센터 내에 있던 이삿짐 컨테이너에서 ①<u>불이나 50여 분만에 꺼졌습니다.</u>

이 불로 컨테이너 안에 있던 가전제품 등 4천여 만원 상당의 이삿짐이 불에 탔습니다.

경찰은 불이 나기 3시간전쯤 컨테이너 뒤에서 용접작업을 했다는 목격자들의 말을 토대로 ⓐ ⓑ <u>정확한 화재원인을</u> 조사하고 있습니다. (끝)

어제 오후 5시 반쯤 경기도 구리시 토평동 물류센터 내 이삿짐 컨테이너에서 불이 났습니다.

이 불로 인명피해는 없었지만 가전제품 등 4천여만 원 상당의 이삿짐이 불에 탔습니다.

불은 50여 분만에 꺼졌습니다.

해설
① 불이 난 사실과 꺼진 사실을 한 문장에 넣으면 김이 빠진다.(시간 순서대로, 흐름의 문제)

발음
ⓐ 정확[정:확]
ⓑ 화재[화:재]

사회

|84| 병무청, 가수 싸이에 현역 입영 통보

병역특례업체에서
부실근무했던 가수 싸이
박재상 씨가 이르면 다음달
육군 현역으로 입대할
것으로 보입니다.
　　병무청은 싸이가
병역특례업체에서 지정된
업무를 하지 않은 사실을
확인해 현역으로 입영할 것을
알렸다고 밝혔습니다.
　　병무청은 또
이전 복무기록을 확인한 결과
싸이의 현역 복무기간은
4개월이 줄어든 20개월이 될
것으로 보인다고 밝혔습니다.
　　싸이는 검찰 조사에서
병역특례근무를 부실하게 한
혐의가 드러나 지난 22일
검찰이 병무청에
행정 처분을
의뢰했었습니다. (끝)

병역특례업체에서
①
<u>부실근무했던 가수 싸이</u>
　(→ 부실 근무해 물의를 빚고 있는)
<u>박재상 씨가 이르면 다음달</u>
ⓐ
육군 <u>현역</u>으로 입대할
것으로 보입니다.
　　병무청은 싸이가
병역특례업체에서 지정된
업무를 하지 않은 사실을
확인해 현역으로 입영할 것을
<u>알렸다고</u> 밝혔습니다.
　　(→ 통지했다고, '병무청을 기억하라.')
　　병무청은 또
이전 복무기록을 <u>확인한</u> 결과
　　　　　　　(→ 참고한)
싸이의 현역 복무기간은
4개월이 줄어든 20개월이 될
것으로 보인다고 밝혔습니다.
　　싸이는 검찰 조사에서
병역특례근무를 부실하게 한
혐의가 드러나 지난 22일
검찰이 병무청에
ⓑ
행정 <u>처분</u>을
②
<u>의뢰했었습니다.</u> (끝)

해설
① 정확성과 감각면에서 흘륭하다.
　'가수 박재상'은 알려진 이름 '싸이'를 놓쳐 생뚱맞고, 예명 '싸이'만 쓰자니 보도문의 성격과 거리감이 든다. '가수'를 빼기도 어렵다. 곧 '가수 싸이 박재상 씨'가 최선의 대안이다.
② 시제의 차이를 고려해 잘 썼다.

발음
ⓐ 현역〔혀ː녁〕
ⓑ 처분〔처ː분〕

사회

|85| 주택에 불…불 지른 남편 2도 화상

오늘 새벽 1시 15분쯤 경기도 화성시 안녕동 57살 김모 여인의 1층 주택에서 불이 나 건물 안 100제곱미터를 태우고 40여 분만에 꺼졌습니다.

또, 비슷한 시각 집 앞에 주차된 김 씨의 승용차에서도 불이 나 모두 천9백여만 원의 재산피해가 났습니다.

이 불로 김 씨의 남편 55살 곽모 씨가 팔과 다리에 2도 화상을 입어 가까운 병원에서 치료를 받고 있습니다.

경찰은 곽 씨가 미리 준비한 경유를 끼얹은 뒤 불을 질렀다는 김 씨의 진술을 토대로 곽 씨를 상대로 불을 지른 이유 등을 집중 조사하고 있습니다. (끝)

오늘 새벽 1시 15분쯤 경기도 화성시 안녕동 57살 김모 여인의 <u>1층 주택</u>에서
(이상한 말)
불이 나 건물 안 100제곱미터를 태우고 40여 분만에 꺼졌습니다.

또, 비슷한 시각 집 앞에 주차된 김 씨의 승용차에서도 불이 나 모두 천9백여만 원의 재산피해가 났습니다.

이 불로 김 씨의 남편 55살 곽모 씨가 팔과 다리에 2도 화상을 입어 가까운 병원에서 치료를 받고 있습니다.

경찰은 곽 씨가 미리 준비한 경유를 끼얹은 뒤 불을 질렀다는 김 씨의 진술을 토대로 곽 씨를 상대로 불을 지른 이유 등을 집중 조사하고 있습니다. (끝)

지난 밤 1시 15분쯤 경기도 화성시 안녕동 주택에서 불이 나 건물 100제곱미터를 태웠습니다.

경찰은 55살 곽 모씨가 부인 김 모씨와 부부싸움을 하다 홧김에 불을 지른 것으로 보고 있습니다.

이 불로 곽 씨가 2도 화상을 입었고 부인 김 씨의 승용차가 불에 타는 등 2천만 원의 재산피해가 났습니다.

불은 40분만에 꺼졌습니다.

"

해설
- 고쳐쓰기

사회

|86| 시변, '대통령 헌법소원은 각하대상'

'시민과 함께 하는
변호사들'은
노무현 대통령이 낸 헌법소원은
부적법하기 때문에
즉각 취하하거나 철회해야
한다고 주장했습니다.
　　　시변은 어제 낸 성명에서
선관위가 국가기관인 대통령의
선거중립 의무 위반을 지적한
것이므로
노 대통령도 개인 지위에서
헌법소원을 냈다고 볼 수
없다며, 국가기관은 헌법소원을
낼 자격이 없기 때문에
노 대통령의 청구는
부적법하다고 주장했습니다.
　　　시변은 또
이번 선관위 결정은 권고적,
비권력적 행위이므로
헌법소원 심판대상도 아니라고
덧붙였습니다. (끝)

① '시민과 함께 하는
변호사들'은
노무현 대통령이 낸 헌법소원은
부적법하기 때문에
즉각 취하하거나 철회해야
한다고 주장했습니다.
② 시변은 어제 낸 성명에서
선관위가 국가기관인 대통령의
선거중립 의무 위반을 지적한
것이므로
('것이어서'가 더 낫다. '-(이)므로'는 문어적)
노 대통령도 개인 지위에서
헌법소원을 냈다고 볼 수
없다며, 국가기관은 헌법소원을
낼 자격이 없기 때문에
노 대통령의 청구는
부적법하다고 주장했습니다.
　　　시변은 또
이번 선관위 결정은 권고적,
비권력적 행위이므로
　　　　(→ 이기 때문에)
헌법소원 심판대상도 아니라고
덧붙였습니다. (끝)

" 중도성향의 변호사 단체인 '시민과 함께 하는 변호사'들은 노무현 대통령이 낸 헌법소원이 부적법하기 때문에 즉각 취하, 철회돼야 한다고 주장했습니다.

"

해설
① 소 따옴표는 음성으로 표현할 수 없다. 이대로는 이것을 단체명으로 인식하기 어렵다.(친절성, 명확성)
② '시변'은 아직 생소하다. 풀네임을 다 쓰기 싫다면, 한 번 정도 '변호사들은'을 쓸 만하다.

사회

|87| 아버지 때린 40대 입건

자신을 나무라는 아버지를 때린 40대가 경찰에 붙잡혔습니다.

서울 송파경찰서는 오늘 새벽 1시 10분쯤 술에 취해 자신의 집에서 조용히 하라며 꾸짖는 어머니 71살 김모 씨를 욕실 의자 등으로 위협하고 이를 나무라는 아버지 76살 유모 씨를 때린 혐의로 서울 거여동 47살 유모 씨를 불구속 입건했다고 밝혔습니다.

경찰 조사에서 아버지 유씨는 접근금지 명령을 신청하겠지만 아들이 갈 곳이 없어 집에서 밥을 먹는 것은 허락하겠다는 뜻을 밝힌 것으로 알려졌습니다. (끝)

---

① 자신을 나무라는 아버지를 때린 40대가 경찰에 붙잡혔습니다.

서울 송파경찰서는 오늘 새벽 1시 10분쯤 술에 취해 자신의 집에서 조용히 하라며 <u>꾸짖는</u> 어머니 71살 김모 씨를 욕실 의자 등으로 위협하고 이를 <u>나무라는</u> 아버지 76살 유모 씨를 때린 혐의로 서울 거여동 47살 유모 씨를 불구속 입건했다고 밝혔습니다.

② 경찰 조사에서 아버지 유씨는 접근금지 명령을 신청하겠지만 아들이 갈 곳이 없어 집에서 밥을 먹는 것은 허락하겠다는 뜻을 밝힌 것으로 알려졌습니다. (끝)

서울 송파경찰서는 오늘 아버지를 폭행하고 어머니를 의자 등으로 위협한 혐의로 거여동 47살 유 모씨를 불구속 입건했습니다.

유 씨는 지난밤 1시쯤 술에 취해 고함을 지르다 이를 나무라는 어머니 71살 김 모씨를 욕실 의자로 위협하고 아버지 76살 유 씨를 때린 혐의입니다.

해설

① 리드로 뽑을 만한 대단한 기사가 아니다. 그러다보니 두 번째 문장만 오히려 산만해졌다. 첫 문장부터 '자신'도 이상하다.

② (불필요) 오히려 사건이 코믹해졌다.

사회

|88| 회현동 가내 의류공장서 화재

오늘 새벽 0시15분쯤 서울시 회현동 1가 이 모씨의 건물 3층에 세들어있던 박 모씨의 의류공장에서 불이나 내부 50여제곱미터를 태우고 20여분 만에 꺼졌습니다.

이 불로 소방서 추정 2천5백만 원의 재산피해가 났지만 공장에는 직원들이 퇴근한 뒤라 인명피해는 없었습니다.

소방당국은 폭음과 함께 불이 치솟았다는 목격자의 진술을 토대로 정확한 화재 원인을 조사하고 있습니다. (끝)

오늘 새벽 0시15분쯤
(→ 지난 밤 0시 15분쯤)
서울시 회현동 1가 이 모씨의 건물 3층에

세들어있던 박 모씨의
(→ 불필요)
의류공장에서 불이나 내부 50여제곱미터를 태우고
(불난 사실과
20여분 만에 꺼졌습니다.
꺼진 결과를 한 문장에 넣으면 이상하다.)

이 불로 소방서 추정 2천5백만 원의 재산피해가 났지만 공장에는 직원들이 퇴근한 뒤라 인명피해는 없었습니다.

소방당국은 폭음과 함께 불이 치솟았다는 목격자의 진술을 토대로 정확한 화재 원인을 조사하고 있습니다. (끝)

지난밤 0시 15분쯤 서울 회현동 1가 모 건물 3층 의류공장에서 불이 나 내부 50여 제곱미터가 탔습니다.

직원들이 퇴근한 뒤라 인명피해는 없었지만 이 불로 소방서 추산 2천 5백만 원의 재산피해가 났습니다.

불은 20여 분만에 진화됐습니다.

소방당국은 정확한 화재원인을 조사하고 있습니다.

사회

|89| 이천 화재 코리아 냉동 안전책임자 등 영장신청 방침

이천 냉동창고 화재를
수사하고 있는 경찰은 오늘
코리아 냉동 안전관리책임자 등
3명에 대해
구속영장을 신청할 예정입니다.
　경찰 수사본부는
안전관리책임자 44살
김모 씨 등 3명에 대해
업무상 과실 치사 혐의로
구속영장을 신청할 예정이라고
밝혔습니다.
　김 씨 등은
스프링 쿨러와 방화셔터 등
방화장치를 작동하지 않도록
조작해 인명 피해를 키운
혐의를 받고 있습니다.
　경찰은 이와 함께
어제에 이어 오늘도
코리아 냉동 대표 47살
공모 씨를 소환조사해
업무상 과실 여부와 함께 다른
혐의도 확인할 예정입니다.
　경찰은 오늘 오전
중간수사결과를 발표할
예정입니다. (끝)

이천 냉동창고 화재를
수사하고 있는 경찰은 오늘
코리아 냉동 안전관리책임자 등
3명에 대해
구속영장을 신청할 ①예정입니다.
　경찰 수사본부는
안전관리책임자 44살
　(→ 불필요)
김모 씨 등 3명에 대해
업무상 ⓐ과실 치사 혐의로
ⓑ구속영장을 신청할 예정이라고
밝혔습니다.
　김 씨 등은
② ⓒ
스프링 쿨러와 방화셔터 등
('스프링쿨러' → sprinkler)
방화장치를 작동하지 않도록
ⓓ
조작해 인명 피해를 키운
혐의를 받고 있습니다.
　경찰은 이와 함께
어제에 이어 오늘도
코리아 냉동 대표 47살
공모 씨를 소환조사해
③
업무상 과실 여부와 함께 다른
　　　(→ 유무)
혐의도 확인할 예정입니다.
　경찰은 오늘 오전
중간수사결과를 발표할
　　　　(→ 발표합니다.)
예정입니다. (끝)

해설
① 아무리 예고 기사지만 '예정'을 4번 썼다.(무성의, 무감각)
② (자주 틀림)
　불을 끄는 것과 시원한 것을 혼동하지 마라.
③ 여기서는 '유무'가 더 적절

발음
ⓐ 과실〔과ː실〕
ⓑ 구속영장〔구송녕장〕(○), 〔구ː소경짱〕(×)
ⓒ 防火〔방화〕, *참고. 방화(放火)〔방ː화〕
ⓓ 造作〔조ː작〕, *참고. 操作〔조작〕

사회

|90| 음주단속 거부하고 흉기 휘두른 20대 붙잡혀

음주측정을 거부하고 단속 경찰관에게 흉기를 휘두른 20대 남성이 경찰에 붙잡혔습니다.

서울 서초경찰서는 오늘 새벽 0시 15분쯤 서울 반포동 사평로에서 음주측정을 거부하고 달아나다 붙잡히자 경찰관에게 지니고 있던 흉기를 휘두른 혐의로 경기도 부천시 괴안동 29살 김모 씨를 붙잡아 조사하고 있습니다.

경찰 조사에서 김 씨는 술을 마시고 운전하다 음주단속을 하자 겁이나 도망쳤으며 흉기로 자신의 몸에 상처를 입히기는 했지만 경찰관을 위협하지는 않았다고 주장한 것으로 알려졌습니다. (끝)

음주측정을 거부하고 단속 경찰관에게 흉기를 휘두른 20대 <u>남성이</u>
('남자가'가 이 경우 더 어울린다.)
경찰에 붙잡혔습니다.

서울 서초경찰서는
①
<u>오늘 새벽 0시 15분쯤</u>
(→ 지난 밤)
서울 반포동 사평로에서 음주측정을 거부하고 달아나다 붙잡히자 <u>경찰관에게 지니고</u>
(→ 경찰관에게 흉기를
<u>있던 흉기를 휘두른 혐의로</u>
휘두른 혐의로)
경기도 부천시 괴안동 29살 김모 씨를 붙잡아 조사하고 있습니다.

경찰 조사에서 김 씨는 술을 마시고 운전하다 음주단속을 하자 겁이나 도망쳤으며 <u>흉기로 자신의</u>
(→ 불필요)
<u>몸에 상처를 입히기는 했지만</u>
경찰관을 위협하지는 않았다고 주장한 것으로 알려졌습니다. (끝)

김 씨는 경찰조사에서, 술을 마시고 운전하다 음주운전 단속을 보고 겁이나 도망쳤을 뿐, 흉기사용 사실은 기억나지 않는다며 부인했습니다.

해설

① 0시 15분은 '새벽'이라 할 수 없다. '지난 밤'이 전향적 표현이다.

사회

|91| 국회내 인분 투척 50대 검거

서울 영등포경찰서는 오늘 국회에서 소란을 피우다 제지당하자 인분을 뿌려 공무집행을 방해한 혐의로 58살 정 모씨를 검거했습니다.

정 씨는 국회 본회의장에서 썩은 검찰을 개혁하자라며 소리치는 등 소란을 피우다 국회 경위들에게 제지당해 방호장실로 끌려가자 갖고 있던 인분을 바닥에 뿌려 국회 직원의 공무를 방해한 혐의를 받고 있습니다.

경찰은 정 씨가 3년 전 자신이 고소한 사기 사건에 대해 검찰이 무혐의 처분을 내리자 이에 앙심을 품은 것으로 추정하고 정확한 범행 동기 등을 조사하고 있습니다. (끝)

서울 영등포경찰서는 오늘 국회에서 소란을 피우다 제지당하자 <u>인분을 뿌려</u>① 공무집행을 방해한 혐의로 58살 정 모씨를 <u>검거</u>②했습니다.

정 씨는 국회 본회의장에서 썩은 검찰을 <u>개혁하자</u>③라며 소리치는 등 소란을 피우다 국회 경위들에게 제지당해 방호장실로 끌려가자 갖고 있던 <u>인분을</u> 바닥에 뿌려 국회 직원의 공무를 방해한 혐의를 받고 있습니다.

경찰은 정 씨가 3년 전 자신이 고소한 사기 사건에 대해 검찰이 무혐의 처분을 내리자 <u>이에 앙심을 품은 것으로 추정하고</u>④ 정확한 범행 동기 등을 조사하고 있습니다. (끝)

서울 영등포경찰서는 오늘 국회에서 오물을 투척하는 등 공무집행을 방해한 58살 정 모씨를 구금했습니다.

정 씨는 국회 본회의장에 무단 침입해 썩은 검찰을 개혁하라며 소란을 피우다 국회 경위들에 제지당하자 인분을 뿌린 혐의를 받고 있습니다.

경찰은 정 씨가 3년 전 자신이 고소한 사기사건에 대해 검찰이 무혐의 처분을 내리자 앙심을 품고 이같은 행동을 한 것으로 보고, 더 정확한 동기를 캐고 있습니다.

해설
① '인분'을 두 번이나 쓸 필요는 없다. 느낌이 안 좋다.
② '검거'는 탈주자나 장기도피자를 잡았을 때 어울린다.
③ 직접화법은 가급적 쓰지 않는다. 안 써도 지장 없다.
④ (정확성)

사회

|92| 검찰, 이재용 전 환경부장관 소환

의료계 정관계 로비의혹을 조사하고 있는 서울중앙지검 조사부는 지난 주 중순 이재용 전 환경부장관을 소환조사했습니다.

검찰은 이 전 장관을 상대로 지난해 5.31 지방선거를 전후로 치과의사협회 측으로부터 불법 정치 후원금 천만 원을 받았는지 여부를 집중 조사한 것으로 알려졌습니다.

검찰은 이 전 장관이 치과의사협회 자금 천만 원을 치과의사 10여 명의 명의로 쪼개 개인 후원금으로 꾸며 영수증 처리한 정황을 포착하고 대가성 여부에 대해 수사를 확대하고 있습니다.
(끝)

① 의료계 정관계 로비의혹을 조사하고 있는 서울중앙지검 조사부는 지난 주 중순
 (이상하다.)
이재용 전 환경부장관을 소환조사했습니다.

검찰은 이 전 장관을 상대로 지난해 5.31 지방선거를 전후로 치과의사협회 측으로부터 불법 정치 후원금 천만 원을 받았는지 여부를 집중 조사한 것으로 알려졌습니다.

검찰은 이 전 장관이 치과의사협회 자금 천만 원을
 (중복)
치과의사 10여 명의 명의로 쪼개 개인 후원금으로 꾸며 영수증 처리한 정황을 포착하고 대가성 여부에 대해
 ('유무'의 잘못)
수사를 확대하고 있습니다.
(끝)

서울중앙지검이 의료계의 정·관계 로비의혹 사건과 관련해 지난주 이재용 전 환경부장관을 소환조사했던 것으로 밝혀졌습니다.

이 전 장관은 지난해 5.31 지방선거를 전후해 치과의사협회로부터 불법 정치후원금 천만 원을 받았는지를 조사받은 것으로 알려졌습니다.

검찰은 이 전 장관이 이 돈을 치과의사 10여 명의 명의로 나눠 개인후원금 명목으로 영수증 처리한 정황을 포착하고 대가성 유무를 수사하고 있습니다.

해설

① 뒤늦게 드러난 사실이므로 그 느낌에 맞게 써야 한다.

② 주어를 누구로 해야 단락이 자연스러워지는지 궁리해야 한다.

사회

|93| 개봉동 3중 추돌, 1명 사망

오늘 새벽 4시쯤
서울 개봉동
주유소 앞에 사거리에서
화물차 2대와 승용차 1대가
부딪혔습니다.
　이 사고로
화물차 운전자 45살 강 모씨가
숨지고 또 다른 화물차 운전자
38살 임 모씨가 다쳤습니다.
　경찰은
신호 대기 중이던 임 씨의
화물차를 강 씨가 몰던
화물차가 들이받은 뒤
이 충격으로 임 씨의 화물차와
맞은편에서 오던 승용차가
충돌한 것으로 보고
정확한 사고 경위를 조사하고
있습니다. (끝)

오늘 새벽 4시쯤
서울 개봉동
<u>주유소 앞에 사거리에서</u>
(장소가 막연. 번지수나 건물 이름이 필요)
화물차 2대와 승용차 1대가
<u>부딪혔습니다.</u> ('부딪히다'는 '부딪다'의 피동형.
이 경우 서로 충돌한 것이므로 '부딪다'의 강세형인
　이 사고로　　'부딪치다'를 써야 함.)
화물차 운전자 45살 강 모씨가
숨지고 또 다른 화물차 운전자
38살 임 모씨가 다쳤습니다.
　경찰은
신호 대기 중이던 임 씨의
화물차를 강 씨가 몰던
화물차가 들이받은 뒤
이 충격으로 임 씨의 화물차와
　　　　　　①
맞은편에서 오던 <u>승용차가</u>
충돌한 것으로 보고
정확한 사고 경위를 조사하고
있습니다. (끝)

해설
① '승용차'는 '차종'을 밝히는 게 원칙이다. 승용차 운전자는 어떻게 되었나? 부상인가, 사망인가?

사회

|94| 일산 10대 여성 빈집털이범 구속

경기도 일산경찰서는

아파트 빈집에 들어가

상습적으로 금품을 훔친 혐의로

17살 오 모씨와 박 모씨,

훔친 물건을 구입한

44살 김 모씨 등

3명을 구속했습니다.

　　오씨와 박씨는 지난해

8월부터 다섯달 동안

경기도 시흥시 일대를

돌아다니며 초인종을 눌러

빈 집인 것을 확인한 뒤

베란다 창문을 열고 집에

침입하는 수법으로

모두 66차례에 걸쳐

2억 천만원 상당의 금품을

훔친 혐의를 받고 있습니다. (끝)

경기도 ①<u>일산경찰서는</u>

아파트 빈집에 들어가

상습적으로 금품을 훔친 혐의로

②<u>17살 오 모씨와 박 모씨</u>∧
　　　　　　　　　　그리고(친절성)

훔친 물건을 구입한

44살 김 모씨 등

3명을 구속했습니다.

　　오씨와 박씨는 지난해

8월부터 다섯달 동안

①<u>경기도 시흥시</u> 일대를

돌아다니며 초인종을 눌러

빈 집인 것을 확인한 뒤

베란다 창문을 열고 집에

침입하는 수법으로

모두 66차례에 걸쳐

2억 천만원 상당의 금품을

훔친 혐의를 받고 있습니다. (끝)

해설

① 일산경찰서와 경기도 시흥시의 어울림이 어색하다. 일산 관할에서 잡혔거나 주소지가 일산으로 추측되나 '66차례'에 '2억천만 원'이면 사건이 크므로 '시흥'만을 주 무대로 한 이유를 밝히거나 다른 도시가 있다면 언급하든지 해야 한다. 아니면 '일산'과의 관련성을 덧붙여야 한다.

② 보통 20세 이상의 남녀를 성인으로 인정한다. 따라서 17세는 '씨'를 붙이기에 부적절하다. '오 모 양', '박 모 양'이 자연스럽다.

사회

|95| 지하철 전동차 뛰어든 70대 숨져

어젯밤 10시 40분쯤 지하철 4호선 노원역 승강장에서 서울 한남동 70살 최 모씨가 역에 진입하던 전동차에 뛰어들어 그 자리에서 숨졌습니다.

이 사고로 4호선 양방향 운행이 40여분 동안 중단돼 승객들이 큰 불편을 겪었습니다.

경찰은 최 씨가 평소 우울증을 앓았다는 가족들의 진술에 따라 스스로 목숨을 끊은 것으로 보고 정확한 사고 원인을 조사하고 있습니다. (끝)

어젯밤 10시 40분쯤 지하철 4호선 노원역 승강장에서 서울 한남동 70살 최 모씨가 <u>역에 진입하던</u> 전동차에
(→ 불필요)
뛰어들어 그 자리에서 숨졌습니다.
①
이 사고로 4호선
ⓐ　ⓑ
<u>양방향</u> <u>운행</u>이 40여분 동안 중단돼 승객들이
(은)
~~큰~~ 불편을 겪었습니다.
②
경찰은 최 씨가 평소 우울증을 앓았다는 가족들의 진술에 따라 스스로 목숨을 끊은 것으로 보고 정확한 사고 원인을 조사하고 있습니다. (끝)

"

경찰은 최 씨가 평소 우울증을 앓았다는 가족 말에 따라 스스로 목숨을 끊은 것으로 보고 있습니다.

이 사고로 지하철 4호선 양방향 운행이 40여 분 동안 중단돼 승객들은 큰 불편을 겪었습니다.

해설
①이 ② 뒤로 가야 맞다. 사람 목숨이 승객 불편보다 우선이다.

발음
ⓐ 양방향〔양:방향〕
ⓑ 운행〔운:행〕

사회

|96| 원로 성악가 윤치호씨 별세

원로 성악가,
바리톤 윤치호 씨가
어제 지병으로 별세했습니다.
향년 70세로,
서울대 음대를 졸업한 고인은
감성적이면서도 활기찬
음색으로 KBS 합창단과
김자경 오페라단,
국립 오페라단 등에서
주역으로 활약했습니다.

유족으로는 부인과
미국 뉴욕 메트로폴리탄
무대에서 활약하고 있는
바리톤 윤형 씨 등
2남 1녀가 있습니다.

빈소는 서울대병원에
마련됐고, 발인은
내일 오전 8시 반쯤으로
예정돼 있습니다. (끝)

원로 성악가,
바리톤 윤치호 씨가
어제 지병으로 별세했습니다.
ⓐ ('지병'은 특별한 사인이 아니다. 그러므로 불필요하다.)
향년 70세로
ⓑ
서울대 음대를 졸업한 고인은
감성적이면서도 활기찬
음색으로 KBS 합창단과
김자경 오페라단,
국립 오페라단 등에서
(→ 국내외 오페라 무대에서)
주역으로 활약했습니다.

유족으로는 부인과
미국 뉴욕 메트로폴리탄
무대에서 활약하고 있는
바리톤 윤형 씨 등
2남 1녀가 있습니다.

빈소는 서울대병원에
마련됐고, 발인은
내일 오전 8시 반쯤으로
(부정확한 정보. → '8시30분', 실제는 9시였음.)
예정돼 있습니다. (끝)

원로 성악가, 바리톤 윤치호 씨가 향년 70세를 일기로 어제 별세했습니다.

서울대 음대를 졸업한 고인은 ~

"

"

"

발음
ⓐ 享年〔향ː년〕
ⓑ 故人〔고ː인〕

사회

|97| 안산서 여성에게 산성물질 투척

지난 3일 밤 10시쯤 경기도 안산시 원곡동 중국 동포 45살 김 모 씨의 집 앞 계단에서 신원을 알 수 없는 남자가 김 씨에 강한 산성물질을 뿌린 뒤 달아났습니다.

김 씨는 얼굴 등에 화상을 입고 달려온 남편에 의해 인근 병원으로 옮겨져 치료를 받고 있습니다.

경찰은 김 씨에게 뿌려진 산성물질을 국립과학수사연구소에 보내 성분검사를 의뢰했습니다.

경찰은 김 씨가 키가 작고 마스크를 쓴 남자가 산성 물질을 뿌렸다고 말함에 따라 먼저 주변 인물들을 상대로 관련 조사를 벌이고 있습니다. (끝)

지난 3일 밤 10시쯤 경기도 안산시 원곡동 중국 동포 45살 <u>김 모</u>① 씨의 집 앞 계단에서 신원을 알 수 없는 남자가 <u>김 씨</u>에 강한 산성물질을 뿌린 뒤 달아났습니다.

김 씨는 얼굴 등에 화상을 입고 <u>달려온 남편에</u> (→ 불필요) <u>의해</u> 인근 병원으로 옮겨져 치료를 받고 있습니다.

경찰은 김 씨에게 뿌려진 <u>산성물질을</u> (겹침) 국립과학수사연구소에 보내 성분검사를 <u>의뢰</u>ⓐ했습니다.

② <u>경찰은</u> <u>김 씨가 키가</u> 작고 마스크를 쓴 남자가 산성 물질을 뿌렸다고 말함에 따라 먼저 주변 인물들을 상대로 관련 조사를 벌이고 있습니다. (끝)

지난 3일밤 10시쯤 경기도 안산시 원곡동에서 한 남자가 집주인 45살 김 모 여인에게 강한 산성물질을 뿌리고 달아났습니다.

중국 동포인 김 씨는 얼굴 등에 화상을 입고 인근 병원에서 치료를 받고 있습니다.

"

경찰은 이 물질을 국립과학수사연구소로 보내 정확한 성분 분석을 맡겼습니다.

경찰은 용의자가 작은 키에 마스크를 썼다는 김 씨 말에 따라 주변인물을 상대로 조사하고 있습니다.

[해설]
① 겹침
② 늘어짐(주어 셋이 거푸 나옴.)

[발음]
ⓐ 의뢰. [으뢰]로 소리나지 않게 유의 [의뢰/의뤠](○)

사회

|98| 대형마트 직원 항의시위…매장점거 잇따라

	①
한 대형마트회사 직원들의 항의시위와 매장점거가 밤새 잇따랐습니다. 어제 밤 10시부터 서울 잠원동의 한 대형마트에서 회사 직원 40여명이 회사의 일방적인 근무지 변경에 항의하며 시위를 벌이다 오늘 새벽 2시쯤 자진 해산했습니다. 또 같은 계열사인 성남시 분당의 다른 대형마트에서도 계산원 40여명과 민주노총 조합원 30여명이 회사측의 일방적 근무지 변경에 항의하며 어젯밤 10시부터 매장 계산대를 점거하다 오늘 새벽에 점거를 풀었습니다. (끝)	한 대형마트회사 직원들의 항의시위와 매장점거가 밤새 잇따랐습니다. 어제 밤 10시부터 서울 잠원동의 한 대형마트에서 회사 직원 40여명이 회사의 일방적인 <u>근무지</u> <u>변경</u>에 ⓐ ⓑ 항의하며 시위를 벌이다 오늘 새벽 2시쯤 자진 해산했습니다. 또 같은 계열사인 성남시 분당의 다른 대형마트에서도 계산원 40여명과 민주노총 조합원 30여명이 <u>회사측의 일방적 근무지 변경에 항의하며</u> (위와 겹침) 어젯밤 10시부터 매장 계산대를 점거하다 ⓒ 오늘 새벽<u>에</u> <u>점거</u>를 (→ 불필요) 풀었습니다. (끝)	어젯밤 10시, 서울 잠원동 뉴코아 아웃렛에서 이 회사 직원 40여 명이 사측의 일방적인 근무지 변경 조치에 항의하며 시위를 벌였습니다. 또 성남시 분당의 대형마트 홈에버에서도 직원 70여 명이 매장계산대를 점거하며 농성했습니다. 이들은 오전 2시쯤 자진 해산했습니다.

해설
- 마트 이름을 구체적으로 적시하지 않고 시위 등의 기사를 다루는 것은 '핵심'을 빠뜨리는 것이다.

발음
ⓐ 근무지〔근ː무지〕
ⓑ 변경〔변ː경〕
ⓒ 占據〔점거〕(○), 〔점ː거〕(×)

사회

|99| 서소문고가에서 4중 추돌…8명 중·경상

오늘 새벽 2시30분 쯤 서울 서소문동 서소문 고가 위에서 27살 심 모 씨가 몰던 다마스 승합차가 중앙선을 넘어 마주오던 에쿠스 승용차를 들이받았습니다.

또 에쿠스를 뒤따르던 카니발 승합차와 영업용 택시 등 차량 2대가 연쇄 추돌했습니다.

이 사고로 차량 안에 타고 있던 8명이 중·경상을 입고 인근 병원으로 옮겨져 치료를 받고 있습니다.

경찰은 심 씨가 몰던 승합차가 빗길에 미끄러져 사고를 낸 것으로 보고 정확한 경위를 조사 중입니다. (끝)

오늘 새벽 2시30분 쯤
(→ 오전) ⓐ
서울 서소문동 서소문 고가 위에서 27살 심 모 씨가 몰던
①
다마스 승합차가

중앙선을 넘어 마주오던

에쿠스 승용차를

들이받았습니다.

또 에쿠스를 뒤따르던
ⓑ
카니발 승합차와 영업용 택시 등 차량 2대가 연쇄 추돌했습니다.

이 사고로 차량 안에 타고 있던 8명이 중·경상을 입고 인근 병원으로 옮겨져 치료를 받고 있습니다.
ⓒ
경찰은 심 씨가 몰던 승합차가 빗길에 미끄러져 사고를 낸 것으로 보고 정확한 경위를 조사 중입니다. (끝)

('새벽'은 '먼동이 트려 할 무렵'이다. 일반적으로 '이른 시간'을 나타내기도 하지만, '오전'이 더 바람직하다.)

"

"

"

해설

① 방송은 음성언어의 영역이다. '읽기'와 '말하기'가 전제된다. 화자가 '띄어읽기'를 어떻게 하느냐에 따라 의미가 달라진다. '중앙선을 넘어' 다음에 쉼표를 넣어야 명확하다. '승합차가'에서 휴지(休止)를 갖게 되면 에쿠우스가 중앙선을 넘은 것이 된다.

발음

ⓐ 高架[고가](○), [고까](×), [고:까](×)
ⓑ 영업용[영엄농](○), [영어붕](×)
ⓒ 심(沈) 씨[심:씨]
　*참고. 李, 鄭, 趙, 尹, 宋 씨 등은 긴 발음

사회

| 100 | 유명 산후조리원에서 신생아 집단 장염 발생

한 유명 산후조리원에서 신생아들이 집단으로 장염에 걸려 격리 조치됐습니다.
서울 강남의 한 유명 산부인과 산후조리원에 있던 신생아 6 명이 사흘 전부터 일제히 설사를 하기 시작해 병원측은 설사 증세를 보인 신생아들을 격리 수용한 것으로 알려졌습니다.
신생아 가족들은 2주 전에도 14 명의 신생아 가운데 7 명이 집단 설사 증세를 보였는데도 병원 측이 안이하게 대응했다며 반발하고 있습니다. (끝)

①
한 유명 산후조리원에서
ⓐ
신생아들이 집단으로 장염에 걸려 격리 조치됐습니다.
②
서울 강남의 한 유명
ⓑ
산부인과 산후조리원에 있던 신생아 6 명이 사흘 전부터 일제히 설사를 하기 시작해
ⓒ
병원측은 설사 증세를 보인 신생아들을 격리 수용한 것으로 알려졌습니다.
신생아 가족들은 2주 전에도 14 명의 신생아 가운데 7 명이 집단 설사 증세를 보였는데도 병원 측이 안이하게 대응했다며 반발하고 있습니다. (끝)

서울 강남의 유명 산부인과 산후조리원에서 신생아 6 명이 집단으로 장염에 걸려 치료를 받고 있습니다.

병원측은 아기들이 사흘전부터 설사를 하기 시작했으며 현재 격리 조치중이라고 밝혔습니다.

가족들은 2주 전에도 다른 신생아들이 설사를 하는 등 똑같은 사고가 있었는 데도 병원측이 안이하게 대응했다며 강력히 항의하고 있습니다.

해설
① 리드문을 분리한 채 두 문장으로 나눌 만큼 큰 사건은 아니다. 아기에게는 미안하나 평범한 사고다.
② '격리조치'가 겹치는 것을 막고 두 문장을 조리있게 간명화했다.
③ '반발'은 오리발을 내밀거나 터무니없는 주장을 내밀거나 할 때 쓴다.

발음
ⓐ 장염〔장:념〕
ⓑ 有名〔유:명〕. *참고. 幽明〔유명〕
ⓒ 병원〔병:원〕

사회

|101| 상습적으로 차량 물품 훔친 20대 검거

길가에 세워진 차량의 물품을 상습적으로 훔친 20대가 경찰에 붙잡혔습니다.

서울 혜화경찰서는 주차된 차량 유리창을 부수고 차안에 설치된 네비게이션 등을 훔친 혐의로 26살 민모 씨를 붙잡아 조사하고 있습니다.

민 씨는 어제 새벽 3시 반쯤 경기도 고양시 대화동에서 32살 유모 씨의 승용차 뒷유리창을 깬 뒤 시가 50만 원짜리 네비게이션을 훔치는 등 지금까지 모두 천 5백만 원에 해당하는 차량 물품을 훔친 혐의를 받고 있습니다. (끝)

---

① 길가에 세워진 차량의 물품을 상습적으로 훔친 20대가 경찰에 붙잡혔습니다.
(→ 20대 남자가)

서울 혜화경찰서는 ⓐ주차된 차량 유리창을 부수고 차안에 설치된 네비게이션 등을 훔친 혐의로 26살 민모 씨를 붙잡아 조사하고 있습니다.

② 민 씨는 어제 새벽 3시 반쯤 경기도 고양시 대화동에서 32살 유모 씨의 승용차 ⓑ뒷유리창을 깬 뒤 시가 50만 원짜리 네비게이션을 훔치는 등
(→ 내비게이션, navigation)
지금까지 모두 천 5백만 원에 ⓒ해당하는 차량 물품을 훔친 혐의를 받고 있습니다. (끝)

서울 혜화경찰서는 주차된 차량의 유리창을 부수고 내비게이션 등을 훔친 혐의로 26살 민모 씨를 붙잡아 조사하고 있습니다.

민 씨는 어제 오전 3시 반쯤 경기도 고양시 대화동(어디에서, 더 구체적으로) 32살 유 모 씨의 승용차(차종을 밝힐 것) 뒷유리창을 깨고 시가 50만 원짜리 내비게이션을 훔치는 등 지금까지 천5백만 원 상당의 차량 물품을 훔친 혐의를 받고 있습니다.

해설
① '리드'를 따로 뽑을 만한 큰 사건이 아니다.
② 범행장소, 차종 등은 구체성을 띄어야 한다.

발음
ⓐ 駐車〔주:차〕
ⓑ 뒷유리창〔뒨뉴리창〕
ⓒ 該當〔해당〕, *참고. 害黨〔해:당〕

305

사회

|102| 한양대 설립자 김연준 박사 별세

원문	수정문	
한양대학교 설립자인 백남 김연준 박사가 오늘 새벽 0시 30분쯤 노환으로 별세했습니다. 백남 선생은 25살이던 지난 1939년 한양대학교의 전신인 동아공과학원을 설립하는 등 교육사업을 펼쳐왔으며, 국제신문인협회 이사, 대한체육연맹 회장 등을 역임했습니다. 또 연희전문에서 음악을 전공해 비가, 청산에 살리라 등 천 6백여 곡을 작곡했습니다. 빈소는 한양대학교 한양종합기술관에 마련됐으며, 발인은 오는 11일 10시, 장지는 평택 서정립니다. (끝)	① 한양대학교 설립자인 백남 김연준 박사가 오늘 새벽 0시 30분쯤 노환으로 별세했습니다. ② 백남 선생은 25살이던 지난 1939년 한양대학교의 전신인 동아공과학원을 설립하는 등 교육사업을 펼쳐왔으며, <u>국제신문인협회 이사, 대한체육연맹 회장 등을 역임했습니다.</u> ③ 또 <u>연희전문에서 음악을 전공해</u> 비가, 청산에 살리라 등 천 6백여 곡을 작곡했습니다. ④ 빈소는 한양대학교 한양종합기술관에 마련됐으며, 발인은 오는 11일 10시, 장지는 평택 서정립니다. (끝)	한양대학교 설립자인 백남 김연준 박사가 오늘 오전 0시 30분 향년 94세로 별세했습니다. 고 김연준 박사는 25세 때인 1939년 한양대의 전신인 동아공과학원을 설립한 이후 지금껏 교육사업에 매진해 왔습니다. 또 '청산에 살리라', '비가', '무곡' 등 천 6백여 곡에 달하는 아름다운 가곡을 남긴 음악가로도 활동해왔습니다. 빈소는 한양대 종합기술관이며, 발인은 오는 11일 10시, 장지는 평택 서정리입니다.

해설
① 향년(나이)이 빠졌다.(중요정보 누락)
② '백남 선생' 보다 '김연준 박사'가 익숙하다. 뒤는 중요하지 않은 정보다.
③ 어느 학교, 무슨 전공이 중요한 게 아니다.
④ '절은 절끼리', '구는 구끼리'

사회

|103| 스승의 날 하루 전, 학생이 선생님 폭행

원문	수정문	요약
스승의 날을 하루 앞두고 인천의 한 초등학교 여교사가 학생에게 맞아 허리 등을 다친 사실이 뒤늦게 알려졌습니다.	① 스승의 날을 하루 앞두고 (날짜 혼선) 인천의 한 초등학교 여교사가 학생에게 맞아 ① 허리 등을 다친 사실이 뒤늦게 (→ 뒤에 나옴) 알려졌습니다.	스승의 날 하루전인 지난 14일 인천의 초등학교 여교사가 학생에게 폭행당한 사실이 뒤늦게 밝혀졌습니다.
지난 14일 오후 1시쯤 인천 동춘동의 모 초등학교에서 이 학교 5학년 남학생이 버릇이 없다며 꾸짖는 같은 학년 교사 43살 신 모씨를 때려 신 씨가 허리와 발가락 등에 부상을 입고 인근 병원에서 치료를 받고 있습니다.	② 지난 14일 오후 1시쯤 인천 동춘동의 모 초등학교에서 이 학교 5학년 남학생이 버릇이 없다며 꾸짖는 같은 학년 교사 43살 신 모씨를 때려 신 씨가 허리와 발가락 등에 부상을 입고 인근 병원에서 치료를 받고 있습니다.	인천 동춘동 모 초등학교 5학년 ○ 모 군은 버릇없다며 자신을 꾸짖은 교사 43살 신 모 씨에게 폭행을 가했습니다. 신 씨는 허리와 발가락 등을 다쳐 인근 병원에서 치료를 받고 있습니다.
학교 관계자는 "현재 가해 학생은 학교에 나오지 않고 있으며 사고 경위를 조사해 적절한 조치를 취할 계획"이라고 밝혔습니다. (끝)	학교 관계자는 "현재 가해 학생은 학교에 나오지 않고 있으며 사고 경위를 조사해 적절한 조치를 취할 계획"이라고 밝혔습니다. (끝)	

해설
① 날짜를 명확히 밝혀 스승의 날과의 연관성을 부각한다.
② 너무 길다. 간명하게 써야 한다.

정　　치

경제·과학

사　　회

문화·스포츠·날씨

국　　제

수도권·지방

문화 · 스포츠 · 날씨

|1| 박지성, 9개월만에 복귀전

잉글랜드 프로축구 맨체스터 유나이티드의
박지성이 9개월만에 프리미어리그에 복귀했습니다.
박지성은 선덜랜드와의 원정경기에서
후반 12분 호날두 대신 투입돼 후반 인저리타임까지
35분 동안 그라운드를 누볐습니다.
　지난 3월31일 블랙번전 이후 무릎 수술과
재활 과정을 거친 박지성은 270일 만에
복귀전을 치렀습니다.
박지성은 교체 투입 3분만에 결정적인 패스를
연결하는 등 녹슬지 않은 감각을 보였지만
공격포인트를 올리진 못했습니다.
　무난한 복귀전을 치러낸 박지성은
29일 자정 웨스트햄전, 1월1일 버밍엄시티전에
계속 기용될 것으로 전망됩니다.
　맨체스터는 웨인 루니와 루이 사아,
호날두의 연속골로 선덜랜드를 4대 0으로
크게 물리치고 5연승을 달렸습니다.
　토트넘의 이영표와 풀럼의 설기현은
나란히 선발 출전해 프리미어리그 진출 두 번째로
맞대결을 펼쳤지만 공격포인트 획득엔 실패했습니다.
　미들즈브러의 이동국도 버밍엄시티전에서
후반 교체 투입돼, 프리미어리그에 소속된
한국 선수 4명이 이번 시즌 처음으로 모두 출전하게
됐습니다. (끝)

잉글랜드 프로축구 맨체스터 유나이티드의 박지성이 9개월만에 프리미어리그에 복귀했습니다.
(→ 선수가. 첫 문장에서는 '선수'를 붙이는 것이 예의.)
박지성은 선덜랜드와의 원정경기에서
　　　　우리시각 자정
후반 12분 호날두 대신 투입돼 후반 인저리타임까지 35분 동안 그라운드를 누볐습니다.
①
지난 3월31일 블랙번전 이후 무릎 수술과
ⓐ　　ⓑ　　ⓒ
재활 과정을 거친 박지성은 270일 만에 복귀전을 치렀습니다.
②
박지성은 교체 투입 3분만에 결정적인 패스를
　　　　　　　　　　　　　　ⓓ
연결하는 등 녹슬지 않은 감각을 보였지만 공격포인트를 올리진 못했습니다.
③
무난한 복귀전을 치러낸 박지성은 29일 자정 웨스트햄전, 1월1일 버밍엄시티전에 계속 기용될 것으로 전망됩니다.

맨체스터는 웨인 루니와 루이 사아, 호날두의 연속골로 선덜랜드를 4대 0으로 크게 물리치고 5연승을 달렸습니다.

토트넘의 이영표와 풀럼의 설기현은
　　　　　　　　　　　　(→ '도', 명확성, 친절성)
나란히 선발 출전해 프리미어리그 진출 두 번째로 맞대결을 펼쳤지만 공격포인트 획득엔 실패했습니다.

미들즈브러의 이동국도 버밍엄시티전에서
　　　　　　　(→ '역시')
후반 교체 투입돼, 프리미어리그에 소속된 한국 선수 4명이 이번 시즌 처음으로 모두 출전하게
됐습니다. (끝)　　　(→ 이렇게 쓰면 '머지 않은 장래'가 된다.
　　　　　　　　　　이미 경기를 치렀다. '출전했습니다.')

"

지난 3월 31일 블랙번과의 경기 후 무릎 수술과 재활 과정을 마치고 경기에 나선 박지성은 교체 투입 3분 만에 멋진 패스를 하는 등 녹슬지 않은 감각을 보였지만 공격 포인트를 올리지는 못했습니다.

"

"

해설

① '270일'을 계산할 필요는 없다. 밑에 '지난 3월'이 있다. '복귀전'은 ③과 겹친다.
② '결정적인 패스'는 좀 막연하다. '골과 연결될 수 있는'이 붙어야 하는 데 길다.
③은 '예상'이 아니라 '희망'이다. '희망'은 리포트가 아니다.(실제 이루어지지 않았다.)

발음

ⓐ 재활[재ː활]
ⓑ 過程[과ː정], *참고. 課程[과정]
ⓒ 거친[거친](○), [거ː친](×)
ⓓ 감각[감ː각]

문화 · 스포츠 · 날씨

|2| 내년부터 주한미군방송 못 본다

　　　　내년 중반 이후부터는 영어 공부 등을 위해
케이블TV에서 즐겨 보던
주한미군방송을 볼 수 없게 됩니다.
　　　방송위원회는
종합유선방송사업자 SO의
주한미군방송 재송신을 금지해달라는
주한미군 측의 요청을 수용하기로 방침을 정했다고
밝혔습니다.
　　　이에 따라 SO는
채널변경 신고를 마치는 내년 초 이후,
중계유선방송사업자, RO는 내년 6월 말 이후
주한미군방송 재송신을 할 수 없게 됩니다.
　　　주한미군은 지난 6월 말
'미국 제작사로부터 제공받은
프로그램으로 구성된 미군 방송을
국내 SO가 재송신할 경우
저작권 문제가 발생한다'며
SO의 재송신 금지를 요청하는 공문을
방송위에 보냈습니다. (끝)

내년 중반 이후부터는① 영어 공부 등을 위해

케이블TV에서 즐겨 보던

주한미군방송을 볼 수 없게 됩니다.

방송위원회는

② 종합유선방송사업자 SO의

주한미군방송 재송신을 금지해달라는

주한미군 측의 요청을 수용하기로 방침을 정했다고

밝혔습니다.

이에 따라 SO는

채널변경 신고를 마치는 내년 초 이후,③

④ 중계유선방송사업자, RO는 내년 6월 말 이후

주한미군방송 재송신을 할 수 없게 됩니다.

주한미군은 지난 6월 말

'미국 제작사로부터 제공받은

프로그램으로 구성된 미군 방송을

국내 SO가 재송신할 경우

ⓐ 저작권 문제가 발생한다'며

SO의 재송신 ⓑ금지를 요청하는 공문을

⑤ 방송위에 보냈습니다. (끝)

내년 중반부터는 AFKN(AFN-K), 즉 주한 미군방송을 볼 수 없게 됩니다.

방송위원회는 SO, 즉 종합유선방송사업자가 AFKN을 재송신하는 것을 막아달라는 주한미군 측 요청을 수용하기로 했다고 밝혔습니다.

이에 따라 SO는 채널변경신고를 마치는 내년 초부터, RO, 즉 중계유선방송사업자는 내년 6월말부터 주한미군방송 재송신을 할 수 없습니다.

주한미군은 지난 6월 말, 미군방송을 국내 종합유선방송사업자가 재송신할 경우 미국제작사와의 저작권 문제가 발생한다며 재송신 금지요청 공문을 방송위에 보낸 바 있습니다.

해설

① 주관적 판단. '영어공부', '즐겨보던'은 선입견이다.
② 활자로는 문제가 없지만 음성으로는 뒤의 '에스오'가 묻힐 수 있다.
③ 첫 문장부터 세 번 썼다.
④ ②와 같은 이유
⑤ 지금 보낸 것 같다. 시제가 다르다. 먼저 일어난 일이다.

발음

ⓐ 著作權〔저:작꿘〕
ⓑ 禁止〔금:지〕

문화·스포츠·날씨

|3| 조용필, 무대 데뷔 40주년 앞두고 특별 공연

가수 조용필 씨가 데뷔 40주년을 앞두고
올해 말 특별 공연을 갖습니다.
조용필 씨는 오늘
기자회견을 열고
무대 데뷔 40주년을 앞두고 열리는
올해 연말 공연은
영상과 조명, 특수효과를 이용해
다양한 장르를 선보이는
특별 공연으로 준비할 계획이라고
밝혔습니다.
조용필 씨는 특히 이번 공연은
그동안 가장 인기가 많았던 곡들을 중심으로
진행할 것이라고 설명했습니다.
가요계의 불황에 대해
조용필 씨는 대형 스타가 부족한 때문이라며
장르별로 스타가 많이 나와서
히트곡을 많이 내야
팬들이 많이 돌아올 수 있을 것이라고
말했습니다. (끝)

가수 조용필 씨가 데뷔 ①40주년을 앞두고 올해 말 특별 공연을 갖습니다.

조용필 씨는 오늘 기자회견을 열고 무대 데뷔 40주년을 앞두고 열리는 올해 연말 공연은 영상과 조명, 특수효과를 이용해
②다양한 장르를 선보이는
특별 공연으로 ⓐ준비할 계획이라고 밝혔습니다.

조용필 씨는 특히 이번 공연은
③그동안 가장 인기가 많았던 곡들을 중심으로 진행할 것이라고 설명했습니다.
④ 가요계의 불황에 대해 조용필 씨는 대형 스타가 부족한 때문이라며 장르별로 스타가 많이 나와서 히트곡을 많이 내야
ⓑ팬들이 많이 돌아올 수 있을 것이라고 말했습니다. (끝)

가수 조용필 씨가 올해 말 가수 데뷔 40년 특별 공연을 갖습니다.

조용필 씨는 오늘 기자회견에서 이번 특별 공연을 영상과 조명, 첨단 특수효과 등을 활용해 화려한 무대로 꾸밀 것이라고 말했습니다.

특히 이번 공연은 그동안 팬들의 사랑을 많이 받았던 히트곡 중심으로 진행할 것이라고 밝혔습니다.

조용필 씨는 가요계의 최근 불황에 대해서도 언급하면서 대형 스타의 부재와 장르별 히트곡이 부족한 것이 문제라고 말하고 우리 가요에 대한 팬들의 관심과 애정도 아울러 당부했습니다.

해설
① 연말공연과 '앞두고'는 맞지 않는다. 더구나 다음 문장에도 '앞두고'를 똑같이 쓰고 있다.
② 다음 문장에서 '인기곡 중심'의 공연과 충돌한다. 영상, 조명, 특수효과 등은 무대장치와 관련된 것이지 음악의 장르와는 다른 차원이다.(명확성)
③ 너무 서술적이다.
④ 역시 답답하게 늘어진다. 더구나 '많이'는 세 번이나 연속으로 쓰고 있다.

발음
ⓐ 준비[준:비]
ⓑ [f]발음을 취해 원어식으로 하지 말 것.
"외래어는 국어의 문맥 속에서 국어식으로 발음한다."
*참고. 패스트푸드, 퓨전, 펀드

|4| 안성남사당, 평양에서 첫 공연

안성남사당의 흥겨운 가락이
남북분단 이후 처음으로 평양에서 공연을 갖습니다.
경기도 안성시는
시립남사당풍물단 등 70여 명으로 구성된
북한방문단이 오늘부터 24일까지
평양을 방문해 공연을 펼친다고 밝혔습니다.
안성시는 이번 평양공연은
지난 9월 안성에서 열린
제13회 세계정구선수권대회에
선수단 파견을 요청했으나
북측이 참가하지 못한 답례차원에서
초청해 성사됐다고 말했습니다.
안성남사당풍물단은
방북 이튿날인 내일 평양시 정방산 성불사 앞
야외공연장에서 한국의 전통문화인
안성 남사당의 흥과 신명을
북한 주민들에게 선보일 예정입니다.
공연은 영화 '왕의 남자'에서
장생 대역으로 출연해 주목받은
'줄꾼' 권원태씨의 줄타기를 비롯해
접시 돌리기, 탈춤, 재주넘기, 꼭두각시 극 등
남사당놀이 6마당과 사물놀이,
설장구 합주 등이 선보입니다. (끝)

안성남사당의 ①홍겨운 가락이
남북분단 이후 처음으로 평양에서 공연을 갖습니다.
　　　경기도 안성시는
시립남사당풍물단 등 70여 명으로 구성된
②북한방문단이 오늘부터 24일까지
평양을 방문해 공연을 펼친다고 밝혔습니다.
　　　안성시는 이번 평양공연은
지난 9월 안성에서 열린
제13회 세계정구선수권대회에
(→ 불필요)
선수단 파견을 요청했으나
북측이 참가하지 못한 ③답례차원에서
④초청해 성사됐다고 말했습니다.
　　　⑤안성남사당풍물단은
방북 이튿날인 내일 평양시 정방산 성불사 앞
야외공연장에서 ⑥한국의 전통문화인
안성 남사당의 ⑦흥과 신명을
북한 주민들에게 선보일 예정입니다.
　　　⑧공연은 영화 '왕의 남자'에서
장생 대역으로 출연해 주목받은
'줄꾼' 권원태씨의 줄타기를 비롯해
접시 돌리기, 탈춤, 재주넘기, 꼭두각시 극 등
남사당놀이 6마당과 사물놀이,
설장구 합주 등이 선보입니다. (끝)

안성남사당풍물단이 분단 이후 처음으로 평양에서 공연합니다.

경기도 안성시는 70여 명으로 구성된 시립 남사당 풍물단이 오늘부터 24일까지 평양을 방문해 공연을 펼친다고 밝혔습니다.

이번 평양 공연은 지난 9월 안성시가 개최한 세계정구선수권대회에 부득이 불참한 북측이 보상 차원에서 초청해 이루어진 것이라고 시 관계자가 말했습니다.

안성남사당풍물단은 내일 평양 성불사 앞에서 공연하는데, 영화 '왕의 남자'에서 새롭게 주목받은 '줄꾼' 권원태 씨의 줄타기를 비롯해 남사당놀이 여섯 마당과 사물놀이 등을 펼칩니다.

해설
① 어떻게 '가락이' 공연을 갖나?
② '방문'의 중첩. '북한방문단이'를 뭣하러 쓰나.
③④ '답례'가 이상하고 '안성시'가 '말했다'도 이상하다.
⑤를 ⑧과 요령있게 묶는다.
⑥ 생뚱맞다. 남과 북 얘기를 하면서 '한국'은 어색하다.
⑦ (진부하다)외국인에게 광고할 때나 어울린다.
⑧ (장황하다)

문화 · 스포츠 · 날씨

|5| 이봉주, 시카고마라톤 2시간 17분대 7위

우리나라 마라톤의 간판 이봉주가 시카고마라톤에서 2시간 17분대의 기록으로 7위를 기록했습니다.

이봉주는 미국 시카고 시내 코스에서 열린 42.195킬로미터 레이스에서 2시간 17분 29초에 결승선을 끊어 7위를 기록했습니다.

이봉주는 레이스 초반 선두권에 포함됐지만, 최고기온 29도를 기록한 이상 기온으로 인해 체력 부담이 커지며 중반부터 뒤쳐졌습니다.

한편, 이번 대회에선 남녀부 모두 경기 막판 1위가 가려졌습니다.

케냐의 이부티와 모로코의 가리브가 2시간 11분 11초로 기록은 같았지만, 이부티가 간발의 차로 우승자로 가려졌습니다.

여자부에선 에디오피아의 아데르가 막판 역전에 성공하며 2시간 33분 49초로 우승했습니다. (끝)

우리나라 마라톤의 간판 이봉주가~~선수~~

시카고마라~~톤~~에서 2시간 17분대의 기록으로
                   대회
7위를 기록했습니다.

이봉주는 미국 시카고 시내 코스에서

열린 42.195킬로미터 레이스에서

2시간 17분 29초<u>에</u> 결승선을 끊어
         로 ①
        (→ 불필요)

7위를 기록했습니다.

② 이봉주는 레이스 초반 선두권에 포함됐지만,

최고기온 29도를 기록한 이상 기온으로 인해

체력 부담이 커지며 <u>중반부터 뒤쳐졌습니다</u>.
              ③

한편, 이번 대회에선

남녀부 모두 경기 막판 1위가 가려졌습니다.

④
 <u>∧케냐의 이부티와</u>
남자부는
<u>모로코의 가리브가</u> 2시간 11분 11초로

기록은 같았지만, 이부티가 간발의 차로

<u>우승자로 가려졌습니다.</u>
 (→ 우승을 차지했습니다.)
여자부에선 <u>에디오피아</u>의
        ('에티오피아', 외래어표기법)
아데르가 막판 역전에 성공하며

2시간 33분 49초로 우승했습니다. (끝)

> 이봉주는 레이스 초반 선두권에 있다가 29도를 오르내리는 이상 고온으로 체력부담이 커지면서 우승권에서 벗어났습니다.

해설
① 가위를 소지했나? 진부함, 길어짐.
② (표현의 정밀성)
③ 마치 하위권 같은 느낌을 준다. 그래도 7위를 했다.
④ 앞에 '남자부는'이 없으면 '이부티'와 '가리브'를 각각 남녀로 오인했을 것이다.

|6| 한국시리즈 입장권 위조표 발견

　　　　프로야구 한국시리즈 입장권 가운데
위조된 표가 발견됐다는 MBS 보도와 관련해
한국야구위원회가 진상 조사에 나섰습니다.
　　　　한국야구위원회는
지난 23일 열린 한국시리즈 2차전 경기에서
위조된 표 12장이 발견돼
경찰에 수사 의뢰했다고 밝혔습니다.
　　　　위조된 입장권은
재질이나 서식 등이 정상 표와 거의 같지만
경기 장소가 잘못 표기돼 있고,
고유 식별 번호와 글씨체가
다른 것으로 확인됐습니다.
　　　　야구 입장권에서
위조표가 발견된 것은 이번이 처음으로
한국야구위원회는 인쇄 기술 등이 유출됐는지
여부를 확인하고 있으며,
발행과 유통 경로에 대해서도
자체 조사를 벌이고 있습니다. (끝)

프로야구 한국시리즈 입장권 가운데①

위조된 표가 발견됐다는② MBS 보도와 관련해

한국야구위원회가 진상 조사에 나섰습니다.

한국야구위원회는③
　　　　　KBO(뒤에서 간결하게 써먹는다.)
지난 23일 열린 한국시리즈 2차전 경기에서
(┌ 위조표, 위조입장권)
위조된 표 12장이 발견돼

경찰에 수사 의뢰ⓐ했다고 밝혔습니다.

위조된 입장권은

재질이나 서식ⓑ 등이 정상 표와 거의 같지만

경기ⓒ 장소가 잘못 표기돼 있고,
　　　　　　　(→ 기재돼)
고유 식별 번호와 글씨체가

다른 것으로 확인됐습니다.

야구 입장권에서

위조표가 발견된 것은 이번이 처음으로

한국야구위원회는 인쇄 기술 등이 유출됐는지④

여부를 확인하고 있으며,

발행과 유통 경로에 대해서도

자체 조사를 벌이고 있습니다. (끝)

프로야구 한국시리즈 입장권이 위조됐다는 MBS 보도를 접한 한국야구위원회가 진상조사에 나섰습니다.

"

"

야구경기에서 위조입장권이 발견된 것은 이번이 처음으로 KBO는 현재 인쇄 기술 유출 여부를 확인 중이며 발행과정과 유통경로도 조사하고 있습니다.

해설
① '입장권', '표'가 겹친다.
② 직접 접근한다.
③ 약자 KBO를 붙임으로써 뒷 문장에서 음절 수를 줄이고 주어에 변화를 준다.
④ '여부' 앞에는 명사형이 와야 한다.

발음
ⓐ [으뢰]로 발음되지 않도록 유의
ⓑ 書式[서식], *참고. 棲息[서:식]
ⓒ 競技[경:기]
　*참고. 京畿[경기], 景氣[경기]

문화·스포츠·날씨

|7| 날　씨

　　　　오늘 아침에도 중부 지방의 기온이
영하 10도 안팎까지 떨어졌지만,
낮부터는 추위가 조금씩 누그러지겠습니다.
　　　　오늘 아침 최저기온은
대관령이 영하 20.2도, 경기도 문산 영하 14.9도,
서울 영하 8.6도,
전주도 영하 8.7도까지 내려갔습니다.
　　　　기상청은 오늘 낮기온은
중부지방은 0도 안팎, 남부지방은 5도 안팎으로
어제보다 3도가량 높겠고,
내일은 오늘보다 기온이 조금 더 높아
추위가 점차 풀리겠다고 내다봤습니다.
　　　　오늘은 전국이 대체로 맑겠지만,
울릉도, 독도에는 내일까지
10에서 20cm의 눈이 더 내리겠습니다.
　　　　바다의 물결은
동해 먼바다와 제주도 남쪽 먼바다에서
2미터 안팎으로 다소 높게 일겠습니다.
　　　　토요일인 내일은 전국이 맑다가
오전부터 점차 구름이 많이 끼겠고,
강원 영동과 영남 해안 지역에는
낮부터 눈이나 비가 내리는 곳이 있겠습니다.
　　　　일요일인 모레는 전국이 점차 흐려져
오후부터 한두차례 눈이나 비가
오는 곳이 있겠습니다. (끝)

　　　　　　오늘 아침에도 중부 지방의 기온이
영하 10도 안팎까지 떨어졌지만,
낮부터는 추위가 조금씩 누그러지겠습니다.
　　　　오늘 아침 <u>최저기온은</u>
대관령이 영하 20.2도, 경기도 문산 영하 14.9도,
서울 영하 8.6도,
전주도 영하 8.7도까지 <u>내려갔습니다.</u>
　　①　　　　　　　　(→ 기록했습니다.)
　　　　기상청<u>은</u> 오늘 낮기온<u>은</u>
중부지방<u>은</u> 0도 안팎, 남부지방은 5도 안팎으로
어제보다 3도가량 높겠고,
내일은 오늘보다 기온이 조금 더 <u>높아</u>
　　　　　　　　　　　　　(→ 올라)
추위가 점차 <u>풀리겠다고</u> 내다봤습니다.
　　　　(→ 누그러지겠다고, 날씨가-풀리겠다고)
　　　　오늘은 전국이 대체로 맑겠지만,
울릉도, 독도에는 내일까지
10에서 20cm의 눈이 더 내리겠습니다.
　　　　바다의 물결은
동해 먼바다와 제주도 남쪽 먼바다에서
2미터 안팎으로 다소 높게 일겠습니다.
　　　　토요일인 내일은 전국이 <u>맑다가</u>
　　　　　　ⓑ
오전부터 <u>점차</u> 구름이 많이 끼겠고,
강원 영동과 영남 해안 지역에는
낮부터 눈이나 비가 내리는 곳이 있겠습니다.
　　　　　ⓒ
　　　　일요일인 <u>모레</u>는 <u>전국이</u> 점차 흐려져
오후부터 한두차례 눈이나 비가
<u>오는 곳이 있겠습니다.</u> (끝)
(→ 호응이 안 맞는다. '전국이'를 빼거나, 아니면 자신있게 '오겠습니다.'로
쓴다. 어차피 예보가 다 맞는 것은 아니다.)

ⓐ

무화·스포츠·날씨

해설
① 조사의 적절한 사용은 리듬감을 살린다. '은'이 세 번 이어진다.
　→ 기상청은 중부지방의 낮기온이 0도 안팎, 남부는 5도 안팎
　　으로~

발음
ⓐ 맑다가〔막따가〕
ⓑ 점차〔점ː차〕
ⓒ 모레〔모ː레〕

323

문화 · 스포츠 · 날씨

|8| 날   씨

　　　　오늘도 초여름 더위가 계속되겠지만
남부지방은 어제보다는 더위의 기세가
한풀 꺾이겠습니다.

　　　　기상청은 오늘 낮기온은 서울이 29도,
대전과 광주가 28도, 대구는 27도 등으로
어제보다 2도에서 4도 가량 낮겠다고
밝혔습니다.

　　　　또 내일은 전국적으로 비가 조금
내리면서 예년 기온을 되찾을 것으로
예상됩니다.

　　　　오늘은 전국이 맑은 뒤
오후부터 차차 구름이 많이 끼겠고
강원 산간 지방에는 비가 조금
내리는 곳이 있겠습니다.

　　　　바다의 물결은 남해상에서
2내지 3미터로 높게 일겠습니다.

　　　　내일은 전국이 차차 흐려져서
중부지방부터 비가 내리다가 오후 늦게부터
차차 개겠습니다.

　　　　예상되는 비의 양은 전국이
5에서 10mm 가량으로 많지 않겠습니다. (끝)

오늘도 초여름 더위가 계속되겠지만 남부지방은 어제보다는 더위의 기세가 한풀 꺾이겠습니다.
　(→ 불필요)

① 기상청은 오늘 낮기온은 서울이 29도, 대전과 광주가 28도, 대구는 27도 등으로 어제보다 2도에서 4도 가량 낮겠다고 밝혔습니다.
　ⓐ

또 내일은 전국적으로 비가 조금 내리면서 예년 기온을 되찾을 것으로 예상됩니다.
(삭제)

오늘은 전국이 맑은 뒤 오후부터 차차 구름이 많이 끼겠고 강원 산간 지방에는 비가 조금 내리는 곳이 있겠습니다.
　ⓑ

바다의 물결은 남해상에서 2내지 3미터로 높게 일겠습니다.
(2~3m. (이삼미터))

내일은 전국이 차차 흐려져서 중부지방부터 비가 내리다가 오후 늦게부터 차차 개겠습니다.
　　　　　　(삭제)

예상되는 비의 양은 전국이 5에서 10mm 가량으로 많지 않겠습니다. (끝)
　　　　　　　'그리'(친절성)

기상청은 오늘 낮 기온이 서울 29도, 대전·광주 28도, 대구 27도 등으로 어제보다 2도에서 4도 가량 낮겠다고 밝혔습니다.

해설
① 간명함, 리듬감

발음
ⓐ 4도 가량〔사:도까량〕
ⓑ 산간지방〔산간찌방〕

325

문화 · 스포츠 · 날씨

|9| 장정구, 세계 복싱 명예의 전당 아쉽게 탈락

　　장정구가
한국 복싱 사상 처음으로
WBHF 즉 세계 복싱 명예의 전당에
후보에 올랐으나
가입 문턱에서 탈락했습니다.
　　장정구는
로스앤젤레스에서 열린
2007 명예의 전당 가입자 선발 투표에
후보로 올라 18표를 얻었으나
6표가 부족해 최종 선발되지는 못했습니다.
　　그러나 명예의 전당 사무국측은
한번 후보에 오르면
5년간 후보 자격이 유지되기 때문에
장정구는 내년에
명예의 전당에 가입할 가능성이
높다고 밝혔습니다.
　　장정구는
지난 1983년
WBC 라이트플라이급 타이틀을 획득한 뒤
1988년까지 15차 방어에 성공하는 등
한국 복싱사에 큰 족적을 남겼습니다. (끝)

① 장정구가

한국 복싱 사상 처음으로

WBHF 즉 세계 복싱 명예의 전당에

후보에 올랐으나

가입 문턱에서 탈락했습니다.

장정구는

로스앤젤레스에서 열린

2007 명예의 <u>전</u>당 가입자 선발 투표에
ⓐ

후보로 올라 18표를 얻었으나

6표가 부족해 최종 <u>선</u>발되지는 못했습니다.
　　　　　　　　ⓑ

그러나 명예의 전당 사무국측은

한번 후보에 오르면

5년간 후보 자격이 유지되기 때문에

장정구는 내년에

명예의 전당에 가입할 가능성이

높다고 밝혔습니다.

장정구는

지난 1983년

WBC 라이트플라이급 타이틀을 획득한 뒤

1988년까지 15차 방어에 성공하는 등

한국 복싱사에 큰 족적을 <u>남겼습니다.</u> (끝)
　　　　　　　(시제가 다르다. → '남긴 바 있습니다.')

세계복싱 명예의 전당 후보로 올랐던 왕년의 복싱스타 장정구 씨가 아쉽게 탈락했습니다.

장정구 씨는 LA에서 열린 WBHF, 즉 복싱 명예의 전당 2007년 후보에 올라 18표를 얻었지만 가입기준인 24표에 6표가 모자랐습니다.

명예의 전당 사무국측은 그러나, 일단 후보에 오르면 5년간 자격이 유효하기 때문에 내년은 기대할 만하다고 밝혔습니다.

장정구 씨는 ~

해설
① '장정구'는 이제 선수가 아니다. 1963년생이다. 현재 활약하는 선수라도 첫 문장에는 '선수'라는 명칭을 붙이는 것이 예의에도 맞고 자연스럽다.

발음
ⓐ 殿堂[전ː당]
ⓑ 選拔[선ː발], *참고. 先發[선발]

327

문화 · 스포츠 · 날씨

|10| 칸 영화제 여우 주연상에 전도연(2보)

영화배우 전도연이 한국 시각으로 오늘 새벽
프랑스 칸에서 열린 제60회 칸 국제영화제 시상식에서
이창동 감독의 영화 '밀양'으로
여우주연상을 받았습니다.
한국 여배우가 세계 3대 영화제에서
여우주연상을 탄 것은 지난 1987년 '씨받이'로
강수연이 베니스영화제에서
여우주연상을 수상한 이후 20년 만입니다.
칸 여우주연상을 수상한 동양계 여배우로는
홍콩 장만위 이후 두 번째이고
동양계 배우로 칸에서 남녀 주연상을
받은 배우는 모두 다섯 명이 됐습니다.
황금색 드레스를 입고 시상대에 오른 전도연은
'밀양'을 환영해 주신 칸과
여러분을 평생 잊지 못할 것이라며
"감사드린다"는 말로 수상 소감을 밝혔습니다.
전도연에게 여우주연상의 영예를 안겨준
영화 '밀양'은 아들을 죽인 살인자를 두고
용서라는 화두 앞에 괴로워하는
피아노 강사 신애, 전도연과 그녀를 사랑하는
카센터 사장 종찬, 송강호의 이야기를 다룬
이창동 감독의 작품입니다.
이번 칸 영화제에서 황금 종려상은
불법 낙태 문제를 다룬
크리스티안 문주 감독의 루마니아 영화
'4개월, 3주 그리고 2일'이 수상했습니다.
또 감독상은 파라노이드 파크의 구스 반 산트 감독이
남우 주연상은 러시아 영화 '추방'의
콘스탄틴 라브로넨코가 받았습니다. (끝)

영화배우 전도연이 한국 시각으로 오늘 새벽 프랑스 칸에서 열린 제60회 칸 국제영화제 시상식에서 이창동 감독의 영화 '밀양'으로
여우주연상을 받았습니다.
　한국 여배우가 세계 3대 영화제에서 여우주연상을 탄 것은 지난 1987년 '씨받이'로 강수연이 베니스영화제에서
여우주연상을 수상한 이후 20년 만입니다.
　칸 여우주연상을 수상한 동양계 여배우로는 홍콩 장만위 이후 두 번째이고
동양계 배우로 칸에서 남녀 주연상을
받은 배우는 모두 다섯 명이 됐습니다.
　황금색 드레스를 입고 시상대에 오른 전도연은
'밀양'을 환영해 주신 칸과
여러분을 평생 잊지 못할 것이라며
"감사드린다"는 말로 수상 소감을 밝혔습니다.
(→ 뒤는 생략)
　전도연에게 여우주연상의 영예를 안겨준
영화 '밀양'은 아들을 죽인 살인자를 두고
용서라는 화두 앞에 괴로워하는
피아노 강사 신애, 전도연과 그녀를 사랑하는
카센터 사장 종찬, 송강호의 이야기를 다룬
이창동 감독의 작품입니다.
　이번 칸 영화제에서 황금 종려상은
불법 낙태 문제를 다룬
크리스티안 문주 감독의 루마니아 영화
'4개월, 3주 그리고 2일'이 수상했습니다.
　또 감독상은 파라노이드 파크의 구스 반 산트 감독이
남우 주연상은 러시아 영화 '추방'의
콘스탄틴 라브로넨코가 받았습니다. (끝)

영화배우 전도연 씨가 우리시각으로 오늘 새벽 제60회 칸국제영화제에서 영화 '밀양'으로 여우주연상을 받았습니다.

〃

아시아 여배우로는 홍콩 장만위 이후 두 번째며 남녀를 통틀어로는 ○○○, ○○○ 등에 이어 다섯 번째입니다.

금빛 드레스 차림의 전도연 씨는 수상소감에서 영화제 관계자와 팬들을 평생 잊지 못할 것이라며 감사하다는 말을 전했습니다.

또 "저 혼자서는 불가능한 일이었다.""이창동 감독님이 있었기에 가능한 일이었고, 송강호 씨가 인물을 완전하게 만들었다."라며 겸손해 했습니다.

해설
- 중언부언에다 중요정보와 지엽적 정보를 구분 못해 우왕좌왕하고 하고 있다.

문화 · 스포츠 · 날씨

|11| 날　씨

　　　　오늘은 전국에 구름만 다소 끼겠지만,
동해안 지역은 오전까지
비가 조금 내리는 곳이 있겠습니다.
　　　　현재 울릉도, 독도에서 강풍경보가,
호남 해안 지역에는 강풍주의보가 내려진 가운데
내륙 지역에도 낮 동안
바람이 다소 강하게 불겠습니다.
　　　　낮기온은 서울이 22도 등
전국이 19도에서 25도로
어제와 비슷하겠습니다.
　　　　기상청은
밤늦게 서울, 경기 지역부터 다시 비가 시작돼
내일까지 중부 지방과 경상북도에는
5에서 20mm 가량의 비가 내리겠고,
내일은 그 밖의 남부 지방에도
5mm 안팎의 비가 조금 내리겠다고 내다봤습니다.
　　　　특히 중부 지방에는
돌풍이 불면서 천둥, 번개가 치는 곳이 많겠고,
우박이 떨어지는 곳도 있을 것으로 보입니다.
　　　　바다의 물결은
풍랑주의보가 내려진 서해 중부와 남해 동부,
동해 전 해상에서 2에서 4미터로 높게 일겠고,
남해와 동해상에는 짙은 안개가 끼겠습니다.
　　　　오는 21일까지는
천문 현상의 영향으로 만조 때 바닷물 수위가
평소보다 높게 올라가고,
파도도 높게 일기 때문에
서해안 저지대 주민들의 주의가 요망됩니다. (끝)

① 　　　오늘은 전국에 구름만 다소 끼겠지만,
동해안 지역은 오전까지
비가 조금 내리는 곳이 있겠습니다.
　　　현재 울릉도, 독도에서 강풍경보가,
　　　　　　　　　　　(→ 삭제)
호남 해안 지역에는 강풍주의보가 내려진 가운데
내륙 지역에도 낮 동안
바람이 다소 강하게 불겠습니다.
　　　낮기온은 서울이 22도 등
전국이 19도에서 25도로
어제와 비슷하겠습니다.
　　　기상청은
밤늦게 서울, 경기 지역부터 다시 비가 시작돼
내일까지 중부 지방과 경상북도에는
②
5에서 20mm 가량의 비가 내리겠고,
내일은 그 밖의 남부 지방에도
(불필요)
5mm 안팎의 비가 조금 내리겠다고 내다봤습니다.
　　　특히 중부 지방에는
돌풍이 불면서 천둥, 번개가 치는 곳이 많겠고,
　　　　　　　　　　　　(→ 많겠으며, '변화주기')
우박이 떨어지는 곳도 있을 것으로 보입니다.
　　　바다의 물결은
풍랑주의보가 내려진 서해 중부와 남해 동부,
동해 전 해상에서 2에서 4미터로 높게 일겠고,
남해와 동해상에는 짙은 안개가 끼겠습니다.
　　　③ 오는 21일까지는
천문 현상의 영향으로 만조 때 바닷물 수위가
(전문용어, 어렵다.)
평소보다 높게 올라가고,
파도도 높게 일기 때문에
서해안 저지대 주민들의 주의가 요망됩니다. (끝)

오늘은 전국에 구름만 다소 끼는 가운데 동해안 지역은 오전에 비가 조금 오는 곳이 있겠습니다.

5~20mm 가량의 비가 내리겠다고 밝혔습니다. 호남지방과 경상남도 역시 내일은 비가 5mm 안팎 내리겠습니다.

앞으로 나흘간 썰물 때 바닷물 수위가 평소보다 높고 파도도 세차겠습니다. 특히 서해안 주민들의 주의가 요망됩니다.

해설

① '구름'과 '비'는 역접관계가 아니다. 상관관계다. '-ㄴ, -는 가운데'는 '어떤 일이나 상태가 이루어지는 범위의 안'이라는 의미로 여기에 부합한다.

② (나눠쓰기)
③ (나눠쓰기)

문화 · 스포츠 · 날씨

|12| 내년 문예진흥기금사업 184억여 원 지원

한국문화예술위원회는 공모 사업을 통해 내년에 천 320건에 대해 문예진흥기금 184억여 원을 지급하기로 결정했습니다.

분야별 지원 내역은 국내 창작과 표현 활동 사업이 6백여 건에 82억원으로 가장 많고, 국제 예술교류 사업이 199건에 33억원, 이어 신진 예술가 지원사업, 예술전용공간 지원 등의 순입니다.

문화 예술 위원회측은 5년 전과 비교해 신청 건수는 122% 늘었지만 지원예산은 12% 늘어나는데 그쳐 한계가 있다며 이번에 확정된 내년 공모 사업 역시 전체 신청 건수의 20%에 불과하다고 밝혔습니다. (끝)

① 한국문화예술위원회는 공모 사업을 통해 내년에
② 천 320건에 대해
ⓐ 문예진흥기금 184억여 원을 지급하기로 결정했습니다.

분야별 지원 내역은 국내 창작과 표현 활동 사업이
③ 6백여 건에 82억원으로 가장 많고, 국제 예술교류 사업이 199건에 33억원,
④ 이어 신진 예술가 지원사업, 예술전용공간 지원 등의 순입니다.

문화 예술 위원회측은 5년 전과 비교해 신청 건수는 122% 늘었지만 지원예산은 12% 늘어나는데
⑤ 그쳐 한계가 있다며
(→ 그쳤고)
이번에 확정된 내년 공모 사업 역시 전체 신청 건수의 20%에 불과하다고 밝혔습니다. (끝)

한국문화예술위원회는 내년에 문예진흥기금 180억여 원을 공모사업을 통해 쓰기로 결정했습니다.

사업지원 분야는 국내 창작과 표현 지원이 628 건에 82억 원으로 가장 많고 국제 예술교류 199 건, 33억 원, 신진예술가 지원 195 건, 12억 원 등 모두 1,320 건에 184억5천만 원입니다.

해설
① 두서없는 리드. '공모사업'에 무게가 있는데, 이렇게 쓰면 의미가 흐려진다.
② 뒤로 보낸다.
③ 큰 것은 '여'를 쓰고 그보다 작은 199건을 구체적으로 밝히면 어떡하나?(균형감)
④ 두 사업의 건수와 액수를 생략하는 것은 이상하다.
⑤ 무슨 한계?

발음
ⓓ 184억여 원[백팔섭사어겨원](○)
    [백팔섭사엉녀원](×)

문화 · 스포츠 · 날씨

|13| 프로복싱 최요삼, 의식 불명

전 프로복싱 세계챔피언 최요삼이 경기 직후 의식을 잃은 뒤 뇌출혈이 발견돼 수술을 받았지만 의식을 되찾지 못하고 있습니다.

최요삼은 서울 자양동에서 열린 세계복싱기구 인터콘티넨탈 플라이급 타이틀 1차 방어전에서 인도네시아의 헤리 아몰을 경기 종료 10초 전 도전자의 오른손 스트레이트에 턱을 맞고 쓰러졌습니다.

최요삼은 곧바로 일어나 경기를 마쳤지만 3대 0, 판정승을 확인한 직후 의식을 잃어 서울 한남동 순천향병원으로 후송됐습니다.

최요삼은 두 시간여의 수술을 끝내고 중환자실로 옮겨졌지만 아직 의식 불명 상태입니다. (끝)

---

① 전 프로복싱 세계챔피언 최요삼이 경기 직후 의식을 잃은 뒤 뇌출혈이 발견돼 수술을 받았지만 의식을 되찾지 못하고 있습니다.

최요삼은
② 서울 자양동에서 열린 세계복싱기구 인터콘티넨탈 (→ 인터콘티넨털, '외래어 표기법') 플라이급 타이틀
③ 1차 방어전에서 인도네시아의 헤리 아몰을 경기 종료 10초 전 도전자의 오른손 스트레이트에 턱을 맞고 쓰러졌습니다.

최요삼은 곧바로 일어나 경기를 마쳤지만 3대 0, 판정승을 확인한 직후 의식을 잃어 서울 한남동 순천향병원으로
④ 후송됐습니다.

최요삼은 두 시간여의 수술을 끝내고 중환자실로 옮겨졌지만 아직 의식 불명 상태입니다. (끝)

WBO, 세계복싱기구 챔피언 최요삼 선수가 경기 직후 뇌출혈로 수술을 받았지만 아직까지 의식불명 상태입니다.

최요삼은 서울 광진구민 체육관 특설링에서 벌어진 WBO 인터콘티넨털 플라이급 타이틀 1차 방어전에서, 경기종료 10초 전 도전자 인도네시아의 헤리 아몰에게 턱을 맞고 쓰러졌습니다.

최요삼은 바로 일어나 경기를 마쳤지만 판정승을 확인한 후 의식을 잃고 한남동 순천향병원으로 이송됐습니다.

두 시간 넘게 수술을 마치고 중환자실에 있는 최요삼은 의식을 찾지 못하고 있습니다.

해설

① 전 챔피언이 어떻게 타이틀 방어를 하나?(오락가락) 최요삼은 현 WBO 챔피언이고 전 WBC 챔피언이다. 이 경기는 WBO 전이다.
② 구체적인 장소를 말하라.
③ 비문(非文)
④ 군대용어. 후방(後方)으로 보낸다는 뜻.

333

문화 · 스포츠 · 날씨

|14| BBC '울리에, 매카시 한국행 포기'(2보)

축구대표팀 감독 최종후보였던 울리에와 매카시 감독이 모두 한국행을 포기했다는 유럽 현지 언론의 보도가 나왔습니다.

영국 BBC 인터넷판은 한국 축구협회가 협상 대상자로 삼았던 울리에 감독이 BBC와의 인터뷰에서 한국 감독직에 관심이 없다고 말했다고 보도했습니다.

BBC는 매카시 감독도 울버햄프턴에 남기로 결정해 한국행이 무산됐다고 덧붙였습니다.

축구협회는 어제 울리에와 매카시 중 한명이 2, 3일 내로 새 감독으로 결정될 것이라고 밝혔지만 BBC의 보도가 사실일 경우 다른 후보를 찾아야 하는 상황에 놓이게 됐습니다. (끝)

축구대표팀 감독
① 최종후보였던
② 울리에와 매카시 감독이 모두 한국행을 포기했다는
③ 유럽 현지 언론의 보도가 나왔습니다.

영국 BBC 인터넷판은
④ 한국 축구협회가 협상 대상자로 삼았던 울리에 감독이 BBC와의 인터뷰에서 한국 감독직에 관심이 없다고 말했다고 보도했습니다.

BBC는 매카시 감독도
⑤ 울버햄프턴에 남기로 결정해
⑥ 한국행이 무산됐다고 덧붙였습니다.

축구협회는 어제 울리에와 매카시 중 한명이 2, 3일 내로 새 감독으로 결정될 것이라고 밝혔지만 BBC의 보도가 사실일 경우 다른 후보를 찾아야 하는 상황에 놓이게 됐습니다. (끝)

축구대표팀 감독으로 유력시 되던 프랑스의 울리에르 감독과 잉글랜드의 매카시 감독 모두 한국행을 포기한 것으로 알려졌습니다.

영국 BBC 인터넷 판은 울리에르 전 프랑스대표팀 감독이 한국대표팀 감독직에 관심이 없다고 말했다고 보도했습니다.

또 프리미어리그 울버햄프턴 팀을 맡고 있는 매카시 감독도 팀에 남기로 결정해 협상이 무산됐다고 전했습니다.

해설
① 두 사람이 '응모'한 것 같다.
② (친절성). '울리에와'가 이름으로 오인될 수 있다.
③ 다른 언론도 있나? BBC 뿐.
④ (불필요)
⑤ (친절성). 축구 문외한도 고려하라.
⑥ 한국행을 애타게 바랐는데 좌절됐나?

발음
(Gerard Houllier : 1947~ 제라르 울리에르). 외래어 표기법 유의

문화 · 스포츠 · 날씨

|15| 이천수 교체로 45분간 출전, 팀은 승리

네덜란드 프로축구 페예노르트의 이천수가 데뷔 이후 가장 긴 45분동안 그라운드를 누볐습니다.

이천수는 네덜란드 로테르담에서 열린 데 그라프샤프와의 홈경기에서 후반 시작과 함께 교체 투입돼 강력한 슈팅을 시도하는 등 활발한 움직임을 보였지만 골을 기록하지는 못했습니다.

페예노르트는 데 그라프샤프를 2대 0으로 이겨 8승 2패를 기록했고, 이천수는 네 경기 연속 교체 멤버 출전 기록을 이어갔습니다. (끝)

네덜란드 프로축구
①
페예노르트의 이천수가
②
데뷔 이후 가장 긴 45분동안
③
그라운드를 누볐습니다.

이천수는 네덜란드 로테르담에서 열린 데 그라프샤프와의 홈경기에서
ⓐ ⓑ
후반 시작과 함께
④
교체 투입돼 강력한 슈팅을 시도하는 등 활발한 움직임을 보였지만 골을 기록하지는 못했습니다.

페예노르트는 데 그라프샤프를 2대 0으로 이겨 8승 2패를 기록했고, 이천수는 네 경기 연속 교체 멤버 출전 기록을 이어갔습니다. (끝)

네덜란드 프로축구 페예노르트 팀의 이천수 선수가 유럽무대 데뷔 이후 가장 긴 출장시간을 기록하며 활약했습니다.

이천수는 로테르담 홈 경기에서 후반전 45분을 소화하며 ○○분 강력한 슈팅을 날리기도 했지만 골을 기록하지는 못했습니다.

페예노르트는 그러나, 원정팀 데 그라프샤프를 2 : 0으로 이겨 8승 2패를 기록했고(이것보다 리그 몇 위가 더 유용한 정보다.) 이천수는 네 경기 연속 교체 출전기록을 이어갔습니다.

해설
① 첫 문장에서 '선수'를 붙여야 예의다.(스포츠 신문의 영향)
② (막연하다.)명확성
③ '누비다' 정도가 되려면 골, 도움 등을 기록해야 하지 않을까?
④ '슈팅을 시도' 하는 것은 슈팅까지는 못한 의미도 된다.

발음
ⓐ 후반〔후:반〕
ⓑ 시작〔시:작〕

문화 · 스포츠 · 날씨

|16| 팝스타 '비욘세', 다음달 한국방문

지금까지 1억장 이상의
음반을 판매하고
그래미상을 11 번이나 수상한
미국의 팝스타 비욘세가
다음달 한국을 방문합니다.

비욘세는 오늘 뉴욕에서
자신의 이름을 딴 휴대전화
발매를 기념해 기자회견을
갖고, 처음 가게 될
한국방문을 앞두고
흥분되고, 기대된다면서,
한국의 팬들을 빨리 만나고
싶다고 말했습니다.

비욘세는 또 많은
한국친구들이 자신에게
한국방문을 권유했다고 밝히고,
한국의 모든 문화를
체험해 보겠다고
말했습니다. (끝)

지금까지 1억장 이상의
음반을 판매하고
그래미상을 11 번이나 수상한
미국의 팝스타 비욘세가
①
다음달 <u>한국을 방문합니다.</u>

비욘세는 오늘 뉴욕에서
자신의 이름을 딴 휴대전화
발매를 기념해 기자회견을
갖고, <u>처음 가게 될</u>
　　　(非文 → '첫 한국 방문')
<u>한국방문을</u> 앞두고
흥분되고, 기대된다면서,
한국의 팬들을 빨리 만나고
싶다고 말했습니다.

비욘세는 또 많은
②
<u>한국친구들이 자신에게</u>
　　　　ⓐ (→ 불필요)
<u>한국방문을 권유했다고 밝히고,</u>
<u>한국의</u> 모든 문화를
체험해 보겠다고
말했습니다. (끝)

그래미상 11회 수상에 1억장 이상의 음반판매를 기록중인 세계적 팝스타 비욘세가 다음달 우리나라에 옵니다.

"

비욘세는 많은 한국인 친구들이 내한공연을 권유했다고 밝히고, 한국의 다양한 문화를 체험해보고 싶다고 말했습니다.

해설
① '한국 방문'이 무려 세 번 나온다.
② '한국'이 세 번 나온다.

발음
ⓐ 권유〔궈:뉴〕

문화 · 스포츠 · 날씨

|17| '미술관·화랑 절반은 2001년 이후 생겨'

현재 활동 중인
미술전시공간의 절반 정도는
2001년 이후에 생겨났다는
조사결과가 나왔습니다.

 김달진미술연구소가
지난해 11월1일부터
올해 1월31일까지 미술관과
문예회관, 화랑 등의
실태를 조사한 결과
현재 운영되고 있는 미술관의
45.5%는 2001~2006년에
생겨났고, 화랑은 49.6%,
문예회관은 41.7%가
이 기간에 개관한 것으로
밝혀졌습니다.

 이는 1990년대를
거치면서 문화예술에 대한
수요가 높아지고
정책적 지원도 늘어났으며
최근 몇 년간 미술시장이
호황이었기 때문인 것으로
분석됐습니다. (끝)

① 현재 활동 중인
미술전시공간의 절반 정도는
2001년 이후에 <u>생겨났다는</u>
조사결과가 나왔습니다.
(겹침)
 김달진미술연구소가
지난해 11월1일부터
올해 1월31일까지 미술관과
문예회관, 화랑 등의
실태를 조사한 결과
③
현재 운영되고 있는 <u>미술관의
45.5%</u>는 2001~2006년에
<u>생겨났고, 화랑은 49.6%,
문예회관은 41.7%가</u>
이 기간에 개관한 것으로
밝혀졌습니다.

 이는 1990년대를
거치면서 문화예술에 대한
수요가 높아지고
정책적 지원도 늘어났으며
최근 몇 년간 미술시장이
호황이었기 때문인 것으로
분석됐습니다. (끝)

현재 운영되고 있는 미술 전시공간의 절반 정도는 2001년 이후 들어선 것으로 나타났습니다.

 김달진 미술연구소가 지난해 11월부터 석달 동안 실태를 조사한 결과, 2001년부터 2006년까지 가장 많은 미술관과 문예회관, 화랑 등이 개관한 것으로 나타났습니다.

 미술관의 45.5%가 이 때 문을 열었고, 화랑, 문예회관도 비슷한 결과를 보였습니다.

 이는 1990년대에 이루어진 문화예술에 대한 수요증가와 정부의 정책적 지원에 힘입은 바 크며, 이에 따른 미술시장의 호황도 한 원인으로 분석됩니다.

해설
① 미술전시공간은 인간이 아니다.
② (서툴다.) 뒤에 또 썼다.
③ '퍼센트'에 별 차이가 없다.

문화·스포츠·날씨

|18| 한국시리즈 오늘 6차전 예고

　　프로야구 SK와 두산의 한국시리즈 6차전이 오늘 오후 6시에 인천 문학경기장에서 펼쳐집니다.
　　SK는 3승 2패로 창단 첫 한국시리즈 우승에 1승 만을 남겨 놓은 상태고, 두산으로선 2승 3패로 벼랑 끝에 몰려 있어 반드시 이겨야 하는 상황입니다.
　　2연패 후 3연승을 기록한 SK는 김재현과 이호준 등 중심타선의 타격이 살아나 상승세를 타고 있습니다.
　　반면 두산은 김동주, 홍성흔 등의 부활과 내야진 수비에서 안정감을 되찾는 것이 급선무입니다.
　　6차전에선 SK의 채병용과 두산의 임태훈이 선발투수 맞대결을 펼칩니다.
(끝)

　　프로야구 SK와 두산의 한국시리즈 6차전이 오늘 오후 6시에 인천 문학경기장에서 펼쳐집니다.
　　SK는 3승 2패로 창단 첫 한국시리즈 우승에 1승 만을 남겨 놓은 상태고, 두산으로선 2승 3패로
<u>벼랑 끝에 몰려 있어 반드시</u>
(→ 상투적 과장, '벼랑끝에' 정도는 삭제)
이겨야 하는 상황입니다.
　　2연패 후 3연승을 기록한 SK는 김재현과 이호준 등
중심타선의 <u>타격</u>ⓐ이 살아나
①
<u>상승세를 타고 있습니다.</u>
②
<u>반면 두산은 김동주,</u>
홍성흔 등의 부활과
③
내야진 수비에서 <u>안정감을</u>
<u>되찾는 것이 급선무입니다.</u>
　　6차전에선 SK의 채병용과 두산의 임태훈이
ⓑ
<u>선발투수 맞대결을 펼칩니다.</u>
(끝)

"

"

2연패 후 3연승한 SK는 김재현, 이호준 등 중심 타선이 활약해 상승세에 있는 반면, 두산은 김동주, 홍성흔 등 주전의 부진과 내야 수비 불안을 극복해야 승산이 있다는 분석입니다.

"

해설
①로 마무리하고 ②와 연결하면 ③은 '하락세' 등의 반대의견이 나와야 한다. '급선무입니다' 등은 너무 주관적 견해다.

발음
ⓐ 타격〔타:격〕
ⓑ 先發〔선발〕, *참고. 選拔〔선:발〕

문화·스포츠·날씨

|19| 성남, AFC챔피언스리그 4강(종합)

K리그 성남이 시리아의 알 카라마를 물리치고 아시아 챔피언스리그 4강에 진출했습니다.

성남은 오늘 새벽 시리아에서 벌어진 8강 2차전에서 전반 9분 모따의 선제골과 후반 26분에 터진 김동현의 추가골로 알 카라마에 2대 0으로 승리를 거뒀습니다.

지난 1차 홈경기에 이어 원정 2차전에서 승리를 거둔 성남은 다음달 3일과 24일 J리그 우라와와 홈 앤 어웨이로 결승 진출을 다툽니다. (끝)

K리그 성남이① 시리아의 알 카라마를 물리치고 아시아 챔피언스리그 4강에 진출했습니다.

성남은 오늘 새벽② 시리아에서 벌어진 8강 2차전에서 전반 9분 모따의 선제골과 후반 26분에 터진 김동현의 추가골로 알 카라마에 2대 0으로 승리를 거뒀습니다.

지난 1차 홈경기에 이어 원정 2차전에서 승리를 거둔 성남은 다음달 3일과 24일 J리그 우라와와③ 홈 앤 어웨이로 결승 진출을④ 다툽니다. (끝)

K리그 성남 일화가 알 카라마 팀을 물리치고, 아시아 챔피언스리그 4강에 진출했습니다.

성남은 우리 시각으로 오늘 새벽 열린 8강 2차전 원정경기에서, 전반 9분 모따의 선제골과 후반 26분에 터진 김동현의 추가골로 2대 0으로 승리했습니다.

지난 1차전 홈경기 승리에 이어 이번에도 이긴 성남은 다음 달 3일과 24일 일본 J리그 '우라와 레즈' 팀과 역시 홈 앤 어웨이 방식으로 준결승전을 치릅니다.

해설

① 익숙하더라도 도시 이름만을 지칭하는 것 같은 느낌이 있으니 팀명을 써 준다. 뒤에 '우라와'도 마찬가지다.
② (친절성)
③ '우라와'의 '와'와 조사 '와'가 겹쳐 음감이 안 좋고 헷갈릴 위험이 있다.
④ 얼핏 결승전 같은 느낌이 든다.

문화 · 스포츠 · 날씨

|20| 아시아남자배구 한국, 호주에 역전패

우리나라가 아시아배구 선수권대회에서 호주와 풀세트 접전 끝에 역전패당했습니다.

우리나라는 인도네시아에서 열린 대회 8강 라운드 2차전에서, 세트 스코어 2대 2로 맞선 5세트 10대 4까지 앞섰으나 막판 집중력 부족으로 세트를 내주며 결국 호주에 3대2로 패했습니다.

1승1패를 기록하며 조 1위확보에 비상이 걸린 우리나라는 일본과 8강 라운드 마지막 경기를 치릅니다. (끝)

①우리나라가
아시아배구 선수권대회에서
②
호주와 풀세트 접전 끝에
③
역전패당했습니다.

우리나라는
인도네시아에서 열린
대회 8강 라운드 2차전에서,
④
세트 스코어 2대 2로 맞선
5세트 10대 4까지 앞섰으나
⑤
막판 집중력 부족으로
세트를 내주며 결국 호주에
3대2로 패했습니다.

1승1패를 기록하며
조 1위확보에 비상이 걸린
우리나라는 일본과
ⓐ
8강 라운드 마지막 경기를
치릅니다. (끝)

남자배구 대표팀이 아시아배구 선수권대회에서 호주에 3 : 2로 석패했습니다.

우리나라는 인도네시아 자카르타에서 열린 대회 8강 2차전에서 마지막 5세트를 10대 4까지 앞서가다 결국 15대 (상대팀 스코어)로 호주에 졌습니다.

이로써 1승 1패를 기록한 우리대표팀은 일본과의 경기를 남겨두고 있는데 이겨야 조 1위가 됩니다.

해설
① 남자팀인지 여자팀인지 끝까지 안 나오고 있다.
② (대개 불필요하다.)
③ '역전패'에 이미 '당하다'의 의미가 들어있다. 음절수가 너무 길다. 3 : 2면 아쉽게 진 것이니 惜敗(석패)가 적절하다.
④ (불필요)
⑤ (불필요) 집중력 부족하면 지는 게 당연하다.

발음
ⓐ 競技〔경:기〕

문화 · 스포츠 · 날씨

|21| 이형택 US오픈 테니스 3회전 진출(1보)

　　　한국 테니스의 간판
이형택이 시즌 마지막
그랜드슬램 대회인
US오픈에서 3회전에
진출했습니다.
　　　세계랭킹 43위인
이형택은 오늘
뉴욕에서 열린 대회 2회전에서
세계랭킹 14위의
기예르모 카냐스에
3대 0 완승을 거두고
3회전에 올랐습니다.
　　　지난 2000년
US 오픈에서 4회전까지
올랐던 이형택은
세계랭킹 19위인
앤디 머레이와 4회전
진출을 다투게 됐습니다. (끝)

　　　한국 테니스의 간판
이형택이 시즌 마지막
(→ '이형택 선수가', 첫 문장에서는 '선수'를
그랜드슬램 대회인　　　붙인다)
US오픈에서 3회전에
ⓐ
진출했습니다.
　　　세계랭킹 43위인
이형택은 오늘
뉴욕에서 열린 대회 2회전에서
세계랭킹 14위의
　　　　　(→ 14위인 아르헨티나의
기예르모 카냐스에
　기예르모 카냐스에, '친절성')
3대 0 완승을 거두고
3회전에 올랐습니다.
　　　지난 2000년
US 오픈에서 4회전까지
올랐던 이형택은
세계랭킹 19위인
∧앤디 머레이와 4회전
영국의(친절성)　ⓑ
진출을 다투게 됐습니다. (끝)

> **발음**
> ⓐ 진출〔진ː출〕
> ⓑ '됐습니다.'
> 　〔뒈〕로 발음나지 않도록 입을 크게 벌린다.

341

문화 · 스포츠 · 날씨

|22| 올림픽축구대표팀, 오늘 우즈베크전

원문	수정문	요약
우리나라 올림픽 축구 대표팀이 오늘 저녁 8시, 서울월드컵경기장에서 우즈베키스탄과 2008 베이징올림픽 축구 최종 예선 1차전을 벌입니다.	우리나라 (→ 불필요) 올림픽 축구 대표팀이 오늘 저녁 8시, 서울월드컵경기장에서 우즈베키스탄과 2008 베이징올림픽 축구 최종 ⓐ (→ 불필요) 예선 1차전을 벌입니다.	
6회 연속 본선 진출을 노리는 올림픽대표팀은 신영록과 한동원, 이상호 등을 내세워 우즈베키스탄과의 경기에서 승리를 노리고 있습니다.	6회 연속 본선 진출을 ① 노리는 올림픽대표팀은 신영록과 한동원, 이상호 등을 내세워 우즈베키스탄과의 (→ 중복) 경기에서 승리를 노리고 있습니다.	" 6회 연속 본선 진출을 노리고 있는 대표팀은 신영록, 한동원, 이상호 선수 등을 공격진으로 내세워 필승을 다짐하고 있습니다.
바레인과 시리아, 우즈베키스탄과 함께 B조에 속한 올림픽팀은 조 1위를 차지해야 올림픽 본선에 나갈 수 있습니다. (끝)	바레인과 시리아, 우즈베키스탄과 함께 B조에 속한 올림픽팀은 조 1위를 차지해야 ('만' 추가, '친절성', '어감') 올림픽 본선에 나갈 수 있습니다. (끝)	"

해설
① 뒤에 '노리다'가 또 있다.

발음
ⓐ 벌입니다〔버ː림니다〕

문화 · 스포츠 · 날씨

|23| 아시안컵-오늘 바레인과 2차전

아시안컵 축구대회에 출전중인 우리나라 축구대표팀이 오늘밤 바레인과 조별 예선 2차전을 갖습니다.

1차전에서 사우디아라비아와 비겼던 축구대표팀의 베어벡 감독은 바레인전에서 초반부터 적극적인 공격을 펼쳐 반드시 승점 3점을 얻겠다고 밝혔습니다.

우리나라는 피파랭킹 51위로 바레인보다 49계단이나 앞서 있고, 역대 전적에서도 9승 3무 1패로 절대 우위에 있습니다. (끝)

아시안컵 축구대회에 출전중인 우리나라 축구대표팀이 오늘밤 바레인과 조별 예선 2차전을 갖습니다.

1차전에서
① <u>사우디아라비아와 비겼던</u>
<u>축구대표팀의 베어벡 감독은</u>
바레인전에서 초반부터
ⓐ
적극적인 <u>공격</u>을 펼쳐
②
반드시 <u>승점 3점을 얻겠다고</u>
밝혔습니다.

우리나라는 피파랭킹
51위로 <u>바레인보다</u>
③
<u>49계단이나 앞서 있고,</u>
ⓑ
역대 <u>전적</u>에서도
9승 3무 1패로 절대 우위에
있습니다. (끝)

베어벡 감독은 사우디아라비아와의 1차전에서 소극적인 경기 끝에 비긴 것을 의식해, 바레인전에서는 초반부터 적극적인 공격으로 반드시 승리해 승점 3점을 확보하겠다고 밝혔습니다.

우리나라는 피파랭킹에서 51위로 100위인 바레인보다 훨씬 앞서 있으며, 역대 상대전적에서도 9승 3무 1패로 절대 우위를 보이고 있습니다.

해설
① 수식하는 대상이 모호하며 길다.
② 승점 3점이면 끝나는 게 아니다. 더 얻어야 한다.
③ 계산시키지 마라. 답을 말하라.

발음
ⓐ 攻擊 [공ː격]
ⓑ 戰績 [전ː적]

문화 · 스포츠 · 날씨

|24| 세계양궁선수권, 한국 남녀단체전 동반 우승

한국 양궁이
독일 라이프찌히에서 벌어진
세계선수권대회 단체전에서
남녀부 동반 우승을
차지했습니다.
　　박성현, 최은영,
이특영이 출전한 여자대표팀은
결승전에서 만난 타이완을
226대 221로 제쳤고,
이어 벌어진 남자 결승에서도
임동현, 이창환, 김연철이
영국을 224대 214로
물리치고, 금메달을
목에 걸었습니다.
　　이로써, 우리나라 여자
양궁은 세계선수권대회
단체전 3연패를,
남자 양궁은 4연패를 각각
달성해 다시 한번
세계최강임을 과시했습니다.
　　우리시간으로 오늘 밤,
남녀부 개인전에 출전하는
우리나라는 앞서 개인전 4강
진출을 확정지은 박성현과
임동현이 또다시 금메달에
도전합니다. (끝)

한국 양궁이
독일 라이프찌히에서 벌어진
(→ 라이프치히, Leipzig)
세계선수권대회 단체전에서
남녀부 동반 우승을
차지했습니다.
①
　　박성현, 최은영,
(→ 이특영 선수가)
이특영이 출전한 여자대표팀은
결승전에서 만난 타이완을
(→ 삭제)
226대 221로 제쳤고,
이어 벌어진 남자 결승에서도
임동현, 이창환, 김연철이
영국을 224대 214로
물리치고, 금메달을
목에 걸었습니다.
②
　　이로써, 우리나라 여자
양궁은 세계선수권대회
단체전 3연패를,
남자 양궁은 4연패를 각각
달성해 다시 한번
세계최강임을 과시했습니다.
③
　　우리시간으로 오늘 밤,
남녀부 개인전에 출전하는
우리나라는 앞서 개인전 4강
진출을 확정지은 박성현과
임동현이 또다시 금메달에
도전합니다. (끝)

우리 시각으로 오늘밤 열리는 남녀 개인전에서도 우리나라는 임동현과 박성현이 출전해 다시 금메달에 도전합니다.

해설
① 선수명이 처음 나올 때는 '선수'라는 명칭을 붙인다.
② 남자양궁이 4연패로 기록이 더 좋은 데도 뒤에 놓았다. 여기자의 기사라해도 ①에서 여자대표팀 성적을 먼저 썼다면 ②에서 균형감각을 의식해야 한다. 남성 위주도 문제지만 역차별도 문제다.
③ 여기서도 여자선수를 앞에 놓았다.

문화 · 스포츠 · 날씨

|25| 올림픽 축구, 오늘 최종 예선 조추첨

2008 베이징올림픽 축구 아시아지역 최종 예선 조 추첨이 오늘 오후 말레이시아 콸라룸푸르 아시아축구연맹 본부에서 열립니다.

아시아축구연맹은 지난 아테네올림픽 예선과 본선 성적을 바탕으로 2차 예선을 통과한 12개 팀의 순위를 매겨 네 개의 포트에 넣어 추첨한다고 밝혔습니다.

아테네올림픽에서 8강에 진출했던 우리나라는 일본, 이라크와 함께 A포트에 배정돼 맞대결을 피하게 됐습니다.

최종 예선은 오는 8월 22일부터 네 개 팀씩 세 개조로 나뉘어 조별리그를 치른 뒤, 각 조 1위 세 팀만이 올림픽 본선 티켓을 얻을 수 있습니다. (끝)

2008 베이징올림픽 축구 아시아지역 최종 예선 조 추첨이 오늘 오후 말레이시아 <u>콸라룸푸르</u>
(→ 쿠알라룸푸르, 2004.12. 동남아 3개언어 표기법에 따름)
아시아축구연맹 본부에서 열립니다.

아시아축구연맹은 지난 아테네올림픽 예선과 본선 성적을 바탕으로 2차 예선을 통과한 12개 팀의 순위를 <u>매겨</u> 네 개의
(→ 바탕으로, 참고해)
포트에 넣어 추첨한다고 밝혔습니다.

아테네올림픽에서 8강에 진출했던 우리나라는 일본, 이라크와 함께
①
<u>A포트에 배정돼</u> 맞대결을 피하게 됐습니다.

최종 예선은 오는 8월 22일부터 <u>네 개</u> 팀씩 <u>세 개</u>조로 나뉘어
(→ 네)   (→ 세)
조별리그를 <u>치른 뒤</u>,
(치르며)
각 조 1위 세 팀만이 올림픽 본선 티켓을 얻을 수 있습니다. (끝)

"

"

아테네올림픽 8강 진출팀인 우리나라는 일본, 이라크와 함께 시드를 배정받아 초반 맞대결을 피하게 됐습니다.

"

해설

① 무슨 말인가? 포트는 아주 생소한 외래어에 속한다. 한국, 일본, 이라크가 마치 같은 조에 속한 것 같다.

정   치

경제·과학

사   회

문화·스포츠·날씨

국   제

수도권·지방

국제

|1| 미 교도소서 영화 모방 탈옥 발생

　　　　미국 뉴저지의 한 교도소에서
영화 '쇼생크 탈출'을 연상시키는
탈옥 사건이 발생했다고 뉴욕타임스가
전했습니다.
　　　　뉴욕타임스는
뉴저지주 유니언 카운티 교도소에서
지난 15일 2명의 수감자가
벽을 뚫고 좁은 통로를 통해
교도소를 빠져나갔고,
자신들의 탈옥 준비과정을 은폐하기 위해
뚫린 벽을 여자 모델 포스터로 가리는 등
영화와 비슷한 수법을 썼다고 보도했습니다.
　　　　교도소측은 이와 관련해
"헐리우드 영화 같은 탈옥이 발생했다"면서
"차이점이 있다면
이것은 영화가 아니라 현실이라는 점"이라고
말했다고 신문은 전했습니다. (끝)

①　미국 뉴저지의 한 교도소에서
②　영화 '쇼생크 탈출'을 연상시키는
③　탈옥 사건이 발생했다고 뉴욕타임스가
전했습니다.

뉴욕타임스는

뉴저지주 유니언 카운티 교도소에서

지난 15일 2명의 수감자가

벽을 뚫고 좁은 통로를 통해

교도소를 빠져나갔고,

자신들의 탈옥 준비과정을 은폐하기 위해

뚫린 벽을 여자 모델 포스터로 가리는 등
④　영화와 비슷한 수법을 썼다고 보도했습니다.

교도소측은 이와 관련해
⑤　"헐리우드 영화 같은 탈옥이 발생했다"면서

"차이점이 있다면

이것은 영화가 아니라 현실이라는 점"이라고

말했다고 신문은 전했습니다. (끝)

미국 뉴저지 주의 교도소에서 영화같은 탈옥사건이 발생했다고 뉴욕타임스 신문이 보도했습니다.

뉴욕타임스는 지난 15일 뉴저지 유니언 카운티 교도소에서 2명의 수감자가 벽을 뚫고 교도소를 빠져나갔으며, 탈옥을 위해 지난 1994년 영화 '쇼생크 탈출'과 똑같이 여자 모델 포스터로 뚫린 벽을 가리는 수법을 썼다고 전했습니다.

교도소 측 관계자도 마치 할리우드 영화같은 탈옥사건이 발생했다면서 차이가 있다면 영화가 아닌 현실이라는 점이라고 말했다고 뉴욕타임스는 밝혔습니다.

해설
① 첫 문장의 단어가 더 구체적이고 자세해야 한다. '뉴저지 주'가 먼저 나오고 다음에 '뉴저지'가 와야 한다.
② 뒤로 보낸다. 너무 개별적 정보다. 그 영화를 모르는 사람도 있다.
③ 첫 문장에는 '신문'을 붙인다.
④ 비슷한 게 아니라 똑같다.
⑤ 외래어 표기법. '할리우드'. 큰 따옴표는 아주 특별한 경우만 쓴다.

발음
ⓐ 矯導所〔교ː도소〕
ⓑ 준비〔준ː비〕
ⓒ 가리는〔가리는〕(○), 〔가ː리는〕(×)

국제

|2| 부토 시신 고향 운구…오늘 장례식

　　　자살폭탄 테러로 암살당한
베나지르 부토 전 파키스탄 총리의
시신이 고향 마을로 향했고
장례식은 현지 시간으로 오늘
치러질 예정입니다.
　　　이슬라마바드 인근 군사도시인
라발핀디에서 사망한 부토 전 총리의 시신은
인근 차클라라 공군기지를 통해
그의 고향인 신드주 라르카나로 운구됐다고
현지 언론이 전했습니다.
　　　한편 부토 전 총리가 테러를 당한
라발핀디의 '리아콰트 바그'는
과거에도 유명 정치인들의
암살 및 테러 시도가 잦았던 곳으로
전해졌습니다.
　　　불교 및 이슬람 유적지이기도 한 이 곳에서는
지난 1951년 파키스탄 초대 총리인
리아콰트 알리 칸이 대중 연설 도중
암살된 바 있습니다. (끝)

　　　　　자살폭탄 테러로 암살당한

베나지르 부토 전 파키스탄 총리의
① ⓐ
시신이 고향 마을로 향했고

장례식은 현지 시간으로 오늘

치러질 예정입니다.
　　　　　　②
　　　　이슬라마바드 인근 군사도시인
　　　　　ⓑ　　　　　　③
라발핀디에서 사망한 부토 전 총리의 시신은

인근 차클라라 공군기지를 통해
④
그의 고향인 신드주 라르카나로 운구됐다고

현지 언론이 전했습니다.
　　　⑤
　　　한편 부토 전 총리가 테러를 당한

라발핀디의 '리아콰트 바그'는
　　　　　　(→ 너무 구체적, 알 필요 없다.)
과거에도 유명 정치인들의

암살 및 테러 시도가 잦았던 곳으로

전해졌습니다.
　　⑥　　　　　　　　　　⑦
　　　불교 및 이슬람 유적지이기도 한 이 곳에서는
　　　　　　　　　　　　ⓒ
지난 1951년 파키스탄 초대 총리인

리아콰트 알리 칸이 대중 연설 도중

암살된 바 있습니다. (끝)

자살폭탄 테러로 암살된 베나지르 부토 전 파키스탄 총리의 운구 절차가 진행중인 가운데 현지 날짜로 오늘 장례식이 치러집니다.

수도 이슬라마바드 인근 라발핀디에서 사망한 부토 전 총리의 시신은 차클라라 공군기지를 거쳐 고향 라르카나로 이송됐다고 현지 언론이 전했습니다.

라발핀디는 불교와 이슬람교의 유적지로 지난 1951년 파키스탄 초대 총리 알리 칸이 연설 도중 사망한 곳이기도 합니다.

국
제

해설

① 개별 사건의 '나열'이 아니라 '진행'의 의미로 써야 한다. '현지 시간'은 '현지 시각'으로 해야 하고, 뒤가 '오늘'로 돼있으므로 '현지 날짜'라는 전향적 표현을 쓴 것이다.
② (두 번 썼다)
③ 뒤의 '운구'가 '시체를 넣은 관을 운반함'의 의미이므로 겹치는 말이다.
④ '그의', '그녀의' 등 인칭 대명사는 지양한다.
⑤ (불필요) 뒤에 언급하면 된다.
⑥ '및'은 어감상 쓰지 않는다.
⑦ '이 곳', '저 곳' 등은 쓰지 않는다.

발음

ⓐ 향했고〔향ː핻꼬〕
ⓑ 사망〔사ː망〕
ⓒ 총리〔총ː리〕

국제

|3| 美, F-15 결함 한국 등에 '요주의' 통보

　　　　미 공군 주력기인 F-15 전투기의
구조적 결함 여부를 조사해온 미 공군이
8대의 구형 F-15 전투기에서
기체에 균열이 생긴 것을 발견했다고
미 언론들이 보도했습니다.
　　　　또 미 공군은 F-15 전투기의 구조적 결함이
여러 전투기에서 발견됨에 따라
F-15 전투기를 구입한
한국, 일본, 이스라엘에 이를 알리고
비행안전사고에 유의할 것을
통보했다고 미 관리들이 밝혔습니다.
　　　　워싱턴포스트는 훈련중이던 F-15기가
기체 균열로 지난 11월 추락하는 사고가 발생한 뒤
미 공군이 F-15 구형전투기 442대의 비행을 중단하고
조사작업을 벌인 결과 8대에서
똑같은 문제점을 발견했다고 전했습니다.
　　　　F-15 전투기 기체 균열 발생 원인과 관련해,
일각에서는 구형 F-15 전투기의 평균 운용 햇수가
25년을 넘는 등 노령화에 따른 것이라고 주장하지만
미 공군은 아직 조사가 완료되지 않았다며
구체적으로 밝히지 않고 있습니다.
　　　　그러나 이와 관련해 미 공군이
신형 전투기인 F-22 전투기 보유를 늘리기 위해
F-15 전투기의 구조적 결함문제를
확대, 과장하고 있다는 지적도 나오고 있습니다. (끝)

① ＿＿＿＿미 공군 주력기인ⓐ F-15 전투기의
구조적 결함 여부를 조사해온 미 공군이
8대의 구형 F-15 전투기에서
기체에 균열ⓑ이 생긴 것을 발견했다고
② 미 언론들이 보도했습니다.
③ ＿＿＿＿또 미 공군은 F-15 전투기의 구조적 결함이
여러 전투기ⓒ에서 발견됨에 따라
F-15 전투기를 구입한
한국, 일본, 이스라엘에 이를 알리고
비행안전사고에 유의할 것을
통보했다고 미 관리들이 밝혔습니다.
④ ＿＿＿＿워싱턴포스트는 훈련중이던 F-15기가
기체 균열로 지난 11월 추락하는 사고가 발생한 뒤
미 공군이 F-15 구형전투기 442대의 비행ⓓ을 중단하고
조사작업을 벌인 결과 8대에서
똑같은 문제점을 발견했다고 전했습니다.
⑤ ＿＿＿＿F-15 전투기 기체 균열 발생 원인과 관련해,
일각에서는 구형 F-15 전투기의 평균 운용 햇수가
25년을 넘는 등 노령화에 따른 것이라고 주장하지만
미 공군은 아직 조사가 완료되지 않았다며
구체적ⓔ으로 밝히지 않고 있습니다.
⑥ ＿＿＿＿그러나 이와 관련해 미 공군이
신형 전투기인 F-22 전투기 보유를 늘리기 위해
F-15 전투기의 구조적 결함문제를
확대, 과장하고 있다는 지적도 나오고 있습니다. (끝)

미 공군의 주력기인 F-15 전투기 구형 모델에서 균열 부분이 발견됐다고 워싱턴포스트 신문이 보도했습니다.

워싱턴포스트는 지난 11월 F-15 전투기가 기체 균열로 의심되는 원인으로 추락하는 사고가 발생하자 미 공군이 그동안 구조적 결함 유무를 조사해 왔는데 이번에 8대에서 기체 균열을 발견했다고 전했습니다.

미 공군은 이에 따라 한국, 일본, 이스라엘 등 동맹국에 이를 통보했다고 미 정부 당국자가 밝혔습니다.

F-15 전투기의 기체 균열 원인과 관련해 일부에서는 평균 비행 연한 25년을 넘는 등 기체 노령화를 들고 있지만 미 공군은 아직 조사중이라는 입장만 고수하고 있습니다.

반면 미 공군이 신형 F-22 전투기의 보급 확대를 위해 F-15 모델의 구조적 결함 문제를 과장하고 있다는 시각도 있습니다.

국제

해설
① (어색하다). '미 공군'이 거푸 나온다.
② 워싱턴포스트 하나밖에 없다. 뒤를 보라.
③ 윗 문장에 '언론'을 언급했으면, 그 언론이 나오는 게 정상이다.
　　④가 와야 한다. ③은 뒤로 간다.
⑤, ⑥ 간결하게 고쳐쓰기

발음
ⓐ 主力機〔주력끼〕(○), 〔주:력끼〕(×)
ⓑ 균열〔규녈〕(○), 〔균녈〕(×)
ⓒ 전투기〔전:투기〕
ⓓ 飛行〔비행〕, *참고. 非行〔비:행〕
ⓔ 구체적〔구체적〕(○), 〔구:체적〕(×)

353

국제

|4| 태국 총선, 탁신계 신당 승리

어제 치러진 태국 총선에서 쿠데타로 실각한 탁신 전 총리 계열의 신당이 제1당으로 떠올랐습니다.

어젯밤 11시 현재, 태국 국영 TV의 비공식 개표 결과 총 480개 의석 가운데 탁신 계열의 '국민의 힘'당(PPP)이 약 230석을 확보해 제1당이 됐으나 과반수 의석을 확보하는 데는 실패한 것으로 나타났습니다.

반탁신 계열의 민주당은 161석을 차지했고, 나머지 89석은 군소정당들이 차지했습니다.

비공식 집계 이후 '국민의 힘'당 사막 총재는 총선 승리를 선언하고 어느 정당과도 제휴해 연립 정부를 구성할 뜻이 있다고 밝혔습니다.

이번 총선은 지난해 말 태국의 군사 쿠데타 이후 민정 이양을 위해 처음 치러진 것이며, 공식적인 개표 결과는 내일쯤 발표될 예정입니다. (끝)

어제 치러진 ①<u>태국 총선</u>에서 ②<u>쿠데타로 실각한</u> 탁신 전 총리 계열의 신당이 제1당으로 떠올랐습니다.

어젯밤 11시 현재, 태국 국영 TV의 비공식 개표 결과 ⓐ<u>총</u> 480개 의석 가운데 탁신 계열의 '국민의 힘'당(PPP)이 약 230석을 확보해 ③<u>제1당이 됐으나</u> 과반수 의석을 확보하는 데는 실패한 것으로 나타났습니다.

④반탁신 계열의 민주당은 161석을 차지했고, 나머지 89석은 군소정당들이 차지했습니다.

비공식 집계 이후 '국민의 힘'당 (→ 불필요)
⑤<u>사막 총재</u>는 총선 승리를 선언하고 어느 정당과도 제휴해 연립 정부를 구성할 뜻이 있다고 밝혔습니다.

이번 총선은 지난해 말 태국의 군사 쿠데타 이후 민정 이양을 위해 ⑥<u>처음</u> 치러진 것이며, 공식적인 개표 결과는 내일쯤 발표될 예정입니다. (끝)

지난해 9월 군부쿠데타로 실각했던 탁신 전 총리 계열의 '국민의 힘'당이 어제 타이 총선에서 승리했습니다.

현지시각 어제 밤 11시 현재 타이 국영 TV의 비공식 개표 결과, 480개 의석 가운데 신당 '국민의 힘'이 약 230석으로 제1당이 됐습니다.

그러나 과반수 의석 확보에는 실패한 가운데 반 탁신 계열의 민주당이 161석, 나머지 군소정당들이 89석을 차지했습니다.

현재 '국민의 힘'당을 이끌고 있는 사막 총재는 총선 승리를 선언하고, 어떤 정당과도 연립정부를 구성할 용의가 있음을 밝혔습니다.

"

해설
① '타이'가 원칙이다. 교과서도 '타이'다.
② '탁신'을 간략히 설명할 필요가 있다.(친절성)
③ 전개문장은 리드문을 뒷받침해야 한다. '과반수 미달'은 뒤로 보내는 것이 낫다.
④ ③ 후미를 받아 고쳐 쓴다.
⑤ '사막' 이름이 독특해 묻힐 우려가 있다. 또한 탁신의 대리인 뉘앙스를 줄 필요가 있다.

발음
ⓐ 總[총ː]
ⓑ 처음[처ː음]

국제

국제

|5| 게이츠 美국방장관, 아프간 깜짝 방문

로버트 게이츠 미 국방장관이
어제 비공개로 아프가니스탄을 깜짝 방문했다고
AFP통신이 아프가니스탄 카불발(發)로 보도했습니다.
AFP통신은 게이츠 장관의 카불 방문을
자사 기자가 직접 목격했다면서
게이츠 장관은 오늘
하미드 카르자이 대통령을 만나며
현지에 주둔하고 있는
미군과 북대서양조약기구 병력을 주축으로 하는
국제안보지원군의 지휘관들을
만날 예정인 것으로 알려졌다고 전했습니다.
게이츠 장관은 아프리카 지부티를 방문 중에
일정을 공개하지 않은 채
아프가니스탄을 깜짝 방문했습니다.
작년 11월 취임한 게이츠 장관의
아프가니스탄 방문은
이번이 세 번째입니다. (끝)

로버트 게이츠 미 국방장관이
①
어제 비공개로 아프가니스탄을 깜짝 방문했다고
②
AFP통신이 아프가니스탄 카불발(發)로 보도했습니다.

　　AFP통신은 게이츠 장관의 카불 방문을

자사 기자가 직접 목격했다면서

게이츠 장관은 오늘
　　　　　　　　　　③
하미드 카르자이 대통령을 만나며
ⓐ
현지에 주둔하고 있는

미군과 북대서양조약기구 병력을 주축으로 하는

국제안보지원군의 지휘관들을

만날 예정인 것으로 알려졌다고 전했습니다.

　　　게이츠 장관은 아프리카 지부티를 방문 중에
④
일정을 공개하지 않은 채

아프가니스탄을 깜짝 방문했습니다.
　　　⑤
　　작년 11월 취임한 게이츠 장관의

아프가니스탄 방문은

이번이 세 번째입니다. (끝)

로버트 게이츠 미 국방장관이 어제 비공개로 아프가니스탄을 전격 방문한 것으로 알려졌습니다.

　AFP 통신은 카불 발로 이 사실을 전하면서 게이츠 장관이 오늘 카르자이 아프가니스탄 대통령을 만나고 미군과 북대서양 조약기구 병력을 주축으로 하는 국제안보지원군의 지휘관들도 격려할 것으로 보인다고 밝혔습니다.

　게이츠 장관은 아프리카 지부티 방문기간 중 아프가니스탄을 예고 없이 들른 것으로 전해졌습니다.

> **해설**
> ① '깜짝 방문'은 보도 용어라고 볼 수 없다. 아직 정착단계가 아니다. 느낌도 장난스러우며 '기쁜 일' 따위에 적합하다. '불시에', '예고 없이', '전격'이면 충분하다.
> ② 'AFP 통신'이 그렇게 중요한가? 더구나 장황하다. 뒤로 보낸다.
> ③ (중복) 뒤에 또 나온다.
> ④ '깜짝'과 겹치는 것이다.
> ⑤ (불필요) 오히려 '깜짝 방문'을 희석시킨다.

> **발음**
> ⓐ 現地〔현ː지〕

국제

국제

|6| 피랍 마부노호, 174일만에 석방

지난 5월15일 소말리아 근해 하라데레에서
해적에게 납치된 원양어선
마부노호 석방협상이 타결됨에 따라
피랍 174일만인 어제 밤
예멘 아덴항으로 출발했습니다.
　　　　마부노호 선주 안현수 씨는
석방된 마부노 1,2호가
오는 8일 아덴항에
입항하게 된다고 말했습니다.
　　　　마무리 석방 협상차 지난달 28일
케냐 나이로비에서 두바이로 옮긴 안 씨는
한국인을 포함한 선원 24명을 인도하기 위해
내일 아덴으로 떠날 예정입니다.
　　　　현재 마부노호는 현재 미 해군의 호위를 받으며
아덴항으로 향하고 있고
석방된 선원 24명의 건강에는
큰 문제가 없는 것으로 알려졌습니다.
　　　　마부노호에는 한석호 선장 등
한국인 4명을 포함해 중국인 10명,
인도네시아인 10명,
베트남과 인도인 각각 3명이 타고
있었습니다. (끝)

　　　　　① 　　　　　ⓐ
　　　　지난 5월15일 소말리아 근해 하라데레에서
해적에게 납치된 원양어선
　②
마부노호 석방협상이 타결됨에 따라
ⓑ
피랍 174일만인 어제 밤
예멘 아덴항으로 출발했습니다.
　　　　　마부노호 선주 안현수 씨는
　③
석방된 마부노 1,2호가
오는 8일 아덴항에
입항하게 된다고 말했습니다.
　　　　④
　　　　마무리 석방 협상차 지난달 28일
케냐 나이로비에서 두바이로 옮긴 안 씨는
한국인을 포함한 선원 24명을 인도하기 위해
내일 아덴으로 떠날 예정입니다.
　　　　현재 마부노호는 현재 미 해군의 호위를 받으며
아덴항으로 향하고 있고
석방된 선원 24명의 건강에는
큰 문제가 없는 것으로 알려졌습니다.
　　　　마부노호에는 한석호 선장 등
한국인 4명을 포함해 중국인 10명,
인도네시아인 10명,
베트남과 인도인 각각 3명이 타고
있었습니다. (끝)

지난 5월 소말리아 근해에서 해적에 납치된 한국인 4명을 포함한 마부노호 선원 24명 전원이 석방됐습니다.

피랍 174일만에 석방된 이들은 마부노호와 함께 예멘의 아덴항으로 출발했다고 외교통상부 관계자가 전했습니다.

석방 협상에 임했던 선주 안현수 씨는 마부노 1,2호가 오는 8일 아덴항에 입항할 것이라고 말했습니다.

해설
① 거의 6개월 전 사건을 날짜까지 쓰면 더 전달력이 떨어진다. '하라데레'도 지나친 정보에다 새 사건도 아니다.
② 배는 석방 되는 것이 아니다.
③ 여전히 배를 의인화 하고 있다.
④ (불필요한 정보) 외교통상부 등의 공식 발표를 인용한 후 나와야 한다.

발음
ⓐ 근해〔근:해〕
ⓑ 〔피납〕이 아니다. 활음조 현상.
　*참고. '희로애락', '고랭지'

국제

|7| 석방 마부노호 한국선원, 16일 귀국할 듯

지난 4일 소말리아 해적에게 풀려나

어제 예멘 남부 아덴항에 도착한

마부노 1,2호의 한국인 선원 4명이

이르면 16일 인천공항으로 귀국할 전망입니다.

마부노호 선주 안현수 씨는

"별다른 일이 없으면 아덴에서 하루 묵은 뒤

내일 카타르 도하로 떠나

카타르항공 편으로 인천공항에

오는 16일 도착할 예정"이라고 말했습니다.

이들은 아덴의 현지 병원에서 건강검진을 받았지만

병원 시설이 열악한 데다 그마저도 환자가 밀려

2명 밖에 건강검진을 받지 못한 탓에

귀국한 뒤 정밀 건강검진을 받을 예정입니다.

기관장 양칠태 씨는 겉으로는 정상인 것 같지만

모두 너무 많이 맞아 몸이 많이 상했다며

한국에서 진찰을 받아봐야

몸의 이상을 알 수 있을 것 같다고 말했습니다. (끝)

　　　　　지난 4일 소말리아 해적에게 풀려나

어제 예멘 남부 아덴항에 도착한
①
마부노 1,2호의 한국인 선원 4명이

이르면 16일 인천공항으로 귀국할 전망입니다.
　　　　　　　(→ 뒤에 나옴)
　　　　마부노호 선주 안현수 씨는
②
"별다른 일이 없으면 아덴에서 하루 묵은 뒤

내일 카타르 도하로 떠나

카타르항공 편으로 인천공항에

오는 16일 도착할 예정"이라고 말했습니다.
　　　　③　　　ⓐ　　ⓑ ⓒ
　　　　이들은 아덴의 현지 병원에서 건강검진을 받았지만
　　　　　　　　　　　　　　　ⓓ
병원 시설이 열악한 데다 그마저도 환자가 밀려

2명 밖에 건강검진을 받지 못한 탓에

귀국한 뒤 정밀 건강검진을 받을 예정입니다.
　　　　④　　　　　　ⓔ
　　　　기관장 양칠태 씨는 겉으로는 정상인 것 같지만

모두 너무 많이 맞아 몸이 많이 상했다며
　　　　　　ⓕ
한국에서 진찰을 받아봐야

몸의 이상을 알 수 있을 것 같다고 말했습니다. (끝)

　　　　　지난 4일 소말리아 해적에게 풀려나 어제 예멘 아덴항에 도착한 마부노호 우리 선원 4명이 이르면 16일 귀국합니다.

　　　　　선주 안현수 씨는 아덴항에서 하루 묵은 뒤 내일 카타르 도하로 가 항공편으로 오는 16일 인천공항에 도착할 예정이라고 밝혔습니다.

　　　　　기관장 양칠태 씨는 해적들의 매질로 선원들의 몸이 몹시 상했지만 아덴항의 병원시설이 열악해 2명 만이 건강검진을 받았다고 밝히고 귀국해 정밀 건강검진을 받기를 희망한다고 말했습니다.

해설
① '1,2호'를 무엇하러 쓰나? '한국인'을 쓰면 '외국인'도 다루어야 한다.
② 큰 따옴표는 끝에 '~다.'가 와야 한다. 여기서는 더구나 직접화법을 써야 할 하등의 이유가 없다.
③ ④와 합쳐 간략하게 줄인다. 너무 장황하다.

발음
ⓐ 병원[병ː원]
ⓑ 건강[건ː강]
ⓒ 검진[검ː진]
ⓓ 환자[환ː자]
ⓔ 正常[정ː상], *참고. 頂上[정상]
ⓕ 진찰[진ː찰]

국제

국제

|8| 남한 지뢰지대, 여의도의 4배 면적

한국에는 지뢰 매설 지대가 천 3백여 곳,
면적으로는 여의도의 4배에 가까운
32km²에 달하는 것으로
민간국제기구가 밝혔습니다.
비정부기구인
'지뢰 금지를 위한 국제캠페인'은
2007 지뢰 모니터 보고서를 통해
이렇게 밝히고,
북한에 대해선 보고된 내용이 없지만
휴전선 부근 등에 상당한 규모의
지뢰가 묻혀 있을 것으로 추정했습니다.
이 보고서는 이어
한국은 자체적으로 40여만기의
대인 지뢰를 보유하고 있으며
주한 미군이 보유하고 있는 대인 지뢰도
110만기에 달한다고 소개했습니다.
또 한국 정부가 항공기 등으로 살포하는
KM-74라는 자폭형 지뢰를
생산하고 있다는 사실을
처음으로 시인했다고 전했습니다.
이 보고서는 이와 함께
한국과 북한, 미국과 중국 등
13개 나라를 지뢰 생산국으로 분류했습니다. (끝)

① 한국에는 지뢰 매설 지대가 천 3백여 곳,
면적으로는 여의도의 4배에 가까운
32km²에 달하는 것으로
② 민간국제기구가 밝혔습니다.
비정부기구인
③ '지뢰 금지를 위한 국제캠페인'은
2007 지뢰 모니터 보고서를 통해
이렇게 밝히고,
④ 북한에 대해선 보고된 내용이 없지만
휴전선 부근 등에 상당한 규모의
지뢰가 묻혀 있을 것으로 추정했습니다.
이 보고서는 이어
한국은 자체적으로 40여만기의
대인 지뢰를 보유하고 있으며
ⓐ 주한 미군이 보유하고 있는 대인 지뢰도
(→ '의')
110만기에 달한다고 소개했습니다.
또 한국 정부가 항공기 등으로 살포하는
KM-74라는 자폭형 지뢰를
생산하고 있다는 사실을
처음으로 시인했다고 전했습니다.
이 보고서는 이와 함께
한국과 북한, 미국과 중국 등
　(삭제. '한국과 북한', '미국과 중국'을 짝지울 만한 이유가 없다.)
13개 나라를 지뢰 생산국으로 분류했습니다. (끝)
(→ 13나라, 13개국)

　　　　한국의 지뢰 매설 지대는 천 3백여 곳에 이르며, 면적이 여의도의 4배 가까운 32km²인 것으로 조사됐습니다.

　　　　비정부기구인 '지뢰금지를 위한 국제캠페인' 관계자는 2007년 지뢰 모니터 보고서를 통해 이렇게 밝히고, 휴전선 북측 지역에도 상당한 규모의 지뢰가 묻혀 있을 것으로 추정했습니다.

해설
① 주격조사 '가'가 겹쳐 어색하다.
② 뒤로 보낸다.
③ 기구 이름이 '캠페인'으로 끝나 어색해 '관계자'를 붙인 것이다.
④ 뒤에 추정이 나오므로 생략하고, 대신 '북측 지역'을 넣으면 간편해진다.

발음
ⓐ 주한[주:한]

국제

|9| 차드, 어린이 유괴혐의 유럽인 중 언론인 등 7명 석방

　　　　아프리카 어린이 103명을
유럽으로 입양시키려다 납치·밀매 혐의로
차드 당국에 수감됐던 유럽인 16명 중
프랑스인 언론인 3명과
스페인 출신 승무원 4명 등 7명이
니콜라 사르코지 프랑스 대통령이
이 문제를 논의하기 위해
차드에 도착한 직후인 오늘 석방됐습니다.
　　　　이들 유럽인들은 수단 다르푸르 지역 인근의
차드 동부지역 도시 아체베에서
법적인 절차를 밟지 않은채 현지인들을 통해
103명의 어린이들을 확보한 뒤
지난달 25일 전세비행기에 태워
프랑스로 가려다 체포되는 과정에서 붙잡혔습니다.
　　　　차드 당국은 이들이 어린이들을
유괴하려고 했다며 기소했지만
이들 유럽인들은 이 어린이들이
유럽의 가정으로 입양될 예정인
전쟁 고아라고 주장해 왔습니다.
　　　　그러나 유엔난민고등판무관실과
유엔아동기금 등이 조사한 결과
이들 103명 가운데 91명은
부모가 있는 것으로 나타났습니다. (끝)

① 아프리카 어린이 103명을
유럽으로 입양시키려다 납치·밀매 혐의로
차드 당국에 수감됐던 유럽인 16명 중
프랑스인 언론인 3명과
스페인 출신 승무원 4명 등 7명이
② 니콜라 사르코지 프랑스 대통령이
이 문제를 논의하기 위해
차드에 도착한 직후인 오늘 석방됐습니다.
③ 이들 유럽인은 수단 다르푸르 지역 인근의
차드 동부지역 도시 아체베에서
법적인 절차를 밟지 않은채 현지인들을 통해
103명의 어린이들을 확보한 뒤
지난달 25일 전세비행기에 태워
④
프랑스로 가려다 체포되는 과정에서 붙잡혔습니다.
⑤
 차드 당국은 이들이 어린이들을
유괴하려고 했다며 기소했지만
이들 유럽인들은 이 어린이들이
유럽의 가정으로 입양될 예정인
전쟁 고아라고 주장해 왔습니다.
 그러나 유엔난민고등판무관실과
유엔아동기금 등이 조사한 결과
이들 103명 가운데 91명은
부모가 있는 것으로 나타났습니다. (끝)

 아프리카 어린이 103 명에 대한 납치, 밀매 혐의로 차드 당국에 억류돼 있던 유럽인 7 명이 사르코지 대통령의 중재로 오늘 풀려났습니다.

 프랑스 언론인 3 명과 스페인 항공사 직원 4 명 등 7 명은 지난 27일 차드 동부 아체베 지역에서 어린이들을 불법으로 비행기에 태워 프랑스로 데려가려다 발각된 바 있습니다.

 차드 당국은 유괴혐의를 적용했지만, 이들은 전쟁고아를 입양시키려 했던 것이라고 주장해 왔습니다.

 유엔난민고등판무관실과 유엔아동기금은 그러나, 어린이들은 고아가 아니며 부모들이 있다고 밝혔습니다.

해설
① 주어를 수식하기 위해 5줄이 필요하다는 것은 문제다.
② '7명이'의 '이'와 '대통령이'의 '이'가 겹쳐 더 이상하다. 무엇보다 너무 길다.
③ 이걸 뭐하러 쓰나? 수단이 아프리카의 중심인가?
④ 이게 무슨 소리인가?
⑤ 겹치고, 늘어지고….

국제

|10| 국제유가 3달러 넘게 하락…WTI 90달러선으로 밀려

연일 사상 최고치를 경신하던 국제유가가

석유수출국기구의 추가 공급 의지와

폭풍으로 차질을 빚던 멕시코 원유의

생산 재개 움직임에 따른

차익 실현 매물의 출현으로

3달러 이상 급락했습니다.

미국 뉴욕상업거래소에서

3일 연속 사상 최고치를 경신하며

배럴당 93달러를 돌파했던

12월 인도분 서부 텍사스 원유는

어제보다 3.15달러, 3.4% 떨어진

배럴당 90.38달러에 거래를 마쳐

5거래일 만에 하락했습니다.

런던 선물거래소의

12월 인도분 북해산 브렌트유도

어제보다 3.03달러, 3.4% 떨어진

배럴당 87.29달러를 기록하며

하루 만에 87달러대로 내려앉았습니다. (끝)

①　　　연일 사상 최고치를 경신하던 국제유가가

석유수출국기구의 추가 공급 의지와

폭풍으로 차질을 빚던 멕시코 원유의

생산 재개 움직임에 따른
②
차익 실현 매물의 출현으로

3달러 이상 급락했습니다.

　　　미국 뉴욕상업거래소에서

3일 연속 사상 최고치를 경신하며
　　　　　(→ 불필요)
배럴당 93달러를 돌파했던

12월 인도분 서부 텍사스 원유는

어제보다 3.15달러, 3.4% 떨어진
　　　　　　　　ⓐ
배럴당 90.38달러에 거래를 마쳐
　　　　ⓑ
5거래일 만에 하락했습니다.
(→ 거래 닷새 만에)
　　　 런던 선물거래소의
　　　 또
12월 인도분 북해산 브렌트유도

어제보다 3.03달러, 3.4% 떨어진

배럴당 87.29달러를 기록하며

하루 만에 87달러대로 내려앉았습니다. (끝)

　연일 최고치를 경신하던 국제유가가 배럴당 3달러 이상 급락했습니다.

　석유수출국기구, 오펙(OPEC)의 원유추가 공급의지와 멕시코 원유의 생산 정상화 조짐이 유가 하락을 이끌었습니다.

"

"

해설
① 너무 긴 '리드'
② 전문 용어. 필요 없다. 급락 사실과 이유 모두 알 수 있다.

발음
ⓐ 거래〔거:래〕
ⓑ 하락〔하:락〕

국제

|11| 캘리포니아 산불 방화 용의자 2명 사살·체포

　　　캘리포니아 주에서 발생한
산불의 방화 용의자 2명 가운데
1명은 사살되고 1명은 체포됐다고
로스앤젤레스 타임스 인터넷판 등
현지 언론이 보도했습니다.
　　　이에 따르면
지난 23일 저녁 히스페리아 지역에서
새로운 산불을 내려던
한 40대 남자가 경찰에 체포됐고
샌버나디노 인근에서는 도주하던
또다른 방화 용의자가 경찰관이
쏜 총에 맞아 숨졌습니다.
　　　수사당국은
이들 용의자가 여러 곳에서 발생한
산불 가운데 어느 지역에 불을 냈는지
아직 확인되지 않았지만
체포된 40대 남자가 방화한
히스페리아 지역의 산불은
발생 직후 진화됐다고 설명했습니다.
　　　현재 수사 당국은
20여 곳에서 발생한 산불 중
오렌지카운티와 테미큘라 등
적어도 2개 지역의 화재가
방화로 인한 산불인 것으로 추정하고 있습니다. (끝)

캘리포니아 주에서 발생한 산불의 <u>방화</u> <u>용의자</u> 2명 가운데 1명은 사살되고 1명은 체포됐다고 로스앤젤레스 타임스 인터넷판 등 현지 언론이 보도했습니다.
①<u>이에 따르면</u>
지난 23일 저녁 히스페리아 지역에서 새로운 산불을 내려던 한 40대 남자가 경찰에 <u>체포</u>됐고 샌버나디노 인근에서는 도주하던 또다른 방화 용의자가 경찰관이 쏜 총에 맞아 ②<u>숨졌습니다.</u>
수사당국은 이들 용의자가 여러 곳에서 발생한 산불 가운데 어느 지역에 불을 냈는지 아직 확인되지 않았지만 ③<u>체포된 40대 남자가 방화한 히스페리아 지역의 산불은 발생 직후 진화됐다고 설명했습니다.</u>
④현재 수사 당국은 20여 곳에서 발생한 산불 중 오렌지카운티와 테미큘라 등 적어도 2개 지역의 화재가 방화로 인한 산불인 것으로 추정하고 있습니다. (끝)

캘리포니아 주 산불 방화 용의자 가운데 한 명이 사살되고 1명은 체포됐다고 L.A타임스 인터넷판 등 현지언론이 보도했습니다.

지난 23일 저녁 히스페리아 지역에서 다시 산불을 내려던 40대 남자가 경찰에 체포됐으며, 샌버나디노 인근에서 도주하던 또 다른 방화 용의자는 사살됐습니다.

수사 당국은 두 명의 용의자가 어느 지역에서 산불을 냈는지 확인 중이지만, 20여 곳에서 발생한 산불 중 오렌지 카운티와 테미큘라 등 적어도 두 지역 산불은 방화로 추정하고 있습니다.

"

해설

① '~ 따르면'은 쓰지 않는다. 쓰면 이런 主述(주술) 불일치의 오류에 휩싸인다.
 '~ 것으로 돼 있습니다.'
 '~ 다는 것입니다.'
 '~ 것으로 나타났습니다.' 등이 와야 한다.
② '숨겼습니다.'가 여기서 약간 안타까운 느낌을 줘 이상하다.
③ 두 번째 문장에서 나왔고, 앞의 '확인되지 않았지만'과의 대비가 적절하지 않다. ④와 연결시키는 것이 적당하다.

발음

ⓐ 放火〔방:화〕, *참고. 防火〔방화〕
ⓑ 용의자〔용이자〕(○), 〔용:의자〕(×)
ⓒ 逮捕〔체포〕(○), 〔체:포〕(×)

국제

|12| 부토 전 총리 겨냥 폭탄테러…110여 명 사망

어제 파키스탄에 귀국한
베나지르 부토 전 총리를 겨냥한
차량 폭탄 사건이 발생해
110여 명 이상이 숨진 것으로 알려졌습니다.
현지 경찰은
파키스탄 남부 항구도시인 카라치에서
부토 전 총리의 차량 행렬 근처에서
2건의 차량 폭발이 발생했으나
부토 전 총리는 무사한 것으로
확인됐다고 전했습니다.
현지 방송은 이번 사건으로
시민과 경찰 등 최소 110여 명이 숨지고
백 명 이상이 다쳤다고 전했습니다.
이에 앞서 파키스탄 탈레반은
자살테러 대원을 보내
부토를 환영하겠다고 협박했으며
정보기관들도 알-카에다와 탈레반 등
적어도 3개 무장단체의 테러 기도가
예상된다고 경고한 바 있습니다. (끝)

①   어제 파키스탄에 귀국한

베나지르 부토 전 총리를 겨냥한

차량 폭탄 사건이 발생해

110여 명 이상이 숨진 것으로 알려졌습니다.

    현지 경찰은

파키스탄 남부 항구도시인 카라치에서
(→ 중복)
부토 전 총리의 차량 행렬 근처에서
②
2건의 차량 폭발이 발생했으나

부토 전 총리는 무사한 것으로

확인됐다고 전했습니다.

    현지 방송은 이번 사건으로
ⓒ   ⓓ
시민과 경찰 등 최소 110여 명이 숨지고

백 명 이상이 다쳤다고 전했습니다.

    이에 앞서 파키스탄 탈레반은

자살테러 대원을 보내
③
부토를 환영하겠다고 협박했으며

정보기관들도 알-카에다와 탈레반 등

적어도 3개 무장단체의 테러 기도가
        ⓔ
예상된다고 경고한 바 있습니다. (끝)

8년간의 망명 끝에 귀국한 베나지르 부토 전 파키스탄 총리를 노린 자살폭탄테러가 발생해 100 명 이상이 숨졌습니다.

현지 경찰은 남부 항구도시 카라치에서 부토 전 총리의 차량행렬 중 2 건의 폭발이 있었다고 밝혔습니다.

이 사고로 100여 명이 죽고 ○○ 명이 다쳤으나 부토 전 총리는 무사한 것으로 전해졌습니다.

사건 배후가 누구인지 정확히 알려지지 않은 가운데, 탈레반은 자살테러단을 보내겠다고 부토를 협박한 바 있으며, 정보기관들도 알 카에다와 탈레반 등 적어도 3개의 무장단체가 테러를 시도할 것으로 예상하고 있다고 말했습니다.

해설

① 앞에 약간의 설명이 필요하다. 그냥 평범하게 귀국한 것이 아니다. 또 '귀국한'과 '겨냥한'이 거푸 나와 어감이 안 좋다.
② '폭발사건'과 '무사함'을 한 데 섞으면 이상하다. 자른다.
③ 탈레반이 놀리듯 반어적으로 쓴 것을 그냥 옮기다니….

발음

ⓐ 겨냥[겨:냥]
ⓑ 근처[근:처]
ⓒ 시민[시:민]
ⓓ 경찰[경:찰]
ⓔ 경고[경:고]

국제

|13| 소말리아 피랍 북한배 해적 제압

소말리아 수도 모가디슈 연안에서
해적들에 의해 납치된 북한 선박의 선원들이
미 해군함정의 지원을 받아 해적들을 제압하고
다시 모가디슈 항으로 복귀하고 있다고
외신들이 전했습니다.
AFP 통신은
소말리아에서 북쪽으로 약 400km 떨어진
해안마을 하라데레의 원로인
다히르 하산의 말을 통해
22명의 북한 선원들이 무기를 손에 넣었으며
이후 8명의 해적을 제압해
배를 다시 장악했다고 보도했습니다.
CNN 방송은 이 과정에서
중상을 입은 북한 선원 3명이
미군 함정에 옮겨져 치료를 받고 있으며,
해적 2명은 숨지고,
5명은 붙잡혔다고 전했습니다.
북한 배 이름은 'MV 디아 홍가 단'으로
이 배를 납치한 해적들은
본래 그들을 보호하도록 돼 있던
부족의 일원이라고 AFP는
모가디슈 항구 관리의 말을 인용해 전했습니다. (끝)

　　　　　소말리아 수도 <u>모가디슈</u> 연안에서
①
<u>해적들에 의해 납치된</u> 북한 선박의 선원들이
미 해군함정의 지원을 받아 해적들을 제압하고
　　　②
다시 <u>모가디슈</u> 항으로 복귀하고 있다고
외신들이 전했습니다.
　　　　AFP 통신은
③
<u>소말리아에서 북쪽으로 약 400km 떨어진</u>
<u>해안마을 하라데레의 원로인</u>
④
<u>다히르 하산의 말을 통해</u>
　　　　　　　　　　　⑤
22명의 북한 선원들이 무기를 <u>손에 넣었으며</u>
⑥
<u>이후 8명의 해적을 제압해</u>
배를 다시 장악했다고 보도했습니다.
　　　　CNN 방송은 이 과정에서
중상을 입은 북한 선원 3명이
미군 함정에 옮겨져 치료를 받고 있으며,
해적 2명은 숨지고,
⑦
<u>5명은 붙잡혔다고</u> 전했습니다.
　　　　　⑧
　　　　북한 배 이름은 'MV 디아 홍가 단'으로
이 배를 납치한 해적들은
본래 그들을 보호하도록 돼 있던
ⓐ
<u>부족</u>의 일원이라고 AFP는
　　　　　　　　　　　　　　ⓑ
모가디슈 항구 관리의 말을 인용해 <u>전했습니다.</u> (끝)

　　　소말리아 수도 모가디슈 연안에서 해적에게 납치된 북한 선원들이 미국 해군함정의 도움으로 해적들을 제압하고 항구로 오고 있다고 외신들이 전했습니다.

　　　AFP 통신은 소말리아 북쪽 약 400km 지점 해안마을인 하라데레의 원로의 말을 인용해 22 명의 북한 선원들이 해적의 무기를 압수하고 배를 다시 장악했다고 보도했습니다.

　　　또 CNN 방송은 해적 제압 과정에서 중상을 입은 북한 선원 3명이 현재 미 군함에서 치료를 받고 있으며 해적 2 명이 숨졌다고 전했습니다.

해설
① 가능하면 피동표현은 쓰지 않는다.
② (위에 나왔다)
③ (간결미)
④ (불필요하다) 기억할 수 없다.
⑤ 왠지 평온해 보인다.
⑥ 위에 있다.
⑦ 숨진 사람을 제외하면 당연히 붙잡혀 있다.
⑧ (불필요)

발음
ⓐ 部族[부족](○), [부:족](×)
ⓑ 傳[전](○), [전:](×)

373

국제

|14| 신용경색 우려 확산 차단, 모든 조치 강구

미국 연방준비제도이사회, FRB는
월 스트리트를 강타하고 있는
신용경색 우려가 경제에 악영향을 주지 않도록
필요한 모든 조치를 강구할 것이라고 밝혔습니다.
랜들 크로츠너 FRB 이사는
국제은행가협회 연설에서
FRB가 금융시장의 전개상황을
지속적으로 관찰하는 동시에
금융시장의 효율적인 기능 수행을 지원하고
지속적인 경제성장과 가격안정을 이뤄내기 위해
필요한 조치를 취할 것이라고 말했습니다.
이와 관련해 전문가들은
오는 31일 열릴 공개시장위원회에서
금리 인하가 결정될 것이란 분석이 유력한 가운데
인플레에 대한 우려 때문에
금리가 동결될 것이란 전망도
공존한다고 전했습니다.
이들은 공개시장위원회가
지난달에 이은 추가 금리 인하가
투자가들의 기대라면서
일각에서는 0.5%포인트 금리 인하에 대한 기대감도
표출되고 있다고 말했습니다.
미국 연방준비제도 이사회는
금리정책결정 기구인 FOMC 9월 회의에서
신용경색의 악영향 차단을 목적으로
4년여 만에 처음으로 금리를 인하했으며,
인하폭도 예상을 뛰어넘는
0.5%포인트로 결정한 바 있습니다. (끝)

미국 연방준비제도이사회, FRB는 월 스트리트를 강타하고 있는 신용경색 우려가 경제에 악영향을 주지 않도록 필요한 모든 조치를 강구할 것이라고 밝혔습니다.
(번역투, 불필요)

랜들 크로즈너 FRB 이사는 국제은행가협회 연설에서 FRB가 금융시장의 전개상황을 지속적으로 관찰하는 동시에
(뒤에 또 나옴. 불필요)
금융시장의 효율적인 기능 수행을 지원하고 지속적인 경제성장과 가격안정을 이뤄내기 위해 필요한 조치를 취할 것이라고 말했습니다.
(삭제)

이와 관련해 전문가들은① 오는 31일 열릴 공개시장위원회에서 금리 인하가 결정될 것이란 분석이 유력한 가운데 인플레에 대한 우려 때문에 금리가 동결될 것이란 전망도
(「 번역투. '있다고')
공존한다고 전했습니다.②

이들은 공개시장위원회가 지난달에 이은 추가 금리 인하가 투자가들의 기대라면서 일각에서는 0.5%포인트 금리 인하에 대한 기대감도 표출되고 있다고 말했습니다.

미국 연방준비제도 이사회는 금리정책결정 기구인 FOMC 9월 회의에서
(즉, 연방공개시장위원회)
신용경색의 악영향 차단을 목적으로 4년여 만에 처음으로 금리를 인하했으며, 인하폭도 예상을 뛰어넘는 0.5%포인트로 결정한 바 있습니다. (끝)

" "

" "

" "

그러나 투자자들은 지난 달의 추가 금리인하에 이어 0.5%포인트 추가 인하까지 기대하고 있어 귀추가 주목됩니다.

" "

해설

① '가운데'와 '인플레' 사이로 옮겨야 자연스럽다.
② 문제 투성이 문장.

국제

|15| 세계 두 번째 부자, 워런 버핏 집에 가짜권총 강도 침입

세계에서 두 번째로 부자인

워런 버핏 버크셔 헤더웨이 회장의 집에

현지 시간으로 지난 5일 밤

강도가 침입했다고 미 언론들이 보도했습니다.

현지 경찰에 따르면

가짜 권총을 든 한 남자가

네브래스카주 오마하의

버핏 회장 자택에 침입하려다가

방범벨이 울리자 도주했습니다.

그 당시 버핏 회장과 부인은

집에 있었지만 아무 피해를

입지 않은 것으로 알려졌습니다.

'투자의 귀재'로 알려진 버핏 회장은

지난해 6월 440억 달러에 이르는

재산 가운데 85%를

게이츠 재단을 비롯해 5개 자선단체에

기부하겠다고 밝히기도 했습니다. (끝)

세계에서 두 번째로 부자인
① 워런 버핏 버크셔 헤더웨이 회장의 집에
② 현지 시간으로 지난 5일 밤

강도가 침입했다고 미 언론들이 보도했습니다.
③ 현지 경찰에 따르면

가짜 권총을 든 한 남자가

네브래스카주 오마하의

버핏 회장 자택에 침입하려다가

방범벨이 울리자 도주했습니다.

그 당시 버핏 회장과 부인은
(→ 불필요) ④ ⑤
집에 있었지만 아무 피해를

입지 않은 것으로 알려졌습니다.
⑥
'투자의 귀재'로 알려진 버핏 회장은

지난해 6월 440억 달러에 이르는

재산 가운데 85%를

게이츠 재단을 비롯해 5개 자선단체에

기부하겠다고 밝히기도 했습니다. (끝)

세계 두 번째 부자인 워런 버핏 '버크셔 해서웨이' 보험 회장 집에 현지 날짜 지난 5일 밤 강도가 침입했다고 미국 언론이 보도했습니다.

경찰은 가짜 권총을 든 남자가 네브래스카주 오마하의 버핏 회장 집에 침입했다가 방범벨이 울리자 도주했다고 밝혔습니다.

버핏 회장과 부인은 집에 있었지만 아무런 피해를 보지 않은 것으로 알려졌습니다.

해설

① '버크셔 해서웨이'가 무엇인지 밝힐 필요가 있다. 이대로는 인명과 헷갈릴 위험이 있다.
   표기. Berkshire Hathaway → 버크셔 해서웨이
② (참신성). 지난 5일이니까.
③ '~에 따르면'은 문미에, '~다는 것입니다.', '~ㄴ 것으로 전해졌습니다.'가 와야 비문(非文)이 안 된다. 안 쓰는 게 좋다.
④ '아무런'이 더 어울린다.
⑤ 엄밀히 따지면 '겹치는 말'이다.
⑥ 본문과 연관성이 부족하다.(삭제)

국제

|16| 美·아프간 정상회담 시작

하미드 카르자이 아프가니스탄 대통령이
부시 미국 대통령과의 정상회담을 위해
미국 메릴랜드주의 캠프 데이비드에 도착해
정상회담에 들어갔습니다.
카르자이 대통령은
미국에 도착한 뒤
헬기편으로 캠프 데이비드로 이동해
부시 대통령 부부의 영접을 받았습니다.
부시 대통령과 카르자이 대통령은
만찬을 겸한 회담을 시작했으며
우리시각으로 내일 새벽
캠프 데이비드에서 기자회견을 갖고
회담 성과를 설명할 계획입니다.
이번 회담에서 두 정상은
아프간에서 미군이 주도하는
테러와의 전쟁 진척상황을 점검하고 향후 대책을 논의하고
카르자이 정권에 대한 지원문제,
아프간의 마약재배 방지대책 등도
거론한 것으로 알려졌습니다.
특히
탈레반의 한국인 인질 21명 억류사태와 관련해
부시 대통령과 카르자이 대통령이
어떤 입장을 밝힐 지 주목됩니다.
탈레반은
아프간 정부에 구금돼 있는 탈레반 수감자와
한국인 인질을 맞교환할 것을 요구하고 있지만
미국과 아프간 정부는
현재까지 이를 공식 거부하고 있습니다. (끝)

하미드 카르자이 아프가니스탄 대통령이
부시 미국 대통령과의 정상회담을 위해
미국 메릴랜드주의 캠프 데이비드에 도착해
정상회담에 들어갔습니다.
①
　　　카르자이 대통령은
미국에 도착한 뒤
헬기편으로 캠프 데이비드로 이동해
부시 대통령 부부의 영접을 받았습니다.
　　　부시 대통령과 카르자이 대통령은
만찬을 겸한 회담을 시작했으며
우리시각으로 내일 새벽
<u>캠프 데이비드에서</u> 기자회견을 갖고
　　(→ 불필요)
회담 성과를 설명할 <u>계획</u>입니다.
　　　　　　　　　(→ 예정)
　　　이번 회담에서 두 정상은
아프간에서 미군이 주도하는
테러와의 전쟁 진척상황을 점검<u>하고</u> 향후 대책을 논의하고
　　　　　　　　　　　　　　②
③
<u>카르자이 정권</u>에 대한 지원문제,
<u>아프간의 마약재배 방지대책</u> 등도
④
<u>거론한 것으로 알려졌습니다.</u>
　　　특히
탈레반의 한국인 인질 21명 억류사태와 관련해
부시 대통령과 카르자이 대통령이
어떤 입장을 밝힐 지 주목됩니다.
　　　탈레반은
아프간 정부에 구금돼 있는 탈레반 수감자와
한국인 인질을 맞교환할 것을 요구하고 있지만
미국과 아프간 정부는
현재까지 이를 공식 거부하고 있습니다. (끝)

　　　이번 회담에서 두 정상은 아프간에서 미군이 주도하고 있는 테러와의 전쟁 진척 상황과 향후 대책을 논의할 것으로 알려졌습니다.
　　　카르자이 대통령은 미국의 아프간 정부에 대한 재정지원 문제를, 부시 대통령은 아프간의 마약재배 방지대책 등을 거론할 것으로 보입니다.

"

"

해설

① (불필요) 굳이 쓰려면 시간의 흐름상 앞에 두어야. 영접을 받고 정상회담에 들어가야 순서가 맞다.
② '하고'가 이어 나와 우습다.
③ 서로 입장이 다른 문제를 한 묶음으로 해놓아 복잡하다. 두 정상에 카르자이도 속하는데 카르자이 정권을 지원하는 건 이상하다. 자신을 지원한단 말인가?
④ 갑자기 과거로 돌아갔다!

국제

|17| 뉴욕타임스, '한미 FTA 연내 美 의회 비준 힘들 것'

한국과 미국 행정부가 서명한 자유무역협정, 즉 FTA가 올해 안에 미국 의회 비준을 받기 힘들어 보인다고 뉴욕타임스가 보도했습니다.

뉴욕타임스는 미 행정부와 민주당이 새로운 통상정책에 합의한 지 불과 두 달 만에 민주당 지도부가 새로운 요구사항을 내놓으면서 한국과 콜롬비아, 페루, 파나마 등과 합의한 FTA의 의회 비준을 위태롭게 만들고 있다면서 이같이 전했습니다.

민주당은 협정 상대국이 의회의 비준 전에 노동과 환경 등에 대한 보호조항을 발효해야 한다고 주장하고 있는 데 대해 미 무역대표부는 이는 다른 주권 국가에 국내법을 변경하라고 일방적으로 주장하는 것이라는 심각한 우려를 전달했다고, 이 신문은 덧붙였습니다. (끝)

한국과 미국 행정부가 서명한 자유무역협정, 즉 FTA가 올해 안에 미국 의회 비준을 받기 힘들어 보인다고 뉴욕타임스가 보도했습니다.

①
뉴욕타임스는 미 행정부와 민주당이 새로운 통상정책에 합의한 지 불과 두 달 만에 민주당 지도부가 새로운 요구사항을 내놓으면서

②
한국과 콜롬비아, 페루, 파나마 등과 합의한 FTA의 의회 비준을 위태롭게 만들고 있다면서 이같이 전했습니다.

③
민주당은 협정 상대국이 의회의 비준 전에 노동과 환경 등에 대한 보호조항을 발효해야 한다고 주장하고 있는 데 대해 미 무역대표부는 이는 다른 주권 국가에 국내법을 변경하라고 일방적으로 주장하는 것이라는 심각한 우려를 전달했다고, 이 신문은 덧붙였습니다. (끝)

한·미 FTA가 올해 안에 미국 의회 비준을 받기 힘들어 보인다고 뉴욕타임스 신문이 오늘 보도했습니다.

뉴욕타임스는 민주당 지도부가 새 통상정책을 행정부와 합의한 지 두 달만에 또 다른 요구사항을 추가하기로 함에 따라 FTA 의회비준을 어렵게 만들고 있다고 전했습니다.

민주당은 협정 상대국이 의회 비준 전에 노동과 환경 등에 대한 보호조항을 발효해야 한다고 주장하고 있습니다.

이에 반해 무역대표부는 이는 다른 주권국가에 국내법을 변경하라는 일방적 주장이라면서 심각하게 우려하는 입장입니다.

해설

① 주어가 셋이나 섞여 있어 혼란스럽다.
② 다른 나라까지 들먹일 여유가 없다. 더구나 우리와 밀접한 관계가 아니다.
③ 너무 길다. 자른다.

국제

|18| 日산케이, '북한 위조지폐 4천 5백만 달러 유통'

　　　　미국 의회 조사국이
북한이 위조화폐 천 5백만 달러를
유통시켰다는 보고서를 작성했다고
일본의 산케이 신문이 오늘자로 보도했습니다.
　　　　산케이 신문은
미국 의회 조사국이
의회 심의용으로 돼 있는 보고서에서
북한 정부가 또 다시 미국의
백달러 짜리 화폐를 위조하기 시작해
현재 외국에서의 유통 총액수가
4천 5백만 달러에 이르며,
이로 인해 연간 2천 5백만 달러의
이익을 얻고 있다고 기술했다고 주장했습니다.
　　　　산케이 신문은
이 보고서는 미국의 정보 당국과 재무성,
한국과 일본의 정보를 기초로 만들어졌다며,
북한이 위조 지폐의 유통을 통해
대량파괴무기의 기술 취득은 물론
북한 정부 관계자의 외국 여행 등에
사용되고 있다고 주장했습니다. (끝)

①　미국 의회 조사국이

북한이 위조화폐 천 5백만 달러를

유통시켰다는 보고서를 작성했다고

일본의 산케이 신문이 오늘자로 보도했습니다.

　　산케이 신문은

미국 의회 조사국이

의회 심의용으로 돼 있는 보고서에서

북한 정부가 또 다시 미국의

백달러 짜리 화폐를 위조하기 시작해

현재 외국에서의 유통 총액수가

4천 5백만 달러에 이르며,

이로 인해 연간 2천 5백만 달러의

이익을 얻고 있다고 기술했다고 주장했습니다.

　　산케이 신문은

이 보고서는 미국의 정보 당국과 재무성,
　　　(→ 가)
한국과 일본의 정보를 기초로 만들어졌다며,

북한이 위조 지폐의 유통을 통해
　　　　　　　(→ 를)
대량파괴무기의 기술 취득은 물론
　　　　　　　　ⓐ (→ 습득)
북한 정부 관계자의 외국 여행 등에

사용되고 있다고 주장했습니다. (끝)
　(→ 하고)

> 북한이 위조화폐 4천5백만 달러를 유통시킨 정황이 있다고 일본의 산케이 신문이 미국 의회 조사국 관리의 말을 인용해 보도했습니다.
>
> "
>
> "

해설
① 주어가 복잡하게 얽혀 있는 복문에다 조사를 모두 '이'로 써서 둔해 보인다. 간결, 간명하게 고쳐쓰기

발음
ⓐ 외국여행 〔외:궁녀행〕

국제

|19| 日 대북제재에 구멍, 북 타국적선 이용 수입

일본의 대북제재에 구멍이
뚫려 있다고 일본 언론이 보도했습니다.
지난해 북한의 탄도미사일 발사 이후
일본이 북한 만경봉호 입항을 금지시킨 지
어제로 만 1년이 됐습니다.
일본은 또 북한의 핵실험 이후
모든 북한 화물선의 일본내 입항을
금지시키는 등 대북 제재를 강화했습니다.
일본 산케이 신문은 그러나
북한은 타 국적선을 이용해
일본 물품을 수입해 가는 등
일본의 대북 제재에는 구멍이
뚫려 있다고 보도했습니다.
산케이는, 북한이 캄보디아 선적의
화물선 등, 지난 1월 이후에만
모두 13척의 타국적 화물선을 내세워
일본의 중고 자전거 등을
대량 수입해갔다고 전했습니다.
산케이는 따라서
북한의 대일 수입은 사실상 재개된 것이나
마찬가지라면서 제재의 실효성을 위해서는
새로운 대책이 필요하다고 덧붙였습니다. (끝)

① 일본의 대북제재에 구멍이

뚫려 있다고 일본 언론이 보도했습니다.

② 지난해 북한의 탄도미사일 발사 이후

일본이 북한 만경봉호 입항을 금지시킨 지

어제로 만 1년이 됐습니다.

③ 일본은 또 북한의 핵실험 이후

모든 북한 화물선의 일본내 입항을

금지시키는 등 대북 제재를 강화했습니다.
　　　　　　　　ⓐ

④ 일본 산케이 신문은 그러나

북한은 타 국적선을 이용해

일본 물품을 수입해 가는 등

일본의 대북 제재에는 구멍이

뚫려 있다고 보도했습니다.

　　산케이는, 북한이 캄보디아 선적의
　　(→ 이 신문은)
화물선 등, 지난 1월 이후에만

모두 13척의 타국적 화물선을 내세워

일본의 중고 자전거 등을

대량 수입해갔다고 전했습니다.

　　산케이는 따라서

북한의 대일 수입은 사실상 재개된 것이나
　　　　　　　　　　　　(→ 풀린)
마찬가지라면서 제재의 실효성을 위해서는

새로운 대책이 필요하다고 덧붙였습니다. (끝)

북한의 핵 실험 이후 일본의 대북 제재가 강화됐지만 북한은 타 국적선을 이용해 일본 제품을 수입하고 있는 것으로 알려졌습니다.

산케이 신문은 일본이 북한 만경봉호 입항을 금지시킨지 1년이 됐고 북한 화물선의 입항이 여전히 불허되고 있지만 대북 제재에 구멍이 뚫려 있는 게 사실이라고 보도했습니다.

해설
① 너무 막연하다.
② 갑자기 뉴스 해설 같아졌다.
③ ④를 묶어 간명하게 쓴다.

발음
ⓐ 제재〔제ː재〕
뒤 'ㅐ' 발음이 들리도록 한다.

385

|20| 한국인 여성 인질, '도와달라' CBS와 전화통화

탈레반 무장세력에 의해
인질로 잡혀 있는 한국인 22명 가운데
한 여성이 전화통화에서
"도와달라"고 절규했다고
미국의 CBS 방송이 보도했습니다.
이 여성은
CBS와 가진 전화 통화에서
"우리는 지금 위험한 시기에 놓여 있다"면서
"가급적 빨리 이 곳에서 빠져나갈 수 있도록
도와달라고 호소한다"고 말했다고
CBS는 보도했습니다.
이 여성은
어제밤 탈레반 사령관의 주선으로
CBS와 약 3분동안 한국어와
아프가니스탄 파르시어로 전화 통화를 했으며
건강이 좋지 않은 느낌을 받았다고
이 방송은 보도했습니다. (끝)

탈레반 무장세력에 의해

인질로 잡혀 있는 한국인 22명 가운데

한 여성이 전화통화에서
①
"도와달라"고 절규했다고

미국의 CBS 방송이 보도했습니다.

        이 여성은

CBS와 가진 전화 통화에서
②
"우리는 지금 위험한 시기에 놓여 있다"면서

"가급적 빨리 이 곳에서 빠져나갈 수 있도록

도와달라고 호소한다"고 말했다고

CBS는 보도했습니다.
         ③
         이 여성은

어제밤 탈레반 사령관의 주선으로

CBS와 약 3분동안 한국어와

아프가니스탄 파르시어로 전화 통화를 했으며

건강이 좋지 않은 느낌을 받았다고
④
이 방송은 보도했습니다. (끝)

                    "

        CBS는 또 이 여성이 지금 매우 위험한 상태에 있으며 빨리 구출되기를 호소하고 있다고 전했습니다.

        이 여성은 한국어와, 아프가니스탄 공용어인 파르시 어로 약 3분 동안 통화했는데 건강이 매우 좋지 않은 느낌을 받았다고 CBS ○○○은 전했습니다.

해설
① 큰 따옴표는 왜 넣었나? 감정이라도 실으란 말인가? 직접화법은 아주 부득이한 경우에 쓴다.(명언, 유언)
② 직접화법 남용. '우리는', '이 곳' 등을 보면 마치 소설이나 연극같다.
③ 윗 문장과 주어가 똑같다.
④ 세 문장의 마무리를 똑같이 썼다.(무성의, 무신경)

국제

|21| 독일정부, 무대응 원칙 고수 밝혀

독일 정부는
탈레반이 미디어를 통한 전쟁에 나서고 있다며
탈레반의 주장이나 발표에
일절 대응하지 않겠다는 입장을 밝혔습니다.
마르틴 예거 독일 외무부 대변인은
어제 공영방송 아아르데에 출연해
탈레반 측이 아프가니스탄을 권역별로 나눠서,
치밀한 전략과 전술에 따라
해외 언론 보도를 분석하고,
그때그때 대응하는 미디어홍보팀을
운영하고 있다고 설명했습니다.
예거 대변인은 이어
정부가 탈레반의 주장과 발표에 대해
하나하나 확인하고 반박할 경우,
억지 주장이 부풀려지고
더 널리 퍼질 수 있다고 우려했습니다.
독일 정보기관은
탈레반 대변인의 휴대전화를 추적한 결과,
모두 아프간 국경에서 100Km 정도 떨어진
파키스탄의 산악지역 '퀘타'에서
전화를 건 것으로 확인했습니다.
독일 정보당국은
탈레반이 이 퀘타 지역에
미디어 홍보조직을 두고
해외 언론을 게릴라전에
활용하고 있는 것으로 보고 있습니다. (끝)

독일 정부는
탈레반이 미디어를 통한 전쟁에 나서고 있다며
탈레반의 주장이나 발표에
일절 대응하지 않겠다는 입장을 밝혔습니다.
　　　①
　　　마르틴 예거 독일 외무부 대변인은
어제 공영방송 아아르데에 출연해
②
탈레반 측이 아프가니스탄을 권역별로 나눠서,
치밀한 전략과 전술에 따라
해외 언론 보도를 분석하고,
　③　　　　　　④
그때그때 대응하는 미디어홍보팀을
운영하고 있다고 설명했습니다.
　　　예거 대변인은 이어
정부가 탈레반의 주장과 발표에 대해
⑤
하나하나 확인하고 반박할 경우,
억지 주장이 부풀려지고
더 널리 퍼질 수 있다고 우려했습니다.
　　　⑥
　　　독일 정보기관은
탈레반 대변인의 휴대전화를 추적한 결과,
모두 아프간 국경에서 100Km 정도 떨어진
파키스탄의 산악지역 '퀘타'에서
전화를 건 것으로 확인했습니다.
　　　　⑦
　　　독일 정보당국은
탈레반이 이 퀘타 지역에
미디어 홍보조직을 두고
해외 언론을 게릴라전에
활용하고 있는 것으로 보고 있습니다. (끝)

> 독일정부는 탈레반이 미디어를 교묘히 활용하고 있다고 비난하고 앞으로 탈레반의 빌표에 일절 대응하지 않겠다고 밝혔습니다.
>
> 독일 외무부 마르틴 예거 대변인은 어제 공영방송 ARD(아에르데) TV에 출연해 탈레반이 해외언론보도를 치밀하게 분석하고 수시로 대응하는 미디어 조직을 두고 있다고 말했습니다.
>
> 예거 대변인은 그 동안의 사례에 비추어 볼 때, 탈레반의 주장에 일일이 반응하는 것이 오히려 그들에게 말려드는 것임을 독일정부가 인식했다고 덧붙였습니다.

해설

① 순서를 의식해라. '독일 외무부'가 먼저여야 부드럽다.
② (장황하다) 보도를 분석하는 것은 전략, 전술과 부합하지 않는다.
③ 너무 구어적
④ 기업같다.
⑤ 너무 구어적
⑥ ⑦ (불필요)

국제

|22| 일본군 장교, 미국령 괌서 위안부 강제동원

2차 대전 당시 일본군이
한국, 중국 등 아시아뿐 아니라,
미국령인 괌에서도 여성들을
위안부로 강제동원하는데 개입한
사실이 확인됐다고
미국 내 위안부 관련 단체가 밝혔습니다.
워싱턴 지역 정신대 문제 대책위원회가
오늘 공개한
미 해군 재판 기록 보고서에 따르면,
일본군이 괌을 점령한 직후인 지난 1942년,
당시 괌 거주 일본인 회장과
일본군 장교 두 명은
17세 소녀가 살고 있는 목장을 찾아가
가족들을 위협하고 소녀를
강제로 데려갔다고 기록돼있습니다.
보고서는
가족들의 강력한 저항에도 불구하고
이들은 소녀를 다른 지역으로 데리고 가
강제로 성폭행했으며,
이 소녀는 6개월 동안 그곳에 머물렀다고
적고 있습니다.
위원회는 이로써
일본군이 위안부 강제동원에
직접 개입했다는 것을 증명하는 문서가 없다는
아베 일본 총리의 주장은
사실이 아님이 재확인됐다고 밝혔습니다. (끝)

2차 대전 당시 일본군이
한국, 중국 등 아시아뿐 아니라,
미국령인 괌에서도 여성들을
①
위안부로 강제동원하는데 개입한
사실이 확인됐다고
②
미국 내 위안부 관련 단체가 밝혔습니다.
　　　워싱턴 지역 정신대 문제 대책위원회가
오늘 공개한
미 해군 재판 기록 보고서에 따르면,
일본군이 괌을 점령한 직후인 지난 1942년,
당시 괌 거주 일본인 회장과
일본군 장교 두 명은
③
17세 소녀가 살고 있는 목장을 찾아가
가족들을 위협하고 소녀를
강제로 데려갔다고 기록돼있습니다.
　　　보고서는
④　　　　ⓐ
가족들의 강력한 저항에도 불구하고
이들은 소녀를 다른 지역으로 데리고 가
　　　　　　　　　ⓑ
강제로 성폭행했으며,
⑤
이 소녀는 6개월 동안 그곳에 머물렀다고
적고 있습니다.
　　　위원회는 이로써
일본군이 위안부 강제동원에
직접 개입했다는 것을 증명하는 문서가 없다는
아베 일본 총리의 주장은
사실이 아님이 재확인됐다고 밝혔습니다. (끝)

　2차 대전 당시, 미국령인 괌에서도 일본군의 위안부 강제 동원이 있었던 것으로 밝혀졌습니다.

　미국 워싱턴 지역 일본군 위안부문제 대책위원회가 오늘 공개한 미 해군 재판기록 보고서에는 일본군의 괌 점령 직후인 지난 1942년 당시 괌 거주 일본인 대표와 일본 장교 2명이 민가에서 가족들을 위협하고 17세 소녀를 강제로 데려갔다고 기록돼 있습니다.

　이들은 이 소녀를 모처로 끌고가 성폭행하고 6개월 동안 감금한 것으로 드러났습니다.

해설
① (장황해진다) '강제 동원'한 것과 다름없다.
② (뒤로 보낸다)
③ (길어진다)
④ (앞에 나왔다) '강제로 데려 갔다고'
⑤ 왠지 평화로워 보인다. 소녀의 자의가 아니다.

발음
ⓐ 抵抗〔저ː항〕
ⓑ 성폭행〔성ː포캥〕

391

국제

|23| 미 남동부 최악의 가뭄. 재난지역 선포

미국 앨라배마주를 중심으로 한
남동부 지역이
연방정부로부터 재해지역으로 지정될
정도로 극심한 가뭄에 시달리고 있습니다.
앨라배마와 조지아, 미시시피,
테네시 주 등 남동부의 너른 곡창지대가
올들어 평균 강수량 300밀리미터 안팎에 그쳐
예년 평균 813밀리미터의 절반에도
못 미치고 있습니다.
특히 앨라배마 주는
100여년 만에 맞는 극심한 가뭄으로
옥수수 재배면적의 88%, 콩의 85%
목화 재배면적의 74%가 발육이 극히
부진한 상탭니다.
조지아주에서는 제한급수가 시작됐고,
미시시피와 테네시 주는
사육이 힘겨워진 농민들이
가축을 무더기로 시장에 내놓고 있습니다.
일부 지역은 이미
최악의 가뭄상태를 나타내는
D4 상황에 접어든 상태여서
연방 농무부는 2일자로
앨라배마 주 전체를 가뭄 재난지역으로
선포하고 피해 지원에 들어갔습니다.
이들 지역에서는
오늘밤 예정된 최대 불꽃놀이 행사인
독립기념일 불꽃놀이도 취소됐습니다. (끝)

미국 앨라배마주를 중심으로 한
(→ 앨라배마 주를 비롯한 미 남동부 지역이. 센스의 문제)
남동부 지역이

연방정부로부터 재해지역으로 지정될

정도로 극심한 가뭄에 시달리고 있습니다.
①
앨라배마와 조지아, 미시시피,

테네시 주 등 남동부의 너른 곡창지대가
(비표준어. 詩語. → 넓은)
올들어 평균 강수량 300밀리미터 안팎에 그쳐

예년 평균 813밀리미터의 절반에도

못 미치고 있습니다.

특히 앨라바마 주는
(→ 앨라배마, 위에서 두 번 나왔다.)
100여년 만에 맞는 극심한 가뭄으로
②
옥수수 재배면적의 88%, 콩의 85%

목화 재배면적의 74%가 발육이 극히

부진한 상탭니다.

조지아 주에서는 제한급수가 시작됐고,

미시시피와 테네시 주는

사육이 힘겨워진 농민들이

가축을 무더기로 시장에 내놓고 있습니다.
③
일부 지역은 이미
경보지표인
최악의 가뭄상태를 나타내는 ∨

D4 상황에 접어든 상태여서
(대포)
연방 농무부는 2일자로
지난
앨라배마 주 전체를 가뭄 재난지역으로
복구
선포하고 피해 지원에 들어갔습니다.

이들 지역에서는

오늘밤 예정된 최대 불꽃놀이 행사인
(→ 불필요, 어느 범주에서 최대인가? 불투명)
독립기념일 불꽃놀이도 취소됐습니다. (끝)
행사

"

"

특히 앨라배마는 100여 년만의 극심한 가뭄이 덮쳐 옥수수는 재배면적의 88%, 콩 85%, 목화는 74%가 성장이 극히 부진한 상태입니다.

조지아에서는 제한 급수가 시작됐으며, 미시시피와 테네시의 축산농가들은 무더기로 가축을 시장에 내놓고 있습니다.

"

"

> **해설**
> ① 스스로 조사하지 않았을 것이다. 설명이 들어가는 둘째 문장에서는 출처와 인용이 필요하다. "미 기상당국은 ~ 밝혔습니다." 따위가 있어야 설득적이다.
> ② 무신경. '재배면적'이 있다없다 한다.
> ③ 친절성 결여. 'D4'는 생소하다.

국제

|24| 독립기념일 워싱턴 내셔널몰, 토네이도 대피

미국 전역에 테러 경계령이 내려져 있는 가운데 미 독립기념일 불꽃 놀이 준비 등으로 붐비던 위싱턴의 내셔널 몰에 토네이도 대비 대피령이 내려졌습니다.

미국 토네이도 감시 당국은 현재 메릴랜드 주와 버지니아 주 일부 지역에서 시작된 폭풍우가 워싱턴 쪽으로 몰려 오고 있다며 이같이 대피령을 내렸습니다.

미 기상 당국은 현재 이 폭풍우가 토네이도로 발전할 가능성에 대비하고 있다고 밝혔습니다.

그러나 이곳 시간 밤 9시를 전후해 시작될 예정이던 독립기념일 불꽃 놀이의 연기 여부는 아직 정해지지 않았습니다. (끝)

미국 전역에 테러 경계령이ⓐ

내려져 있는 가운데

미 독립기념일 불꽃 놀이 준비 등으로
　　　　　　　　　(┌* 최소한 설명 필요. 구역인지 상가인지 광장인지
붐비던 워싱턴의 내셔널 몰에　　　　공원인지. *공원)
('비를 동반한 격력한 회오리 바람인', 친절성)
토네이도 대비 대피령이 내려졌습니다.

　　　미국 토네이도 감시 당국은ⓑ

현재 메릴랜드 주와 버지니아 주

일부 지역에서 시작된 폭풍우가

워싱턴 쪽으로 몰려 오고 있다며

이같이 대피령을 내렸습니다.
　　　①
　　　미 기상 당국은 현재

이 폭풍우가 토네이도로 발전할

가능성에 대비하고 있다고 밝혔습니다.

　　　그러나 이곳 시간
　　　　　　　(→ 미국 동부 시각)
밤 9시를 전후해 시작될 예정이던
　　　　　　　　　　　ⓒ
독립기념일 불꽃 놀이의 연기 여부는

아직 정해지지 않았습니다. (끝)

해설
① 이미 '토네이도 대피령'이 내려졌는데 생뚱맞다.(불필요)

발음
ⓐ 경계령[경ː계령]
ⓑ 監視[감시](○), [감ː시](×)
ⓒ 여부[여ː부]

국제

|25| 펠로시 하원의장, 위안부 결의안 지지 성명

낸시 펠로시 미 하원의장은
하원 외교위원회에서 통과된
위안부 결의안을 지지하고
하원 본회의에서도 이 결의안이 통과되기를
기대한다는 성명을 발표했습니다.
펠로시 의장은
"우리가 위안부들이 겪은 엄청난 고통을
잊지 않을 것이라는 강력한 메시지를
전달해주길 기대한다"며
"그들은 너무 오랫동안 기다려왔지만
그들의 용기를 인정하는데
너무 늦은 것은 아니다"라고 밝혔습니다.
펠로시 의장은
"일본은 국제사회의 책임 있는 일원으로서
위안부 문제에 더 많은 노력이 필요하다"고
강조하고
젊은 여성들을 강제적으로 성의 노예로 만든 책임을
분명한 사과성명을 통해
인정할 것을 "요구한다"고 말했습니다. (끝)

낸시 펠로시 미 하원의장은

하원 외교위원회에서 통과된

위안부 결의안을 지지하고

하원 본회의에서도 이 결의안이 통과되기를

기대한다는 성명을 발표했습니다.

펠로시 의장은
①
"우리가 위안부들이 겪은 엄청난 고통을

잊지 않을 것이라는 강력한 메시지를

전달해주길 기대한다"며
②
"그들은 너무 오랫동안 기다려왔지만

그들의 용기를 인정하는데

너무 늦은 것은 아니다"라고 밝혔습니다.

펠로시 의장은
③
"일본은 국제사회의 책임 있는 일원으로서

위안부 문제에 더 많은 노력이 필요하다"고

강조하고

"젊은 여성들을 강제적으로 성의 노예로 만든 책임을

분명한 사과성명을 통해
　　　　　　　④
인정할 것을 요구한다"고 말했습니다. (끝)

"
펠로시 의장은 미 의회가 위안부들이 겪은 엄청난 고통을 잊지 않을 것이라는 강력한 메시지를 전할 필요가 있다며 위안부들은 너무 오랜 시간을 기다려왔지만 이제라도 그 용기를 인정하는 것이 늦은 것은 아니라고 생각한다고 밝혔습니다.

"

해설

① ② 직접화법은 웬만해선 쓰지 않다. 방송뉴스는 음성 언어에 실리는 것이기 때문이다. 직접화법을 쓰면 뉴스진행자와 기사 속 화자가 혼동되기 십상이다.

③ ④는 아예 큰 따옴표가 필요없는 경우다.

국제

|26| 캄보디아 여객기 조종사, 저공비행 관제탑 경고 무시

캄보디아에서 실종된 여객기 기장이
관제탑의 저공비행 경고를 무시한 것으로
확인됐습니다.
캄보디아 주재 한국대사관은
실종 여객기 기장과 시아누크빌 관제소의
교신내용을 확인한 결과
이같은 내용이 드러났다고 밝혔습니다.
캄보디아 여객기가 추락한
지점으로 추정되는 지역은
해발 6백에서 8백미터의 산악 지역으로
통상적인 안전고도는 천2백미터 이상입니다.
하지만 사고 여객기는
실종 직전 고도 6백미터로 비행하고 있었고,
관제소측이 지형에 비해
비행고도가 너무 낮다는 경고를 했습니다.
하지만 여객기 기장이
이 지역은 자신이 잘 알고 있다면서
괜찮다고 대답한 뒤 실종됐습니다.
어젯밤 프놈펜에 도착한
실종자 가족 13명은 도착 즉시
현지 대사관으로부터
이런 내용의 사고관련
상황을 보고받았습니다.
실종자 가족들은
대사관 관계자들과 함께
오늘 오전 7시쯤 캄포트로 가
사고수습 상황을 지켜볼 예정입니다. (끝)

캄보디아에서 실종된 여객기 기장이 관제탑의 저공비행 경고를 무시한 것으로 확인됐습니다.
　　　　캄보디아 주재 한국대사관은 실종 여객기 기장과 시아누크빌 관제소의 교신내용을 확인한 결과 이같은 내용이 드러났다고 밝혔습니다.
① 　　　　캄보디아 여객기가 추락한 지점으로 추정되는 지역은 해발 6백에서 8백미터의 산악 지역으로 통상적인 안전고도ⓐ는 천2백미터 이상입니다.
② 　　　　하지만 사고 여객기는 실종 직전 고도 6백미터로 비행하고 있었고, 관제소측이 지형에 비해 비행고도가 너무 낮다는 경고를 했습니다.
③ 　　　　하지만 여객기 기장이 이 지역은 자신이 잘 알고 있다면서 괜찮다고 대답한 뒤 실종됐습니다.
　　　　어젯밤 프놈펜에 도착한 실종자 가족 13명은 도착 즉시 현지 대사관으로부터 이런 내용의 사고관련 상황을 보고받았습니다.
　　　　실종자 가족들은 대사관 관계자들과 함께 오늘 오전 7시쯤 캄포트로 가 사고수습 상황을 지켜볼 예정입니다. (끝)

"

"

　　　여객기가 추락한 지점으로 추정되는 곳은 해발 6백미터에서 8백미터의 산악지대로 통상 천2백미터 이상은 돼야 안전한 데 기장은 자신이 그 일대를 잘 알고 있다며 6백미터 고도로 비행해 사고를 불렀습니다.

"

"

해설
①, ②, ③ 연결이 서툴고 이상하다. 더구나 상반되는 사실을 이어주는 접속부사 '하지만'을 거푸 써서 혼란스럽다. 한 문장으로 해도 그다지 길지 않고 오히려 명확해진다.

발음
ⓐ 高度〔고도〕(○), 〔고:도〕(×)

국제

|27| 중국, 2002년 탈북자 4,809 명 강제 북송

중국 정부가 지난 2002년 모두 4천8백9명의 탈북자를 북한으로 강제송환했던 것으로 드러났습니다.

인권단체들이 강제 북송되는 탈북자 수를 추정한 적은 있으나 중국사회과학원 연구원이 구체적인 통계를 공개한 것은 이번이 처음입니다.

이에 따라 중국이 강제 북송하는 탈북자가 해마다 5천명에 달한다는 미국과 한국 인권단체들의 주장이 사실에 가까운 것으로 입증됐습니다.

이 같은 사실은 정신저 중국사회과학원 연구원이 학술지인 '중남민족 대학저널' 최신호에 기고한 논문에서 드러났습니다.

역사학 박사인 정 연구원은 각주에서 지난 2003년 현지 실태조사를 하는 과정에서 이같은 통계를 입수했다고 설명했습니다. (끝)

중국 정부가 지난 2002년

모두 <u>4천8백9명의</u> 탈북자를
   (의미 있는 통계수치이므로 어림수를 쓰지 않는 것은 적절)
북한으로 강제송환했던 것으로

드러났습니다.
  ①
    인권단체들이 강제 북송되는

탈북자 수를 추정한 적은 <u>있으나</u>
       ('있지만'이 볼음·전달력에서 앞선다.)
중국사회과학원 연구원이

구체적인 통계를 공개한 것은

이번이 처음입니다.

  이에 따라 중국이 강제 북송하는 탈북자가
      약(친절성)
해마다 5천명에 달한다는

미국과 한국 인권단체들의 주장이

<u>사실에 가까운 것으로 입증됐습니다.</u>
  ② ('가까운 것'은 입증으로 보기 어렵다. → 드러났습니다.)
    이 같은 사실은

정신저 중국사회과학원 연구원이

학술지인 '중남민족 대학저널'

최신호에 기고한 논문에서 드러났습니다.
  ③
    역사학 박사인 정 연구원은 각주에서

지난 2003년 현지 실태조사를 하는 과정에서

이같은 통계를 입수했다고 설명했습니다. (끝)

> 중국 정부가 지난 2002년 모두 4천8백9명의 탈북자를 북한으로 강제 송환한 것으로 밝혀졌습니다.
>
>   〃
>
> 이 같은 사실은 중국사회과학원 정신저 연구원이 '중남민족 대학저널' 최신호에 기고한 논문을 통해 밝혀졌습니다.
> 그동안 인권단체들이 강제 북송되는 ~

해설
①과 ②가 바뀌어야 흐름이 맞다.
③은 불필요

국제

|28| 러시아 학생, 타인종 증오심에서 37명 살인

러시아에서 10대 2명이

다른 인종에 대한 증오심으로

모두 37명을 살해했다고

러시아 일간 브레미야 노보스테이가

오늘 보도했습니다.

이 신문은

18살인 한 학생이

지난해 8월부터 동갑내기 친구와 함께

모스크바 일대에서

피부색이 다른 사람 37명을 살해했다고

경찰에서 진술했으며

경찰 수사에서 사실로 확인됐다고 보도했습니다.

한편 러시아 소바 인권센터가

이달초 발표한 자료에 따르면

올 들어서만 다른 인종에 대한

증오심에서 비롯된 범죄가 200여 건에 이르러

모두 25명이 숨지고

154명이 다친 것으로 나타났습니다. (끝)

러시아에서 10대 2명이
다른 인종에 대한 증오심으로
모두 37명을 살해했다고
러시아 일간 브레미야 노보스테이가
오늘 보도했습니다.
　　이 신문은
18살인 한 학생이
지난해 8월부터 동갑내기 친구와 함께
모스크바 일대에서
피부색이 다른 사람 37명을 살해했다고
경찰에서 진술했으며
경찰 수사에서 사실로 확인됐다고 보도했습니다.
　　한편 러시아 소바 인권센터가
이달초 발표한 자료에 따르면
　　　　　　　(→ 번역투)
올 들어서만 다른 인종에 대한
증오심에서 비롯된 범죄가 200여 건에 이르러
모두 25명이 숨지고
154명이 다친 것으로 나타났습니다. (끝)

러시아에서 18세 학생 2 명이 지난 9개월 동안 모두 30여 명의 외국인을 살해한 것으로 밝혀져 충격을 주고 있습니다.

러시아 일간지 브레미야 노보스테이는 오늘, 이들이 외국인에 대한 증오감으로 모스크바 일대에서 37 명을 살해한 사실이 경찰조사결과 확인됐다고 밝혔습니다.

한편 러시아 전역에서 올들어서만 타인종에 대한 범죄가 200여 건 발생해 25 명이 숨지고 154 명이 다친 것으로 조사됐다고 러시아 인권센터 '소바'는 밝혔습니다.

해설
- 간결하고 깔끔하게 고쳐쓰기

발음
ⓐ 憎惡[증오](○), [증ː오](×)
ⓑ 同甲[동갑](○), [동ː갑](×)
ⓒ 진술[진ː술]
ⓓ 資料[자료](○), [자ː료](×)

국제

403

|29| 혼다, '일본 로비 역효과, 결의안 이제 국제현안'

일본군 종군 위안부 결의안을 추진중인 미국 하원의 혼다 의원측은 이달 채택여부에 관계 없이 결의안은 이제 국제적 현안이 돼, 의회의 주목을 받고 있으며 일본 정부의 강력한 로비는 오히려 역효과를 내고 있다고 밝혔습니다.

또 일부 일본 언론들이 잘못된 보도로 상황을 오도하고 있다고 지적했습니다.

혼다 의원 사무실의 대니얼 콘 대변인은, "혼다 의원이 결의안 채택을 이달중에 해내려 했지만 어려워져 크게 실망하고 있다는 식으로 일부 일본 언론들이 잘못 보도하고 있다"면서 이같이 밝혔습니다.

콘 대변인은 이달 중 결의안 채택이라는 목표를 잡은 일도 없고, 미 의회 관례상 이달중 결의안이 상정되지 않는 것도 특이한 일이 아니라고 말했습니다.

특히 의안 상정의 키를 쥐고 있는 랜토스 하원 외교위원장등 절대 다수가 강력한 지지를 표명하고 있으며, 의원들이 거의 매일 혼다 의원에게 문의하고 주목할 정도로, 이 결의안은 국제적 현안으로 자리잡고 있다고 말했습니다.

특히 아베 총리 방미 이후 일본 정부의 강력한 로비는 오히려 의회내 지지자 수만 높여주는 결과만 낳고 있다고 밝혔습니다.

이밖에 극히 일부 일본 언론들은 결의안 상정이후 혼다 의원의 재정 지원과 지지율을 거론하며 잘못된 보도를 만들어 내고 있다고 지적했습니다. (끝)

일본군 종군 위안부 결의안을 추진중인 미국 하원의 혼다 의원측은
이달 채택여부에 관계 없이 결의안은 이제 국제적 현안이 돼, 의회의 주목을 받고 있으며 일본 정부의 강력한 로비는 오히려 역효과를 내고 있다고 밝혔습니다.
또 일부 일본 언론들이 잘못된 보도로 상황을 오도하고 있다고 지적했습니다.
혼다 의원 사무실의 대니얼 콘 대변인은, "혼다 의원이 결의안 채택을 이달중에 해내려 했지만 어려워져 크게 실망하고 있다는 식으로 일부 일본 언론들이 잘못 보도하고 있다"면서 이같이 밝혔습니다.
콘 대변인은 이달 중 결의안 채택이라는 목표를 잡은 일도 없고, 미 의회 관례상 이달중 결의안이 상정되지 않는 것도 특이한 일이 아니라고 말했습니다.
특히 의안 상정의 키를 쥐고 있는 랜토스 하원 외교위원장등 절대 다수가 강력한 지지를 표명하고 있으며, 의원들이 거의 매일 혼다 의원에게 문의하고 주목할 정도로, 이 결의안은 국제적 현안으로 자리잡고 있다고 말했습니다.
특히 아베 총리 방미 이후 일본 정부의 강력한 로비는 오히려 의회내 지지자 수만 높여주는 결과만 낳고 있다고 밝혔습니다.
이밖에 극히 일부 일본 언론들은 결의안 상정이후 혼다 의원의 재정 지원과 지지율을 거론하며 잘못된 보도를 만들어 내고 있다고 지적했습니다. (끝)

일본 정부의 로비 압력과 일본 언론의 왜곡보도는 미 의회에서 일본군 위안부 결의안 채택에 아무런 영향을 주지 못하고 있다고 혼다 의원 측이 밝혔습니다.

혼다 의원사무실 대니얼 콘 대변인은 이달 중 결의안 채택이 불발된 것과 관련해, 이는 특이한 일이 아니며 이 달을 결의안 채택 목표로 삼지도 않았다고 말했습니다.

콘 대변인은 결의안 상정의 핵심인물인 랜토스 하원 외교위원장이 여전히 강력한 지지를 표명하고 있으며 다른 의원들도 관심이 매우 높다고 밝혔습니다.

특히 아베 총리의 방미를 전후해 벌어진 일본정부의 의안상정 방해 로비와, 혼다 의원이 재정적 어려움을 겪고 있고 지지율도 떨어졌다는 등 일본언론의 왜곡보도는 역효과를 내고 있다고 콘 대변인은 설명했습니다.

해설
- 전체적으로 너무 길고 산만하며 '불필요', '중복'의 오류가 가득하다.
- 길고 긴 여섯 문장을 네 문장으로 줄였다.

국제

|30| '와코비아, 北자금 중개 검토 배경에 의혹'

미 국무부로부터 방코 델타 아시아의
북한 자금 송금 제안을 받아들인 와코비아 은행이
금융 사기범들과 거래했다는 의혹이 있다고
국제 문제 전문지인 포린폴리시지가 보도했습니다.

포린 폴리시지는
와코비아 은행이 북한 자금을 중개함으로써
신뢰도에 심각한 손상을 받을 수 있음에도 불구하고
국무부의 제안을 받아들이려는 배경에 대해
이 같은 맥락이 있음을 시사했습니다.

포린 폴리시는
와코비아 은행이 국무부 제안을
검토하고 있다고 밝힌 지난 18일,
공교롭게도 지방채 거래와 관련해
다른 은행들과 함께 대대적인 조사를
받고 있다는 사실이 보도된 점을 지적하고
두 사건 간의 연관성에 의혹을 제기했습니다.

포린 폴리시는
와코비아 은행은 개설된 계좌가
금융 범죄에 이용당할 수 있다고
경고를 받은 후에도 거래를 끊지 않아
상당액의 수수료를 챙겼다고
수사 당국자의 말을 인용해 주장했습니다. (끝)

　　　　미 국무부로부터 방코 델타 아시아의
북한 자금 송금 제안을 받아들인 와코비아 은행이
금융 사기범들과 거래했다는 의혹이 있다고
국제 문제 전문지인 포린폴리시<u>지가</u> 보도했습니다.
　　　　　　　　　　　ⓐ
　　　　　　　　　　　　　　(→ 신문이)
　　　<u>포린 폴리시지는</u>
　　　　(→ 이 신문은)
와코비아 은행이 북한 자금을 중개함으로써
신뢰도에 심각한 손상을 받을 수 있음에도 <u>불구하고</u>
　　　　　　　　　　　　　　　　　(→ 불필요)
국무부의 제안을 받아들이려는 <u>배경에</u> 대해
　　　　　　　　　　　　　(것에)
이 같은 맥락이 있음을 시사했습니다.
　　①
　　　포린 폴리시는
와코비아 은행이 국무부 제안을
검토하고 있다고 밝힌 지난 18일,
공교롭게도 지방채 거래와 관련해
다른 은행들과 함께 대대적인 조사를
받고 있다는 사실이 보도된 점을 지적하고
두 사건 간의 연관성에 의혹을 제기했습니다.
　　②
　　　포린 폴리시는
와코비아 은행은 개설된 계좌가
금융 범죄에 이용당할 수 있다고
경고를 받은 후에도 거래를 끊지 않아
상당액의 수수료를 챙겼다고
수사 당국자의 말을 인용해 주장했습니다. (끝)

"

"

　　포린폴리시는 이와 관련해 와코비아 은행이 국무부 제안을 검토하고 있다고 밝힌 18일, 지방채 거래에 대한 대대적인 조사를 받은 사실이 드러난 점이 석연치 않다고 의혹을 제기했습니다.

　　와코비아 은행은 또 개설계좌가 금융범죄 악용 우려가 있다는 경고를 받은 후에도 거래를 계속하면서 상당액의 수수료를 챙겼다고 이 신문은 주장했습니다.

해설
① 간명하고 깔끔하게 쓰기. 군더더기 드러내기
② 두 번째 문장부터 네 번째 문장까지 주어를 '포린폴리시'로 한다는 것은 둔한 감각이다.
　'포린폴리시'와 '이 신문'을 번갈아 써서 변화를 준다.
　처음 나올 때는 '포린폴리시 신문'이라고 명확히 적는다.

발음
ⓐ '포린폴리시 지'는 '시'와 '지'가 같은 'ㅣ' 모음이라 음감이 좋지 않고 오독의 우려가 있다.

국제

|31| 美 쇠고기 광우병 등급 판정, OIE 총회 개막

미국산 쇠고기에 대한
광우병 위험 등급을 매기는
국제수역사무국, 즉 OIE 총회가
엿새간 일정으로 파리에서 개막됐습니다.
이번 총회는
미국과 캐나다 등 11개 나라에 대해
광우병 위험 등급을 결정하게 됩니다.
특히 미국과 캐나다의 등급이
'통제된 위험'으로 결정될 것으로 보입니다.
이 등급은
일정 조건에 따라 광우병 위험물질만 제거하면
연령이나 부위의 제한을 받지 않게 됩니다.
이에 따라
한국시장 개방에 대한 미국의 요구가
더욱 거세질 것으로 전망됩니다.
그러나 우리 나라 관계자들은
총회의 결정이 구속력이 없는 만큼
한미 양측의 추가 협상이 필요하다고
밝혔습니다.
한편 한미 FTA저지 범국민운동본부 소속
관계자 20여 명은 회의장 밖에서
미국이 '통제된 위험' 등급을 받는 것에
항의하는 시위를 벌였습니다. (끝)

　　　　　　미국산 쇠고기에 대한
ⓐ
광우병 위험 등급을 매기는
①
국제수역사무국, 즉 OIE 총회가
엿새간 일정으로 파리에서 개막됐습니다.
　　　　　②
　　　　　이번 총회는
미국과 캐나다 등 11개 나라에 대해
광우병 위험 등급을 결정하게 됩니다.
　　　　특히 미국과 캐나다의 등급이
'통제된 위험'으로 결정될 것으로 보입니다.
　　　　　이 등급은
　　　　　　　　　　　　　ⓑ
일정 조건에 따라 광우병 위험물질만 제거하면
연령이나 부위의 제한을 받지 않게 됩니다.
　　　　　이에 따라
한국시장 개방에 대한 미국의 요구가
더욱 거세질 것으로 전망됩니다.
　　　　　그러나 우리 나라 관계자들은
　　　　　　　　　（→ 우리측）
총회의 결정이 구속력이 없는 만큼
한미 양측의 추가 협상이 필요하다고
밝혔습니다.
　　　　한편 한미 FTA저지 범국민운동본부 소속
　　　　　　　　　　　　　　　（→ 회원）
관계자 20여 명은 회의장 밖에서
미국이 '통제된 위험' 등급을 받는 것에
（→ 미국 쇠고기가 비교적 안전한 수준인 '통제된 위험' ~ ）
항의하는 시위를 벌였습니다. （끝）

　　　OIE, 즉 국제수역사무국 총회가 6일간 일정으로 파리에서 개막됐습니다.

　　　이번 회의에서는 미국 등 11개국의 쇠고기에 대한 광우병 위험 등급을 결정하게 되는데 미국과 캐나다 쇠고기가 이른바 '통제된 위험' 등급을 받을 것으로 관측됩니다.

　　　'통제된 위험'이란 일정 조건에 따라 광우병 위험 물질만 제거하면 연령이나 부위의 제한을 받지 않는 등급을 뜻합니다.

"

"

"

> 해설
① '즉'은 '풀이'에 해당하는 말이 뒤에 오는 것이다.（→ 도치）
② 너무 잘게 잘라 이었다. 한 문장이면 충분하다.

> 발음
ⓐ 狂牛病〔광우뼝〕（○）, 〔광ː우뼝〕（×）
ⓑ 除去〔제거〕（○）, 〔제ː거〕（×）

국제

|32| 한국 선원, 승선·어선위치 확인

　　　　피랍된 한국 선원 4명이
소말리아의 라스 아수아드 항에 정박 중인 것으로
알려졌습니다.
　　　　외교통상부는
소말리아 모가디슈 210마일 해상에서
한국 시간으로 지난 15일 해적들에게
피랍됐던 선박이 라스 아수아드 항에 정박 중이며
선원들이 모두 안전하고 건강한 상태인 것으로
알고 있다고 밝혔습니다.
　　　　외교부는 또
이 선박의 한국인 선주가
선원들이 모두 안전하고 건강한 상태에 있다고
알려왔다고 덧붙였습니다.
　　　　정부는
주 케냐 대사관에 현장 지휘 본부를 설치하고
소말리아 대사를 만나 이들을 구출하는 데
협조해 줄 것을 요청했습니다.
　　　　또 한국인과 함께 피랍된
중국, 베트남, 인도네시아 등의
국가들과 정보를 공유하면서
긴밀히 협조해 나가기로 했다고
외교부는 덧붙였습니다. (끝)

피랍된 한국 선원 4명이
　　(→ '납치된' 혹은 '피랍')
소말리아의 라스 아수아드 항에 정박 중인 것으로
　　　　　　　　　　　　　('연안에', 뒤에 나온다.)
알려졌습니다.

　　외교통상부는
　　　　(「˚ 수도 모가디슈. '친절성'. 이질적인 외래어 사이 쿠션 역할)
소말리아 모가디슈 210마일 해상에서

한국 시간으로 지난 15일 해적들에게
(→ 우리 날째)
피랍됐던 선박이 라스 아수아드 항에 정박 중이며

선원들이 모두 안전하고 건강한 상태인 것으로

알고 있다고 밝혔습니다.

　　외교부는 또

이 선박의 한국인 선주가

선원들이 모두 안전하고 건강한 상태에 있다고

알려왔다고 덧붙였습니다. (→ 불필요)

　　정부는

주 케냐 대사관에 현장 지휘 본부를 설치하고

소말리아 대사를 만나 이들을 구출하는 데

협조해 줄 것을 요청했습니다.

　　또 한국인과 함께 피랍된
　　(→ 또, 선원들이 함께 납치된)
중국, 베트남, 인도네시아 등의
　　　　　　　　　　　(과)
국가들과 정보를 공유하면서
(→ 불필요)
긴밀히 협조해 나가기로 했다고

외교부는 덧붙였습니다. (끝)

"

　　외교통상부는 우리 날짜 지난 ○○일 해적들에 납치된 선박이 라스 아수아드항에 정박 중이며 선원들도 모두 안전하고 건강한 상태라고 밝혔습니다.

"

"

발음

ⓐ 정박[정:박]
ⓑ 해적[해:적]
ⓒ 건강[건:강]
ⓓ 구출[구:출]
ⓔ 要請[요청](○), [요:청](×)
ⓕ 공유[공:유]

411

국제

|33| 미 'BDA 기술적 문제 조속 해결 기대…북한 의지 긍정적'

톰 케이시 미 국무부 부대변인은
BDA 은행의 북한 자금 송금문제가
예상치 못한 복잡한 기술적 장애들 때문에
해결이 늦어지고 있다며,
북한이 이 문제를 최대한 빨리 마무리해,
한반도 비핵화라는 6자회담 본연의 과제에
복귀하기를 기대한다고 밝혔습니다.
케이시 부대변인은
북한이 2.13 합의에 따른 의무 이행을
거듭 다짐하고 있는 것은 긍정적이며
BDA 문제 해결이 늦어지는 것은
기술적인 문제로 북한이 고의로
지연전술을 펴는 것은 아니라고 설명했습니다.
토니 스노 백악관 대변인도
북한이 BDA 자금을 원하고 있지만
이를 확보하는데 모종의 어려움을 겪고 있다며
북한이 2.13 합의에 따른 의무를
준수해야 한다는 믿음에는 변함이 없다고
강조했습니다. (끝)

톰 케이시 미 국무부 부대변인은

BDA 은행의 북한 자금 송금문제가
① (→ BDA, 방코델타아시아, 델타아시아 은행)
예상치 못한 복잡한 기술적 장애들 때문에

해결이 늦어지고 있다며,

북한이 이 문제를 최대한 빨리 마무리해,
　　　　　　　　　　　ⓐ
한반도 비핵화라는 6자회담 본연의 과제에
ⓑ
복귀하기를 기대한다고 발했습니다.
　　　(→ 추상적, 삭제)
　　　　　　케이시 부대변인은

북한이 2.13 합의에 따른 의무 이행을

거듭 다짐하고 있는 것은 긍정적이며
①
BDA 문제 해결이 늦어지는 것은

기술적인 문제로 북한이 고의로

지연전술을 펴는 것은 아니라고 설명했습니다.

　　　토니 스노 백악관 대변인도

북한이 BDA 자금을 원하고 있지만

이를 확보하는데 모종의 어려움을 겪고 있다며
　　　　　　　　(→ 진부한 표현)
북한이 2.13 합의에 따른 의무를

준수해야 한다는 믿음에는 변함이 없다고
　　　　　　　　(→ 번역투, 어려운 말)
강조했습니다. (끝)

　　BDA 문제 해결이 늦어지고 있는 것은 복잡하고 예상치 못한 문제들 때문이지 북한의 고의가 아니라고 톰 케이시 미 국무부 부대변인이 말했습니다.

　　케이시 부대변인은 더구나 북한이 지난 2.13 합의에 따른 의무 이행을 거듭 다짐하고 있는 것은 긍정적이라고 밝혔습니다.

　　토니 스노 백악관 대변인도 북한이 BDA 자금 확보에 여러 어려움을 겪고 있지만 2.13 합의를 준수할 것이라고 본다고 밝혔습니다.

국제

> **해설**
> ① 겹친다. '기술적'이란 말은 모호하다. 전체적으로 문장이 너무 길다.

> **발음**
> ⓐ 과제〔과제〕(○), 〔과:제〕(×)
> ⓑ 복귀〔복뀌〕(○), 〔복끼〕로 내지 않도록 주의

413

국제

|34| 印尼, 115번째 조류인플루엔자 환자 발생

인도네시아 보건부는 115번째 조류인플루엔자 감염 환자가 발견됐다고 발표했습니다.

보건부 산하 조류인플루엔자 센터는 자카르타 위성도시 탕게랑의 47살 한 남성을 두 차례 검사한 결과 치명적인 조류인플루엔자 바이러스인 H5N1이 검출됐다고 밝혔습니다.

인도네시아는 세계에서 조류인플루엔자 발병률이 가장 높은 국가로 지금까지 115명의 조류인플루엔자 감염 환자가 확인됐고 이 가운데 92명이 숨졌습니다. (끝)

인도네시아 보건부는
① 115번째 조류인플루엔자
   ⓐ   ⓑ
감염 환자가
발견됐다고 발표했습니다.
② 보건부 산하
조류인플루엔자 센터는
   ③
자카르타 위성도시 탕게랑의
47살 한 남성을
ⓒ
두 차례 검사한 결과
치명적인 조류인플루엔자
ⓓ
바이러스인 H5N1이
검출됐다고 밝혔습니다.

인도네시아는
세계에서 조류인플루엔자
(→ 불필요)
발병률이 가장 높은 국가로
지금까지 115명의
조류인플루엔자 감염 환자가
확인됐고 이 가운데 92명이
숨졌습니다. (끝)

인도네시아 보건부는 이번 겨울 들어 첫 조류인플루엔자 감염 환자가 발견됐다고 밝혔습니다.

인도네시아 조류인플루엔자센터는 자카르타 인근에 사는 47세 남성을 검사한 결과, 치명적 바이러스인 H5N1이 검출됐다고 공식 발표했습니다.

인도네시아는 조류인플루엔자 발병률이 가장 높은 나라로 지금까지 115명의 감염환자가 확인된 바 있으며, 이 가운데 92명이 숨졌습니다.

해설
① '115번째 환자'가 도대체 어떤 의미란 말인가? 언제부터 따져서?(조류인플루엔자는 겨울에 발병한다.)
② 갑자기 이렇게 하면, 우리나라 보건복지부와 헛갈린다.
③ (불필요한 정보)

발음
ⓐ 감염[가ː몀]
ⓑ 환자[환ː자]
ⓒ 검사[검ː사]
ⓓ H5N1[에이치파이브에뉜]

국제

|35| 경비행기 제네바호수로 추락…2 명 숨진 듯

스위스 보 칸톤 상공에서 비행하던 경비행기가 제네바 호수로 추락해 조종사와 탑승객 등 2명이 실종됐습니다.

이 2인승 경비행기는 추락하면서 제네바 호수에 부딪혔으며 실종된 조종사와 탑승객은 모두 숨진 것으로 보인다고 dpa 통신이 전했습니다.

사고 직후 경찰은 수중 40m 깊이에 있는 비행기 잔해에서 이들을 구조하려 했으나 실패했으며, 현재 정확한 사고 원인을 조사중이라고 밝혔습니다. (끝)

스위스 ① 보 칸톤 상공에서 비행하던 경비행기가 제네바 호수로 추락해 조종사와 탑승객 ② 등 2명이 실종됐습니다.

이 2인승 경비행기는 ③ 추락하면서 제네바 호수에 부딪혔으며 실종된 조종사와 탑승객은 모두 숨진 것으로 보인다고 dpa 통신이 전했습니다.

사고 직후 경찰은 수중 40m 깊이에 있는 비행기 잔해에서 이들을 ⓐ 구조하려 했으나 실패했으며, 현재 ⓑ 정확한 사고 원인을 조사중이라고 밝혔습니다. (끝)

스위스 상공에서 비행하던 경비행기가 제네바 호수로 추락해 조종사와 탑승객이 실종됐다고 독일 dpa 통신이 보도했습니다.

경찰은 수심 약 40m에서 이 경비행기의 잔해를 발견했지만 두 사람은 찾지 못했다고 밝히고, 이들이 숨진 것으로 보인다고 말했습니다.

해설
① 써 봐야 모른다. 더 헷갈린다. '제네바 호수'면 족하다.
② 조종사와 탑승객 밖에 더 있나? '등'은 뭔가?
③ 앞에 나왔다. 호수에 부딪히는 것은 이상하다.

발음
ⓐ 구조〔구:조〕
ⓑ 정확〔정:확〕

국제

|36| 차드 '고아' 입양하려던 佛 단체 거짓 드러나

차드에서 한 프랑스 자선단체가 입양하려던 어린이 100여 명 중 대부분이 고아가 아닌 것으로 드러났다고 유엔 관련 단체들이 밝혔습니다.

유엔난민고등판무관실과 유엔아동기금 등이 입양될 뻔한 103명의 어린이를 면담한 결과 90여 명이 고아가 아니었다고 영국의 BBC 인터넷판이 보도했습니다.

문제가 된 프랑스 자선단체 요원 6명은 지난 25일 차드에서 불법으로 어린이 103명을 붙잡아 프랑스로 데려가려다 적발돼 납치, 사기 등의 혐의로 기소됐으며 함께 한 프랑스 기자 3명 등도 체포됐습니다. (끝)

---

① 차드에서 한 프랑스 자선단체가 입양하려던
② 어린이 100여 명 중 대부분이 고아가 아닌 것으로 드러났다고 유엔 관련 단체들이 밝혔습니다.
ⓐ 유엔난민고등판무관실과 유엔아동기금 등이 입양될 뻔한 103명의 어린이를 면담한 결과 90여 명이 고아가 아니었다고 영국의 BBC 인터넷판이 보도했습니다.

문제가 된 프랑스 자선단체 요원 6명은 지난 25일 ③ 차드에서 불법으로 어린이 103명을 붙잡아 프랑스로 데려가려다 적발돼 납치, 사기 등의 혐의로 기소됐으며 함께 한 프랑스 기자 3명 등도 체포됐습니다. (끝)

프랑스 자선단체가 아프리카 차드에서 고아가 아닌 어린이들을 입양하려다 발각됐다고 유엔 관련단체가 밝혔습니다.

유엔난민고등판무관실과 유엔아동기금은 어린이 103 명을 면담한 결과 90여 명이 부모가 있었다고 영국 BBC 방송 인터넷판이 보도했습니다.

문제가 된 이 프랑스 자선단체 관련자 6명은 지난 25일 벌어진 이번 사건으로 납치, 사기 등 혐의로 기소됐으며 이에 연루된 프랑스 기자 3 명도 체포된 것으로 알려졌습니다.

해설
① 난데없이 나오면 어딘 지 모른다. (친절성)
② 전개 문장에 그대로 또 나온다.
③ 또 나왔다. (다른 표현)

발음
ⓐ 難民〔난민〕(○), *참고. 亂民〔난:민〕

|37| 부토, 폭탄테러 조사 국제사회 지원 요구

베나지르 부토 파키스탄 전 총리는 자신을 겨냥한 폭탄테러로 139명이 숨진 사건의 조사에 국제적인 지원을 요구했습니다.

부토 전 총리는 이번 사건과 관련해 미국이나 영국을 포함한 국제사회와 논의했다면서 이번 공격과 같은 부류의 사건을 조사할 수 있는 기술 전문가 등 국제적인 대테러 전문가들의 지원이 필요하다고 설명했습니다.

그러나 부토 전 총리는 이번 폭탄테러에도 불구하고 내년 1월 총선을 위한 활동을 위해 파키스탄에 계속 머물 것임을 거듭 밝혔습니다. (끝)

"

부토 전 총리는 이번 사건과 관련해 미국, 영국을 비롯한 여러 국가들과 논의했다면서 국제적인 대테러 전문가들의 지원이 필요하다고 말했습니다.

이번 폭탄 테러에도 불구하고 부토 전 총리는 내년 1월 총선 준비를 위해 파키스탄에 계속 머물 것임을 거듭 밝혔습니다.

해설

① 미국, 영국은 주요 국가들이다. '~포함한'은 중요성이 떨어지는 대상을 나타낼 때 쓴다.

② 길어진다. 빼도 지장없다.

국제

|38| LA타임스, '맹목적 애국심 'D-워' 키워'

미국에서 상영중인 한국영화 D-워는 실패작임에도 불구하고 한국에서 광적인 팬들을 끌어모은 것은 한국인들의 맹목적 애국심을 고취시킨 심형래 감독의 전략 때문이라고 보도했습니다.

L.A타임스는 오늘자 서울발 기사에서 이같이 밝히고 이 때문에 D-워에 대해 비판적 해석을 내놓은 한국의 한 비평가가 인터넷 왕국인 한국에서 인터넷을 통해 왕따를 당하고 있다고 전했습니다.

이 신문은 한국의 비평가 진중권 씨가 D-워를 주제가 모호하고 줄거리가 터무니없다는 비평을 내놓자 광적인 팬들이 인터넷을 통해 극도의 인신비방에 나서 위협을 가하고 있다고 밝혔습니다. (끝)

---

① 미국에서 상영중인 한국영화 D-워는 실패작임에도 불구하고 한국에서
(→ 불필요) ⓐ
광적인 팬들을 끌어모은 것은 한국인들의 맹목적 애국심을 고취시킨 심형래 감독의 전략 때문이라고 보도했습니다.

② L.A타임스는 오늘자 서울발 기사에서 이같이 밝히고 이 때문에 D-워에 대해 비판적 해석을 내놓은 한국의 ⓑ 비평가가 인터넷 왕국인 한국에서 인터넷을 통해 왕따를 당하고 있다고 전했습니다.

③ 이 신문은 한국의 비평가 진중권 씨가 D-워를 주제가 모호하고 줄거리가 터무니없다는 비평을 내놓자
ⓒ
광적인 팬들이 인터넷을 통해 극도의 인신비방에 나서 위협을 가하고 있다고 밝혔습니다. (끝)

미국에도 상륙한 심형래 감독의 영화 'D-워'는 졸작임에도 한국인의 맹목적 애국심을 고취시킨 감독의 전략 때문에 일정부분 성공했다고, LA타임스 신문이 보도했습니다.

L.A타임스는 오늘 서울발 기사에서 이같이 밝히고 이 영화를 주제가 모호하고 줄거리가 터무니 없다고 비판한 한국의 문화비평가 진중권 씨가 요즘 인터넷상의 'D-워' 옹호자에게 인신비방 등 위협을 받고 있다고 전했습니다.

해설
① 주어가 없다! 목적부에 해당하는 것을 잦은 수식어와 복잡한 문장구조로 배치하는 바람에 놓친 것이다.
② ③은 합쳐 다듬는다.

발음
ⓐ 끌어[끄:러]
ⓑ 비평가[비:평가]
ⓒ 狂的[광쩍](○), [광:쩍](×)

국제

|39| '北 테러지원국 명단삭제 시기상조' <백악관>

미국 백악관은 북한이 의혹을 받고 있는 핵활동에 대해 모든 신고를 다 마치기 전에는 북한을 테러리스트 지원국 명단에서 삭제하기 어려울 것이라고 밝혔습니다.

데이너 페리노 백악관 대변인은 북한을 테러지원국 명단에서 삭제할 것이냐는 질문에 "아니다"면서 "지금은 북한이 자신들의 핵활동에 대해 완벽하고 정확한 신고를 하길 기다리고 있다"고 말했습니다.

이에 앞서 미 국무부 대테러담당 델 데일리 조정관은 북한이 미 국무부의 테러지원국 명단에서 삭제되기 위한 법률적 기준을 충족한 것으로 보인다고 밝힌 바 있습니다. (끝)

미국 백악관은 북한이 의혹을 받고 있는 핵활동에 대해 모든 신고를 다 마치기 전에는 북한을 테러리스트 지원국 명단에서 <u>삭제하기</u>① 어려울 것이라고 밝혔습니다.

데이너 페리노 백악관 대변인은 북한을 테러지원국 명단에서 <u>삭제할</u> 것이냐는 질문에
②
<u>"아니다"</u>면서
③
"지금은 북한이 자신들의 핵활동에 대해 완벽하고 정확한 신고를 하길 기다리고 있다"고 말했습니다.
④
<u>그러나,</u>이에 앞서 미 국무부 대테러담당 델 데일리 조정관은 북한이 미 국무부의 테러지원국 명단에서 <u>삭제되기</u> 위한 법률적 기준을
⑤
<u>충족한 것</u>으로 보인다고 밝힌 바 있습니다. (끝)

미 백악관은 북한이 의혹을 받고 있는 핵 활동에 대해 모든 신고를 다 마치지 않으면 테러지원국 명단에서 벗어나지 못할 것이라고 밝혔습니다.

데이너 페리노 백악관 대변인은 북한을 테러지원국 명단에서 삭제할 것이냐는 질문에 부정적으로 답하면서, 지금은 북한이 스스로 핵 활동에 대한 완벽하고 정확한 신고를 하기를 기다리는 시점이라고 말했습니다.

그러나, 이에 앞서 미 국무부 델 데일리 테러담당 조정관은 북한이 테러지원국 명단에서 빠질 수 있는 법적 기준에 부합한 것으로 본다고 밝힌 바 있습니다.

해설
① 기사에서 세 번이나 나온다.
② 읽어보면 이상하다는 것을 알 수 있다. 직접화법은 지양한다. 불가피할 때 사용하되 제대로 구사해야 한다.
③ 큰 따옴표가 필요없다.
④ 상반되는 주장이 나오니까 '명확성' 측면에서 붙여준다.
⑤ (번역투)

국제

|40| 한미의원단, 내일 FTA포럼서 격론 예고

미국을 방문한 국회 FTA 포럼 소속 의원들이 미 하원 의원들이 주최하는 한미 의원 FTA 세미나에 참석해 열띤 토론을 벌일 예정입니다.

비공개로 진행될 내일(11일) 세미나에는 한미 FTA 비준에 적잖은 영향력을 발휘할 수 있는 민주당의 찰스 랑겔 하원 세입위원장과 얼 포메로이 하원의원, 공화당의 비토 포셀라 하원의원 등이 참석합니다.

FTA 의원단의 이번 방미는 특히 미 민주당 의원들이 지난달 한미 FTA 협상 타결 최종 서명 이후에도 자동차와 쇠고기 시장 개방을 위한 추가 협상을 요구해 미 의회의 연내 한미 FTA 비준 전망이 불투명한 가운데 이뤄진 것이어서 주목됩니다. (끝)

① 미국을 방문한 국회 FTA 포럼 소속 의원들이 미 하원 의원들이 주최하는 한미 의원 FTA 세미나에 참석해 열띤 토론을 벌일 예정입니다.

비공개로 진행될 내일(11일) 세미나에는 ② 한미 FTA 비준에 <u>적잖은 영향력을 발휘할 수 있는</u> 민주당의 찰스 랑겔 하원 세입위원장과 ③ <u>얼 포메로이 하원의원, 공화당의 비토 포셀라 하원의원 등</u>이 참석합니다.

FTA 의원단의 이번 방미는 특히 미 민주당 의원들이 지난달 한미 FTA 협상 타결 최종 서명 이후에도 자동차와 쇠고기 시장 개방을 위한 추가 협상을 요구해 미 의회의 연내 한미 FTA 비준 전망이 불투명한 가운데 이뤄진 것이어서 주목됩니다. (끝)

○○○ 의원을 단장으로 ○○○, ○○○ 의원 등 국회 FTA 포럼 의원 ○명이 워싱턴에서 열리는 한·미 의원 FTA 세미나에 참석합니다.

비공개로 진행될 내일 세미나에는 한·미 FTA 비준에 영향력이 있는 민주당 찰스 랑겔 하원 세입위원장 등이 나설 것으로 알려졌습니다.

해설
① 어느 국회의원이 갔는지가 중요하다. 막연히 FTA 포럼 소속 의원들이라고 하면 어떡하나? 그러고나서 ②에서는 알지도 못하는 미 의회 의원들만 잔뜩 늘어놓았다.
② 직접적으로 써라.
③ 누구인가? 과연 필요한가?

국제

|41| 힐 차관보, 'BDA문제 조만간 진전 있을 것'

북핵 6자회담 미국 측 수석대표인 크리스토퍼 힐 국무부 동아태 차관보는 방코 델타 아시아, 즉 BDA의 북한자금 송금문제와 관련해 조만간 진전이 있을 것으로 기대한다고 밝혔습니다.

힐 차관보는 며칠 동안 많은 일이 진행됐고, 러시아 등 관련국들의 많은 협조가 있었다고 말하고 특히 지난 48시간 동안 북한 측과 많은 논의를 했다면서 조만간 좋은 소식을 듣게 되길 바란다고 밝혔습니다. (끝)

북핵 6자회담 미국 측 수석대표인 크리스토퍼 힐 미국무부 동아태 차관보는 (┌* BDA, 즉 방코델타아시아, 혹은 방코 방코 델타 아시아, 즉 BDA의 델타아시아, BDA. '즉' 다음이 우리말이다.) 북한자금 송금문제와 관련해 ⓐ ⓑ 조만간 진전이 있을 것으로 기대한다고 밝혔습니다.

힐 차관보는 ① 며칠 동안 많은 일이 진행됐고, 러시아 등 관련국들의 많은 협조가 있었다고 말하고 특히 지난 48시간 동안 북한 측과 많은 논의를 했다면서 조만간 좋은 소식을 듣게 되길 바란다고 밝혔습니다. (끝)

"
힐 차관보는 며칠동안 일의 진척이 있었고, 러시아 등 관련국들의 많은 협조도 이루어졌다고 말하면서, 특히 북한 측과 이틀 동안 이 문제를 심도있게 논의한 만큼 조만간 좋은 소식이 들리기를 기대한다고 말했습니다.

해설
① (무신경, 무성의하다).
'많은'은 막연하다. 그런데 세 번이나 썼다.

발음
ⓐ 조만간〔조:만간〕
ⓑ 진전〔진:전〕

국제

|42| G8, 선진 8개국 정상회담 오늘 개막

G8, 선진 8개국 정상회담이 오늘부터 사흘간 독일 북부 휴양지 하일리겐담에서 열립니다.

이번 회담의 의제는 온실가스 감축과 아프리카 원조, 무역자유화와 투자 증대, 세계화 부작용 해소 등입니다.

핵심 쟁점은 지구 온난화 방지를 위한 온실가스 감축의 규모와 시기, 방법, 참여국가 등입니다.

올해 G8 의장국인 독일의 메르켈 총리는 21세기 지구의 평균기온 상승을 섭씨 1.7도로 억제하기 위해 온실가스 배출량을 2050년까지 1990년의 절반 정도로 줄이자고 제의할 예정입니다.

또 UN 주도로 2009년까지 새로운 기후협약을 맺어 2012년 시효가 끝나는 교토협약을 대체하자는 것입니다.

그러나 부시 미국대통령은 회담 1주일 전, 중국과 인도를 포함해 세계 10여개 공업국들이 장기전략을 함께 짜자고 수정제의해 논란이 예상됩니다.

중국과 인도는 공업화가 앞선 부자나라와 함께 온실가스 감축의 짐을 질 수 없다고 반발하는 분위기입니다.

G8, 선진 8개국 정상회담이 오늘부터 사흘간 독일 북부 휴양지 하일리겐담에서 열립니다.

이번 회담의 의제는 온실가스 감축과 아프리카 (온실가스 감축문제를 비롯해(→ 뉴스가치)) 원조, 무역자유화와 투자 증대, 세계화 부작용 해소 등입니다.

핵심 쟁점은 ⓐ 지구 온난화 방지를 위한 온실가스 감축의 규모와 시기, 방법, 참여국가 등입니다.

올해 G8 의장국인 독일의 메르켈 총리는 21세기 지구의 평균기온 상승을 섭씨 1.7도로 억제하기 위해 온실가스 배출량을 2050년까지 (전체 문맥으로 볼 때는 '호소'가 더 적절하다.) 1990년의 절반 정도로 ('제안'이 더 자연스럽고 ↑) 줄이자고 제의할 예정입니다. ⓑ

또 UN 주도로 2009년까지 새로운 기후협약을 맺어 2012년 시효가 끝나는 교토협약을 대체하자는 (↑ 대체하자고 강조할 것으로 보입니다./ 것입니다. 교토협약을 대체하자고 주장 할 것으로 알려졌습니다.)

그러나 부시
이미(친절성)
미국대통령은 회담 1주일 전, ✓
(→ '이'가 자연스럽다.)
중국과 인도를 포함해 세계
ⓓ ⓔ
10여개 공업국들이 장기전략을
(과 함께)
함께 짜자고 수정제의해
(삭제) (제의한 바 있어, 시제가 다름)
논란이 예상됩니다.

중국과 인도는
(역시, '친절성')
공업화가 앞선 부자나라와 함께
(← 늘어짐, 어색한 표현)
온실가스 감축의 짐을 질 수 없다고 반발하는 분위기입니다.

특히 지구온난화 방지를 위한 온실가스 감축 규모와 시기, 방법 등이 핵심 쟁점이 될 것으로 보입니다.(윗 문장을 고려해 변화를 준다.)

非文(비문)
술어가 'ㄴ/는 것입니다.'면 앞에 정의에 해당하는 것이 나오거나 설명의 대상이 있어야 하는 데 없다.

온실가스의 짐을 선진국과 똑같이 질 수는 없다며 반발하고 있습니다.

국제

|42| G8, 선진 8개국 정상회담 오늘 개막(계속)

G8 정상회담에는 2년 전부터 중국과 인도, 브라질, 멕시코, 남아공이 옵서버 자격으로 참여하고 있습니다.

독일의 메르켈 총리는 또 G8을 선진 13개국 정상회담으로 확대개편하자고 제의할 예정이지만 중국과 인도, 브라질이 책임은 커지는 반면 실속은 적다고 보고 반대하고 있습니다.

한편, 반세계화 단체들은 지구온난화 대책과 가난한 나라 돕기에 미적거리고 있는 강대국들을 비난하면서 사흘째 대규모 집회를 열었습니다.

아탁과 옥스팜을 비롯한 40여개 범세계시민단체들은 어제 로스톡에서 대안 G8 회를 열고 기존 선진 8개국은 세계 인구의 14%에 불과하지만 지구촌 핵심의제를 결정하고 있다고 비난하고 소외된 86% 세계인구를 대표해 지구촌현안을 논의한다고 밝혔습니다. (끝)

G8 정상회담에는 2년 전부터 중국과 인도, 브라질, 멕시코, 남아공이 옵서버 자격으로 참여하고 있습니다.

독일의 메르켈 총리는
(한편, '친절성')
또 G8을 선진 13개국
(이와 함께)
정상회담으로 확대개편하자고 제의할 예정이지만 중국과 인도, 브라질이 책임은 커지는 반면 실속은 적다고 보고 반대하고 있습니다.

한편, 반세계화 단체들은 지구온난화 대책과 가난한 나라 돕기에 미적거리고 있는
(너무 구어적, 늘어진다. → 미온적인, 소극적인)
강대국들을 비난하면서 사흘째 대규모 집회를 열었습니다.

아탁과 옥스팜을 비롯한
ⓕ
40여개 범세계시민단체들은
이른바('친절성')
어제 로스톡에서 대안 G8
(로스토크, 외래어표기법, Rostock)
회를 열고 기존 선진 8개국은 세계 인구의 14%에 불과하지만
(→ 불과한데도)
지구촌 핵심의제를 결정하고
다수인('친절성')
있다고 비난하고 소외된
자신들은(문법)
86% 세계인구를 대표해
ⓖ
지구촌현안을 논의한다고
(→ 할 것이라고)
밝혔습니다. (끝)

발음
ⓐ 방지[방지](○), [방:지](×)
ⓑ 주도[주도](○), [주:도](×)
ⓒ 시효[시효](○), [시:효](×)
ⓓ 長期[장기](○), [장:기](×)
   *참고. '길다'의 의미일 때 짧게 발음하고 '맏'의 의미일 때 길게 소리냄

長身[장신], 長期[장기]
長男[장:남], 長官[장:관]
ⓔ 전략[절:략]
ⓕ 汎[범](○), [범:](×)
ⓖ 현안[혀:난]

국제

|43| 美·이란, 오늘 27년만에 첫 공식 협상

미국과 이란이
오늘 27년 만에 처음으로
직접 마주앉아 공식협상을
갖습니다.
　　라이언 크로커 주이라크
미국 대사가 이끄는
미국 대표단과
하싼 카제미-코미 주이라크
이란대사를 수석대표로 한
이란대표단은
오늘 바그다드에서
이라크 사태에 대해
협의할 예정입니다.
　　미국은 테헤란 주재
미국 대사관의
인질사건이 발생한 직후인
지난 1980년
이란과 외교관계를 단절하고
이후 이란의 핵개발 프로그램
추진과 테러 지원 등을 이유로
공식적인 대화를
거부해왔습니다.
　　이번 회담에선
이란 핵개발 문제는
논의되지 않을 것으로
알려졌습니다. (끝)

미국과 이란이
오늘 27년 만에 처음으로
① 직접 마주앉아 공식협상을
　(→ 불필요)
갖습니다.
　　라이언 크로커 주이라크
미국 대사가 이끄는
미국 대표단과
하싼 카제미-코미 주이라크
이란대사를 수석대표로 한
이란대표단은
오늘 바그다드에서
이라크 사태에 대해
ⓐ
협의할 예정입니다.
　　미국은 테헤란 주재
미국 대사관의
인질사건이 발생한 직후인
지난 1980년
이란과 외교관계를 단절하고
　　　　　　　(단절한 이후)
이후 이란의 핵개발 프로그램
추진과 테러 지원 등을 이유로
공식적인 대화를
거부해왔습니다.
　　이번 회담에선
이란 핵개발 문제는
논의되지 않을 것으로
알려졌습니다. (끝)

미국과 이란이 27년만에 처음으로 오늘 이라크 사태에 대해 공식 대화를 갖습니다.

미국측 대표는 라이언 크로커 이라크 주재 미국대사며, 이란은 하싼 카제미-코미 주 이라크대사가 대표로 나섭니다.

해설
① 달랑 '공식협상'만으로는 '리드'라도 막연하다.

발음
ⓐ 事態〔사ː태〕, *참고. 사태〔사태〕(쇠고기)

국제

|44| 영국 차기 총리, 고든 브라운 장관으로 확정

영국의
고든 브라운 재무장관이
차기 노동당 당수이자 총리로
사실상 확정됐습니다.
　브라운 장관은
노동당 의원 350명 가운데
89%의 압도적 지지를 얻어
경선 없이 차기 노동당
당수직을 승계하게 됐습니다.
　브라운 장관은
다음달 24일 노동당 차기
당수로 공식 취임한 뒤
사흘 뒤 사임하는
토니 블레어 총리로부터
차기 영국 총리직을 물려받을
예정입니다.
　브라운 장관은
당수 지명 수락연설에서
정치에 대한 신뢰를
회복하겠다면서
미국과는 강력한 관계를
유지하겠다고 밝혔습니다. (끝)

영국의
고든 브라운 재무장관이
① 차기 노동당 당수이자 총리로
사실상 확정됐습니다.
　브라운 장관은
노동당 의원 350명 가운데
89%의 압도적 지지를 얻어
ⓐ 경선 없이 차기 노동당
당수직을 승계하게 됐습니다.
　　(→ 대표직)
　브라운 장관은
다음달 24일 노동당 차기
　　　　(→ 불필요)
당수로 공식 취임한 뒤
사흘 뒤 사임하는
　　　(→ 불필요)
토니 블레어 총리로부터
차기 영국 총리직을 물려받을
　　　　　　(도)
예정입니다.
　브라운 장관은
ⓑ 당수 지명 수락연설에서
　(→ 불필요)
정치에 대한 신뢰를
회복하겠다면서
② 미국과는 강력한 관계를
유지하겠다고 밝혔습니다. (끝)

> 새 영국 총리겸 노동당 대표로 고든 브라운 재무장관이 사실상 확정됐습니다.
>
> 브라운 장관은 무엇보다 정치에 대한 신뢰를 회복하겠다면서 미국과 더 돈독한 관계를 갖겠다고 말했습니다. (혹은, '미국과의 관계를 강력하게 유지~')

해설
① '총리'가 더 중요하다. '당수'는 구식 표현이다.
② '강력한'은 모호하다.

발음
ⓐ 競選[경ː선]
ⓑ 수락연설[수랑년ː설]

정　　치

경제·과학

사　　회

문화·스포츠·날씨

국　　제

수도권 · 지방

수도권·지방

|1| 경기도, 상하수도 요금 현실화 추진

경기도는 내년부터 생산원가에도
미치지 못하는 상하수도요금의
현실화를 위해 적극 나서기로 했습니다.
경기도는 현재 평균 상수도 요금이
톤당 578.7원으로 생산원가 670원의
86.4%에 그치고 있으며
이 가운데 양평군은 29.8%에 그치는 등
12개 시군이 도내 평균 요금에
못 미치고 있다고 말했습니다.
또 도내 평균 하수도 요금도
톤당 184.9원으로 평균 처리원가 461.9원의
40% 선에 머물고 있으며
남양주시가 7.7% 등 15개 시군이
평균에 미달하고 있습니다.
이 때문에 각 시군별로
연간 수억~수십억 원의 재정적자가 나
경기도는 내년부터 상하수도 요금을
도 평균 이상으로 인상하고
누수율 저감과 유수율 향상 등
상하수도 비용 절감방안을 마련하기로 했습니다. (끝)

경기도는 내년부터 생산원가에도 미치지 못하는 상하수도요금의 현실화를 위해 적극 나서기로 했습니다.

경기도는 현재 평균 상수도 요금이 톤당 578.7원으로 생산원가 670원의 86.4%에 그치고 있으며 이 가운데 양평군은 29.8%에 그치는 등 12개 시군이 도내 평균 요금에 못 미치고 있다고 말했습니다.

또 도내 평균 하수도 요금도 톤당 184.9원으로 평균 처리원가 461.9원의 40% 선에 머물고 있으며 남양주시가 7.7% 등 15개 시군이 평균에 미달하고 있습니다.

이 때문에 각 시군별로 연간 수억~수십억 원의 재정적자가 나 경기도는 내년부터 상하수도 요금을 도 평균 이상으로 인상하고
① <u>누수율</u> 저감과 <u>유수율</u> 향상 등 상하수도 비용 절감방안을 마련하기로 했습니다. (끝)

해설
- 경기도의 입장만 나열한 전형적인 관제 뉴스
- 도민·시민 입장에서는 상하수도 요금이 오르는 것 뿐이다. 도의 입장은 나중에 이야기하고 명분과 설득력이 있는지 비판해야 기사다.
  왜 요금이 오르나? 타당한가?
  언제쯤 오르나? 등이 있어야 한다.
- 이런 것은 경기도의 보도자료일 뿐 뉴스가 아니다.

① 누수율과 유수율
정수장에서 가령 1,000리터의 물을 각 가정에 보냈을 때 1,000리터가 오지 않고 계측기가 900리터만 측정된다면 유수율이 90%고 누수율은 10%다.
관이 새지 않았으나 흘려보낸 물의 양과 사용한 물의 차이가 났을 때, 이를 누수율이라 하고, 그 나머지를 유수율이라 한다.

수도권·지방

|2| 경기도, 하이닉스 신·증설 조건부 허용 반발

경기도는 정부가 지난 11일
하이닉스 이천공장 신증설과 관련해
폐수 무방류 시스템 설치를 조건으로
기존공장에 한해 구리공정 전환을
허용하겠다고 발표한 것에 대해
강하게 반발하고 나섰습니다.

경기도는
무방류시스템은 폐수처리비용만
연간 45억 원 이상이 소요되고
구리의 경우에는 적용할 필요가 없는 시설이라며
전 세계 반도체 기업들이
치열한 가격경쟁을 벌이고 있는 상황에서
무방류 시스템을 강요하는 것은
시대착오적인 조치라고 밝혔습니다.

경기도는 또
현재 폐수처리 기술수준으로도
선진국의 기준보다 더 강화된 기준으로
처리할 수 있는데도 굳이 무방류 시스템을
집착하는 것은 잘못된 것이라며
정부는 조건 없이 하이닉스 이천공장의
신증설을 허용해야 한다고 촉구했습니다. (끝)

경기도는 정부가 지난 11일

하이닉스 이천공장 신증설과 관련해

① 폐수 무방류 시스템 설치를 조건으로

② 기존공장에 한해 ③ 구리공정 전환을

허용하겠다고 발표한 것에 대해

강하게 반발하고 나섰습니다.

경기도는

무방류시스템은 폐수처리비용만

연간 45억 원 이상이 소요되고

구리의 경우에는 적용할 필요가 없는 시설이라며
(→ '구리공정', 명확성)
전 세계 반도체 기업들이

치열한 가격경쟁을 벌이고 있는 상황에서

무방류 시스템을 강요하는 것은

시대착오적인 조치라고 밝혔습니다.

경기도는 또

현재 폐수처리 기술수준으로도

선진국의 기준보다 더 강화된 기준으로
      (→ 불필요)
처리할 수 있는데도 굳이 무방류 시스템을

집착하는 것은 잘못된 것이라며

정부는 조건 없이 하이닉스 이천공장의

신증설을 허용해야 한다고 촉구했습니다.@@@

경기도는 정부가 지난 11일 하이닉스 이천 공장 신증설과 관련해 폐수 무방류 시스템을 설치조건으로 한다고 밝힌 것에 대해 강하게 반발하고 나섰습니다.

"

"

해설

- 첫 문장을 이렇게 써 놓으면 ①②③ 중 어느 것에 무게 중심이 놓이는지 알 수가 없다. 게다가 길다.

수도권 · 지방

|3| 경기도, 소방공무원 채용 기준 강화

경기도 소방학교는
소방공무원임용령 개정에 따라
내년부터 소방공무원 채용 합격 기준을
대폭 강화한다고 밝혔습니다.

관계법령 개정으로
필기시험과목이 국어 · 영어 · 국사 등
3개 필수과목에 소방학개론과 행정학 중
1개를 선택해 4과목이던 것이
내년부터 국어 · 영어 · 국사 · 소방학개론 · 행정학 등
5과목으로 확대됩니다.

또 체력시험 종목도
천 200m 달리기와 50m 달리기, 제자리 멀리뛰기,
팔굽혀 펴기, 윗몸일으키기 등 5개 종목에서
도약력, 배근력, 앉아 윗몸 앞으로 굽히기,
제자리 멀리뛰기, 왕복 오래달리기,
윗몸 일으키기 등 6개 종목으로 늘었습니다.

특히 최종 면접에서
필기시험 성적만을 반영하던 것을
내년부터는 필기시험 76%와
체력시험 24%의 비율로 반영하기로 했습니다. (끝)

　　　　경기도 소방학교는
ⓐ
소방공무원임용령 개정에 따라

내년부터 소방공무원 채용 <u>합격</u> 기준을
　　　　　　　　　　　　(→ 불필요)
<u>대폭</u> 강화한다고 밝혔습니다.
(→ 불필요)
　　　<u>관계법령 개정으로</u>
　　　　　　(→ 불필요)
필기시험과목이 국어·영어·국사 등

3개 필수과목에 소방학개론과 행정학 중
　　　ⓑ
1개를 <u>선택</u>해 4과목이던 것이

내년부터 국어·영어·국사·소방학개론·행정학 등

5과목으로 확대됩니다.
　　①
　　　또 체력시험 종목도

천 200m 달리기와 50m 달리기, 제자리 멀리뛰기,

팔굽혀 펴기, 윗몸일으키기 등 5개 종목에서

도약력, 배근력, 앉아 윗몸 앞으로 굽히기,

제자리 멀리뛰기, 왕복 오래달리기,

윗몸 일으키기 등 6개 종목으로 늘었습니다.
　②　ⓒ　ⓓ
　　　특히 <u>최종</u> <u>면접</u>에서
　　　　　　　　　ⓔ
필기시험 성적만을 <u>반영</u>하던 것을

내년부터는 필기시험 76%와

체력시험 24%의 비율로 반영하기로 했습니다. (끝)

|해설|
① 보도자료를 해석해 요약하라.
② 간결미, 줄이기

　　　경기도 소방학교는 소방공무원임용령 개정에 따라 내년부터 소방공무원 채용기준을 강화한다고 밝혔습니다.

　　　필기시험 과목은 국어, 국사, 영어 필수에 소방학개론과 행정학 중 하나를 선택해 4과목이던 것이 내년부터는 소방학개론과 행정학도 필수가 돼 5과목으로 늘어납니다.

　　　체력시험도 '멀리뛰기'와 '윗몸일으키기'는 종전과 같지만 '도약력', '배근력', '앉아서 윗몸 앞으로 굽히기', '왕복 오래달리기'가 새로 채택돼 6종목이 됐습니다.

　　　최종 면접 반영비율은 필기 76%, 체력 24%로, 역시 내년부터 새로 조정됩니다.

|발음|
ⓐ 消防[소방](○), [소:방](×)
ⓑ 선택[선:택]
ⓒ 최종[최:종]
ⓓ 면접[면:접]
ⓔ 반영[바:녕]

수도권 · 지방

|4| 경기도-수자원공사, 팔당 수질개선 나서

경기도와 한국수자원공사가
팔당 상수원 수질 개선에 나섭니다.
경기도는 오늘 도청 국제회의실에서
수공과 '팔당 상수원 수질개선을 위한
기본 협약서'를 체결하고
팔당 유역 하수 관련 사업을
함께 추진할 방침입니다.
이번 협약은 팔당댐의 관리주체인 수공이
팔당상수원 수질개선 사업에
전혀 참여하지 않는 데 대해
경기도가 지속적으로 문제를 제기하자
수공이 수질개선 사업에
직업 참여하기로 결정하면서 성사됐습니다.
이에 따라 수자원공사는
내년부터 543억 원을 투입해
팔당 유역 7개 시·군에 공공하수처리장과
소규모 하수처리장 10곳을 설치하고,
현재 양평·여주·가평 등
3개 시·군이 공동 사용하고 있는
하수 슬러지 처리시설을 개선할 계획입니다.
또 양평군 내 공공·소규모 하수처리시설
89곳을 통합적으로 관리·제어할 수 있는
하수통합관리시스템도 구축할 예정입니다. (끝)

경기도와 한국수자원공사가

팔당 상수원 수질 개선에 나섭니다.

경기도는 오늘 도청 국제회의실에서

<u>수공과</u> '팔당 상수원 수질개선을 위한
(→ 지나친 줄이기, 전달력 떨어짐. '수자원공사')
기본 협약서'를 체결하고

팔당 유역 하수 관련 사업을

함께 추진할 방침입니다.

　　　이번 협약은 팔당댐의 관리주체인 수공이

팔당상수원 수질개선 사업에

전혀 참여하지 않는 데 대해

경기도가 지속적으로 문제를 제기하자

수공이 수질개선 사업에

직업 참여하기로 결정하면서 성사됐습니다.

　　　이에 따라 수자원공사는

내년부터 543억 원을 투입해

팔당 유역 7개 시·군에 공공하수처리장과

소규모 하수처리장 10곳을 설치하고,

현재 양평·여주·가평 등

3개 시·군이 공동 사용하고 있는

하수 슬러지 처리시설을 개선할 계획입니다.

　　　또 양평군 내 공공·소규모 하수처리시설

89곳을 통합적으로 관리·제어할 수 있는

하수통합관리시스템도 구축할 예정입니다. (끝)

> "
>
> "
>
> 이번 협약은 팔당 상수원 수질개선에 소극적 태도를 보여온 수자원공사에 대해 경기도가 지속적으로 문제를 제기한 끝에 두 기관이 서로 협력하기로 함으로써 성사됐습니다.
>
> "
>
> "

수도권 · 지방

|5| 수원 창룡문 사거리에 지하차도 건설

국도 1호선과 43호선이 교차해
만성적인 교통체증을 빚고 있는
경기도 수원시 창용문 사거리의 교통지옥이
해소될 전망입니다.

경기도시공사는
광교신도시 광역교통대책의 하나로
수원 창용문 사거리 1번국도에
오는 2010년 12월까지 지하차도를
건설할 계획이라고 밝혔습니다.

경기도시공사는 261억 원을 들여
국도 1호선에 총연장 495m,
왕복 4차로의 지하 차도를 건설해
창용문 사거리 일대 교통난을
해소할 예정입니다.

지하차도 개설사업이 마무리되면
창용문 일대의 만성적인 교통혼잡이 해소돼
차량통행시간이 20분 이상
단축될 것으로 기대됩니다. (끝)

① 국도 1호선과 43호선이 교차해

만성적인 교통체증을 빚고 있는
② ③
경기도 수원시 창용문 사거리의 교통지옥이

해소될 전망입니다.

　　경기도시공사는

광교신도시 광역교통대책의 하나로

수원 창용문 사거리 1번국도에
　　(→ 창룡문)
오는 2010년 12월까지 지하차도를

건설할 계획이라고 밝혔습니다.
　　④
　　경기도시공사는 261억 원을 들여

국도 1호선에 총연장 495m,
ⓐ
왕복 4차로의 지하 차도를 건설해

창용문 사거리 일대 교통난을
ⓑ (롱)
해소할 예정입니다.
　　⑤
　　지하차도 개설사업이 마무리되면
　　　　　　　　　　　ⓒ
창용문 일대의 만성적인 교통혼잡이 해소돼
　　(롱)
차량통행시간이 20분 이상
ⓓ
단축될 것으로 기대됩니다. (끝)

　　만성적인 교통체증을 빚고 있는 경기도 수원시 창룡문 사거리의 교통난이 해소될 전망입니다.

"

　　261억 원을 들여 국도 1호선에 총연장 495m, 왕복 4차로의 지하차로가 건설되면 차량들이 분산돼 통행시간이 20분 이상 단축될 것으로 보입니다.

| 해설 |
① 세 번이나 나온다. 뒤로 보낸다.
② '창룡문'이 맞다. 용(龍)자는 어중(語中), 어물(語末)에 '룡'으로 쓴다.
③ 상투적인 과장 표현
④ ⑤와 합쳐 줄인다.

| 발음 |
ⓐ 왕복[왕ː복]
ⓑ 해소[해ː소]
ⓒ 慢性[만성](○), [만ː성](×)
ⓓ 단축[단ː축]

수도권·지방

437

수도권·지방

|6| 성남시, 0세아 보육지원 추진

경기도 성남시가
맞벌이 부부 가정의 육아 고충을 덜기 위해
12개월 미만 아기를 대상으로
전문 보육제도를 시행합니다.

성남시는
0세아 전문 보육교사를 파견하고
전용 보육시설을 지정, 운영하는
0세아 보육제도를 내년부터 시행한다고 밝혔습니다.

성남시는 이를 위해
올해까지 0세아 전문 보육교사를 모집해 선발하고
0세아 전용시설로의 전환을 원하는
보육시설의 신청을 받아
내년부터 부모들이 이용할 수 있도록 할 방침입니다.

0세아 전문교사는
보육교사 자격증을 가진 보육경력
5년 이상의 교사가 경기도가 실시하는 교육과정을
이수할 경우 자격이 주어집니다.

0세아 전문교사나
전문시설 이용을 원하는 부모는
오는 12월31일까지 성남시 보육정보센터에
신청하면 됩니다. (끝)

경기도 성남시가
맞벌이 부부 가정의 육아 고충을 덜기 위해
12개월 미만 아기를 대상으로
전문 보육제도를 시행합니다.
①

성남시는
②
0세아 전문 보육교사를 파견하고
전용 보육시설을 지정, 운영하는
0세아 보육제도를 내년부터 시행한다고 밝혔습니다.

성남시는 이를 위해
올해까지 0세아 전문 보육교사를 모집해 선발하고
0세아 전용시설로의 전환을 원하는
보육시설의 신청을 받아
내년부터 부모들이 이용할 수 있도록 할 방침입니다.
③
0세아 전문교사는
보육교사 자격증을 가진 보육경력
5년 이상의 교사가 경기도가 실시하는 교육과정을
이수할 경우 자격이 주어집니다.

0세아 전문교사나
전문시설 이용을 원하는 부모는
오는 12월31일까지 성남시 보육정보센터에
(→ '올해말', 간결미)
신청하면 됩니다. (끝)

경기도 성남시가 맞벌이 부부 가정의 유아를 위한 전문 보육제도를 마련합니다.

성남시는 0세아, 즉 12개월 미만 아기를 위한 보육제도를 내년부터 시행한다고 밝혔습니다.

성남시 관계자는 이를 위해 올해까지 0세아 전문 보육교사를 선발하고 0세아 전용시설을 원하는 보육시설의 신청을 받는다고 말했습니다.

0세아 전문교사자격은 보육경력 5년 이상의 자격증 소지자 가운데 도가 따로 실시하는 전문과정을 이수하면 받게 됩니다.

"

해설
① '시행'은 뒤에 또 나온다.
② 첫 문장에 '12개월 미만 아기'로 운을 뗐지만 그래도 零細兒(영세아, 가난한 아동)로 오인할 우려가 있다. 아예 확실히 설명한다.
③ 간결하게 고쳐쓰기. '주어집니다.'라는 피동형을 피한다.

수도권·지방

|7| 인천, 초중고 교장 공모 신청 접수

인천시교육청은 지역 내 5개 초,중,고교의 교장을 공모하기로 하고 오는 29일까지 지원 신청을 받습니다.

공모대상 학교는 강화 조산초교와 선원초교, 인천 공항중, 영종 물류고, 내년 3월 개교 예정인 신현고 등이며, 근무기간은 2008년 3월~2012년 2월까지입니다.

학교별 교장 지원 자격은 조산초와 인천공항중, 신현고의 경우 교육 경력 15년 이상이어야 하고, 선원초는 교장 자격증이 있는 전문직만 가능하다고 밝혔습니다.

지원 자격과 지원 서류에 대한 자세한 사항은 시교육청 홈페이지를 통해 확인할 수 있습니다. (끝)

인천시교육청은 지역 내 5개 초,중,고교의 교장을 공모하기로 하고 오는 29일까지 지원 신청을 받습니다.
① 공모대상 학교는 강화 조산초교와 선원초교, 인천 공항중, 영종 물류고, 내년 3월 개교 예정인 신현고 등이며,
② <u>근무기간은 2008년 3월~2012년 2월까지입니다.</u>
학교별 교장 지원 자격은
③ <u>조산초와 인천공항중, 신현고의 경우</u> 교육 경력 15년 이상이어야 하고, 선원초는 교장 자격증이 있는 전문직만 가능하다고 밝혔습니다.
지원 자격과 지원 서류에 대한 자세한 사항은 시교육청 홈페이지를 통해 확인할 수 있습니다. (끝)

"

교장 공모학교는 강화도의 조산초등학교와 선원초등학교, 영종도의 물류고등학교, 인천 시내의 공항중학교와 신현고등학교로 임기는 4년입니다.

지원자격을 보면 조산초등학교나 공항중학교, 신현고등학교가 교원경력 15년 이상의 교사며 선원초등학교는 교장자격증이 있어야 합니다.

자세한 사항은 인천광역시 교육청 홈페이지에 있습니다.

해설
① 가뜩이나 생소한 학교명을 이리저리 섞어놓아 어수선하다. 관심있는 이에게는 매우 중요한 정보다. 방송뉴스는 전달력을 늘 의식해야 한다. '초교', '물류고', '신현고' 등으로 자르면 못 알아 듣는다.
② 보도자료를 그대로 쓴 혐의가 짙다. '4년'이면 되는 것을….
③ 심지어 '교'도 생략해 더 이상하다.
④ '영종 물류고'는 빠져 있다.(신뢰성)
⑤ '인천광역시'를 한번쯤 넣어준다.(정확성)

수도권 · 지방

|8| 과천시, 공원내 동물 배설물 방치 벌금

서울시에 이어 앞으로 경기도 과천시내 모든 공원에서도 애완동물의 배설물을 치우지 않으면 과태료를 물게 됩니다.

과천시는 어제 13개 항목으로 이뤄진 '과천시 도시공원 및 녹지관리 조례'를 제정했다고 밝혔습니다.

이에 따라 조례안이 공포되는 다음달 18일부터 애완동물의 배설물을 치우지 않거나 방치할 경우 7만 원, 나무를 훼손하거나 공원 내 서식하는 동물을 학대할 경우 10만 원 등의 과태료가 부과됩니다.

또 애완견에 줄을 매지 않고 공원에 입장하거나 오물을 버릴 경우, 공원 내 상행위나 경작 행위 등에 대해 각각 5만 원의 과태료가 부과됩니다. (끝)

① 서울시에 이어
앞으로 경기도 과천시내 모든 공원에서도
②
애완동물의 배설물을
치우지 않으면 과태료를 물게 됩니다.
③
과천시는 어제
13개 항목으로 이뤄진
④
'과천시 도시공원 및 녹지관리 조례'를
제정했다고 밝혔습니다.

이에 따라 조례안이 공포되는
다음달 18일부터 애완동물의 배설물을
치우지 않거나 방치할 경우 7만 원,
나무를 훼손하거나 공원 내 서식하는
동물을 학대할 경우 10만 원 등의
(삭제)
과태료가 부과됩니다.
⑤
또 애완견에 줄을 매지 않고
공원에 입장하거나 오물을 버릴 경우,
공원 내 상행위나 경작 행위 등에 대해
(삭제)
각각 5만 원의 과태료가 부과됩니다. (끝)
(→ 불필요)

경기도 과천 일대 공원환경을 훼손하는 행위에 대한 규제가 강화됩니다.

과천시는 13개 항목으로 이루어진 도시공원과 녹지관리에 관한 조례를 새로 제정했다고 어제 밝혔습니다.

또 애완견에 목줄을 매지 않은 채 입장하는 행위, 오물투척, 공원 내에서의 상행위나 경작행위에 대해서는 5만 원의 과태료를 물립니다.

해설
① 과천만 다루면 된다.
② '리드'를 대표할 만한 것이 못 된다.
③ '제정한 것이' 어제가 아니라 '밝힌 것이' 어제다. (명확성)
④ 쓰지 않는다. 어감이 안 좋다.
⑤ 이렇게 놓아두면 '애완견에 줄을 매지 않고 입장해 오물을 버리는 것'이 된다.

발음
ⓐ 과천[과:천]
ⓑ 제정[제:정]
ⓒ 방치[방:치]
ⓓ 동물[동:물]

수도권·지방

|9| 경기도내 낡은 상수도관 길이, 경부선 12배

경기도 내 낡은 상수도관 길이가
경부선의 12배에 이른 것으로 나타났습니다.
경기도가 도의회에 제출한
행정사무감사자료를 보면
매설한 지 16년 이상 된 낡은 상수도관이
부천 847km, 수원 601km, 의정부 415km 등
5천513km로 경부선의 12배에 이릅니다.
또 이들 낡은 상수관로를 교체하는데
소요되는 비용은 부천 2천541억 원,
수원 천803억 원, 의정부 천245억 원 등
무려 1조 6천539억 원에 이르는 것으로 추산됐습니다.
그러나 각 시군은 예산부족을 이유로
교체사업을 제대로 하지 않아
수돗물에서 녹물이 나오거나 누수로 인한 비용이
크게 늘고 있는 것으로 나타났습니다.
지난해만 해도 수돗물 누수로 인한
손실액이 731억 원에 이르는 것으로
조사됐습니다. (끝)

① 경기도 내 낡은 상수도관 길이가

ⓐ 경부선의 12배에 이른 것으로 나타났습니다.

경기도가 도의회에 제출한
② 행정사무감사자료를 보면

매설한 지 16년 이상 된 낡은 상수도관이

ⓑ 부천 847km, 수원 601km, 의정부 415km 등

5천513km로 경부선의 12배에 ③이릅니다.

또 이들 낡은 상수관로를 교체하는데
(→ 삭제)
ⓒ 소요되는 비용은 부천 2천541억 원,
(2,541)
수원 천803억 원, 의정부 천245억 원 등
(1,803)   (1,245)
무려 1조 6천539억 원에 이르는 것으로 추산됐습니다.
(6,539)

그러나 각 시군은 예산부족을 이유로

교체사업을 제대로 하지 않아

수돗물에서 녹물이 나오거나 누수로 인한 비용이

크게 늘고 있는 것으로 나타났습니다.
④ 지난해만 해도 수돗물 누수로 인한

손실액이 731억 원에 이르는 것으로

조사됐습니다. (끝)

부천, 수원, 의정부 등 경기도 내 상수관로의 노후화가 심각한 것으로 나타났습니다.

경기도가 도의회에 제출한 자료를 보면, 매설한 지 16년 이상 된 낡은 상수관이 부천 847km, 수원 601km, 의정부 415km 등 총 5,513km로 그 길이가 경부선의 12배에 이르는 것으로 돼 있습니다.

"

"

해설
① '리드'가 생뚱맞다. 더구나 뒤에 또 나온다.
② 보도 자료의 관청 용어를 그대로 인용말라.
③ 위에서 '~보면'으로 나왔으니 합당한 술어로 마무리해야 한다.
④ 는 잉여적이다. 아니면 그 윗문장 '비용' 다음에 731억 원을 넣으면 된다.

발음
ⓐ 京釜線〔경부선〕(○), 〔경:부선〕(×)
ⓑ 부천〔부:천〕
ⓒ 騷擾〔소요〕, *참고. 所要〔소:요〕

|10| 특정 고교 비선호 이유는 '교육력 부족'

경기도내 고교생들이
평준화 지역내 특정 학교를 기피하는 이유는
교육 여건이 아닌 교육력 부족 때문이라는
주장이 나왔습니다.
　　　황규하 전 수성고등학교 교장은
어제 경기도교육청에서 열린 '교육정책 토론회'에서
"도심권에서 멀리 떨어져
비선호 학교로 꼽히던 한 고등학교가
체계적인 학력 관리 시스템을 만들어 운영하면서
최근 지원율이 크게 상승하고 있다"고 말했습니다.
　　　황 전 교장은
400여 명의 고교신입생을 대상으로 설문조사한 결과
학생들은 교육력 부족 외에도
통학불편과 여고 비선호 경향, 시설 낙후 등을
학교를 싫어하는 이유로 꼽았습니다.
　　　'비선호 학교'는
최근 3년간 학군내 1지망에서
지원학생 수가 정원의 50%를 밑도는
학교를 말합니다. (끝)

경기도내 고교생들이 평준화 지역내 특정 학교를 기피하는 이유는 교육 여건이 아닌 ①교육력 부족 때문이라는 주장이 나왔습니다.

황규하 전 수성고등학교 교장은 어제 경기도교육청에서 열린 '교육정책 토론회'에서 ②"도심권에서 멀리 떨어져 비선호 학교로 꼽히던 한 고등학교가 체계적인 학력 관리 시스템을 만들어 운영하면서 최근 지원율이 크게 상승하고 있다"고 말했습니다.

황 전 교장은 400여 명의 고교신입생을 대상으로 설문조사한 결과 학생들은 교육력 부족 외에도 통학불편과 ③여고 비선호 경향, 시설 낙후 등을 학교를 싫어하는 이유로 꼽았습니다.

'비선호 학교'는 최근 3년간 학군내 1지망에서 지원학생 수가 정원의 50%를 밑도는 학교를 말합니다. (끝)

평준화 지역 내 특정 학교 기피현상은 교사들의 능력, 체계적 수업관리, 철저한 학생지도 등이 결여된 것과 관련이 있다는 주장이 나왔습니다.

황규하 전 수원 수성고 교장은 어제 경기도 교육정책 토론회에서, 도시 외곽에 자리해 비선호 학교로 꼽히던 학교가 체계적인 학력 관리 시스템을 운영해 최근 높은 지원율을 보인 사례를 들었습니다.

황 전 교장은 400여 명의 고교 신입생을 설문 조사한 결과, 통학 불편과 낙후된 시설, 남녀공학이 아닌 경우 등도 특정학교 기피 원인으로 나타났다고 밝혔습니다.

해설

① '교육력'은 불투명한 개념이다. 그 분야에서 그렇게 쓰더라도 기사에서는 지양한다. 만약 쓴다면, '이른바'를 붙이고 바로 풀이해야 한다.

② 압축·간결해야 한다.

③ 문법적으로 '여고 비선호 경향'이 '학교를 싫어하는 이유'가 될 순 없다. '통학 불편'과 '시설 낙후'와도 동격이 아니다.

수도권·지방

|11| 경기지역 외국인 범죄 해마다 늘어

경기지역에서 발생하는 외국인 범죄가
해마다 늘고 있습니다.
경기지방경찰청이
국회 행정자치위원회 심재덕 의원에게 제출한
국정감사자료를 보면
올해 8월 말까지 경기지역 경찰에 붙잡힌
외국인 범죄자는 모두 2천 416명으로
이 가운데 259명이 구속되고
2천157명은 불구속 입건됐습니다.
이 같은 수치는
지난 2005년 한해 동안 사법처리된
외국인 범죄자 2천322명보다 많고
지난해 붙잡힌 전체 외국인 범죄자의
77%에 달하는 것으로
경기지역에선 외국인 범죄가 해마다
늘고 있는 것으로 분석됐습니다.
국적별로는 중국인이
전체의 51%인 천234명으로 가장 많았고
유형별로는 여권위조나 위장 결혼 같은
지능범이 836명으로 가장 많았습니다. (끝)

경기지역에서 발생하는 외국인 범죄가 해마다 늘고 있습니다.

경기지방경찰청이 국회 행정자치위원회 심재덕 의원에게 제출한 국정감사자료를 보면 올해 8월 말까지 경기지역 경찰에 붙잡힌 외국인 범죄자는 모두 2천 416명으로 이 가운데 259명이 구속되고
① 2천157명은 불구속 입건됐습니다.

이 같은 수치는 지난 2005년 한해 동안 사법처리된 외국인 범죄자 2천322명보다 많고
② 지난해 붙잡힌 전체 외국인 범죄자의 77%에 달하는 것으로
③ 경기지역에선 외국인 범죄가 해마다 늘고 있는 것으로 분석됐습니다.

국적별로는 중국인이 전체의 51%인 천234명으로 가장 많았고
ⓒ 유형별로는 여권위조나 위장 결혼 같은 지능범이 836명으로 가장 많았습니다. (끝)

경기도에서 외국인 범죄가 해마다 늘고 있습니다.

경기지방경찰청이 국회 행자위 심재덕 의원에게 제출한 자료를 보면, 지난 8월 말까지 경기도의 외국인 범죄자는 모두 2,416 명으로 이 가운데 259 명이 구속된 것으로 나타났습니다.

이는 지난 2005년 통틀어 사법처리된 외국인 범죄자 2,322 명보다 많고 2006년 기준으로는 77%에 달하는 수치입니다.

국적으로 볼 때는 중국인이 1,234 명으로 전체의 절반가량을 차지했고, 유형별로는 여권 위조, 위장결혼 등의 지능범이 836 명으로 가장 많았습니다.

해설
① 불구속자까지 밝힐 만큼 한가하지 않다.
② 앞에서 2005년으로 했으면 2006년이 돼야 비교가 확실하다.
③ 맨 앞에 나왔다.

발음
ⓐ 범죄자[범ː죄자]
ⓑ 拘束[구속](○), [구ː속](×)
ⓒ 類型[유ː형](○), [유형](×)

|12| 서울시, 공원 매점 바가지 요금 근절책 마련

서울시설공단은
바가지 요금을 근절하기 위해
내년부터 어린이대공원 내
매점 사업자를 새로 선정할 때
사업계획서에 상품의 예상 판매가격을
적어 내도록 하겠다고 밝혔습니다.
또 3년인 매점 운영 계약기간도
1년으로 단축하고, 운영실적 평가에 따라
최장 3년까지 연장해 투명한 경영을
가능하도록 개선할 방침입니다.
능동 어린이대공원에는
모두 11곳의 매점이 있으며
모두 올 연말을 기해 계약기간이 만료됩니다.
서울시는 또
시가 직접 관리하는 여의도공원 등
10개 공원 36곳의 매점 운영을
앞으로 프렌차이즈 사업자에게 위탁하는 방안을
추진하겠다고 전했습니다.
한편 서울시는
지난해 보라매공원과 양재 시민의 숲 내 매점 운영을
프렌차이즈 업체에 맡긴 결과
바가지 요금이 크게 줄어든 것으로
나타났다고 밝혔습니다. (끝)

서울시설공단은
바가지 요금을 근절하기 위해
내년부터 어린이대공원 내
매점 사업자를 새로 선정할 때
사업계획서에 상품의 예상 판매가격을
①
적어 내도록 하겠다고 밝혔습니다.

또 3년인 매점 운영 계약기간도
1년으로 단축하고, 운영실적 평가에 따라
최장 3년까지 연장해 투명한 경영을
(→ '의')
가능하도록 개선할 방침입니다.

능동 어린이대공원에는
모두 11곳의 매점이 있으며
모두 올 연말을 기해 계약기간이 만료됩니다.
(→ '에')
서울시는 또
시가 직접 관리하는 여의도공원 등
10개 공원 36곳의 매점 운영을
②
앞으로 프렌차이즈 사업자에게 위탁하는 방안을
(→ 프랜차이즈, franchise, 가맹권·가맹자격)
추진하겠다고 전했습니다.

한편 서울시는
지난해 보라매공원과 양재 시민의 숲 내 매점 운영을
프렌차이즈 업체에 맡긴 결과
(→ 프랜차이즈)
바가지 요금이 크게 줄어든 것으로
나타났다고 밝혔습니다. (끝)

> 서울시설공단은 공원의 바가지 요금을 근절하기 위해 내년부터 새로운 매점 사업자는 상품의 예상 판매가를 사업계획서에 적도록 하겠다고 밝혔습니다.
>
> "
>
> "
>
> "
>
> "

해설
① 이대로 놓아두면 비문(非文)이다. 앞에 주어 '누가'가 필요하다.
② 잘 틀리는 외래어표기.

발음
ⓐ 根絶[근절](○), [근ː절](×)
ⓑ 매점[매ː점]
ⓒ 선정[선ː정]
ⓓ 단축[단ː축]
ⓔ 개선[개ː선]
ⓕ 요금[요ː금]

|13| 파주시 중앙로 1.2킬로미터 금연거리 지정

경기도 파주시는 다음달 1일부터
중앙로인 금촌역에서 파주병원간 1.2km를
금연 거리로 시범 지정한다고 밝혔습니다.
금연 거리에서는
원칙적으로 흡연이 금지되지만
담배를 피우다 적발되더라도
과태료 부과 등의 제재 없이
금연 홍보와 계도만 합니다.
그러나 담배꽁초를 버리면
5만 원의 과태료가 부과됩니다.
파주시는 횡단보도 앞 보도블록에
금연거리임을 알려 주는 명판 4곳을 설치하고
도로변에 지주형 배너 20개도
함께 세우기로 했습니다.
파주시는 오는 30일
대대적인 금연운동 거리 캠페인을 벌인 뒤
금연거리 선포식을 가질 예정입니다. (끝)

경기도 파주시는 다음달 1일부터

중앙로인 금촌역에서 파주병원간 1.2km를
ⓐ
금연 거리로 시범 지정한다고 밝혔습니다.

금연 거리에서는

원칙적으로 흡연이 금지되지만
①
담배를 피우다 적발되더라도
　　　　ⓑ
과태료 부과 등의 제재 없이
　　　　ⓒ
금연 홍보와 계도만 합니다.
　　②
　　　그러나 담배꽁초를 버리면

5만 원의 과태료가 부과됩니다.

파주시는 횡단보도 앞 보도블록에

금연거리임을 알려 주는 명판 4곳을 설치하고
　　(→ '금연거리지정 명판 4개를 설치하고')
도로변에 지주형 배너 20개도

함께 세우기로 했습니다.

파주시는 오는 30일

대대적인 금연운동 거리 캠페인을 벌인 뒤

금연거리 선포식을 가질 예정입니다. (끝)

"

금연거리에서는 원칙적으로 흡연이 금지되며 담배꽁초를 버리면 5만 원의 과태료가 부과됩니다.

해설
① (김빼기)
　금연거리 지정, 흡연 제재 등의 취지를 말해 놓고 처음부터 '괜찮다'고 하면 어떡하나?
　경각심을 고취시키는 것이 기사의도 아니었나?
　맨 뒤로 보내거나 삭제함이 마땅하다.
② ①과 합쳐 줄인다.

발음
ⓐ 禁煙 [그ː면]
ⓑ 制裁 [제ː재]
ⓒ 啓導 [계ː도]

수도권 · 지방

|14| 서울시, '인력 천3백 명, 7개 실국 감축'

서울시는 오는 2010년까지
정원을 천3백 명 줄이고
국 단위 이상 7개 기구를 감축하는 등
강도 높은 구조조정에 착수합니다.
서울시는
기능이 쇠퇴한 조직의 경우
인력을 감축하거나 재배치하고
민간 위탁 등의 방식으로
연차적으로 천3백 명의 정원을 줄여
현재 만여 명인 정원을 오는 2010년까지
9천460명으로 줄이기로 했다고 밝혔습니다.
서울시는 또
업무 성격상 유사하거나 중복되는 기구는
통폐합하거나 새로운 행정수요엔 기구를 신설해
10개 실, 국, 본부를 폐지하고
3개를 신설하도록 했습니다.
서울시 고위 관계자는
이 같은 조직개편과 인력감축 방안이
'무능, 태만 공무원 퇴출제'에 이어
정원과 기구 감축의 군살 빼기로
작지만 집행력을 높인 조직으로 만들겠다는
의지를 반영한 것이라고 설명했습니다. (끝)

서울시는 오는 2010년까지
ⓐ
정원을 천3백 명 줄이고
　　　　　　　ⓑ
국 단위 이상 7개 기구를 감축하는 등
강도 높은 구조조정에 착수합니다.
　　　　서울시는
①
기능이 쇠퇴한 조직의 경우
　　　　ⓒ
인력을 감축하거나 재배치하고
민간 위탁 등의 방식으로
연차적으로 천3백 명의 정원을 줄여
현재 만여 명인 정원을 오는 2010년까지
9천460명으로 줄이기로 했다고 밝혔습니다.
　　　　서울시는 또
②　　ⓓ　　　　ⓔ
업무 성격상 유사하거나 중복되는 기구는
통폐합하거나 새로운 행정수요엔 기구를 신설해
10개 실, 국, 본부를 폐지하고
3개를 신설하도록 했습니다.
　　　　서울시 고위 관계자는
이 같은 조직개편과 인력감축 방안이
'무능, 태만 공무원 퇴출제'에 이어
③
정원과 기구 감축의 군살 빼기로
작지만 집행력을 높인 조직으로 만들겠다는
　　　　　　　　　ⓕ
의지를 반영한 것이라고 설명했습니다. (끝)

> **해설**
> ① '조직'과 '인력'을 섞어 놓았다.
> ② 위에서 다 얘기했다. 중언부언이다.
> ③ '감축'과 '군살빼기'가 겹친다.
> ④ 작아서 집행력이 좋은 것이다.

서울시는 오는 2010년까지 정원을 천 3백 명 줄이고 7개 조직을 축소하는 등 강도 높은 구조조정에 착수합니다.

이에 따라 역할과 기능이 떨어진 조직은 축소, 통합하고 인원은 민간위탁 등의 방식으로 천 3백 명을 연차적으로 줄여 9,400여 명 선을 유지하기로 했습니다.

서울시는 그러나, 10개의 실·국 본부가 통폐합되더라도 새로운 행정 수요에 맞는 부서는 3개 정도 신설하기로 했습니다.

서울시 고위 관계자는 이같은 조직개편과 인력감축 방안이 이른바, '무능·태만 공무원 퇴출제'에 이어 군살빼기로 규모가 작고 집행력이 높은 서울시를 만들겠다는 의지의 반영이라고 설명했습니다.

> **발음**
> ⓐ 정원[정:원]
> ⓑ 감축[감:축]
> ⓒ 재배치[재:배치]
> ⓓ 성격상[성:격쌍]
> ⓔ 重複[중복], *참고. '重'은 '무겁다'의 뜻일 때는 [중:], '거듭'의 의미일 때는 [중]
> ⓕ 반영[바:녕]

수도권·지방

|15| 서울시, 올 취득·등록세 규모 18.6% 감소

올 한해 서울시의
취득세와 등록세 규모가 지난해에 비해
18% 이상 감소할 것으로 예상됩니다.
서울시는
올 들어 9월 말까지 서울시가 걷은
취득세와 등록세 규모는 2조 6천227억 원으로
지난해 같은 기간의 2조 8천792억 원보다
2천565억 원인 9.1% 감소했다고 밝혔습니다.
이에 따라 서울시는
올해 취득세와 등록세 징수액 규모를
지난해의 4조 351억 원보다 18.6% 적은
3조 2천864억 원으로 예상했습니다.
서울시는 올 들어
부동산 시장 위축으로 거래가 급감하면서
취득세와 등록세 수입이 지난해보다
감소했으나 감소분에 대해서는
중앙정부가 보조해 주기 때문에
내년 재정운용에는 문제가 없다고 말했습니다. (끝)

　　　　올 한해 서울시의 취득세와 등록세 규모가 지난해에 비해 18% 이상 감소할 것으로 예상됩니다.

　　　서울시는 올 들어 9월 말까지 서울시가 걷은
　　　　　　　　　　　①
취득세와 등록세 규모는 2조 6천227억 원으로 지난해 같은 기간의 2조 8천792억 원보다
②
2천565억 원인 9.1% 감소했다고 밝혔습니다.
　　　　③
　　　　이에 따라 서울시는 올해 취득세와 등록세 징수액 규모를 지난해의 4조 351억 원보다 18.6% 적은 3조 2천864억 원으로 예상했습니다.

　　　서울시는 올 들어 부동산 시장 위축으로 거래가 급감하면서 취득세와 등록세 수입이 지난해보다
ⓐ　　　　④
감소했으나 감소분에 대해서는 중앙정부가 보조해 주기 때문에 내년 재정운용에는 문제가 없다고 말했습니다. (끝)

> 서울시의 올해 취득세와 등록세 수입이 지난해에 비해 18% 이상 감소할 것으로 보입니다.
>
> 서울시는 지난 9월 말까지 걷은 취득세, 등록세가 2조 6천 2백억 원으로 작년 같은 기간 2조 8천 8백억 원보다 9.1% 감소했다고 밝혔습니다.
>
> 이에 따라 올해 징수가능 총액은 지난해 4조 350억 원 보다 18.6% 적은 3조 2천 8백억 원 정도로 예상됩니다.
>
> 서울시는 부동산 시장의 위축에 따라 거래가 줄어든 것을 징수 감소 요인으로 보고 있습니다.

해설
① 너무 자세한 숫자정보는 전달력을 오히려 떨어뜨린다.
② (불필요)
　'9.1% 감소'만 알면 된다. 안 그래도 숫자가 너무 많다.
③ 같은 주어 '서울시는'의 부담을 줄인다. 어림수를 쓰자. 우수리를 떼어 버리자.
④ 서울시민은 그것까지 걱정 안 한다. 시 당국이 알아서 할 문제다. 서울시가 안심한 것을 시민들이 알 필요 없다. 시민과 수용자에게 꼭 필요한 정보라고 볼 수 없다.

발음
ⓐ 감소〔감ː소〕

수도권 · 지방

|16| 경기도청 공무원노조, 의정비 인상 반대 성명

경기도청 공무원노동조합이
도의원 의정비인상에 반대하는
성명을 발표했습니다.

노조는 성명을 통해
연간 5천420만 원의 의정비를 받고 있는
도의원들이 물가상승률이나
의정활동 실적에 대한
객관적인 평가 없이 의정비 인상을
추진하는데 반대한다고 밝혔습니다.

노조는 현행 지방자치법은
지방의회 의원들의 의정비를
지방자치단체장과 지방의회 의장이
추천하는 인사로 구성된 심의위원회에서
결정하도록 돼있어
도민의 여론이 반영될 있도록
의정비 심의 체계 개선이 시급하다고
지적했습니다. (끝)

경기도청 공무원노동조합이①
②도의원 의정비인상에 반대하는

성명을 발표했습니다.

　　　노조는 성명을 통해

연간 5천420만 원의 의정비를 받고 있는

도의원들이 물가상승률이나③

의정활동 실적에 대한

객관적인 평가 없이 의정비 인상을

추진하는데 반대한다고 밝혔습니다.
　　　④
　　　노조는 현행 지방자치법은

지방의회 의원들의 의정비를

지방자치단체장과 지방의회 의장이

추천하는 인사로 구성된 심의위원회에서

결정하도록 돼있어

도민의 여론이 반영될 있도록ⓐ　ⓑ

의정비 심의 체계 개선이 시급하다고

지적했습니다. (끝)

> 경기도 공무원노동조합은 오늘 도 의원들의 의정비 인상 시도에 반대한다는 성명을 발표했습니다.
>
> 경기도 공무원노조는 연 5,420만 원의 의정비를 받는 도 의원들이 물가상승률 고려나 의정활동에 대한 객관적 평가 없이 의정비를 터무니 없이 올리려는 것은 부끄러운 일이라고 밝혔습니다.
>
> 이와 함께 지방의회 의원들의 의정비를 지자체장과 의회 의장이 추천하는 인사로 구성한 심의위원회에서 결정하는 현행 지방자치법은 문제가 있으며 도민의 의견이 반영되는 법 개정이 시급하다고 경기도 공무원노조는 지적했습니다.

[해설]
① 무게 중심을 주어에 두어야만 할 성질의 것이 아니다. '은'이 낫다.
② 처음부터 너무 압축했다.
③ '물가 상승률'만 쓰면 비문(非文)에 가깝다.
④ 주어의 위치를 바꿀 필요가 있다.

[발음]
ⓐ 도민[도ː민]
ⓑ 여론[여ː론]

수도권 · 지방

|17| 고양화훼단지 준공, 본격 가동

국내 최대의 고양화훼단지
1단계 시설이 5년여 만에 준공돼
본격가동을 시작했습니다.

경기도 고양시가
500억 6천여만 원을 들여
덕양구 원당과 주교동 일대
33만 3천여m^2에 조성한
고양화훼단지 1단계 시설에는
자동 온도와 습도 조절 장치 등
첨단 장비들이 갖춰진 화훼 생산온실
64개 동과 국내 최초인 육종 연구소가
들어서 있습니다.

45 농가가 입주를 마쳤으며
앞으로 선인장과 난, 분재 등
다양한 화훼 작물을 생산해 판매하고
수출도 하게 됩니다.

고양시는 2009년까지 화훼단지 옆
24만 4천여m^2에 화훼 테마공원을 포함한
화훼 관광단지를 조성해
생산, 연구, 유통, 관광이 어우러진
화훼 클러스터를 구축해 국제 경쟁력을
갖춰나갈 방침입니다. (끝)

국내 최대의 고양화훼단지

1단계 시설이 5년여 만에 준공돼

본격가동을 시작했습니다.

　　　경기도 고양시가

① 500억 6천여만 원을 들여

② 덕양구 원당과 주교동 일대

33만 3천여m²에 조성한

고양화훼단지 1단계 시설에는

③ (→ 중복)
자동 온도와 습도 조절 장치 등

첨단 장비들이 갖춰진 화훼 생산온실

64개 동과 국내 최초인 육종 연구소가

들어서 있습니다.

　　　45 농가가 입주를 마쳤으며
　　　　　개(숫자가 상대적으로 크면 '개'를 붙여야 명확)
앞으로 선인장과 난, 분재 등

다양한 화훼 작물을 생산해 판매하고

수출도 하게 됩니다.

　　　고양시는 2009년까지 화훼단지 옆

24만 4천여m²에 화훼 테마공원을 포함한

④ 화훼 관광단지를 조성해
　　　　　　　　(→ 조성함으로써)
생산, 연구, 유통, 관광이 어우러진
⑤ (→ '생산, 연구, 유통과 관광이 함께 어우러진', 친절성)
화훼 클러스터를 구축해 국제 경쟁력을

갖춰나갈 방침입니다. (끝)

> 경기도 고양시가 500억 원을 들여 원당과 주교동 일대 33만 3천m²에 조성한 이 시설에는 온·습도 자동조절장치 등 첨단장비들이 갖춰진 화훼생산 온실 64개 동과 국내 최초의 육종연구소가 들어서 있습니다.

> 고양시는 또, 단지 옆 24만m²에는 테마공원을 비롯한 관광단지도 조성해 생산, 연구, 유통과 관광이 어우러진 화훼 클러스터를 구축함으로써 국제 경쟁력도 높이기로 했습니다.

해설
① 500억 원이 압도적이므로 6천만 원은 생략해도 무방.
② '주교동'과 급이 같아야 한다.
③ 어휘 배열 센스
④ 뒤 '구축해'와 '해'가 겹쳐 음감이 안 좋다.
⑤ 네 번 나온 '화훼' 중 이것만 쓰면 된다.

수도권 · 지방

|18| 수원시, WHO 안전도시 재공인 사실상 확정

2002년 세계보건기구로부터
국내에서 처음으로 '안전도시' 인증을 받은 뒤
지난해 공인기간이 끝나 재공인 신청을 한
경기도 수원시가 안전도시 재공인을
사실상 확정받았습니다.

수원시는 WHO 안전도시 국제협력센터로부터
서면심사가 통과돼 현지실사에서
별다른 이상이 없으면 재 공인식을 하겠다는
통보를 받았다고 밝혔습니다.

이에 따라 수원시는 다음달 1일~4일 예정된
WHO 안전도시 국제협력센터의 실사가 끝나면
곧바로 재공인식을 열기로 하고
준비작업에 들어갔습니다.

수원시는 WHO 안전도시 국제협력센터로부터
사실상 재공인 확정통보를 받은데다
실사에서 지적된 사항은 추후 보완하면 되기 때문에
재공인이 확정된 것으로 보고 있습니다. (끝)

① 2002년 세계보건기구로부터 국내에서 처음으로 '안전도시' 인증을 받은 뒤 지난해 공인기간이 끝나 재공인 신청을 한 경기도 수원시가 안전도시 재공인을 ② 사실상 <u>확정받았습니다.</u>

수원시는 WHO 안전도시 국제협력센터로부터 서면심사가 통과돼 <u>현지</u>실사에서 별다른 이상이 없으면 재 공인식을 하겠다는 통보를 받았다고 밝혔습니다.

이에 따라 수원시는 다음달 1일~4일 예정된 WHO 안전도시 국제협력센터의 실사가 끝나면 곧바로 재공인식을 열기로 하고 준비작업에 들어갔습니다.

수원시는 WHO 안전도시 국제협력센터로부터 ⓑ <u>사실상</u> 재공인 확정통보를 받은데다 실사에서 지적된 사항은 추후 <u>보완</u>하면 되기 때문에 재공인이 확정된 것으로 보고 있습니다. (끝)

수원시가 WHO, 세계보건기구로부터 안전도시 재공인을 사실상 인정받았습니다.

수원시는 지난 2002년 WHO로부터 국내에서 처음으로 안전도시 인증을 받았으나, 지난해 공인기간이 끝나 재공인 신청을 한 바 있습니다.

"

해설
① 너무 복잡하다. '안전'과 '공인', '인증'이 마구 얽혀있다. 자른다. ② 확정받다(×) 　확정짓다, 확정되다, 확정이다(○)

발음
ⓐ 현지〔현ː지〕 ⓑ 사실상〔사ː실쌍〕 ⓒ 보완〔보ː완〕

수도권 · 지방

|19| 경기교육청, 체육수업 50% 이상 실기로 편성

경기도교육청이 입시준비와 컴퓨터 사용,
TV시청 시간 증가 등으로 활동량이 적어
체력이 갈수록 떨어지고 있는
학생들의 건강증진에 적극 나서기로 했습니다.
경기도교육청은 이에 따라
현재 일부 초·중·고교에서 시범운영중인
'학생건강 체력평가시스템'을
전 학교를 대상으로 점진적으로 확대해
오는 2011년까지 학생신체능력검사 결과
1-3급 학생 비율을 70%대로
끌어올리기로 했습니다.
이와 함께 일부 학교에서
체육시간을 미술·음악 수업 또는
실내수업을 대체하는 등
비정상적으로 운영하고 있는 초등학교 체육시간을
적극 활성화하기로 하고
초등학교 체육전담교사 확충과
관련 직무연수를 강화하기로 했습니다.
경기도교육청은 특히
각 학교의 체육수업 가운데 50% 이상을
실기수업으로 편성하도록 하고
앞으로 5년간 335개 학교에
167억 원의 예산을 지원해
건강 체력교실을 설치할 계획입니다. (끝)

경기도교육청이 ①입시준비와 컴퓨터 사용,
TV시청 시간 증가 등으로 활동량이 적어
체력이 갈수록 떨어지고 있는
학생들의 건강증진에 적극 나서기로 했습니다.
　　경기도교육청은 이에 따라
현재 일부 초·중·고교에서 시범운영중인
'학생건강 체력평가시스템'을
전 학교를 대상으로 점진적으로 확대해
오는 2011년까지 학생신체능력검사 결과
②1-3급 학생 비율을 70%대로
끌어올리기로 했습니다.
　　이와 함께 일부 학교에서
③체육시간을 ④미술·음악 수업 또는
실내수업을 대체하는 등
비정상적으로 운영하고 있는 초등학교 체육시간을
적극 활성화하기로 하고
초등학교 체육전담교사 확충과
관련 직무연수를 강화하기로 했습니다.
　　경기도교육청은 특히
각 학교의 체육수업 가운데 50% 이상을
실기수업으로 편성하도록 하고
앞으로 5년간 335개 학교에
167억 원의 예산을 지원해
건강 체력교실을 설치할 계획입니다. (끝)

경기도교육청이 도내 학생들의 체력 향상에 적극 나서기로 했습니다.

　도 교육청은 이에 따라 현재 일부 초·중·고교에서 시범운영 중인 '학생건강 체력평가시스템' 대상을 확대해 신체능력 보통에서 우수학생 비율을 오는 2011년까지 70% 수준으로 끌어 올리기로 했습니다.

　이와 함께 일선학교에서 일부 소홀히 취급되는 체육수업을 정상화하고, 초등학교의 체육전담교사 확충과 관련 직무 연수를 강화하기로 했습니다.

"

해설
① 수식어가 너무 길다. 게다가 특별한 내용이 아니다.
② 1-3급은 무얼 말하나?
③ 곧 또 나온다.(중복)
④ 너무 상세하다. 더구나 '실내수업을' 부분은 문법에도 안 맞다.
　실내수업도 엄밀히 말해 '비정상적'이라고 보기 어렵다.

수도권 · 지방

|20| 경기도, '외자유치 기여 공무원에 1억 시상'

경기도는 공무원들의
업무 동기를 유발하기 위해
열심히 일한 공무원에 대해서는 최고 1억 원까지
포상하기로 했습니다.
경기도는 포상금 수준을
일반 분야의 경우 최대 천만 원에서
5천만 원까지 확대하고
외자유치 분야의 경우 최대 1억,
민간인은 2억 원까지 확대하기로 했습니다.
또 단순한 금전보상 차원을 벗어나
해외연수 기회를 제공하거나
동일한 금액 범위 안에서 국내 여행상품권이나
문화상품권을 지급하기로 했습니다.
이와 함께 우수 공무원에 주는
인사 가점을 현재 2점에서 최고 5점까지
대폭 확대하고
평가방법도 정책입안부터 결과 홍보까지
전체 과정으로 확대하기로 했습니다. (끝)

경기도는 공무원들의
업무 **동기**ⓐ를 유발하기 위해
① 열심히 일한 공무원에 대해서는 최고 1억 원까지
포상ⓑ하기로 했습니다.

경기도는 포상금 수준을
② 일반 분야의 경우 최대 천만 원에서

5천만 원까지 확대하고

외자유치 분야의 경우 최대 1억,

민간인은 2억 원까지 확대하기로 했습니다.
③   또 단순한 금전보상 차원을 벗어나

해외연수 기회를 제공하거나

동일한 금액 범위 안에서 국내 여행상품권이나

문화상품권을 지급하기로 했습니다.

이와 함께 우수 공무원에 주는
인사 **가점**ⓒ을 현재 2점에서 최고 5점까지

대폭 확대하고

평가방법도 정책입안부터 결과 홍보까지

전체 과정으로 확대하기로 했습니다. (끝)

―――

경기도는 최고 1억 원까지 포상하는 공무원 동기유발 프로젝트를 가동합니다.

"

"

―――

해설
① 막연하다.
② 앞에 구체적 업무를 몇 개 적시하라. 'ㅇㅇ, ㅇㅇ 등 일반분야'
③ (불필요) 김빼기. 앞 문장에 5천만 원, 1억 운운하다 여행상품권, 문화상품권 등이 나와 초라해진다. 핵심이 흐려지고 맥이 빠진다.

발음
ⓐ 동기〔동:기〕
ⓑ 포상〔포:상〕
ⓒ 加點〔가쩜〕(ㅇ), 〔가:쩜〕(×)

|21| 수원영통~인천공항 리무진버스 노선 신설

수원시는 경기공항리무진버스가
영통에서 인천공항 간 리무진버스 1개 노선을
추가로 신설해 다음달 20일부터
운행에 들어간다고 밝혔습니다.
신설 노선은 영통프라자 앞에서 출발해
수원터미널, 수원역, 서수원터미널,
군포 나들목을 거쳐 인천공항을 오가는
왕복노선이며,
5대의 리무진 버스가 하루 18회 운행합니다.
운행시간은 오전 5시 첫차를 시작으로
오후 8시30분까지 60분 간격이고,
오전 7시30분, 정오, 오후 4시30분 등
하루 3차례는 30분 간격으로 운행되며
요금은 어른 1인 기준 만2천 원입니다.
이 노선의 신설로
수원역과 서수원 지역 주민들이
인천공항을 편리하게 오갈 수 있게 됐습니다. (끝)

① 수원시는 경기공항리무진버스가

영통에서 인천공항 간 리무진버스 1개 노선을

추가로 신설해 다음달 20일부터

운행에 들어간다고 밝혔습니다.

　　신설 노선은 영통프라자 앞에서 출발해

수원터미널, 수원역, 서수원터미널,

군포 나들목을 거쳐 인천공항을 오가는

왕복노선이며,

5대의 리무진 버스가 하루 18회 운행합니다.

　③ 운행시간은 오전 5시 첫차를 시작으로

오후 8시30분까지 60분 간격이고,

오전 7시30분, 정오, 오후 4시30분 등

하루 3차례는 30분 간격으로 운행되며

요금은 어른 1인 기준 만2천 원입니다.

　　이 노선의 신설로

수원역과 서수원 지역 주민들이

인천공항을 편리하게 오갈 수 있게 됐습니다. (끝)

경기공항리무진버스가 수원 영통에서 인천공항까지 노선을 증편해 오는 9월 20일부터 운행에 들어갑니다.

수원시는 오늘 영통프라자에서 수원역 군포 나들목을 거쳐 인천공항까지 리무진버스가 하루 18회 운행한다고 밝혔습니다.

요금은 어른 기준 만 2천 원이며, 이번 조치로 서수원 일대 주민들의 인천공항 이용이 편리해질 것으로 기대됩니다.

해설
① '수원시'를 먼저 내세울 일이 아니다.
② (겹침). 왕복이 또 있다.
③ 너무 자세한 사항은 쓰지 않는다.

발음
ⓐ 노선〔노:선〕
ⓑ 운행〔운:행〕
ⓒ 주민〔주:민〕

수도권 · 지방

|22| 군포시, 건교부에 반값아파트 철회 요구

경기도 군포시가 이른바 '반값 아파트'를 군포지역에 지으려는 계획을 철회하라고 건설교통부에 요구했습니다.

군포시는 부곡 택지지구에 토지 임대부와 환매조건부 아파트를 분양키로 한 결정을 철회하고 당초 계획대로 개발할 것을 촉구하는 내용의 공문을 건교부에 냈다고 밝혔습니다.

군포시는 중앙정부가 부곡지구에 반값 아파트를 공급하겠다고 일방적으로 결정했으며 반값 아파트에 대한 지역 주민들의 반대 여론이 거세 철회를 요구한다고 말했습니다.

건교부는 부곡동 일대 47만 3천여m^2를 2002년 6월 택지지구로 지정한 뒤 이곳에 일반분양 천200가구, 임대 천456가구 등 아파트 2천737가구와 단독주택 111채를 짓기로 했습니다. (끝)

① 　경기도 군포시가

이른바 '반값 아파트'를 군포지역에

지으려는 계획을 철회하라고

건설교통부에 요구했습니다.

　　군포시는 부곡 택지지구에
②　　　　ⓐ
토지 임대부와 환매조건부 아파트를

분양키로 한 결정을 철회하고

당초 계획대로 개발할 것을 촉구하는 내용의 공문을

건교부에 냈다고 밝혔습니다.
　　③
　　군포시는 중앙정부가
　　　　　　ⓑ
부곡지구에 반값 아파트를 공급하겠다고

일방적으로 결정했으며

반값 아파트에 대한 지역 주민들의 반대 여론이
　　　　　　ⓒ
거세 철회를 요구한다고 말했습니다.

　　건교부는 부곡동 일대 47만 3천여m²를

2002년 6월 택지지구로 지정한 뒤

이곳에 일반분양 천200가구, 임대 천456가구 등
(→ 불필요)
아파트 2천737가구와 단독주택 111채를

짓기로 했습니다. (끝)
　　('결정한 바 있습니다.' 시제가 다르다. 명확성)

건설교통부가 군포지역에 지으려는 이른바 반값아파트 계획에 대해 군포시가 철회를 공식 요청했습니다.

군포시는 건교부에 부곡동 택지지구에 토지 임대부와 환매조건부 아파트가 들어서는 계획을 철회하고 당초 안대로 시행되기를 촉구하는 내용의 공문을 보냈다고 밝혔습니다.

군포시는 이른바 '반값아파트' 결정이 일방적이었으며 지역주민들은 이를 철회할 것을 요구하고 있다고 말했습니다.

해설
① 요령이 부족하다. 더구나 둘째, 셋째 문장과도 주어가 그대로 겹친다.
② 그대로 쓰면 비문이다. 목적어가 길어 뒤로 보낸다.
③ (간결하게 고쳐쓰기)

발음
ⓐ 還賣〔환매〕, *참고. 換買〔환:매〕
ⓑ 반값〔반:갑〕
ⓒ 要求〔요구〕(○), 〔요:구〕(×)

수도권 · 지방

|23| 경기도 일대 비 피해 잇따라

호우주의보가 내려졌던 경기도 일대에
밤 사이 침수 피해가 잇따랐습니다.
어젯밤 9시 20분 쯤
경기도 의정부시 신곡동 청룡마을의
40여 가구가 물에 잠겨
주민 수십여 명이 인근 초등학교와
노인정으로 대피했습니다.
의정부시는 배수 작업을 벌여
2시간여만인 밤 11시 30분 쯤
물을 모두 빼내고 주민들을 돌려보냈습니다.
의정부시는 또
밤 9시쯤부터 30여분간
신곡지하차도의 차량 통행을 전면 통제하고
중랑천 둔치에 주차돼 있는
차량 3백여 대도 긴급 대피시켰습니다.
경기도 안양시에서도 밤 10시부터 한시간 동안
38mm의 많은 비가 내리면서
안양동 남부시장 내 도로 일부가 물에 잠겼습니다.
또 안양천의 물이 불어나면서
둔치에 주차돼 있던 차량 천여대를
주변 이면도로 등으로 옮기기도 했습니다.
경기도 군포시에서도
시간당 최고 30mm의 집중호우로
곳곳에서 하수관이 넘치고 역류하는 등
침수 피해 신고가 잇따랐습니다.
인천에서도 국지적으로 집중호우가 내리면서
남동공간의 도로 9곳과
공장 3개동이 침수됐습니다.
경기 일대에 내려졌던 호우주의보는
오늘 새벽 1시 모두 해제됐습니다. (끝)

　　　　　①
　　　호우주의보가 내려졌던 경기도 일대에
　　　　　ⓐ
밤 사이 침수 피해가 잇따랐습니다.
　　　　　②
　　　어젯밤 9시 20분 쯤
경기도 의정부시 신곡동 청룡마을의
40여 가구가 물에 잠겨
ⓑ
주민 수십여명이 인근 초등학교와
노인정으로 대피했습니다.
　　　　　③
　　　의정부시는 배수 작업을 벌여
2시간여만인 밤 11시 30분 쯤
물을 모두 빼내고 주민들을 돌려보냈습니다.
　　　의정부시는 또
밤 9시쯤부터 30여분간
신곡지하차도의 차량 통행을 전면 통제하고
ⓒ　　　　ⓓ
중랑천 둔치에 주차돼 있는
차량 3백여 대도 긴급 대피시켰습니다.
　　　　　　　(→ 대피의 대상은 사람이다.)
　　　　　경기도 안양시에서도 밤 10시부터 한시간 동안
　　　　　(→ 안양)
38mm의 많은 비가 내리면서
안양동 남부시장 내 도로 일부가 물에 잠겼습니다.
　　　또 안양천의 물이 불어나면서
둔치에 주차돼 있던 차량 천여대를
주변 이면도로 등으로 옮기기도 했습니다.
　　　경기도 군포시에서도
　　　(→ 군포에서도, '간결미', '중복 피하기')
시간당 최고 30mm의 집중호우로
곳곳에서 하수관이 넘치고 역류하는 등
침수 피해 신고가 잇따랐습니다.
　　　인천에서도 국지적으로 집중호우가 내리면서
남동공간의 도로 9곳과
공장 3개동이 침수됐습니다.
　　　경기 일대에 내려졌던 호우주의보는
　　　(→ 경기도, '언어경각')
오늘 새벽 1시 모두 해제됐습니다. (끝)
(→ 밤 1시)

해설
① 더 이상 호우주의보 상태가 아닌 것 같다.
② 위에 '밤사이'가 있다. 지역이 더 중요하다.
③ '돌려보냈습니다.'는 더 구체적이고 명확한 주어가 필요하다.

호우주의보가 내려진 경기도 내 여러 지역에 밤사이 침수 피해가 잇따랐습니다.

의정부시 신곡동 청룡마을 40여 가구가 물에 잠겨 주민 수십여 명이 인근 초등학교와 노인정으로 대피했다가 공무원들의 뒤늦은 배수작업 후에야 귀가했습니다.

또 신곡지하차도의 차량 통행이 전면 통제되고 중랑천 둔치에 주차돼있던 차량 3백여 대도 긴급 견인됐습니다.

안양에서는 밤 10시부터 한 시간만에 38mm의 많은 비가 내리면서 남부시장 내 도로 일부가 물에 잠기기도 했습니다.

안양시 공무원들은 안양천의 물이 불어나자 둔치에 주차돼있던 차량 천여 대를 주변 이면도로로 옮겼습니다.

〃

〃

〃

발음
ⓐ 沈水〔침수〕(○), 〔침:수〕(×)
ⓑ 주민〔주:민〕
ⓒ 중랑천. '중량천'이 아님.
ⓓ 주차〔주:차〕

수도권 · 지방

|24| 서울시, '고장 신호등 신고하면 만원 포상'

다음달부터 서울시내에서
고장난 신호등을 신고하면
포상금 만원을 받게 됩니다.
서울시는 이런 내용을 담은
'도로시설물 등 고장 손괴 신고포상금
지급규칙'을 제정해
이달 조례규칙 심의를 거쳐
다음달부터 시행할 계획이라고 밝혔습니다.
서울시가 마련 중인
신고포상금 지급 규칙을 보면
신호등이 훼손 또는 오작동, 소등 사실을
가장 먼저 신고한 시민은
한 건당 만원의 현금이나 문화상품권을
받을 수 있습니다.
또 신호등을 부수거나
고장낸 사람, 원인을 가장 먼저 신고한 시민에게는
원상 회복에 필요한 비용의 5%에
해당하는 금액을 별도로 포상할 예정입니다.
그러나
시민 한명당 신고포상금 지급액은
훼손 오작동 소등 신고의 경우 월간 20만원,
손괴 원인 신고는
연간 300만원으로 제한했습니다. (끝)

다음달부터 서울시내에서
고장난 신호등을 신고하면
포상금 만원을 받게 됩니다.

서울시는 이런 내용을 담은
① '도로시설물 등 고장 손괴 신고포상금
지급규칙'을 제정해
이달 조례규칙 심의를 거쳐
다음달부터 시행할 계획이라고 밝혔습니다.

서울시가 마련 중인
신고포상금 지급 규칙을 보면
② 신호등이 훼손 또는 오작동, 소등 사실을
가장 먼저 신고한 시민은
한 건당 만원의 현금이나 문화상품권을
받을 수 있습니다.
③ 또 신호등을 부수거나
고장낸 사람, 원인을 가장 먼저 신고한 시민에게는
원상 회복에 필요한 비용의 5%에
해당하는 금액을 별도로 포상할 예정입니다.
④ 그러나
시민 한명당 신고포상금 지급액은
훼손 오작동 소등 신고의 경우 월간 20만원,
손괴 원인 신고는
연간 300만원으로 제한했습니다. (끝)

해설
① 관청의 조례안, 시행령을 그대로 적을 필요없다. 어렵다.
② 어렵다. 더구나 뒤에 또 나온다.
③ 신호등을 망가뜨린 사람이 왜 상을 받나? 이대로두면 그런 의미다.
④ (불필요). 오히려 어색

"

서울시는 이런 내용을 담은 신고포상금 규칙을 제정해 조례규칙 심의를 거쳐 2월부터 시행한다고 밝혔습니다.

내용을 보면 신호등의 이상이나 고장 사실을 가장 먼저 신고한 사람에게는 한 건에 만원의 현금이나 문화상품권을 지급하는 것으로 돼 있습니다.

또 신호등을 부수거나 고장낸 사람을 신고하면 원상복구비용의 5% 금액을 별도로 포상받습니다.

1인당 신고포상금 지급한도는 훼손, 오작동, 소등 신고가 월 20만 원, 손괴원인 신고는 연 300만 원으로 정했습니다.

발음
ⓐ 신호등[신ː호등]
ⓑ 申告[신고](○), [신ː고](×)

수도권·지방

|25| 경기도내 빈 교실 2천200개

경기지역 초.중.고교에서
사용하지 않은 교실 수가 2천200여 개에
이른 것으로 나타났습니다.

경기도교육청은
지난해 도내 초.중.고등학교
천 960 곳을 대상으로 조사한 결과
활용하지 않은 교실이 2천201 개로
집계됐다고 밝혔습니다.

미활용 교실 가운데
천 884 개는 학급편성 예정교실로
활용할 계획이지만
317 개 교실은 활용계획이
결정되지 않았습니다.

경기도교육청은
맞춤형 인성교실 운영,
교수.학습활동 지원시설로 바꾸거나
방과 후 학교와 연계한 프로그램 운영 등
다양한 활용방안을 모색하고 있습니다. (끝)

경기지역 초.중.고교에서
①
사용하지 않은 교실 수가 ②2천200여 개에

이른 것으로 나타났습니다.

경기도교육청은

지난해 도내 초.중.고등학교

천 960 곳을 대상으로 조사한 결과 ⓐ

활용하지 않은 교실이 2천201 개로
ⓑ
집계됐다고 밝혔습니다.

미활용 교실 가운데

천 884 개는 학급편성 예정교실로
ⓒ
활용할 계획이지만

317 개 교실은 활용계획이

결정되지 않았습니다.

경기도교육청은
③
맞춤형 인성교실 운영,

교수.학습활동 지원시설로 바꾸거나

방과 후 학교와 연계한 프로그램 운영 등

다양한 활용방안을 모색하고 있습니다. (끝)

해설
① 과거 사실이 아니다.
② 어림수를 쓴다.(뒤에 자세히 나온다.)
③ '구'는 '구', '절'은 '절' 끼리

경기도내 각급 학교에서 현재 사용하지 않는 교실이 2천 개가 넘는 것으로 나타났습니다.

경기도교육청이 도내 초·중·고교 1,960곳을 조사한 결과 미활용 교실이 2006년 현재 2,201 개로 집계됐다고 밝혔습니다.

이 중 그나마 1,884 개는 학급편성 등 활용계획이 서 있지만 317 개는 미정인 채로 있습니다.

경기도교육청은 빈 교실을 맞춤형 인성교실로 운영하거나 교수·학습활동 지원시설로 바꾸고 방과 후 프로그램을 운영하는 등 대안을 모색하겠다고 밝혔습니다.

발음
ⓐ 調査〔조사〕. *참고. 弔辭〔조:사〕
ⓑ 〔직계〕로 소리나지 않게 유의.
  〔됐〕을 〔댓〕이나 〔뙜〕으로 소리나지 않게 유의
ⓒ 〔계획〕 발음을 인정함.
  〔계핵〕이나 〔궤헥〕으로 발음되지 않게 유의

|26| 수원 화성 성곽잇기, 오늘 준공

경기도 수원화성의 4대 문 가운데 하나인
'장안문' 성곽잇기 공사가 끝나
오늘 준공식을 갖습니다.
　　　　수원시는 지난 1997년 수원 화성이
유네스코 세계문화유산에 등록된 이후
화성의 옛모습을 복원하기 위해
33억 6천만 원을 들여 2005년 12월
장안문 성곽 잇기 공사에 들어갔습니다.
　　　　수원 화성의 서쪽문인
화서문 방향에서 이어져 오다
장안문에서 끊어진 24.72미터의 성곽을
높이 5.6미터로 쌓아잇고,
장안문에서 창룡문 방향으로
편리하게 이동할 수 있도록
장안문 오른쪽 도로 위에 26.86미터의
보도 육교를 설치했습니다.
　　　　장안문 성곽잇기 공사가 마무리됨에 따라
성곽을 순례하는 시민과 관광객들이
장안문에서 창룡문 방향으로 성곽을 따라
편리하게 이동할 수 있게 됐습니다. (끝)

경기도 수원 화성의 4대 문 가운데 하나인 '장안문' 성곽잇기 공사가 끝나 오늘 준공식을 갖습니다.

수원시는 지난 1997년 수원 화성이 유네스코 세계문화유산에 등록된 이후 화성의 옛모습을 복원하기 위해 33억 6천만 원을 들여 2005년 12월 장안문 성곽 잇기 공사에 들어갔습니다.
①
수원화성의 서쪽문인 화서문 방향에서 이어져 오다 장안문에서 끊어진 24.72미터의 성곽을 높이 5.6미터로 쌓아잇고, 장안문에서 창룡문 방향으로 편리하게 이동할 수 있도록 장안문 오른쪽 도로 위에 26.86미터의 보도 육교를 설치했습니다.

장안문 성곽잇기 공사가 마무리됨에 따라
②
성곽을 순례하는 시민과 관광객들이 장안문에서 창룡문 방향으로 성곽을 따라
ⓐ
편리하게 이동할 수 있게 됐습니다. (끝)

세계문화유산인 수원 화성의 장안문 성곽잇기 공사가 마무리돼 오늘 준공식을 갖습니다.

수원시는 33억 6천만 원의 공사비를 투입해 2년 반만에 성곽복원 공사를 마쳤다고 밝혔습니다.

이번 공사로 화성은 원래 모습에 더 가까워졌으며, 장안문 위쪽으로 보도가 마련돼 관람객들은 더 편리하게 화성을 감상할 수 있게 됐습니다.

> [해설]
> ① 장황하다. 긴 설명은 안 하느니만 못하다.
> ② 시민과 관광객을 꼭 구분지어야 하나?

> [발음]
> ⓐ 移動〔이동〕, *참고. 2洞〔이:동〕

수도권·지방

수도권·지방

|27| 서울-경기 통합환승할인제 7월1일 시행

다음달 1일부터
서울과 경기를 오가는 버스와 전철 요금이
통합 운영됩니다.
오세훈 서울시장과 김문수 경기도지사,
이철 코레일 사장이 오늘 오전
이같은 내용의 '수도권 대중교통
통합환승할인제 시행을 위한 공동 합의문'을
채택합니다.
서울시와 경기도의 이번 합의로
다음달 1일부터 교통카드로
서울시와 경기도의 일반형 시내버스나
마을버스, 지하철 가운데
어느 한 교통편을 이용하더라도
통행 거리를 합산해
10킬로미터 기본구간에서는 900원 만 내고
이를 초과하면 5킬로미터마다
100원 씩 추가로 내면 됩니다.
서울시와 경기도는
통합요금제의 경기도 확대 시행으로
앞으로 표준형 교통카드 도입을 추진하고,
시계 주요 교통축에
환승센터의 건설도 조성할 계획입니다.
이번 통합요금제 시행으로 발생하는 환승 손실금은
버스회사의 관할 지자체가 부담하기로 했으며
지하철의 경우 경기도가
코레일 손실의 60%를 보전하기로 했습니다.
그러나 인천시 버스와
서울과 경기 지역 광역버스는
이번 통합요금제 대상에서 제외됐습니다. (끝)

　　　　다음달 1일부터
서울과 경기를 오가는 버스와 전철 요금이
　　　　('경기도'가 여기서는 자연스럽다.)
통합 운영됩니다.
　　　　오세훈 서울시장과 김문수 경기도지사,
이철 코레일 사장이 오늘 오전
　　　　　(을)
이같은 내용의 '수도권 대중교통
통합환승할인제 시행을 위한 공동 합의문'을
채택합니다.
　　　　서울시와 경기도의 이번 합의로
　　　　(→ 불필요)
다음달 1일부터 교통카드로
서울시와 경기도의 일반형 시내버스나
　　　　(를 운행하는, '친절성') (와)
마을버스, 지하철 가운데
어느 한 교통편을 이용하더라도
　　　　(삭제)
통행 거리를 합산해
(→ 불필요)　　　요금('친절성')
10킬로미터 기본구간에서는 900원 만 내고
　　　　　　　　　　　('내며'가 여기서는 자연스럽다.)
이를 초과하면 5킬로미터마다
100원 씩 추가로 내면 됩니다.
　　　　서울시와 경기도는
통합요금제의 경기도 확대 시행으로
　　　　　　　　　　(에 맞춰)
앞으로 표준형 교통카드 도입을 추진하고,
시계 주요 교통축에
(→ 불필요)　　　ⓐ
환승센터의 건설도 조성할 계획입니다.
　　ⓑ ⓒ
　　　　이번 통합요금제 시행으로 발생하는 환승 손실금은
버스회사의 관할 지자체가 부담하기로 했으며
(→ 불필요)
지하철의 경우 경기도가
코레일 손실의 60%를 보전하기로 했습니다.
　　　　그러나 인천시 버스와
　　　　　　　　　ⓓ
서울과 경기 지역 광역버스는
이번 통합요금제 대상에서 제외됐습니다. (끝)

해설
① 서술부에 무게 중심이 있으므로 '은/는'이 자연스럽다.

발음
ⓐ 조성 〔조ː성〕
ⓑ 통합 〔통ː합〕
ⓒ 요금 〔요ː금〕
ⓓ 광역 〔광ː역〕

수도권 · 지방

|28| 한인부부, 영어 미숙 참변

　　　미국 텍사스 주 달라스에서
한인 부부가 운전하던 차량이
강물에 빠져 숨진 채 발견됐습니다.
　　　특히 이들 한인부부는
911에 구조요청을 했으나 영어가 미숙해
구조를 받지 못한 것으로 알려졌습니다.
　　　달라스 경찰국은
어제 오전 트리니티 강에 가라앉은
차량에서 올해 60살의 김영환씨와
부인 57살 김숙연씨가 숨진 채 발견돼
시신을 인양했다고 밝혔습니다.
　　　청소업에 종사하던 이들 부부는
이틀전 사업차 승용차를 몰고 집을 떠난뒤
심한 폭우를 만나 길을 잃고
연락두절상태였다가 참변을 당했습니다.
　　　경찰은 김씨 부부가
빗속에서 길을 헤매다 불어 난 강물에
휩쓸린 것으로 보고있습니다.
　　　이들 부부는 길을 잃자
여러 차례 휴대전화로 911에
구조를 요청했으나 교환원과 영어가
통하지 않아 구조를 받지 못해
안타까움을 더해주고 있습니다. (끝)

미국 텍사스 주 달러스에서
①
한인 부부가 운전하던 차량이
강물에 빠져 숨진 채 발견됐습니다.
②
　특히 이들 한인부부는
911에 구조요청을 했으나 영어가 미숙해
구조를 받지 못한 것으로 알려졌습니다.
　달라스 경찰국은
(→ '댈러스'. 외래어표기법)
어제 오전 트리니티 강에 가라앉은
차량에서 올해 60살의 김영환씨와
부인 57살 김숙연씨가 숨진 채 발견돼
시신을 인양했다고 밝혔습니다.
　청소업에 종사하던 이들 부부는
　　　　(불필요)
이틀전 사업차 승용차를 몰고 집을 떠난뒤
　　('청소업'과 어울리지 않음)
심한 폭우를 만나 길을 잃고
　　　　　　　　ⓐ
연락두절상태였다가 참변을 당했습니다.
　경찰은 김씨 부부가
빗속에서 길을 헤매다 불어 난 강물에
휩쓸린 것으로 보고있습니다.
　이들 부부는 길을 잃자
여러 차례 휴대전화로 911에
ⓑ
구조를 요청했으나 교환원과 영어가
통하지 않아 구조를 받지 못해
안타까움을 더해주고 있습니다. (끝)

미국 텍사스 주 댈러스에서 재미교포 부부가 운전하던 차량이 강물로 추락해 두 사람이 숨진채 발견됐습니다.

댈러스 경찰은 인근 트리니티 강에서 인양한 차량 안에서 60살 김영환 씨와 부인 57살 김연숙 씨의 시신을 발견했다고 밝혔습니다.

사고 이틀 전 차를 몰고 집을 나선 이들은 심한 폭우를 만나 길을 잃었으며 불어난 강물에 변을 당한 것으로 알려졌습니다.

한편 김씨 부부는 휴대전화로 여러 차례 911에 구조를 요청했으나 구조대가 오지 않은 것으로 알려져 의문이 제기되고 있습니다.

해설
① 차량이 숨진(?)것처럼 되어 있다.
② 확인되지 않은 사실(사실은 오보였다. 영어가 미숙한 게 아니라 악천후로 통화상태가 나빴고 교환원이 안이하게 대응한 것이 화근이었다.)
맞다 하더라도 문단구성상 여기 올 자리가 아니며 '연락두절' 운운하며 헷갈린다. 맨 마지막 문장에 부언해 말끔하지 못하다.

발음
ⓐ 慘變[참변](○), [참:변](×)
ⓑ 救助[구:조]. *참고. 9組[구조]

수도권 · 지방

|29| 용인지역 5곳, 341만평 개발행위 제한

경기도 용인시 관내 5곳 341만여 평이 앞으로 3년간 각종 개발행위 제한구역으로 묶입니다.

용인시는 최근 장기도시계획인 2020 계획이 완료됨에 따라 주요 정책사업이 추진될 예정인 관내 5곳에 대해 무분별한 개발행위허가를 제한하기로 했습니다.

용인시는 2020 도시기본계획에서 이동면 덕성리를 지방산업단지 후보지로, 남사면 봉무리 일대를 '남사 복합도시' 조성 후보지로, 역북동 산 83번지 일대를 '역북 대학촌 도시개발사업 조성' 후보지로 설정했습니다.

또 모현면 초부리와 포곡읍 금어리 일대에는 전원 문화복합주택단지와 상업용지가 조성될 예정입니다. (끝)

경기도 용인시 관내
　　　　　　　　(→ 관 주도 행정용어, 대개는 불필요)
5곳 341만여 평이 앞으로 3년간
　　　　　(→ 미터법, 제곱미터로)
각종 개발행위 제한구역으로 묶입니다.

　　　　용인시는 최근

장기도시계획인 2020 계획이 완료됨에 따라

주요 정책사업이 추진될 예정인

관내 5곳에 대해 무분별한 개발행위허가를
(변화를 준다.)
제한하기로 했습니다.
　①
　　　　용인시는 2020 도시기본계획에서

이동면 덕성리를 지방산업단지 후보지로,

남사면 봉무리 일대를

'남사 복합도시' 조성 후보지로,

역북동 산 83번지 일대를

'역북 대학촌 도시개발사업 조성'

후보지로 설정했습니다.

　　　또 모현면 초부리와 포곡읍 금어리 일대에는

전원 문화복합주택단지와

상업용지가 조성될 예정입니다. (끝)
　　　　(→ 들어설)

> 경기도 용인시내 5곳이 앞으로 3년간 각종 개발행위 제한구역으로 지정됩니다.
>
> 용인시는 최근 장기 도시계획인 이른바 '2020'(이공이공) 계획이 완료됨에 따라 주요 정책사업이 추진될 예정인 천백여만 제곱미터에 대해 무분별한 개발행위를 허가하지 않기로 했습니다.
>
> 용인시는 이에 따라 이동면 덕성리를 산업단지로 특화하고 남사면 봉무리 일대는 복합도시로, 역북동 산 83번지 일대는 대학촌으로 조성하기로 했습니다.

해설
① 관(官)에서 배포한 용어를 그대로 쓰는 것은 문제 있다.

수도권 · 지방

|30| 서울시, 아르바이트 대학생 모집

서울시가
여름방학 기간동안 행정지원 업무 등에 종사할
아르바이트 대학생을 모집합니다.
모집인원은 총 500명이며
자격은 서울 소재 대학교 재학생이나
서울시에 사는 타지역 소재 대학교 재학생입니다.
시는 모집 정원의 절반인 250명은
국민 기초생활수급권자 등 저소득 계층이나
장애인, 자원봉사 우수자 등을 대상으로
우선 선발할 방침이라고 전했습니다.
신청은 내일부터 다음 달 5일까지
서울시 홈페이지에서 할 수 있으며
근무기간은 다음 달 25일부터 7월28일까지
30일입니다.
선발된 아르바이트 대학생들은
시청 내 각 부서나 시립어린이병원,
한강시민공원 등 시 산하사업소에 배치돼
행정업무나 현장업무 지원,
민원안내 등을 맡게 됩니다. (끝)

서울시가

여름방학 기간동안 행정지원 업무 등에 종사할
　　　　(겹침)
아르바이트 대학생을 모집합니다.

모집인원은 총 500명이며

자격은 서울 소재 대학교 재학생이나

서울시에 사는 타지역 소재 대학교 재학생입니다.

시는 모집 정원의 절반인 250명은

국민 기초생활수급권자 등 저소득 계층이나

장애인, 자원봉사 우수자 등을 대상으로
　　　　　　　　　　　　　ⓐ
우선 선발할 방침이라고 전했습니다.
　　　ⓑ
신청은 내일부터 다음 달 5일까지

서울시 홈페이지에서 할 수 있으며

근무기간은 다음 달 25일부터 7월28일까지

30일입니다.

선발된 아르바이트 대학생들은
　　　　　　(「 쉼표를 넣어야 띄어읽기를 제대로 한다.)
시청 내 각 부서나, 시립어린이병원,
　　　　　　　ⓒ
한강시민공원 등 시 산하사업소에 배치돼

행정업무나 현장업무 지원,

민원안내 등을 맡게 됩니다. (끝)

서울시가 여름방학 동안 시 업무를 도울 아르바이트 대학생을 모집합니다.

모집인원은 500 명이며 자격은 서울 소재 대학 재학생, 또는 서울 거주 지방대 재학생입니다.

모집 정원의 절반인 250 명은 국민 기초생활수급권자 등 저소득 계층과 장애인, 자원봉사 우수자 등으로 우선 충원됩니다.

서울시 홈페이지에서 다음달 5일까지 접수하며 기간은 6월 25일부터 7월 28일까지 30일간입니다.

아르바이트 대학생들은 시청 내 각 부서, 또는 어린이병원, 시민공원 등에 배치돼 행정업무 지원과 민원안내 등을 맡게 됩니다.

[해설]
- 전체적으로 간명하고 의미 파악이 명확한 방향으로 고쳐쓴다.

[발음]
ⓐ 選拔〔선ː발〕
ⓑ 申請〔신청〕(○), 〔신ː청〕(×)
ⓒ 傘下〔산하〕(○), 〔산ː하〕(×)

|31| 수원에 박지성 공원 완공

영국 프리미어리그에서 활약중인
박지성 선수를 기념하기 위한 공원이
박 선수의 고향인 수원에 만들어졌습니다.
　　　　　수원시는 지난 3월
1억 5천여만 원을 들여 수원시 영통구 망포동
천208 제곱미터에 '박지성 공원' 공사를 시작해
최근 준공했습니다.
　　　　　공원의 광장에는
원형 축구공 모양의 잔디밭과
박 선수의 발 모양 조형물 2개,
지성 쉼터가 설치돼 있으며
시민들이 기념촬영을 할 수 있도록
박 선수가 뛰는 모습을 담은
대형 사진판도 마련돼 있습니다.
　　　　　또 시민들이 체력단련을 할 수 있도록
야외용 헬스기구 등 체육시설도 갖추고 있습니다.
　　　　　박지성 공원은
박 선수 가족이 살고 있는 망포동에서
영통대로로 이어지는 왕복 6차로 도로를 만들어
2005년 6월 12일 개통한
'박지성로'와 인접해 있습니다. (끝)

① 　　영국 프리미어리그에서 활약중인 박지성 선수를 기념하기 위한 공원이 박 선수의 고향인 수원에 <u>만들어졌습니다.</u>
　　　　　　　　　　(→ 피해야 할 수동 표현)
　　수원시는 지난 3월 1억 5천여만 원을 들여 수원시 영통구 망포동 천208 제곱미터에 '박지성 공원' 공사를 시작해 최근 준공했습니다.

　　공원의 광장에는 원형 축구공 모양의 잔디밭과 박 선수의 발 모양 조형물 2개, 지성 쉼터가 설치돼 있으며 시민들이 기념<u>촬영</u>ⓐ을 할 수 있도록 박 선수가 뛰는 모습을 담은 대형 사진판도 마련돼 있습니다.

② 　　또 시민들이 체력단련을 할 수 있도록 야외용 헬스기구 등 체육시설도 갖추고 있습니다.

　　박지성 공원은 박 선수 가족이 살고 있는 망포동에서 영통대로로 이어지는 <u>왕복</u>ⓑ 6차로 도로를 만들어 2005년 6월 12일 개통한 '박지성로'와 인접해 있습니다. (끝)

수원에 박지성 공원이 완공됐습니다.

　　수원시 영통구 망포동에 들어선 박지성 공원은 지난 3월 수원시가 1억 5천여만 원의 예산을 들여 조성했으며 넓이는 천2백 제곱미터입니다.

　　광장 중앙에는 축구공 모양의 잔디밭이 있으며, 박 선수 발 조형물 2개와 대형 사진판도 마련됐습니다.

　　박지성 공원은 지난 2005년 6월 조성된 3차선 도로 '박지성로'와 인접해있습니다.

해설
① 관심가는 내용이라 짧고 확실하게 '리드'를 뽑는 게 효과적이다.
② (불필요)
- "너무 많은 정보는 제대로 된 정보 파악을 어렵게 하는 주범이다."

발음
ⓐ 撮影[촤령](○), [촤:령](×), [촬령](×)
ⓑ 왕복[왕:복]

수도권·지방

|32| 화성, 군 골프장 주변수질 악화

화성환경운동연합이 지난 11일,
경기도 화성시 모 군 골프장에서 배출되는 오수의
최종 방류지점에서 하천수질을 조사한 결과,
생물학적 산소요구량이
공업용수 기준치인 10ppm을 웃도는
12.7ppm으로 조사됐다고 밝혔습니다.
또 골프장 착공 전
이곳 하천에서 서식하던 1급수 지표종인
가재와 반딧불이 등도 사라졌다고 발표했습니다.
화성환경연합은
하천 상류지역에 골프장 외에
별다른 시설이 없는 점 등을 고려하면
골프장이 하류지역 수질에
나쁜 영향을 미친 것으로 분석한다며
해당 군부대와 화성시에
공동실태조사단 구성을 제안할 방침이라고
덧붙였습니다. (끝)

① 화성환경운동연합이 지난 11일, 경기도 화성시 모 군 골프장에서 배출되는 오수의 최종 방류지점에서 하천수질을 조사한 결과, ⓐ 생물학적 산소요구량이 공업용수 기준치인 10ppm을 웃도는 12.7ppm으로 조사됐다고 밝혔습니다.

또 골프장 착공 전 이곳 하천에서 서식하던 1급수 지표종인 ⓑ 가재와 반딧불이 등도 사라졌다고 발표했습니다.

화성환경연합은 하천 상류지역에 골프장 외에 별다른 시설이 없는 점 등을 고려하면 골프장이 하류지역 수질에 나쁜 영향을 미친 것으로 분석한다며
(분석된다며)
해당 군부대와 화성시에 공동실태조사단 구성을 제안할 방침이라고 덧붙였습니다. (끝)

경기도 화성시 ○○천의 수질오염이 심각한 것으로 나타났습니다.

화성환경운동연합은 ○○천의 생물학적 산소요구량이 공업용수 기준치인 10ppm을 웃도는 12.7ppm으로 조사됐다고 밝혔습니다. 화성환경연합은 인근 군 골프장에서 배출하는 오수를 주 오염원으로 꼽고 있습니다.

골프장이 들어서기 전 ○○천에는 1급수 지표종인 가재와 반딧불이가 서식했지만 지금은 자취를 감췄다고 화성환경연합은 밝혔습니다.

〃

해설
① '리드'가 너무 길다. 둘로 나누어야 이해가 쉽다. 정작 하천 이름은 빠졌다.

발음
ⓐ 調査〔조사〕, *참고. 弔辭〔조:사〕
ⓑ 棲息〔서:식〕, *참고. 書式〔서식〕

수도권 · 지방

|33| 경기도, 예산성과금 9천여만 원 지급

경기도는 지난해 수입증대와 예산절약에 기여한 공무원들에게 9천220만 원의 성과금을 지급하기로 했습니다.

성과금을 받는 공무원이 늘린 수입액은 8건에 천299억 원이며 예산절약은 12건에 2천454억 원입니다.

이 가운데 4급 공무원 52살 최민성씨 등은 회원제 골프장 내 나무 부지에도 취득세 중과세를 적용할 수 있도록 지방세법을 개정해 지난해 9억 원의 지방세를 더 거뒀고 올해도 24억 원의 추가 세수 확보를 가능하도록 했습니다.

또 4급인 51살 이병관씨 등도 '중소기업 운전자금 이자차액 보전사업'의 협약을 개정해 경기도가 농협에 지급하는 이자차액 금리를 기존 2.0%에서 1.0%~2.0%로 다양화해 이자보전금 24억 원을 절감했습니다. (끝)

경기도는 지난해

수입증대와 예산절약에 기여한 공무원들에게

9천220만 원의 성과금을 지급하기로 했습니다.

성과금을 받는 공무원이

늘린 <u>수입액은</u> 8건에 천299억 원이며
　　(→ 수익)
예산절약은 12건에 2천454억 원입니다.

이 가운데 4급 공무원

52살 최민성씨 등은 회원제 골프장 내

나무 부지에도 <u>취득세 중과세를</u>
　　　　　　(→ 취득세를 중과세 할 수 있도록)
<u>적용할 수 있도록</u> 지방세법을 개정해

지난해 9억 원의 지방세를 더 거뒀고

올해도 24억 원의 추가 세수 <u>확보를</u>
　　　　　　　　　　　　(→ 확보가)
가능하도록 했습니다.

또 4급인 51살 이병관씨 등도
　　　　　　　　　ⓐ　　ⓑ
'중소기업 운전자금 이자차액 보전사업'의

협약을 개정해

경기도가 농협에 지급하는 이자차액 금리를

<u>기존 2.0%에서 1.0%~2.0%로 다양화해</u>
　(→ 기존 2%에서 1%부터 2%까지로 차별화함으로써)
이자보전금 24억 원을 절감했습니다. (끝)

해설
- 도민의 관심과 동떨어진 기사
- 늘어난 세수와 예산절감으로 도민들에게 무슨 사업을 펼쳤고 어떤 혜택을 주었나가 나와야 한다.
- 경기도의 자화자찬 보도자료를 그대로 기사화함.

발음
ⓐ 이자[이ː자]
ⓑ 보전[보ː전]

수도권·지방

|34| 용인 이동·남사면, 위법 중개업소 15 곳 적발

경기도 용인시는
최근 부동산값이 급등하고 있는
처인구 이동면과 남사면 지역
15개 부동산 중개업소에 대해 시정조치를 내렸습니다.

적발 내용을 보면
자격증이 없는 보조 중개인이 대표 행사를 하거나
중개 보조원 미신고, 요율표 등을
게시하지 않았습니다.

이동면과 남사면은
최근 분당 급 신도시 후보지로 거론되면서
땅값과 집값이 급등했으며
용인시는 지난 4일부터 10일간
이 지역 60개 부동산 중개업소를 대상으로
특별 지도.단속을 벌였습니다.

용인시는
부동산 가격의 안정을 위해
연중 수시로 단속을 하기로 했습니다. (끝)

경기도 용인시는

최근 부동산값이 <u>급등하고 있는</u>
　　　　　　　　(→ 크게 뛴)
처인구 이동면과 남사면 지역

15개 부동산 중개업소에 대해 <u>시정조치</u>❶를 내렸습니다.

　　적발 내용을 보면
②
<u>자격증이 없는 보조 중개인이 대표 행사를 하거나</u>

<u>중개 보조원 미신고, 요율표 등을</u>
　　　　　(을 신고안 한 것, 요율표)
<u>게시하지 않았습니다.</u>

　　이동면과 남사면은

최근 분당급 신도시 후보지로 거론되면서
　　　　　　③
땅값과 집값이 <u>급등했으며</u>
　　　　　(→ 급등했는데)
용인시는 지난 4일부터 10일간

이 지역 60개 부동산 중개업소를 대상으로

특별 지도·단속을 <u>벌였습니다.</u>
　　　　　　(→ 벌인 바 있습니다.)
　　용인시는

부동산 가격의 안정을 위해

연중 수시로 단속을 하기로 했습니다. (끝)

| 적발내용을 보면 자격증 없는 보조중개인이 대표를 사칭한 행위, 중개보조원을 고용하고도 신고 안 한 행위, 그리고 요율표를 게시하지 않은 행위 등입니다.

(또는, 무자격 보조중개인의 대표 사칭, 중개보조원 미신고, 요율표 게시 위반)

[해설]
① 세 번째 문장에 '급등'이 또 나온다. 반드시 고유어 표현이 나은 것은 아니나 이 경우 중복을 피하고, 음절 수도 줄였다.
② 두 개 이상 나열일 경우, 절(節)은 절끼리 구(句)는 구끼리 붙여야 문법에 맞다.
③ 땅값과 집값이 급등한 사실을 바탕으로 단속을 벌인 것이지 일대 일 나열이 아니므로

[발음]
❶ 是正[시:정]
市政[시:정]
視程[시:정] : 대기의 혼탁도를 나타내는 척도. 시정거리(×)
詩情[시정]

수도권 · 지방

|35| 20대 정신지체 장애인, 아파트 투신자살

어젯밤 9시 쯤
경기도 김포시 한 아파트에서
이 아 파트에 살던
26살 김모씨가
화단으로 떨어져 숨졌습니다.
　경찰은
정신지체 장애인인 김씨가
평소 사는게 너무 힘들다고
말해왔으며
베란다 창문을 열고
뛰어내렸다는 가족 말을
토대로 김 씨가 스스로 목숨을
끊은 것으로 보고
정확한 사고 원인을 조사하고
있습니다. (끝)

어젯밤 9시 쯤
①
경기도 김포시 한 아파트에서
이 아 파트에 살던
26살 김모씨가
② ⓐ
화단으로 떨어져 숨졌습니다.
　경찰은
③
정신지체 장애인인 김씨가
(→ '지적장애인'으로 순화)
평소 사는게 너무 힘들다고
말해왔으며
베란다 창문을 열고
뛰어내렸다는 가족 말을
④
토대로 김 씨가 스스로 목숨을
끊은 것으로 보고
정확한 사고 원인을 조사하고
있습니다. (끝)

어젯밤 9시쯤 경기도 김포시 모 아파트에서 26살 김 모 씨가 화단으로 떨어져 숨졌습니다.

　경찰은 정신지체 장애인인 김 씨가 베란다 창문을 열고 뛰어내렸다는 가족의 말을 토대로 일단 자살로 보고 더 정확한 경위를 조사 중입니다.

해설
① '한'은 막연한 느낌을 준다. '모'가 한자어이긴 하나 더 낫다.
② 한 문장에 삶과 죽음이 함께 있는 건 어색하다.
③ 지적장애인의 말이 너무 구체적이다. 더구나 불필요하다.
④ ③의 '김 씨가'가 또 있어 늘어진다.

발음
ⓐ 숨졌습니다〔숨ː졀씀니다〕

수도권 · 지방

|36| '로봇이 음식배달하고 결제도 한다'

인천 송도지구에서 내년 8월 개장될 '투모로우 씨티'를 찾는 방문자들은 로봇으로부터 음식을 배달받아 결제하고, 로봇이 제공하는 각종 엔터테인먼트를 즐길 수 있게 됩니다.

정보통신부는 인천경제자유구역청과 '투모로우 씨티'에 차세대 네트워크 로봇 서비스를 도입할 수 있도록 차세대 네트워크로봇사업 협력 등에 관한 양해각서를 체결했다고 밝혔습니다.

'투모로우 씨티'는 인천경제자유구역청이 약 천억 원을 투입해 3만여 m² 규모로 건설할 미래 생활공간입니다. (끝)

인천 송도지구에서 내년 8월 개장될 '투모로우 씨티'를
① 찾는 <u>방문자들은</u>
② <u>로봇으로부터 음식을 배달받아 결제하고,</u>
로봇이 제공하는 각종 엔터테인먼트를 즐길 수 있게 됩니다.

정보통신부는 인천경제자유구역청과 '투모로우 씨티'에
③ <u>차세대 네트워크 로봇 서비스를 도입할 수 있도록</u>
차세대 네트워크로봇사업 협력 등에 관한 양해각서를 체결했다고 밝혔습니다.

④ <u>'투모로우 씨티'</u>는 인천경제자유구역청이 약 천억 원을 투입해
ⓐ 3만여 m² 규모로 <u>건설할</u>
ⓑ <u>미래</u> 생활공간입니다. (끝)

내년 8월 인천 송도지구에 들어서는 '투모로우 씨티'에서는 로봇이 제공하는 각종 서비스를 즐길 수 있게 됩니다.

정보통신부는 인천경제자유구역청과 주식회사 '투모로우 씨티'가 이른바 '차세대 네트워크 로봇사업협력' 등에 관한 양해각서를 체결했다고 밝혔습니다.

'투모로우 씨티'는 인천경제자유구역청이 약 천억 원을 투입해 3만m² 규모로 건설하는 첨단 복합 미래생활 공간으로 각종 엔터테인먼트와 쇼핑, 문화 이벤트 등을 제공합니다.

해설
① 어색하다.
② 밑의 줄과 무엇이 다른가?
③ (불필요)
④ 참고로 정확한 표기는 '투모로 시티'가 돼야 한다.

발음
ⓐ 건설〔건:설〕
ⓑ 미래〔미:래〕

수도권 · 지방

|37| 남양주도시공사, 26일 창립

경기도 남양주도시공사가 오는 26일 남양주체육문화센터 강당에서 창립 기념식과 함께 업무를 시작합니다. 　　남양주시가 50억 원을 출자해 설립한 남양주도시공사는 경영지원실, 혁신기획팀 등 1실 4개 팀에 직원 110명으로 운영되며 별내·지금지구 택지개발 사업, 지금 하수종말처리장 건설, 공영주차장 위탁관리, 시청사 경비 위탁관리 등의 업무를 맡게 됩니다. 　　남양주시는 도시공사 설립에 따라 시설관리공단을 없애고 도시공사가 업무를 맡도록 했습니다. (끝)	경기도 남양주도시공사가 오는 26일 남양주체육문화센터 강당에서 창립 기념식과 함께 업무를 시작합니다. 　　남양주시가 50억 원을 출자해 설립한 남양주도시공사는 ① <u>경영지원실, 혁신기획팀 등</u> <u>1실 4개 팀에</u> <u>직원 110명으로 운영되며</u> 별내·지금지구 택지개발 사업, 지금 하수종말처리장 건설, 공영주차장 위탁관리, 시청사 경비 위탁관리 등의 업무를 맡게 됩니다. ② 　　남양주시는 도시공사 설립에 따라 시설관리공단을 없애고 도시공사가 업무를 맡도록 했습니다. (끝)

해설

① 주민들에게는 불필요한 정보
② 전혀 불필요

- 남양주 도시공사가 생기면서 주민들이 실제적으로 받게 되는 혜택, 부담은 무엇인가? 핵심이 **빠졌다**.
- 남양주시청의 보도자료 같다.

수도권·지방

|38| 성남시, 황송터널 요금 내년부터 폐지

남한산성 순환도로 황송터널의 통행료가 내년부터 폐지됩니다.

경기도 성남시는 오늘 성남시 중원구 상대원과 금광동을 연결하는 황송터널의 통행료를 내년 1월1일부터 폐지한다고 밝혔습니다.

총공사비 102억 원을 들여 1996년 완공한 황송터널은 2000년 9월부터 유료도로로 전환해 운영해왔으며 성남시는 지난 2001년 지방채 80억 원을 전액 상환했습니다.

이번 통행료 폐지에 따라 성남에서 광주, 남한산성 사이를 지나는 차량들의 편의와 교통체증이 한층 완화될 것으로 기대됩니다. (끝)

---

① 남한산성 순환도로_{에 있는} 황송터널의 통행료가 내년부터 폐지됩니다.

② 경기도 성남시는 오늘 성남시 중원구 상대원과 금광동을 연결하는 황송터널의 통행료를 내년 1월1일부터 폐지한다고 밝혔습니다.

③ <u>총공사비 102억 원을 들여</u> 1996년 완공한 황송터널은 2000년 9월부터 <u>ⓐ유료도로로</u> <u>ⓑ운영</u>해왔으며 성남시는 지난 2001년 지방채 80억 원을 전액 ⓒ<u>상환</u>했습니다.

④ 이번 통행료 폐지에 따라 성남에서 ⓓ<u>광주</u>, 남한산성 사이를 ⑤<u>지나는 차량들의 편의와 교통체증이 한층 완화될 것으로 기대됩니다.</u> (끝)

남한산성 순환도로에 있는 황송터널의 통행료가 폐지됩니다.

이에 따라 내년 1월 1일부터 중원구 상대원동과 금광동을 연결하는 황송터널을 무료 이용할 수 있게 됐다고 성남시는 밝혔습니다.

지난 1996년 완공된 황송터널은 성남시가 그동안 공사에 들어간 80억 원을 갚기 위해 2000년 9월부터 유료 운영돼왔는데 이번에 전액 상환이 이루어진 것입니다.

이번 조치로 성남에서 광주, 남한산성 일대의 교통체증이 한층 완화될 것으로 기대됩니다.

해설
① 명사 셋이 나란히 있어 갑갑하다.
② ①과 다른 게 거의 없다.
③ 그다지 필요 없다. 숫자가 너무 많아진다.
④ 벌써 세 번 나왔다.
⑤ 일단 비문(非文)이다. '차량들의 편의'가 '완화'되면 다시 불편해지는 것 아닌가? 또 '차량들의 편의'는 막연하다.

발음
ⓐ 유료[유:료]
ⓑ 운영[운:영]
ⓒ 償還[상환](○), [상:환](×)
ⓓ 廣州[광:주](경기도)
   光州[광주]

수도권·지방

|39| 경기교육감, 각종 회의·행사 통폐합 지시

김진춘 경기도 교육감은 교육청의 각종 회의나 행사를 통폐합해 학교 현장이 자율적으로 일할 수 있도록 하라고 특별지시했습니다.

김 교육감의 이 같은 지시는 각 학교에서 교원을 대상으로 하는 회의가 너무 잦다는 불평이 많다는 여론에 따른 것입니다.

김 교육감은 또 교육청 각 부서는 학교의 자율성을 침해하지 않는 정책을 세우라고 강조했습니다.

이와 함께 대입 수능시험, 교원 임용고사, 고입시험 등 각종 시험관리에 한치의 실수도 없도록 할 것을 주문했습니다.
(끝)

김진춘 경기도 교육감은
① 교육청의 각종 회의나 행사를 통폐합해
② 학교 현장이 자율적으로 일할 수 있도록
③ 하라고 특별지시했습니다.

김 교육감의 이 같은 지시는 각 학교에서 교원을 대상으로 하는 회의가 너무 잦다는 ④불평이 많다는 여론에 따른 것입니다.

김 교육감은 또 교육청 각 부서는 학교의 자율성을 침해하지 않는 정책을 세우라고 강조했습니다.

이와 함께 대입 수능시험, 교원 임용고사, 고입시험 등 각종 시험관리에 ⑤한치의 실수도 없도록 할 것을 주문했습니다.
(끝)

김진춘 경기도 교육감은 교육청의 각종 회의나 행사를 줄이거나 통폐합하겠다고 밝혔습니다.

김 교육감의 이같은 언급은 각급 학교에서 회의가 너무 많다는 교사들의 의견을 반영한 것입니다.

이와 함께 학교의 자율성을 침해하지 않는 방향으로 정책을 세울 것이라고 김 교육감은 밝혔습니다.

김진춘 교육감은 또 다가오는 고교 입시, 대학 수능시험, 교원 임용고사 등 각종 시험 관리를 철저히 할 것을 당부했습니다.

해설
① 은 ②와 인과관계가 아니다.
③ 자율적으로 일하자고 '특별지시'하나? 고압적 단어, 자기모순
④ 교사들의 건전한 의견을 매도하나?
⑤ 誇張. 군사정권 냄새가 난다.

수도권 · 지방

|40| 수원에 지역예술인 위한 소극장 마련

SBC가 수원시와 함께 수원센터 내 건물을 리모델링해 지역예술인들을 위한 소극장인 'SBC 수원아트홀'을 마련합니다.

오는 12월 중 문을 열게 될 'SBC 수원아트홀'은 연면적 천여 제곱미터로 108석 규모의 객석과 무대, 연습실, 사무실 등으로 꾸며집니다.

'SBC 수원아트홀'은 SBC 수원센터가 운영하게 되며 그동안 공연 공간을 확보하지 못해 어려움을 겪고 있는 수원지역 예술인들의 창작무대로 활용될 것으로 기대됩니다. (끝)

SBC가 수원시와 함께
①
<u>수원센터 내 건물을 리모델링해</u>
지역예술인들을 위한 소극장인 'SBC 수원아트홀'을 마련합니다.

오는 12월 중 문을
ⓐ
<u>열게</u> 될 'SBC 수원아트홀'은 연면적 천여 제곱미터로
②
108석 규모의 객석과 <u>무대,</u> <u>연습실, 사무실 등으로</u> 꾸며집니다.

'SBC 수원아트홀'은
③
<u>SBC 수원센터가 운영하게 되며</u> 그동안 공연 공간을 확보하지 못해 어려움을 겪고 있는 수원지역 예술인들의 창작무대로 활용될 것으로 기대됩니다. (끝)

SBC와 수원시가 지역 예술인을 위한 소극장 'SBC 수원아트홀'을 함께 만듭니다.

오는 12월 문을 여는 'SBC 수원아트홀'은 SBC 수원센터 내 건물을 리모델링해 마련되며 천 제곱미터 크기에 108석의 객석을 갖추게 됩니다.

SBC 수원아트홀의 개관으로 공간부족 등 어려움을 겪어왔던 수원 일대 예술인들의 공연활동이 활성화될 것으로 기대됩니다.

해설
① 뒤로 보낸다.
② 불필요한 것을 나열했다. 그런 것 다 있다.
③ (불필요) 길어진다.

발음
ⓐ 열게[열:게]

수도권·지방

|41| 경기도의원, 1인당 조례제정 0.24건 불과

전국 지자체의원들의 의정비 대폭인상 추진이 논란을 빚고 있는 가운데 경기도의원들의 1인당 조례제정건수가 0.24건에 불과한 것으로 나타났습니다.

경기도가 국회에 제출한 국정감사 자료에 따르면 올 들어 현재까지 119명의 경기도의원이 자체 발의해 제정한 조례는 모두 29건으로 의원 1인당 0.24건에 불과했습니다.

이는 의원 1인당 0.83건을 처리한 충북도의회 등에 비해 상대적으로 적고 이 추세라면 의원 한 사람이 4년의 임기 동안 평균 1건의 조례도 제정하지 못하게 됩니다. (끝)

전국 지자체의원들의 의정비 대폭인상 추진이 논란을 빚고 있는 가운데 경기도의원들의 1인당 ① 조례제정건수가 <u>0.24건</u>에 불과한 것으로 나타났습니다.
② 경기도가 국회에 <u>제출</u>ⓐ한 국정감사 자료에 따르면 올 들어 현재까지 119명의 경기도의원이 자체 발의해 ⓑ 제정한 조례는 모두 29건으로 의원 1인당 0.24건에 불과했습니다.

③ 이는 의원 <u>1인당 0.83건을 처리한 충북도의회 등에 비해 상대적으로 적고</u> 이 추세라면 의원 한 사람이 ④ <u>4년의 임기 동안 평균 1건의 조례도 제정하지 못하게 됩니다.</u> (끝)

지자체 의원들의 의정비 대폭 인상 추진이 논란을 빚고 있는 가운데 경기도 의원들의 1인당 조례 제정 건수가 평균 한 건에도 못 미치는 것으로 나타났습니다.

경기도가 국회에 제출한 국정 감사자료를 보면 119 명의 경기도 의원이 자체 발의해 제정한 조례는 모두 29 건으로 1인당 0.24 건에 불과했습니다.

이는 의원 1인당 조례발의 0.83 건을 기록해 1위를 차지한 충청북도에 비해 턱없이 낮은 수준입니다.

해설
① 뒤에 쓴다.
② 119 명 중 1 건 이상 발의한 의원 수와 1 건도 안 한 의원을 적시하는 게 낫다.
③ 경기도가 몇 등인가를 썼어야.
④ 무슨 말인가? 그래서, 0.24 건이잖은가?

발음
ⓐ 提出〔제출〕(○), 〔제:출〕(×)
ⓑ 제정〔제:정〕

수도권 · 지방

|42| 낙후된 경기동북부 개발 아이디어 공모

경기지방공사가 낙후된 경기 동북부지역을 미래성장 동력지역으로 육성하기 위해 총상금 1억 원의 개발 아이디어를 공모합니다.

공모부문은 경기도의 균형발전을 위한 지역개발 아이디어 부문과 각 지자체별로 개발사업을 촉진할 수 있는 정책과 법적 제도개선부문 등으로 개선방향과 대처방안까지 제시해야 합니다.

아이디어 공모 적용지역은 양평군과 가평군, 여주군, 이천시, 남양주시, 광주시 등 접경지역으로 수도권에 있다는 이유만으로 각종 지원에서 제외돼 역차별을 받고 있는 지역입니다. (끝)

경기지방공사가 <u>낙후된</u>①
(→ 삭제)
경기 동북부지역을 미래성장 동력지역으로 육성하기 위해 총상금 1억 원의 개발 아이디어를 공모합니다.

공모부문은 경기도의
②
<u>균형발전을 위한 지역개발</u>
<u>아이디어 부문과</u>
<u>각 지자체별로 개발사업을</u>
<u>촉진할 수 있는</u> 정책과
법적 제도개선부문 등으로
③
<u>개선방향과 대처방안까지</u>
<u>제시해야 합니다.</u>

아이디어 공모
적용<u>지역은</u> 양평군과 가평군,
　　(→ 시·군은, '명료성')
여주군, 이천시, 남양주시,

광주시 등 <u>접경지역으로</u>
　　　(→ '서울 접경지역으로', 친절성)
수도권에 있다는 이유만으로
　　　　　　　④
각종 지원에서 제외돼 <u>역차별</u>을
받고 있는 지역입니다. (끝)
⑤ 자세한 사항은 ~

공모 부문은 '지역개발 아이디어'와 '정책과 법적 제도개선' 등입니다.

해설

① 왜 기분 나쁘게 하나? 단정짓지 말자. 상대적인 부분이 많다.
② (길다)
③ 왜 부담을 주나? 응모하고자 하는 의욕을 처음부터 꺾는다.
④ 첫 문장과 뉘앙스가 다르다. 이게 맞다.
⑤ 홈페이지 주소, 전화번호 등을 알린다.

수도권·지방

|43| 수원 영통도서관 재개관

수원시는 영통도서관이 오늘(22일) 다시 개관합니다.

새로 문을 여는 영통도서관은 일반자료실과 디지털실을 통합했고 어린이실 안에 있던 유아실을 확장했으며 일반열람실 좌석도 346석으로 늘렸습니다.

영통도서관은 재개관을 기념해 오는 26일 오후 4시 인형극 '아기공룡 뚜비'와 '누가 내 머리에 똥 쌌어?'를 공연하며 테마책 전시회와 특별영화 'I love 도서관'도 상영할 예정입니다. (끝)

---

① 수원시는 영통도서관이 오늘(22일) 다시 개관합니다.

새로 문을 여는 영통도서관은 일반자료실과 디지털실을 통합했고 어린이실 안에 있던 유아실을 확장했으며 일반열람실 좌석도 346석으로 늘렸습니다.

영통도서관은 재개관을 기념해 오는 26일 오후 4시 인형극 '아기공룡 뚜비'와
② '누가 내 머리에 똥 쌌어?'를 공연하며
③ 테마책 전시회와 특별영화 'I love 도서관'도 상영할 예정입니다. (끝)

수원 영통도서관이 오늘 재개관합니다.

"

영통도서관은 재 개관을 기념해 오는 26일 오후 어린이를 위한 인형극 '아기공룡 뚜비' 등을 무대에 올립니다.

또 테마책 전시회와 특별영화 '아이 러브 도서관' 상영 등 다양한 행사가 펼쳐집니다.

해설
① 이렇게 짧은 문장도 정신을 놓으면 비문(非文)이 된다.
② 꼭 이런 예를 들어야 하나?
③ 책 전시회는 상영할 수 없다.

수도권·지방

|44| 경기도 안성우회도로 31일 개통

경기도는 안성시 서운면 신능리 안성 2,3공단에서 가사동 국도 38호선을 연결하는 57호선 안성우회도로가 오늘(31일) 개통됩니다.

경기도가 475억 원을 들여 건설한 안성우회도로는 길이 5.4km, 폭 20m, 왕복 4차선으로 안성시가지의 교통난을 크게 해소하고 공단에서 국도 38호선까지 통행시간을 10분 이상 단축 시킬 것으로 기대됩니다.

특히 안성우회도로 개통 당일 평택에서 음성고속도로 서안성 나들목에서 남안성 나들목 10.1km, 왕복 4차선 구간도 함께 개통돼 안성지역 교통여건이 크게 개선될 전망입니다. (끝)

①
경기도는 안성시 서운면 신능리 안성 2,3공단에서 가사동 국도 38호선을 연결하는 57호선 안성우회도로가 오늘(31일) 개통됩니다.
ⓐ
②
경기도가 475억 원을 들여 건설한 안성우회도로는 길이 5.4km, 폭 20m, 왕복 4차선으로 안성시가지의 교통난을 크게 해소하고 공단에서 국도 38호선까지 통행시간을 10분 이상 단축 시킬 것으로 기대됩니다.
③
특히 안성우회도로 개통 당일 평택에서 음성고속도로 서안성 나들목에서 남안성 나들목 10.1km, 왕복 4차선 구간도 함께 개통돼 안성지역 교통여건이 크게
ⓑ ⓒ
개선될 전망입니다. (끝)

안성공단에서 국도 38호선을 연결하는 안성우회도로가 오늘 개통됩니다.

경기도는 길이 5.4km, 폭 20m의 왕복 4차선인 안성우회도로 개통으로 시내 교통난이 해소되고 국도까지의 통행시간도 10분 이상 단축될 것이라고 밝혔습니다.

안성우회도로와 함께 평택-음성간 고속도로의 서안성, 남안성 구간도 한날 개통돼 안성일대 교통여건이 크게 개선될 전망입니다.

해설
① 숫자가 너무 많아 헛갈린다. '생략'도 실력이다.
② 덜 중요한 건 생략한다.
③ 간결, 간명하게

발음
ⓐ 開通[개통](○), [개ː통](×)
ⓑ 개선[개ː선]
ⓒ 전망[전ː망]

수도권·지방

|45| 경기도 각종 위원회, 여성 참여 낮아

경기도의 각종 위원회에 여성 참여 비율이 낮은 것으로 나타났습니다.

경기도가 현재 운영하고 있는 119개 위원회에 참여하고 있는 위촉직 위원은 천566명으로 이 가운데 여성위원은 485명으로 31%였습니다.

이는 여성가족부가 여성발전기본계획에 따라 중앙과 지방정부 위원회의 여성 참여비율을 2004년 34%, 2005년 36%, 2006년에는 38%, 올해 40% 등 해마다 2%포인트씩 늘리도록 한 방침에 못 미치는 수준입니다.

특히 각 시군 위원회의 경우 지난해 말 기준으로 여성 참여율이 평균 28.4%였으며 목표치를 넘긴 곳은 한 군데도 없었습니다. (끝)

경기도의 각종 위원회에
(→ '산하', 정확성)
여성 참여 비율이

낮은 것으로 나타났습니다.
(→ 여전히 낮은 편인 것으로, '정확성')

경기도가 현재 운영하고 있는 119개 위원회에 참여하고 있는 위촉직 위원은
①
천566명으로 이 가운데 여성위원은 485명으로 31%였습니다.

이는 여성가족부가 여성발전기본계획에 따라 중앙과 지방정부 위원회의

여성 참여비율을
②
2004년 34%, 2005년 36%,

2006년에는 38%,

올해 40% 등 해마다

2%포인트씩 늘리도록 한

방침에 못 미치는 수준입니다.

특히 각 시군 위원회의 경우 지난해 말 기준으로 여성 참여율이 평균 28.4%였으며 목표치를 넘긴 곳은 한 군데도 없었습니다. (끝)

"

경기도의 119개 위원회에는 모두 1,566명이 위촉직 위원으로 활동하고 있는데 이 중 여성은 31%인 485명이었습니다.

이는 여성가족부가 여성발전기본계획에 따라 추진한 중앙과 지방정부 위원회의 올해 여성참여 비율 목표치에 9% 못 미치는 수준입니다.

도내 시·군 단위 위원회는 지난해 말 기준 여성참여 비율이 28.4%로 도보다 더 저조한 것으로 나타났습니다.

해설

① '으로'가 겹치는데다 요령이 부족하다.
② 장황할수록 더 어려워진다.

수도권 · 지방

|46| 인천 서구의회, 도시철도 2호선 고가화반대

인천 서구의회가 인천 지하철 2호선의 서구 통과 구간을 고가화하는 방안에 대해 반대하고 나섰습니다.

최근 '인천 도시철도 2호선 고가화 반대 특위'를 구성한 인천 서구의회는 도시 철도공사 본부를 방문하고 주민 설명회에 참석하는 등 본격적인 반대 활동에 나섰습니다.

인천 도시철도본부는 이에 앞서 인천시 오류동에서 인천 대공원을 잇는 인천 지하철 2호선 29.2km 가운데 오류지구에서 검단 사거리 등 서구를 통과하는 3개 구간을 고가로 건설할 것이라고 밝혔습니다. (끝)

인천 서구의회가
① 인천 <u>지하철</u> 2호선의 서구 통과 구간을 <u>고가화</u>하는 방안에 대해 반대하고 나섰습니다.

최근 '인천 도시철도 2호선 고가화 반대 특위'를 구성한 인천 서구의회는 도시 철도공사 본부를↙
　　　　　　항의('정확성')
방문하고 주민 설명회에 참석하는 등 본격적인 반대 활동에 나섰습니다.

인천 도시철도본부는
② <u>이에 앞서</u>
인천시 오류동에서 인천 대공원을 잇는 인천 <u>지하철</u>
　　　　　　　(→ 전철)
2호선 29.2km 가운데 오류지구에서 검단 사거리 등 서구를 통과하는 3개 구간을 고가로 건설할 것이라고 <u>밝혔습니다.</u> (끝)
(→ 밝힌 바 있습니다.)

해설

① 지하철을 어떻게 고가화 하나?
　전철을 고가화하든지 지하철을 지상화해야 한다.

② 시제가 더 앞선 것을 놓치지 말아야(정확성, 문법성)

수도권 · 지방

|47| 도심 열섬 방지 위해 물청소 확대실시

서울시가	서울시가	서울시가 여름철 도심의 온도가 외곽보다 상대적으로 높게 되는, 이른바 '열섬현상'을 줄이기 위해 도로 물청소를 확대, 실시합니다.(→친절성)
여름철에 도심 중심부의	①여름철에 <u>도심 중심부</u>의	
온도가 올라가는	(도시의 중심부) (삭제)	
	온도가 올라가는	
열섬 현상을 줄이기 위해	<u>열섬</u> 현상을 줄이기 위해	
	('열썸'으로 소리남. 별음)	
도로 물청소를 확대	도로 물청소를 확대	
실시합니다.	실시합니다.	
시는 이에따라	시는 이에따라	서울시는 이에 따라 오는 8월말까지 폭 12m 이상의 주요간선도로와 중앙버스전용차로에 ○시부터 ○시까지 물청소를 실시한다고 밝혔습니다.(→정확성)
오는 8월말까지 폭 12m	오는 8월말까지 폭 12m	
이상의 주요 간선도로와	이상의 주요 간선도로와	
특히 중앙버스전용차로가	특히 중앙버스전용차로가	
있는 도로에	있는 도로에	
집중적으로 물청소를	집중적으로 물청소를	
실시한다고 밝혔습니다.	실시한다고 밝혔습니다.	
서울시는 그동안	서울시는 그동안	
주요간선도로는 밤 11시부터	주요간선도로는 밤 11시부터	
오전 7시까지	오전 7시까지	
골목길이나 보도는	골목길이나 보도는	″
오전 9시부터 오후 6시까지	오전 9시부터 오후 6시까지	
물청소를 해 왔습니다. (끝)	물청소를 해 왔습니다. (끝)	

수도권·지방

|48| 경기도, 건강가정지원센터 8개 추가 설치

경기도는
가정 문제를 예방.상담.치료하는
건강가정 지원센터를 올해
8곳에 추가로 설치한다고
밝혔습니다.
　　센터가 설치되는
지역은 양평과 시흥, 안성,
용인, 구리, 동두천, 양주,
연천 등으로
이들 센터가 모두 문을 열면
도내 건강센터는 25곳으로
늘어납니다.
　　센터는
지역의 대학이나 사회복지법인
등과 함께 가족 해체를 막기
위한 상담과 치료, 건강한
가정을 위한 프로그램 개발,
가정 생활문화운동 등
다양한 사업을 벌이게 됩니다.
　　센터는 또 부대사업으로
아이 돌보미 지원사업과
어려운가정 돌보미 서비스를
제공합니다. (끝)

경기도는
가정 문제를 예방.상담.치료하는
(→ 가운뎃점 사용. 예방·상담·치료)
건강가정 지원센터를 올해
8 곳에 추가로 설치한다고
밝혔습니다.
　　　센터가 설치되는
　　이(친절성)
지역은 양평과 시흥, 안성,
(없는 게 낫다. '양평'만 특별하게 보일 우려가 있다. '리듬감')
용인, 구리, 동두천, 양주,
연천 등으로
이들 센터가 모두 문을 열면
도내 건강센터는 25 곳으로
늘어납니다.
　　센터는
지역의 대학이나 사회복지법인
등과 함께 가족 해체를 막기
위한 상담과 치료, 건강한
가정을 위한 프로그램 개발,
가정 생활문화운동 등
다양한 사업을 벌이게 됩니다.
　　센터는 또 부대사업으로
(→ 건경가정지원센터는, '변화주기', '친절성')
아이 돌보미 지원사업과
어려운가정 돌보미 서비스를
　　　　　(→ '도', 친절성)
제공합니다.(끝)

수도권 · 지방

|49| 하남-광주-광주광역시 고속버스, 14일 개통

경기도 하남시에서 광주시를 거쳐 광주광역시를 오가는 고속버스 정기노선이 오늘 개통됐습니다.

이번에 개통된 고속버스 정기노선은 하남시청 앞을 출발해 경기도 광주시 교육청을 거쳐 광주광역시 광천터미널을 오가게 되는데 오전 7시 반부터 두 시간 간격으로 하루 여섯 차례 운행될 예정입니다.

광주광역시까지 예상 소요시간은 4시간 정도로 운임은 하남에서 광주광역시까지 만8천700원, 경기도 광주시에서 광주광역시까지가 만7천원입니다. (끝)

경기도 하남시에서
ⓐ
ⓑ   ①   ⓒ ⓓ
광주시를 거쳐 광주광역시를 오가는 고속버스 정기노선이 오늘 개통됐습니다.

 이번에 개통된 고속버스
        ⓔ ⓕ
정기노선은 하남시청 앞을 출발해 경기도 광주시 교육청을 거쳐 광주광역시 광천터미널을
(겹침)
오가게 되는데
        ②
오전 7시 반부터 두 시간 간격으로 하루 여섯 차례 운행될 예정입니다.

 광주광역시까지 예상 소요시간은 4시간 정도로
③
운임은 하남에서 광주광역시까지 만8천700원, 경기도 광주시에서 광주광역시까지가 만7천원입니다. (끝)

경기도 하남과 광주에서 광주광역시를 버스로 편리하게 갈 수 있게 됐습니다.

오늘 개통된 고속버스 정기노선은 하남시청 앞을 출발해 광주시 교육청을 거쳐 광주광역시 광천터미널까지 오가게 되는데, 오전 7시 30분부터 두시간 간격으로 하루 여섯차례 운행할 예정입니다.

예상 소요시간은 4시간 정도로 요금은 하남에서 광주광역시까지가 만8천700 원이며, 경기도 광주에서 광주광역시까지는 만 7천 원입니다.

해설
① '거쳐'가 뒤에도 나오며 광주와 하남은 가까이 있어 '거쳐'를 쓸 계재가 아니다.
② 운행시각 따위는 정확성을 요하므로 '30분'이 더 낫다.
③ '짐'이 아니다. '사람'이다.

발음
경기도 광주(廣州)-[광:주]
호남 광주(光州)-[광주]
광역시[광:역시]

수도권·지방

|50| 경기도 하천 30개, 수해위험 높아

본격적인 장마철을 앞두고 경기지역 30개 하천이 수해 위험요인을 안고 있어 대책마련이 요구되고 있습니다.

수해 위험내용을 보면 기능을 상실한 보가 물흐름을 방해하거나 하천바닥에 쌓인 두꺼운 토사, 각종 공사용 자재, 가설도로 등으로 수해 위험성이 높은 것으로 나타났습니다.

경기도는 이에 따라 물 흐름에 지장을 주는 쓰레기더미 등은 일제히 정비하고 퇴적된 토사의 준설과 고장 난 수문 등도 정비하기로 했습니다. (끝)

본격적인 장마철을 앞두고 경기지역 30개 하천이 수해 위험요인을 안고 있어 대책마련이 요구되고 있습니다.
('상투적 표현', 없어도 된다.)
수해 위험내용을 보면 기능을 상실한 보가 물흐름을 방해하거나 하천바닥에 쌓인 두꺼운 토사, 각종 공사용 자재, 가설도로 등으로 수해 위험성이 높은 것으로 나타났습니다.
①
경기도는 이에 따라 물 흐름에 지장을 주는 쓰레기더미 등은
ⓐ (을)
일제히 정비하고
ⓑ
퇴적된 토사의 준설과
ⓒ
고장 난 수문 등도 정비하기로 했습니다. (끝)

(→ 고질적인(친절성) 수해위험 요인을 안고 있는 것으로 나타났습니다.)

대표적인 것으로 기능을 상실해 물 흐름을 방해하는 둑과 하천바닥에 쌓인 두꺼운 토사, 버려진 각종 공사용 자재, 그리고 부실한 가설도로 등이 지적되고 있습니다.

"

해설
① 너무 막연. 언제까지 얼마를 들여 어떻게 구체적으로 개선 효과가 있는지가 빠져있다.

발음
ⓐ 정비〔정:비〕
ⓑ 준설〔준:설〕
ⓒ 고장〔고:장〕

수도권 · 지방

|51| 전국 소싸움, 구리에서 열린다

'2007 전국 소싸움 왕중왕전'이 오늘(7일)부터 13일까지 경기도 구리시 한강시민공원 특설무대에서 열립니다.

민속 소싸움 조직위원회가 주관하는 이번 대회는 전국에서 소 150마리가 참가해 하루 3차례씩 체중별 토너먼트 방식으로 소싸움 경기가 진행됩니다.

또 12일 결승전에서는 예선 우승 소와 패자부활전 우승 소가 맞붙게 되며 13일에는 지역을 대표하는 소와 외국산 소 등이 우열을 가리는 특별 경기가 열립니다.

이 기간 경기장 주변에서는 브랜드별 한우를 시식할 수 있으며 어린이 사생대회와 아마추어 사진촬영대회 등 다양한 부대행사도 마련됩니다. (끝)

'2007 <u>전국</u> 소싸움 왕중왕전'이 오늘(7일)부터 13일까지 경기도 구리시 한강시민공원 특설무대에서 열립니다.

민속 소싸움 조직위원회가 주관하는 이번 대회는 <u>전국에서</u> 소 150마리가
(→ 다른 표현)
참가해 하루 3차례씩 체중별 토너먼트 방식으로 <u>소싸움 경기가</u> 진행됩니다.
(겹침)
<u>또</u> 12일 결승전에서는
(→ 삭제)
예선 우승 소와 패자부활전 우승 소가 맞붙게 되며 13일에는 지역을 대표하는 소와 외국산 소 등이 <u>우열</u>을 ⓐ
가리는 특별 경기가 열립니다.

이 기간 경기장
ⓑ
<u>주변</u>에서는 브랜드별 한우를 시식할 수 있으며 어린이 사생대회와 아마추어 사진촬영대회 등 다양한 부대행사도 마련됩니다. (끝)

"
　민속 소싸움 조직위원회가 마련하는 이번 대회에는 각 고장을 대표하는 소 150마리가 참가해 체중별 토너먼트 방식으로 진행됩니다.

　12일에 결승전이, 13일에는 외국소까지 참가하는 특별경기가 열립니다.(너무 구체적이면 오히려 정보를 놓친다.)
"

발음
ⓐ 優劣[우열](○), [우:열](×)
ⓑ 주변[주변](○), [주:변](×)

수도권 · 지방

|52| 서울시민 63%, "한전기기 지중화해야"

원문	수정문	요약
서울시민 5명 가운데 3명은 한전의 전신주를 조속히 땅속에 묻는 이른바 지중화해야 한다고 생각하는 것으로 나타났습니다.	서울시민 5명 가운데 ① 3명은 한전의 전신주를 조속히 (불필요) 땅속에 묻는 이른바 지중화해야 한다고 생각하는 것으로 나타났습니다.	서울시민 5 명 가운데 3 명은 지상의 전신주를 빨리 땅밑으로 옮겨 설치하는데 찬성하는 것으로 나타났습니다.
서울시의회 남재경 의원은 지난달 16일부터 26일까지 서울시민 2천여 명을 상대로 전화설문조사 결과 한전 기기 지중화 사업을 빨리 진행해야 한다는 응답이 63%였다고 밝혔습니다.	서울시의회 남재경 의원은 지난달 16일부터 26일까지 서울시민 2천여 명을 상대로 한 전화설문조사 결과 한전 기기 지중화 사업을 빨리 (→ 한전의) 진행해야 한다는 응답이 63%였다고 밝혔습니다.	"
현재 한전과 서울시가 절반씩 부담하고 있는 비용 분담에 대해선 65%가 한전이 전액 부담해야 한다고 응답한 것으로 나타났습니다. (끝)	현재 ⓐ한전과 서울시가 절반씩 ⓑ부담하고 있는 비용 분담에 대해선 65%가 한전이 전액 부담해야 한다고 응답한 것으로 나타났습니다. (끝)	한전이 전액 부담해야 한다고 응답한 비율이 65%로 나타났습니다.

[해설]
① 군더더기 표현에다 깔끔하지 못함.

[발음]
ⓐ 한전〔한:전〕
ⓑ 부담〔부:담〕

수도권 · 지방

|53| 경기도 학생 44%, 시력이상

경기도 내 초중고학생의 44%가 시력 이상 증상을 보이고 있고 2.7%는 성인병으로 알려진 고혈압과 저혈압 증세를 보인 것으로 나타났습니다.

경기도교육청은 지난해 4월부터 올 2월까지 초.중고생 61만여 명을 대상으로 28가지 항목의 건강검진을 한 결과 44.5%가 시력이상으로 조사됐습니다.

또 혈압검사에서는 9천300여 명이 고혈압, 7천300여 명이 저혈압으로 전체 검사학생의 2.7%가 혈압 이상 증상을 보였습니다.

(끝)

①
경기도 내 초중고학생의 44%가 시력 이상 증상을 보이고 있고 2.7%는 성인병으로 알려진
ⓐ
고혈압과 저혈압 증세를 보인 것으로 나타났습니다.

경기도교육청은
(→ 이)
지난해 4월부터 올 2월까지 초.중고생 61만여 명을
(61만 명, 혹은 60만여 명)
대상으로 28가지 항목의 건강검진을 한 결과 44.5%가 시력이상으로 조사됐습니다.

또 혈압검사에서는 9천300여 명이 고혈압,
ⓑ
7천300여 명이 저혈압으로 전체 검사학생의 2.7%가
(수검학생, 혹은 학생)
혈압 이상 증상을 보였습니다.

(끝)

> 경기도 내 초 · 중 · 고생의 절반 정도가 시력에 이상이 있으며 약 3%는 고혈압과 저혈압인 것으로 나타났습니다.
>
> "
>
> "

해설
① '리드'에 너무 구체적 숫자는 나열하지 않는다.

발음
ⓐ 고혈압[고혀랍](○), [고:혀랍](×)
ⓑ 저혈압[저:혀랍](○), [저혀랍](×)

방송뉴스문장 갈고 다듬기

2008년 5월 17일 제1판제1인쇄
2008년 5월 26일 제1판제1발행

저 자 강 성 곤
발행인 나 영 찬

발행처 **MJ미디어**

서울특별시 동대문구 신설동 104의 29
전 화 : 2234-9703/2235-0791/2238-7744
FAX : 2252-4559
등 록 : 1993. 9. 4. 제6-0148호

정가 23,000원

◈ 이 책은 MJ미디어와 저작권자의 계약에 따라 발행한 것
이므로, 본 사의 서면 허락 없이 무단으로 복제, 복사,
전재를 하는 것은 저작권법에 위배됩니다.
ISBN 978-89-7880-180-5
www.gijeon.co.kr

불법복사는 지적재산을 훔치는 범죄행위입니다.
저작권법 제97조의 5(권리의 침해죄)에 따라 위반자는
5년 이하의 징역 또는 5천만원 이하의 벌금에 처하거나
이를 병과할 수 있습니다.